An die Peripherie gehen

Margit Eckholt

An die Peripherie gehen

In den Spuren des armen Jesus – Vom Zweiten Vatikanum zu Papst Franziskus

Matthias Grünewald Verlag

VERLAGSGRUPPE PATMOS

PATMOS
ESCHBACH
GRÜNEWALD
THORBECKE
SCHWABEN

Die Verlagsgruppe
mit Sinn für das Leben

Für die Schwabenverlag AG ist Nachhaltigkeit ein wichtiger Maßstab ihres Handelns. Wir achten daher auf den Einsatz umweltschonender Ressourcen und Materialien.

Bibliografische Information der Deutschen Nationalbibliothek
Die Deutsche Nationalbibliothek verzeichnet diese Publikation in der Deutschen Nationalbibliografie; detaillierte bibliografische Daten sind im Internet über http://dnb.d-nb.de abrufbar.

www.gruenewaldverlag.de

Umschlaggestaltung: Finken & Bumiller, Stuttgart
Umschlagabbildung: © KNA-Bild
Druck: CPI – buchbücher.de, Birkach
Hergestellt in Deutschland
ISBN 978-3-7867-3046-0

Inhalt

Vorwort: Vom 2. Vatikanum zu Papst Franziskus – Der spannungsreiche Weg der Konzilskirche in Lateinamerika 7

Teil I: In den Spuren des armen Jesus. Theologische und ekklesiologische Grundlagen des Welt-Kirche-Werdens auf dem 2. Vatikanum

Das Konzil – der „erste amtliche Selbstvollzug der Kirche als Weltkirche“ (Karl Rahner) 15

Das Welt-Kirche-Werden auf dem 2. Vatikanum: Ein Blick in die leitenden Konzilstexte 21

Eine welt-offene Kirche – Desiderat unserer Zeit: Auf dem Weg zu einer neuen Katholizität 43

Eigenes und Fremdes – Grenzen überschreiten: Eine kreative Fortschreibung Melchior Canos für den Dialog der Kulturen 53

Die „Kirche der Armen“ auf dem 2. Vatikanischen Konzil 77

Vom Konzil zu Papst Franziskus: Partnerschaft als Grundvollzug der Weltkirche 93

Teil II: An die Peripherien gehen. Papst Franziskus und die Kirche der Armen in Lateinamerika

„Nahe bei Gott ... nahe bei den Armen“: Das Konzilsjubiläum in Lateinamerika 107

„Option für die Armen“ und „Bekehrung durch die Anderen“: Hermeneutik der „Zeichen der Zeit“ in lateinamerikanischer Perspektive 111

Jesus Christus, der Befreier: Zur Entwicklung des christologischen Denkens in Lateinamerika 137

„Compassion“ und „Passion“: Lateinamerikanische Theologie in der Nachfolge Jesu Christi 169

Ein Papst des Volkes: Die lateinamerikanische Prägung von Papst Franziskus 197

„... bei mir erwächst die Theologie aus der Pastoral“ (Lucio Gera): Der „Lehrer“ von Papst Franziskus 217

Teil III: Neue interkulturelle Dynamiken. Wege an die Peripherien, Grenzüberschreitungen und ein neuer „Stil“ des Christlichen

Barocke Christentümer? Die Pluralisierung des Christentums in Lateinamerika 239

El Dorado: Neomythen in der lateinamerikanischen Kultur 259

Eine neue „charismatische Dimension“ der Evangelisierung? Die wachsende Pfingstbewegung in Lateinamerika 275

„Glaube in einer Welt in Bewegung und Kirche im Werden“: Plädoyer gegen die (Selbst-)Marginalisierung der Theologie in Zeiten der Welt-Kirche 295

„Stimme der Stimmlosen“: Neue interkulturelle Dynamiken der Theologie der Befreiung im Dienst des Friedens 317

Literaturverzeichnis 339

Vorwort: Vom 2. Vatikanum zu Papst Franziskus – Der spannungsreiche Weg der Konzilskirche in Lateinamerika

In wohl keiner anderen Ortskirche ist es zu einer vergleichbar kreativen Rezeption des 2. Vatikanischen Konzils gekommen, die durchschlagende Bedeutung für einen ganzen Kontinent hatte, wie in der lateinamerikanischen. Bereits vor dem Konzil kam es durch die Gründung des lateinamerikanischen Bischofsrates CELAM (Consejo episcopal latinoamericano) – 1955 fand die erste Konferenz in Rio de Janeiro statt – zu einem neuen Austausch der lateinamerikanischen Bischöfe, der durch das „Ereignis" Konzil (1962–65) und die vielfältigen Begegnungsmöglichkeiten in Kommissionen und Arbeitssitzungen intensiviert wurde, moderiert von charismatischen und weitblickenden Persönlichkeiten wie dem chilenischen Bischof Don Manuel Larraín aus Talca, zur Konzilszeit Präsident des CELAM, und Dom Hélder Câmara, seit der Konferenz von Rio langjähriger Generalsekretär des CELAM.[1] Zur Gruppe „Kirche der Armen", die sich seit Konzilsbeginn auf Initiative von Giacomo Kardinal Lercaro und von mit der Spiritualität Charles de Foucaulds verbundenen Bischöfen wie Erzbischof Hakim aus Galiläa und Bischof Charles Himmer (Tournai/Belgien) gebildet hat und von denen am Konzilsende ein großer Teil den „Katakombenpakt" unterzeichnete, eine Selbstverpflichtung, Kirche in den Spuren des armen Jesus auszuprägen, gehörten viele der auf dem Konzil anwesenden lateinamerikanischen Bischöfe, so Don Méndez Arceo (Cuernavaca/Mexiko), Don Samuel Ruíz (San Cristobal de las Casas/Mexiko), Don Leonidas Proaño (Riobamba/Ecuador), Dom Aloisio Lorscheider (Santo Angelo, dann Fortaleza/Brasilien), Don Silva Henríquez (Santiago de Chile). Noch am Konzilsende hatte Bischof Manuel Larraín den Anstoß für die Durchführung einer zweiten Generalversammlung des CELAM gegeben und das Einverständnis Pauls VI. erhalten. Auf dem Weg zu dieser Konferenz, die 1968 in Medellín durchgeführt wurde und in den Spuren der Generalversammlung von Medellín, die nach dem frühzeitigen Tod von Don Manuel Larraín – er kam 1966 bei einem Autounfall in der Nähe von Talca ums Leben – Don Aloisio Lorscheider und Don Eduardo F. Pironio weiter auslegten, wurde das Konzil in Lateinamerika zu einem Ereignis, das hier seine eigene Geschichte ausprägte.

[1] Vgl. zur Geschichte der Kirche in Lateinamerika: Theologiegeschichte Lateinamerikas seit 1945, in: Johannes Meier/Veit Straßner (Hg.), Kirche und Katholizismus seit 1945. Lateinamerika und Karibik, Bd. 6, Paderborn 2009; zum Konzil: Giuseppe Alberigo/Klaus Wittstadt (Hg.), Geschichte des Zweiten Vatikanischen Konzils (1959–1965), Bde. 1–5, Mainz/Leuven 1997–2009.

Vom Jubiläum des Konzils in Lateinamerika zu sprechen, bedeutet darum, das Ereignis des Konzils in seiner geschichtlichen Wirkung zu erinnern. Wie in kaum einem anderen Kontext wurde in Lateinamerika von Anfang an die ekklesiologische Relevanz der Pastoralkonstitution „Gaudium et Spes" und die Verortung der Kirche als Gemeinschaft der Glaubenden an der Seite aller Menschen, vor allem der Notleidenden, der Armen und derer, denen durch die unterschiedlichsten Strukturen von Ungerechtigkeit Gewalt widerfährt, erkannt und zum neuen Identitätsmerkmal der lateinamerikanischen Kirche. Die Konferenz von Medellín, von vielen auch das „lateinamerikanische Konzil" genannt, mit ihren beeindruckenden Dokumenten zur Gerechtigkeit, zur Volkspastoral und „Pastoral de conjunto" (einer auf die Ortskirche bezogenen, integralen Pastoral), zur Armut der Kirche und dem Dokument über den Frieden, in dem alle Formen institutionalisierter Gewalt angeprangert werden (Nr. 16) und an dem der peruanische Theologe Gustavo Gutiérrez als Berater von Mons. Partelli, dem damaligen Erzbischof von Montevideo, mitgewirkt hat, wurde Ausgangspunkt für die Erneuerung der Kirche als Zeugin des Reiches Gottes in Solidarität mit den Armen und als Dienerin der lateinamerikanischen Völker sowie der neuen theologischen Impulse, die sich bereits zehn Jahre nach Eröffnung des Konzils unter dem gemeinsamen Leitbegriff der „Theologie der Befreiung" sammelten. Die Konferenz von Medellín war nicht, so Jon Sobrino, eine „bloße Anwendung oder Verlängerung des Konzils"[2], sondern Zeichen für den kreativen Prozess der Umsetzung des Konzils, zu dem die lateinamerikanische Ortskirche gefunden hat und der gerade deutlich macht, was für ein innovatives Potential das „Ereignis" des Konzils und vor allem die auf ihm verabschiedeten Dokumente in sich bergen.

Gerade dieser kreative Prozess des Werdens der Konzilskirche in Lateinamerika, zu dem seit Ende der 60er Jahre auch die auf diesem Hintergrund entstandenen Befreiungstheologien beigetragen haben, hat Lateinamerika nicht nur ins Bewusstsein anderer Ortskirchen – vor allem auch der deutschen – gerückt, sondern hat zu einer neuen Gestalt der Weltkirche und der Zusammenarbeit der Ortskirchen geführt. Auf Ebene der Gemeinden, der kirchlichen Entwicklungsarbeit, bis in die universitäre Theologie wurden befreiungstheologische Impulse und die neuen kirchlichen Modelle der Basisgemeinden rezipiert. Seit dem Fall der Mauer ist der Kontinent, in dem das Ereignis des Konzils eine eigene Geschichte ausprägte und zu einem tiefgreifenden Erneuerungsprozess der Kirche geführt hat, nach und nach –

[2] Jon Sobrino, Der „Kirche der Armen" war auf dem Zweiten Vatikanischen Konzil kein Erfolg beschieden. Von Medellin gefördert, verwirklichte sie wesentliche Elemente des Konzils, in: Concilium 48 (2012) 296–305, hier: 304.

vor allem aus einer politik-und sozialwissenschaftlichen Perspektive – aus dem Blick geraten. Sicher betreiben die kirchlichen Hilfswerke, vor allem die Aktion ADVENIAT, eine wichtige Lobby-Arbeit für die Kirche in Lateinamerika, die Aktionsthemen erinnern an die wichtige Rolle, die Laien, Katecheten und Katechetinnen und kirchliche Basisgemeinden gespielt haben und – in einem begrenzteren Rahmen – spielen. Aber diese wichtige Erinnerung an die Konzilskirche in Lateinamerika kann nicht darüber hinwegtäuschen, dass der mit dem Konzil angebrochene „Frühling" unterbrochen wurde, bereits in den 70er, dann in den 80er Jahren in der Zuspitzung der Auseinandersetzungen zwischen dem Lehramt, der Glaubenskongregation und den lateinamerikanischen Ortskirchen und ihren neuen Formen einer Sozialpastoral, einer inkulturierten Katechese und der Befreiungstheologien. Mit der Emeritierung der Generation der Konzilsbischöfe wurde ein neuer Episkopat ernannt, der nicht mehr auf die – vor allem in den Konzilsdokumenten „Lumen Gentium" und „Christus Dominus" grundgelegte – Stärke und Erneuerung der Ortskirche setzte und damit auf das spezifische, sich in den verschiedenen kulturellen Kontexten Lateinamerikas ausgebildete Kirche-Welt-Verhältnis und neue Formen einer inkulturierten Pastoral und Theologie. Der Frühling, den das Konzil ankündigte, wurde, so der Titel einer 2006 vorgelegten Publikation von EATWOT (der Vereinigung der Theologen und Theologinnen der Länder des Südens) zum Konzil, unterbrochen.[3]

Der immer stärkere „Ekklesiozentrismus", von dem Ende der 70er Jahre bereits Karl Rahner gesprochen hatte[4], führte und führt zu einem Akzeptanzverlust der katholischen Kirche in Lateinamerika und einer bis heute nicht abgeschwächten Polarisierung zwischen Hierarchie und kirchlicher Basis, zwischen einer auf der einen Seite nordatlantisch und römisch ausgerichteten und auf der anderen Seite befreiungstheologisch und von den unterschiedlichen Praxisformen der Volks- und Basisbewegungen geprägten Theologie. „Die Hierarchie", so formuliert es Cecilio Lora, der von 1965–1973 im Sekretariat des CELAM mit dem argentinischen Bischof Eugenio Pironio, dem damaligen Generalsekretär, gearbeitet hat, „scheint an vielen Orten den Interessen des Volkes Gottes fern", es fehle der Dialog, „die Kirche

[3] Vgl. Alberto da Silva Moreira/Michael Ramminger/Afonso Maria Ligorio Soares (Hg.), A primavera interrompida. O projeto Vaticano II num impasse, Libros Digitales Koinonia 2006. Im Internet abrufbar unter: http://www.servicioskoinonia.org/LibrosDigitales/LDK/LDK2.pdf (letzter Aufruf: 13.07.2015).

[4] Vgl. u.a. Überlegungen in Karl Rahner, Strukturwandel der Kirche als Chance und Aufgabe. Neuausgabe mit einer Einführung von Johann Baptist Metz, Freiburg/Basel/Wien 1989, z.B. 112 ff.

befinde sich in einer großen Krise".[5] Das Aufbrechen des Katholizismus, die massive Zunahme der Pfingstbewegung und vieler Neugründungen von evangelikalen, teilweise synkretistisch geprägten Kirchen sprechen dafür. Theologen wie der in Porto Alegre arbeitende Kapuziner Luis Carlos Susin werfen einen ernüchternden Blick auf Gegenwart und Zukunft der katholischen Kirche in Lateinamerika; in Brasilien, bis vor kurzem noch fast rein katholisch geprägt, leben heute noch 60 % Katholiken, bald werden es, so die Hochrechnungen, 40 % sein.[6] Eine Kirche wie die lateinamerikanische, die in der Nachkonzilszeit zu einer neuen Identität gefunden hat, gerade weil sie in der Interpretation der „Zeichen der Zeit" an der Seite der Armen, in der Anklage der Unrechtssysteme, von Rassismus und vielfältigen Menschenrechtsverletzungen das Kirche-Welt-Verhältnis neu definiert hat, findet heute keine Sprache mehr für die Welt, vor allem nicht mehr für die jungen Menschen. Und doch sind die Herausforderungen, vor denen der Kontinent steht, nicht geringer geworden als zu Zeiten der Konferenz von Medellín: Anklage von Menschenrechtsverletzungen, von Gewalt durch Drogenkriminalität und „Maras", der (Jugend-)Banden, vor allem auch angesichts der weiter wachsenden Armutsschere tut heute genauso Not. Sicher sind die Entwicklungen in den Ortskirchen Afrikas oder Asiens und Ozeaniens von eigenen kontext- und kulturspezifischen Herausforderungen geprägt, aber auch hier zeichnet sich das Entstehen einer neuen Form des Kirche-Seins angesichts von pfingstlichen und evangelikalen Entwicklungen ab.

Auf diesem Hintergrund stellt die Wahl von Papst Franziskus, vormalig Erzbischof von Buenos Aires, ein besonderes „Ereignis des Geistes" dar. „Vuelve la primavera" („der Frühling kehr zurück"), so haben Befreiungstheologen nach seiner Wahl formuliert. Der Papst vom „Ende der Welt", so seine Selbstbezeichnung unmittelbar nach seiner Wahl, „hat alles auf einen anderen Platz gestellt", so der chilenische Arbeiterpriester Mariano Puga. Es meldet sich wieder neu der weltkirchliche Aufbruch des Konzils und die lebendige Erinnerung an die „Kirche der Armen". Die Beiträge des vorliegenden Buches schreiben sich in diesen Perspektivenwechsel und das „Ereignis des Geistes" des Pontifikats von Franziskus ein. Fünfzig Jahre nach Abschluss des Konzils erinnern sie an das Welt-Kirche-Werden auf dem 2. Vatikanum und den Weg der Konzilskirche in Lateinamerika. In einem ersten Schritt wird eine Schneise in diese weite und komplexe Frage nach

[5] Cecilio de Lora, Del Concilio a Medellín, hoy, in: EATWOT (Hg.), 50 años del Vaticano II. Miradas desde América Latina, in: Voices. Theological Journal of EATWOT 34 (2011) 145–156, hier: 155, abrufbar im Internet unter: www.eatwot.org (letzter Aufruf: 13.07.2015).

[6] Vgl. Luiz Carlos Susin, Jesus. Ein „Ort", um zu leben, in: Arnd Bünker (Hg.), Gerechtigkeit und Pfingsten. Viele Christentümer und die Aufgabe einer Missionswissenschaft, Ostfildern 2010, 113–131.

dem neuen Verhältnis von Kirche und Welt geschlagen, ein Thema, das nicht neben anderen zu verhandeln ist, sondern das Auswirkungen hat auf die Neuorientierungen, die das Konzil für die Ökumene, den Dialog der Religionen, für Mission, Dialog und Diakonie der Kirche gegeben hat. In den vorliegenden Überlegungen ist dabei der Blick aus Perspektive der Weltkirche leitend. These ist, dass sich gerade in den Ortskirchen des Südens vielfältige neue pastorale und theologische Wege zur Bestimmung des Kirche-Welt-Verhältnisses aufgetan haben, die im europäischen und nordatlantischen Kontext nur wenig wahrgenommen worden sind. Papst Paul VI. hat in „Evangelii Nuntiandi" (1975) – seiner wahrscheinlich bedeutendsten Enzyklika – die Fragen der Evangelisierung, Befreiung und Inkulturation aufgegriffen; in den Kirchen des Südens haben sich in diesen Jahren wichtige neue Formen einer inkulturierten Pastoral, Katechese, Liturgie und Theologie entwickelt, die die „Kirche vor Ort" entscheidend geprägt haben. Die neuen Wege sind zwar abgebremst worden, doch steckt in ihnen ein auch heute noch aufzugreifendes Potential für die Erneuerung der Kirche, die das pastorale Lehramt von Franziskus wieder mit neuem Leben füllt. In Zeiten, in denen die Konzilsgeneration abgetreten ist bzw. abtreten wird, und in Zeiten der Globalisierung, in der postkoloniale Theorien die westliche Theologie immer mehr anfragen, kann gerade die Relektüre der Konzilstexte, wie sie in den verschiedenen Ortskirchen vorgenommen wurde und wird, Wege zu einer interkulturellen Theologie und einer sich als „interkulturelle Lerngemeinschaft" verstehenden Kirche weisen. Das steht im Zentrum des zweiten Teils der vorliegenden Publikation. In einem dritten Schritt werden die neuen „interkulturellen Dynamiken" und Herausforderungen für Theologie und Kirche am Beginn des 3. Jahrtausends thematisiert. Fünfzig Jahre nach dem Konzil soll das Wegweisende – die „Zukunft des Konzils" – aus einer theologischen Perspektive in den Blick genommen werden. Mit dem Konzil, so die These, ist ein neues Weltkirche-Werden verbunden, ein Paradigmenwechsel für die katholische Ekklesiologie, der ein Prüfstein ist für die Inkulturationsfähigkeit der katholischen Kirche in der späten Moderne. Papst Franziskus gibt entscheidende Impulse für die Pastoral und eine – den Spuren des Evangeliums und damit auch seinem Namenspatron Franz von Assisi folgende – geistliche Erneuerung der Kirche. Auch die Theologie steht in der Pflicht, sich in diesem Geist – in „Sorge um das gemeinsame Haus" (so Papst Franziskus in seiner Enzyklika „Laudato Si") und eine Zukunft in Menschenwürde und Menschengerechtigkeit – zu erneuern.

Bei der Ausarbeitung des vorliegenden Buches habe ich auf verschiedene Beiträge zurückgegriffen, die in den letzten drei Jahren entstanden sind. Ich danke den Herausgebern der Zeitschriften und Sammelbände sowie den verschiedenen Verlagen für die Möglichkeit, auf diese Texte in dieser Publikation zurückgreifen zu können. Die Beiträge sind zum großen Teil gekürzt und weiter bearbeitet worden. Ich danke meiner Assistentin Frau Farina Dierker M.A. für die Unterstützung bei der Vorbereitung der Druckvorlage und Herrn Volker Sühs vom Grünewald-Verlag für die vertrauensvolle Begleitung des Entstehungsprozesses des Buches.

Möge des Buch, fünfzig Jahre nach Abschluss des 2. Vatikanischen Konzils, ein kleiner Beitrag sein, an das Welt-Kirche-Werden auf dem Konzil zu erinnern und die „Kirche im Aufbruch“ (Papst Franziskus) in ihre Zukunft zu begleiten.

Osnabrück, am Fest Maria Himmelfahrt 2015

Margit Eckholt

Teil I:
In den Spuren des armen Jesus.
Theologische und ekklesiologische Grundlagen des Welt-Kirche-Werdens auf dem 2. Vatikanum

Das Konzil – der „erste amtliche Selbstvollzug der Kirche als Weltkirche“ (Karl Rahner)

Das Konzil ist, so Karl Rahner, der „erste amtliche Selbstvollzug der Kirche *als Weltkirche*“[7]. Die Kirche beginnt mit dem Konzil „anfanghaft“ „lehrmäßig *als* Weltkirche zu handeln“. „Es macht sich, wenn man so sagen darf, unter dem noch weithin bestehenden Phänotyp einer europäischen und nordamerikanischen Kirche der Genotyp einer Weltkirche als solcher bemerkbar.“[8] Rahner unterscheidet zwischen dem, wie die Kirche nach außen erscheint, das ist er Phänotyp, und wie sie sich selbst in ihrer Identität – auch in ihrer institutionellen Gestalt – bestimmt. Und hier entstehe mit dem Konzil Neues, ein Welt-Kirche-Werden, zwar noch anfanghaft; in vielem ist die Kirche zutiefst europäisch und nordatlantisch geprägt, aber ein entscheidender neuer Impuls ist gesetzt, den die nachkonziliaren neuen ortskirchlichen Entwicklungen in den Ländern des Südens – in Lateinamerika, Afrika, Asien oder Ozeanien – dann bewahrheiten werden. War – so kann sicher gefragt werden – die katholische Kirche nicht immer „Weltkirche“, die Kirche aus Juden, Griechen, Parthern, Medern, wenn an die frühe Ökumene in der Zeit des römischen Reiches gedacht wird, dann die Kirche der Franken und Germanen, und die Kirche, die sich durch die Expansionen, Entdeckungen und Eroberungen der Spanier und Portugiesen in der frühen Moderne im heutigen Lateinamerika, in Afrika und im asiatischen Raum ausgebreitet hat? Natürlich ist Rahner dies bewusst, aber er weist mit seiner These darauf hin, dass gerade diese Weltkirche vor allem seit der Moderne und der sich in ihr ausgeprägten barockscholastischen Ekklesiologie einer „societas perfecta“ in Genotyp und Phänotyp eurozentrisch geprägt war. Es gab nur wenig gelungene Gestalten einer wirklichen „Inkulturation“ christlichen Glaubens in fremde Kulturen. Die großen „Experimente“ der Jesuiten in China oder in den Reduktionen Lateinamerikas, die zu einem neuen Phänotyp der Kirche geführt haben – was sicher nicht ohne Konsequenzen für den Genotyp geblieben wäre –, wurden angesichts der konfliktiven Konstellationen von Politik und Kirche und den Differenzen zwischen Ordensgemeinschaften und theologischen Ansätzen unterbun-

---

[7] Karl Rahner, Theologische Grundinterpretation des II. Vatikanischen Konzils, in: Schriften zur Theologie, Bd. 14, Zürich/Einsiedeln/Köln 1980, 287–302, hier: 287. – Vgl. zu den folgenden Überlegungen: Margit Eckholt, „Der unterbrochene Frühling“. Erinnerung an das Weltkirche-Werden auf dem 2. Vatikanischen Konzil, in: Philipp Thull (Hg.), Ermutigung zum Aufbruch. Eine kritische Bilanz des Zweiten Vatikanischen Konzils, Darmstadt 2013, 120–128.

[8] Rahner, Theologische Grundinterpretation des II. Vatikanischen Konzils, 293.

den.[9] Viele dieser Geschichten von „encuentro“ und „desencuentro“ ließen sich erzählen. Die katholische Kirche blieb in den Zeiten der Missionsbewegungen des 2. Jahrtausends, der Eroberungs- und Entdeckungsprozesse im 16. und 17. Jahrhundert und der Kolonialisierungsbestrebungen im 19. Jahrhundert, in ihrer institutionellen Gestalt europäisch geprägt. Mission hatte ein „westliches“ Gesicht und war eingebettet in viele Geschichten der Gewalt eingeborenen Völkern und fremden Religionen gegenüber; erst jüngere postkoloniale Studien versuchen, ihnen die Stimme wieder zu geben, die sie in der Moderne verloren haben. Der argentinische Literaturwissenschaftler Walter Mignolo, tätig an der Duke University in den USA, bezeichnet die „Moderne“ als „europäisches Narrativ“ und legt die „Kolonialität“ als „dunkle Seite“ der Moderne offen, als Epoche des Vergessens und des Ausschlusses der eingeborenen Völker, gerade in Lateinamerika.[10] Die Kongregation „De Propaganda fide“ (seit 1967: für die Evangelisierung der Völker) wurde 1622 von Papst Gregor XV. eingerichtet als römische Behörde zur Evangelisierung in den von der Reformation betroffenen Regionen und für die Aufsicht über die Missionen. Genau dieser Eurozentrismus und die Abhängigkeit der Kirchen in den sogenannten Missionsländern von Rom brechen mit dem 2. Vatikanischen Konzil auf, weil die katholische Kirche selbst beginnt, ihre Identität neu zu bestimmen – im Rückbezug auf das Christusereignis und den Leitgedanken des Volkes Gottes, das aus und in der Vielfalt der Völker wächst und den Weg auf das Reich Gottes hin geht. Diese neue Identitätsbestimmung bedeutet die Abkehr von einem ekklesiologischen „Exklusivismus“ und die Entdeckung der vielen „Anderen“, mit denen Christen und Christinnen unterwegs sind. Ein neuer Name für Mission ist infolgedessen, so die Reflexionen des indischen Theologen Michael Amaladoss zum 2. Vatikanischen Konzil, „Dialog“. „Das Ziel der Mission heute ist das Reich Gottes und die Kirche sein Symbol und Diener. In der Perspektive der Mission Gottes werden die anderen Religionen als ‚Co-Pilger‘ betrachtet, die zusammen mit der Kirche auf dem Weg zum Reich Gottes sind. Die Kirche allein hat nicht und wird sehr wahrscheinlich auch nicht die gesamte Menschheit erreichen. Selbst wenn die Kirche die frohe Botschaft verkündet, hat die Kirche die anderen Manifestationen Gottes gegenüber den Menschen zu berücksichtigen. Verkündi-

[9] Vgl. zur Geschichte der Mission: Michael Sievernich, Die christliche Mission. Geschichte und Gegenwart, Darmstadt 2009.

[10] Walter Mignolo, Kolonialität: Die dunkle Seite der Moderne, in: Isabel Exner/Gudrun Rath (Hg.), Lateinamerikanische Kulturtheorien. Grundlagentexte, Konstanz 2015, 367–386; vgl. Tzvetan Todorov, Die Eroberung Amerikas. Das Problem des Anderen, Frankfurt a.M. 1985.

gung selbst wird dann dialogisch."[11] Nur im Dialog, in der Anerkennung der Anderen, als in die Welt – in der Vielfalt ihrer Kontexte – inkarnierte Kirche kann Kirche ihre Identität bestimmen.

Genau dies bedeutet – um nochmals auf Rahners Aussage zurückzukommen –, dass die katholische Kirche mit dem Konzil in eine neue Epoche der Kirchengeschichte eintritt und dass sich die Sozialgestalt der Gemeinschaft der Christen und Christinnen neu zu definieren hat. Das ist ein Prozess, den das Konzil angestoßen hat, eine „Ekklesiogenesis", wie Leonardo Boff den Neuaufbrach in den Basisgemeinden Lateinamerikas bezeichnet.[12] Die Kirche in ihrer westlich-abendländischen institutionellen Ausprägung erfährt sich als partikulare Gestalt eines Christentums in der Vielfalt der Kulturen und in der Begegnung mit anderen Religionen. Damit beginnt ein Epochenumbruch, wie er im Grunde nur mit dem Übergang vom Judenchristentum zum Christentum in der römisch-hellenischen Kultur vergleichbar ist.[13] In den ersten Jahrhunderten nach Christus kommt es zu entscheidenden Inkulturationsprozessen des biblischen Glaubens, der Begegnung der Traditionen Israels und des jüdischen Erbes mit der Philosophie der Antike; nach verschiedenen Phasen der Verfolgung, einer Zeit, in der christlicher Glaube vor allem in kleinen Gemeinden gelebt wurde und im lebendigen Austausch mit der Kultur stand, bildet sich ab der konstantinischen Wende die Kirche immer mehr in enger Verzahnung mit der Gesellschaft und dem Staat aus. Es entsteht eine Gestalt von Kirche, die in ihrer mittelalterlichen und dann barockscholastischen Ausprägung – sicher in Modifikationen – als Genotyp das 2. Jahrtausend prägen wird und immer mehr – vor allem im 19. Jahrhundert – einen einheitlichen Phänotyp ausbildet. Genau hier greift Rahners These: Erst mit dem Zweiten Vatikanischen Konzil bricht diese Gestalt auf, beginnt eine neue Epoche, die Epoche einer wirklichen Weltkirche, einer in die Welt in der Vielfalt ihrer Realitäten inkarnierten Kirche. Welt und Kirche stehen sich nicht gegenüber, sondern Kirche kann sich immer nur „in Welt" ausprägen. Dies zeigt sich – und das sind die entscheidenden neuen Schritte des Konzils – in der Anerkennung der Welt in ihrer Säkularität und Autonomie, dem neuen Dialog mit den Wissenschaften, in der Anerkennung der anderen christlichen Kirchen und

[11] Michael Amaladoss, Das Konzil fordert uns heraus – bis heute! Eine indische/asiatische Perspektive, in: Forum Weltkirche 6 (2012) 19–23, hier: 23.

[12] Vgl. Leonardo Boff, Und die Kirche ist Volk geworden. Ekklesiogenesis, Düsseldorf 1982.

[13] Vgl. Rahner, Theologische Grundinterpretation des II. Vatikanischen Konzils, 297. Es handelt sich dabei um einen „qualitativen Sprung" (291) im Werden der Kirche, der z. B. in neuen Formen der Liturgie und im Gebrauch der Muttersprache, in der Bedeutung, die den regionalen Teilkirchen zukommt, und im neuen Verhältnis der Kirche zu den nicht-christlichen Religionen konkret wird.

der Anerkennung der Religionsfreiheit, im neuen Dialog der Religionen und der Anerkennung der anderen Religionen als Heilswegen für den Menschen. Ganz neu wird hier definiert, was „Mission“ ist: nicht mehr die Bekehrung der anderen – das Konzept von Mission in Zeiten, in denen galt „extra ecclesiam nulla salus“, außer der Kirche kein Heil –, sondern Mission ist Christuszeugnis im Dialog mit den vielen anderen und wird auch als „Selbst-Evangelisierung“ verstanden. Die Kirche, das Volk Gottes und die einzelnen Gläubigen, haben sich immer neu zu Jesus Christus hin zu bekehren und zu den Quellen des Evangeliums zurückzukehren, damit sie ihrem Auftrag, das Evangelium Jesu Christi anzusagen, im Dienste eines „guten Lebens“ für alle und in der „Sorge für das gemeinsame Haus“ (Papst Franziskus, „Laudato Si“, 2015), gerecht werden können.

Die Wirkungsgeschichte des Konzils in den Ortskirchen Lateinamerikas, Afrikas, Asiens und Ozeaniens, die Ausbildung ortskirchlicher Strukturen und kontextueller Theologien und die neuen ökumenischen, interkulturellen und interreligiösen Dialoge in den Kirchen des Nordens bewahrheiten dieses Werden der „Welt-Kirche“ auf dem 2. Vatikanischen Konzil: Eine Kirche, für die Dialog und Begegnung mit dem „Fremden“, Anerkennung der Anderen konstitutiv für das eigene Selbstverständnis werden, wird sich auf eine ganz neue Weise als Kirche in Welt verstehen, als Kirche in der Vielfalt der Ortskirchen, die im Rückgang zu den Quellen des Glaubens die „Zeichen der Zeit“ des jeweiligen Kontextes interpretiert und auf den vielen Wegen der Welt, in der Vielfalt der Kulturen und Begegnungen, Kirche Jesu Christi wird. Mit dem Konzil hat dieses Welt-Kirche-Werden „anfanghaft“ eingesetzt, das ist Rahners These, und er selbst wusste genau um die Konfliktivität, die ein solcher Weg impliziert. Das wird heute, 50 Jahre später, in Zeiten vieler Umbrüche und Anfragen an die Kirche – vor allem in ihrer institutionellen Gestalt, nicht als Trägerin des Auftrags der Evangelisierung – noch stärker bewusst. Gleichzeitig erfahren wir noch einmal mehr die Notwendigkeit, das Weltkirche-Werden, das mit dem Konzil angestoßen worden ist, weiter zu bedenken und zu realisieren. Die Diskussionen, die im Anschluss an den Deutschlandbesuch Benedikts XVI. im September 2011 und seiner Rede im Konzerthaus in Freiburg angesichts der Formulierung der „Entweltlichung“ geführt worden sind, sind symptomatisch für dieses krisengeschüttelte Welt-Kirche-Werden.[14] Kirche muss wirklich Welt-Kirche werden, eine in die Vielfalt der Lebenskontexte „inkulturierte“ bzw.

[14] Vgl. Sekretariat der Deutschen Bischofskonferenz (Hg.), Apostolische Reise Seiner Heiligkeit Papst Benedikt XVI. nach Berlin, Erfurt und Freiburg 22.–25. September 2011. Predigten, Ansprachen und Grußworte, Bonn 2011 (VAS 189); vgl. dazu: Jürgen Erbacher (Hg.), Entweltlichung der Kirche? Die Freiburger Rede des Papstes, Freiburg i.Br. 2012.

inkarnierte und doch diese nicht „absolut“ setzende, sondern in der Kraft des Evangeliums auch kritisierende, verwandelnde und sie je neu aufbrechende Kirche. Genau dies bedeutet weder „Ent“- noch „Verweltlichung“, sondern Kirche „in Welt“, „Welt-Kirche“ zu sein.

Die Gestalt des Katholizismus verändert sich fünfzig Jahre nach dem 2. Vatikanischen Konzil, am Beginn eines neuen Jahrtausends, in einer rasanten Weise. Kirche ist in den Ländern des Südens präsent und gewinnt weitere Mitglieder, verliert gleichzeitig aber auch andere an die vielen neuen evangelikalen Bewegungen und Pfingstkirchen, die sich in Lateinamerika, in Afrika, in asiatischen Ländern ausbreiten. In seiner Studie „Das neue Gesicht der Kirche. Die Zukunft des Katholizismus“ weist der US-amerikanische, in Rom tätige Journalist John L. Allen auf diese Entwicklungen hin. „Zu Anfang des 20. Jahrhunderts gab es rund 266,5 Millionen Katholiken auf der Welt, von denen über 200 Millionen in Europa und Nordamerika lebten und nur 66 Millionen über den ganzen übrigen Planeten verstreut waren, davon die meisten, nämlich ungefähr 53 Millionen, in Lateinamerika. Im Gegensatz dazu gab es im Jahr 2000 knapp 1,1 Milliarden römische Katholiken auf der Welt, von denen nur 350 Millionen Europäer und Nordamerikaner waren. Die überwältigende Mehrheit, 720 Millionen Menschen, lebte in Lateinamerika, Afrika und Asien. Fast die Hälfte aller Katholiken, über 400 Millionen, lebte allein in Lateinamerika. Rechnet man das bis ins Jahr 2015 hoch, so wird bis dahin nur noch einer von fünf Katholiken auf der Welt ein nichthispanischer Kaukasier sein. Das ist die rapideste und umwerfendste demografische Verwandlung des römischen Katholizismus in seiner zweitausendjährigen Geschichte.“[15] Das bedeutet, dass der Katholizismus im 21. Jahrhundert „zugleich auch in stetig höherem Maß vom globalen Süden geführt werden (wird), das heißt von Afrika, Lateinamerika und Asien. Dort werden viele wichtige theologische und pastorale Strömungen entstehen, werden sich politische Energien zu regen anfangen, und von dorther wird ein zunehmender Teil der kirchlichen Führungskräfte kommen. Zu einem gewissen Zeitpunkt des 21. Jahrhunderts könnte die katholische Kirche durchaus einen afrikanischen, asiatischen oder lateinamerikanischen Papst haben. An der Basis wird der Katholizismus in diesem Jahrhundert zunehmend weniger westlich, nichtweiß und nichtreich sein. Der katholische Süden wird auch in zunehmendem Maß in Form der Einwanderung in den Norden Einlass begehren. Falls die Demografie Schicksal ist, dann wird die Zukunft des Katholizismus ganz klar stärker globaler Natur sein.“[16] Die von Allen in seiner Publikation angesprochenen Per-

[15] John Allen, Das neue Gesicht der Kirche. Die Zukunft des Katholizismus, Gütersloh 2010, 25.
[16] Allen, Das neue Gesicht der Kirche, 466/467.

spektiven – Wirklichkeit geworden ist bereits die Wahl eines Papstes aus Lateinamerika – und Herausforderungen am Beginn des 21. Jahrhunderts haben genau mit dem Kirche-Welt-Verhältnis zu tun. Allen spricht von einem globalen, kompromisslosen, pfingstlichen, extrovertierten (das heißt weniger auf binnenkirchliche als gesellschaftspolitische Fragen fokussierten) Katholizismus. Den Herausforderungen der Zukunft wird die Kirche sich nur dann stellen können, wenn sie den Weg des Welt-Kirche-Werdens weiter geht, lokal verwurzelt und doch „global katholisch" ist: sich ganz, wie das Fleisch gewordene Wort Gottes auf die vielen Kontexte des Menschen einlässt, sich hier „entäußert" und im Vertrauen auf das Wirken des Geistes Gottes bereit ist, von Vertrautem Abschied zu nehmen, und so Neues werden lässt.

Das Welt-Kirche-Werden auf dem 2. Vatikanum: Ein Blick in die leitenden Konzilstexte

Bereits ein flüchtiger Blick in Zeitschriften und Literaturumschauen kann deutlich machen, dass gerade in den letzten Jahren eine Reihe von Studien und Forschungsarbeiten zum 2. Vatikanischen Konzil aufgenommen wurden; Giuseppe Alberigo (Bologna, Istituto per le scienze religiose) hat eine mehrbändige Reihe zum Konzil herausgegeben, die auch ins Deutsche, Englische und Französische übersetzt worden ist;[17] Studien zur Konzilshermeneutik oder zur Rezeption des Konzils in den einzelnen Ortskirchen werden erstellt.[18] Archive von Konzilsberatern oder -teilnehmern werden geöffnet, Konzilstagebücher wie die von P. Marie-Dominique Chenu oder Yves Marie-Joseph Congar[19] werden veröffentlicht. Deutlich wird an den Studien und Forschungen, dass die Schwelle der Unmittelbarkeit des Erlebens und auch die ersten großen Phasen der Rezeption des Konzils – sei es im positiven Sinn einer Umsetzung seiner Impulse, sei es aber auch im Sinn einer kritischen Distanzierung –, abgeschlossen sind; viele der Zeugen des Konzils leben nicht mehr, in der Kirche wächst eine neue Generation nach, für die das Konzil zur Vergangenheit gehört. Das Konzil – nur noch toter Buchstabe?

Wenn aus systematisch-theologischer Perspektive dem „Weltkirche-Werden" auf dem 2. Vatikanum nachgegangen werden soll, so geschieht dies nicht aus historischem Interesse: Das Konzil war ein „Ereignis", das als solches – und das wird in den hermeneutischen Arbeiten zum Ereignis, wie sie von Giuseppe Alberigo oder Peter Hünermann vorgelegt werden[20], deutlich –, in die Zukunft hineingewirkt hat und hineinwirkt: In den verschiedenen, auch widersprüchlichen Entwicklungen in der Kirche unserer

[17] Auf Deutsch ist erschienen: Giuseppe Alberigo/Klaus Wittstadt (Hg.), Geschichte des Zweiten Vatikanischen Konzils (1959–1965), Bd. 1: Die katholische Kirche auf dem Weg in ein neues Zeitalter. Die Ankündigung und Vorbereitung des zweiten Vatikanischen Konzils (Januar 1959 bis Oktober 1962), Mainz/Leuven 1997. – Vgl. zu den folgenden Überlegungen: Margit Eckholt, Das Welt-Kirche-Werden auf dem II. Vatikanum: Aufbruch zu einer „neuen Katholizität", in: Edith-Stein-Jahrbuch 6 (2000) 378–390; dies., Poetik der Kultur. Bausteine einer interkulturellen dogmatischen Methodenlehre, Freiburg i.Br. 2002, bes. 276–284.

[18] Vgl. z.B. Gilles Routhier, La réception d'un concile, Paris 1993; vgl. auch die Beiträge in: Peter Hünermann (Hg.), Das II. Vatikanum – christlicher Glaube im Horizont globaler Modernisierung. Einleitungsfragen, Paderborn/München/Wien/Zürich 1998.

[19] Marie-Dominique Chenu, Notes quotidiennes au Concile. Journal de Vatican II: 1962–1963, Paris 1995; Yves M.-J., Mon Journal du Concile, 2Bde., Paris 2002.

[20] Vgl. Peter Hünermann, Das II. Vatikanum als Ereignis und die Frage nach seiner Pragmatik, in: Hünermann (Hg.), Das II. Vatikanum, 107–125; Giuseppe Alberigo, Criteri ermeneutici per una storia del Concilio Vaticano II, in: Wolfgang Weiß (Hg.), Zeugnis und Dialog (FS Klaus Wittstadt), Würzburg 1996, 101–117.

Gegenwart wirken Anstöße, Fragen oder auch Widersprüchlichkeiten der Konzilstexte nach. Jede Annäherung an das Konzil und seine Lebendigkeit – jedes „Sinnverstehen" – bleibt an das Verstehen der Welt, in der wir leben, gebunden. Ein solches „Sinnverstehen" des Konzils kann dann auch – im Sinne der hermeneutischen Überlegungen Paul Ricoeurs –, zu einem neuen Verstehen des Kirche-Seins und des Erlebens des Glaubens in unserer Gegenwart führen. Ein „Sinnverstehen" des Konzils ist so in unseren gegenwärtigen geschichtlichen Moment eingebunden, in das – im Zuge der Globalisierungsprozesse – neue Hineinwachsen in die Weltgesellschaft, ein Aufbruch auf sehr verschiedenen Ebenen unserer Wirklichkeitserfahrung, dessen Ambivalenz gerade in der verschärften Marginalisierung und Ausgrenzung der vielen „Armen" unserer Welt deutlich wird. Ein neues Ringen um den „Humanismus" – wie Bernhard Welte im Blick auf das Konzil und seine Erfahrungen der Umsetzung des Konzils in einzelnen südamerikanischen Ländern Ende der 60er Jahre formuliert hat – wird heute wieder notwendig.[21]

Gerade von hier her erhält das Welt-Kirche-Werden auf dem Konzil noch einmal eine ganz neue Brisanz und eine „Weitsicht" der Konzilsväter und -theologen kann deutlich werden, die auf dem Hintergrund der Wandlungsprozesse, in der sich Gesellschaften und Kirchen an der Schwelle zum 3. Jahrtausend befinden, auch noch nach über 30 Jahren überraschen kann. Mit der Annäherung an das Weltkirche-Werden auf dem Konzil steht nicht eines der neuen Themen des Konzils (wie z. B. die Religionsfreiheit) im Mittelpunkt, vielmehr wird hier in die Tiefendimension des Konzils vorgestoßen: Das Konzil war – und hierin sind sich alle Interpreten einig – ganz wesentlich ein „Konzil der Kirche über die Kirche".[22] Auf dem Weg, den die Kirche zu ihrer Selbstvergewisserung einschlägt, nimmt sie dabei das „Andere" – Welt und Kultur, andere Konfessionen und Religionen – in ihrem Eigenwert wahr. „In der eigentümlichen Logik einer Gewissenserforschung", so Marie-Dominique Chenu, „fragt die Kirche bei der Suche nach

[21] Bernhard Welte, Neuer Humanismus in Lateinamerika. Zu einem interdisziplinären Seminar in Argentinien, in: Herder Korrespondenz 28 (1974) 52–54; vgl. auch: ders., Zu Fragen der Bildung und Erziehung und zu einem neuen Humanismus. Eingeführt und bearbeitet von Ludwig Wenzler, Freiburg/Basel/Wien 2009.

[22] Vgl. Karl Rahner, Das neue Bild der Kirche, in: Glaube und Leben 39 (1966) 4–24; Otto Hermann Pesch, Das Zweite Vatikanische Konzil (1962–1965). Vorgeschichte – Verlauf – Ergebnisse – Nachgeschichte, Würzburg [3]1994, 91 ff; Franz-Xaver Kaufmann, Zur Einführung. Probleme und Wege einer historischen Einschätzung des II. Vatikanischen Konzils, in: Franz-Xaver Kaufmann/Arnold Zingerle (Hg.), Vatikanum II und Modernisierung. Historische, theologische und soziologische Perspektiven, Paderborn/München/Wien/Zürich 1996, 9–34, hier: 27: „Das Zentralthema des Konzils war die Lehre von der Kirche..."

sich selbst nach der Welt, um sie selbst zu sein."[23] Wenn von Welt-Kirche die Rede ist, so bedeutet dies: Die verschiedenen Lebensfelder, in denen der Mensch Welt gestaltet, die Probleme, die damit verbunden sind und die Fragen, die dem Menschen in der Weltgestaltung aufgehen, sind für die Kirche bei der Rückfrage nach sich selbst konstitutiv. Mit dem Konzil bricht so ein neues „weltkirchliches Bewusstsein" auf, das die theologische und ekklesiologische Grundlage für den mit dem Konzil sich ereignenden Epochenwandel in der katholischen Kirche darstellt und das für Kirche und Theologie, wie vor allem die Wirkungsgeschichte des Konzils in den Kirchen Lateinamerikas, Afrikas und Asiens zeigt, neue Horizonte eröffnet und auf neue, noch ungeahnte Bahnen führt. Das Werden der „Welt-Kirche" – auf dem Konzil und in der Folge seiner Wirkungsgeschichte – vollzieht sich dabei in einem doppelten, ineinander verschränkten und aufeinander bezogenen Sinne: Die Kirche beginnt sich als Weltkirche zu verstehen, indem sie gerade ihrer westlich-abendländischen Wurzeln und Ausprägung bewusst wird und auf die Welt in der Vielfalt ihrer Kulturen aufzubrechen beginnt, und genau dies ist möglich, weil sie sich selbst neu, vom „Anderen" ihrer selbst und das heißt als Welt-Kirche – in dem von Chenu charakterisierten Sinn – zu verstehen beginnt.

Diese These wird im Folgenden zunächst über eine kurze Einführung in das Werden der Weltkirche auf dem Konzil entfaltet. Die neue theologische Grunddimension der Weltkirche wird auf dem Hintergrund der neuen Ekklesiologie des Konzils charakterisiert: Die Kirche wird als „Zeichen des Reiches Gottes", als „Sakrament der Völker" verstanden. Einzelne Momente des Werdens der Weltkirche (auch im Sinne des „Streitens um die Weltkirche") werden anhand einzelner „Schlaglichter" aus der spannenden und spannungsreichen Textgeschichte der Pastoralkonstitution „Gaudium et Spes" vorgestellt. Die Pastoralkonstitution ist, wie bereits 1965 Lukas Vischer, damals Generalsekretär des Ökumenischen Weltrates der Kirchen betont hat, von „entscheidendem ekklesiologischen Gewicht".[24] In der Aufarbeitung der Ekklesiologie des Konzils ist der wesentliche Zusammenhang von „Lumen Gentium" und „Gaudium et Spes" oftmals unterbelichtet worden.[25] Das Weltkirche-Werden auf dem Konzil wird als Weg hin

[23] Marie-Dominique Chenu, Volk Gottes in der Welt, Paderborn 1968, 13.

[24] Lukas Vischer, Die Bedeutung der Konstitution für die Ökumenische Bewegung, in: Guilherme Baraúna (Hg.), Die Kirche in der Welt von heute. Untersuchungen und Kommentare zur Pastoralkonstitution „Gaudium et Spes" des II. Vatikanischen Konzils, Salzburg 1967, 484–488, hier: 484.

[25] Die Bedeutung beider Konstitutionen für die Entfaltung eines neuen ekklesiologischen Ansatzes wird von Peter Hünermann in seinen ekklesiologischen Studien herausgestellt: Ekklesiologie im Präsens. Perspektiven, Münster 1995.

zu einer „neuen Katholizität" verstanden: Katholizität als eine der vier Wesenseigenschaften der Kirche kann auf dem Hintergrund der neuen Selbstdefinition der Kirche auch aus und von der Welt her neu durchbuchstabiert werden. Das Zusammenwachsen der Menschheit, die Bezogenheit der Kirche auf die Welt in ihrer Gesamtheit und die Ökumene in ihren dreifachen Kreisen, wie Johannes XXIII. in der Eröffnungsansprache des Konzils formuliert hat – die „Ökumene" in der Kirche selbst, die Ökumene mit den anderen christlichen Konfessionen und die „neue Ökumene" über das Christentum hinaus mit den nicht-christlichen Religionen[26] –, sind zentrale Impulse des Konzils für die neue Katholizität. In der Wirkungsgeschichte des Konzils wächst die Kirche in ihre neue Gestalt hinein: in den verschiedensten Inkulturationsprozessen des christlichen Glaubens in den Kirchen Lateinamerikas, Afrikas und Asiens, ebenso in den sich abzeichnenden neuen Formen des Kirche-Seins in den Ländern der westlichen Welt. Die „neue Katholizität", von der auch der US-amerikanische Theologe Robert Schreiter spricht[27], hat eine wesentlich ökumenische Gestalt. Ökumene kann auf dem Hintergrund des Welt-Kirche-Werdens und der „neuen Katholizität" noch einmal neue Konturen und neue Impulse gewinnen.

In den verschiedenen Konstitutionen, Dekreten und Erklärungen des Konzils haben die Konzilsväter dieses neue Selbstverständnis der Kirche grundgelegt: die Kirche wird zur „Welt-Kirche". Ihr „Selbst" entdeckt die Kirche je neu aus dem Rückgang in die Quellen des Evangeliums auf den vielen Wegen der Welt, im Dialog mit Anderen und Fremden. Die Anerkennung der Religionsfreiheit, Ökumenismus und Dialog der Religionen zeichnen in ganz neuer Weise eine Kirche aus, die sich als „Welt-Kirche" versteht. Das scheint heute – fast – selbstverständlich, war es aber nicht für die katholische Kirche, die seit der Zeit der Moderne, der sog. „Barockscholastik", immer mehr eine exklusivistische Ekklesiologie entfaltet hat und sich von der „Welt" abgegrenzt bzw. in der sich immer mehr ausdifferenzierenden und religiös pluralen Moderne ein ganz spezifisches eigenes katholisches Milieu ausgebildet hat. Die Kirche hat sich im Gegenüber zum absolutistischen Staat als „societas perfecta" verstanden, im Besitz aller „Gnadenmittel", es galt: „extra ecclesiam nulla salus". Nun wird Welt, so ein Fazit der ekklesiologischen Studien von Peter Hünermann, zu einem „Konstitutivum" des Kirche-Seins.[28] Die Kirche findet zu ihrem spezifischen

[26] Vgl. die Ansprache Papst Johannes' XXIII. *Gaudet Mater Ecclesia* zur Eröffnung des Zweiten Vatikanischen Konzils (11. Oktober 1962), in: Ludwig Kaufmann/Nikolaus Klein, Johannes XXIII. – Prophetie im Vermächtnis, Freiburg/Schweiz-Brig 1990, 116–150, hier: 143 (Nr. 19).

[27] Vgl. Robert Schreiter, Die neue Katholizität. Globalisierung und die Theologie, Frankfurt a.M. 1997.

[28] Vgl. dazu: Hünermann, Ekklesiologie im Präsens, 44.

Selbstverständnis als die „eine, heilige, katholische und apostolische Kirche" nicht durch eine Ableitung ihres Seins aus feststehenden ewigen Wahrheiten und dogmatischen Sätzen, sondern in der Vermittlung der durch Schrift und Tradition vorgegebenen ekklesiologischen Bestimmungen auf den vielen Wegen der Welt in der Bewegung zum anderen hin und vom anderen wieder zu sich zurück. Ihr Selbst- und das Weltverständnis sind aufeinander bezogen und durch Geschichte und Kultur vermittelt. Dass Kirche sich vom „anderen" ihrer selbst neu verstehen lernt, dass Welt und Geschichte, Gesellschaft und Kultur für das Selbstverständnis der Kirche und die Ausgestaltung der Ekklesiologie von Wichtigkeit werden, ist dabei in der christologischen Tiefendimension der Identitätsbestimmung von Kirche grundgelegt, zu dem die Konzilsväter neu gefunden haben. Offenbarungs-, Kirchen- und Pastoralkonstitution – und auch die anderen Dokumente des Konzils, wie die zur Ökumene und Mission, zur Religionsfreiheit und zum Dialog der Religionen – bauen, so Marie-Dominique Chenu, auf dem „Realismus der Inkarnation auf, daß Gott in die Geschichte eingegangen ist"[29]. In Jesus Christus hat sich die Menschenfreundlichkeit Gottes als Heil aller Menschen offenbart. Gott selbst hat in seiner unermesslichen Liebe seinen Sohn in Zeit und Geschichte gesandt, um sie mit seinem Leben und seiner Liebe ganz zu durchdringen – bis hinein in die Nacht von Kreuz und Tod. Die Auferstehung Jesu Christi und die Sendung des Geistes Gottes in diese Welt hinein bestätigen die durch Kreuz und Tod gegangene Liebe Gottes. Die Kirche ist die Gemeinschaft derer, die sich als „Zeugen" und „Zeuginnen" des Christusereignisses verstehen. In ihr selbst lebt diese perichoretische Beziehung im Hören auf die Botschaft des Evangeliums und im Zeugnisgeben weiter – und genau diese Beziehung ist es, die sie hellhörig macht für die jeweilige Zeit; sie ist der Grund für das neue Weltverständnis und die neue Beziehung der Kirche zur Welt.

Aus der lebendigen Erinnerung an dieses Fundament christlichen Glaubens erneuert sich die Ekklesiologie, und das ist das noch weiterhin einzulösende Fundament der neuen Verhältnisbestimmung von Kirche und Welt und die theologische Tiefendimension für das „Welt-Kirche-Werden" auf dem 2. Vatikanischen Konzil. Das heißt dann, dass die Kirche ihrem Wesen nach missionarisch ist. Sie hat je neu aufzubrechen auf das Wort Gottes hin und auf diesen Wegen alle Realitäten des Menschen zu durchdringen und sich hier zu „inkarnieren" und zu „inkulturieren". Mission, Dialog und Anerkennung der Anderen sind in dieser christologischen Tiefe aufeinander bezogen.

[29] Marie-Dominique Chenu, Une école de théologie. Le Saulchoir, Paris 1985, Post-scriptum, 175/176, [dt. Ausgabe: Le Saulchoir: eine Schule der Theologie, Berlin 2003].

Das 2. Vatikanum hat für die Ekklesiologie so einen Perspektivenwechsel bedeutet. Er zeigt sich gerade in der Aufeinanderbezogenheit der verschiedenen Konzilsdokumente, vor allem von Kirchen- und Pastoralkonstitution. Eine Relektüre des Welt-Kirche-Werdens auf dem Konzil ist nur in der Zusammenschau der ekklesiologischen Impulse der verschiedenen Konzilsdokumente möglich.

Die Kirche wird als „Sakrament der Völker" bestimmt

Die Kirchenkonstitution „Lumen Gentium" wurde am 21. November 1964, am Ende der III. öffentlichen Sitzungsperiode verabschiedet. Die Konzilsväter haben nach langem Ringen und vor allem durch die theologischen Vorarbeiten eines Karl Rahner bzw. Otto Semmelroth für die deutschen Bischöfe, eines Yves Marie-Joseph Congar für die französischen Kirchenvertreter zu einer Bestimmung der Kirche als „universales Heilssakrament" gefunden. Interessant ist, dass die Diskussionen, wie sie die Ekklesiologie zwischen den beiden Vatikanischen Konzilien prägte, sich auch auf dem Konzil selbst wiedergefunden haben. Es wurde Abschied genommen von der „societas-perfecta"-Ekklesiologie, wie sie noch das Vorbereitungsschema geprägt hat und der Weg für eine Ekklesiologie eröffnet, die die Kirche als das in der Geschichte wandernde Volk Gottes bestimmt, das je neu aus dem „Mysterium" des dreifaltigen Gottes, der Liebe des sich in Jesus Christus offenbarenden Gottes, zu dem findet, was es ist. Das wird in der Eröffnung der Kirchenkonstitution „Lumen Gentium" folgendermaßen deutlich: „Christus ist das Licht der Völker. Darum ist es der dringende Wunsch dieser im Heiligen Geist versammelten Heiligen Synode, alle Menschen durch seine Herrlichkeit, die auf dem Antlitz der Kirche widerscheint, zu erleuchten, indem sie das Evangelium allen Geschöpfen verkündet. Die Kirche ist ja in Christus gleichsam das Sakrament, das heißt Zeichen und Werkzeug für die innigste Vereinigung mit Gott wie für die Einheit der ganzen Menschheit. Deshalb möchte sie das Thema der vorausgehenden Konzilien fortführen, ihr Wesen und ihre universale Sendung ihren Gläubigen und aller Welt eingehender erklären. Die gegenwärtigen Zeitverhältnisse geben dieser Aufgabe der Kirche eine besondere Dringlichkeit, dass nämlich alle Menschen, die heute durch vielfältige soziale, technische und kulturelle Bande enger miteinander verbunden sind, auch die volle Einheit in Christus erlangen."[30] Dies ist der Beginn

[30] LG 1; vgl. dazu: Peter Hünermann, Theologischer Kommentar zur dogmatischen Konstitution über die Kirche, in: Peter Hünermann/Bernd Jochen Hilberath (Hg.), Herders Theo-

der „Verfassungsakte“ für eine Kirche, die Gott und den Menschen nah sein will. Karl Rahner hat dazu geschrieben: „Ein erster Satz, der das Herz des künftigen Christen treffen wird, ist der Satz, daß die Kirche das Sakrament des Heiles der Welt sei. Das steht schon in der Einleitung, wenn es auch durch die letzten Textredaktionen unklarer geworden ist als in der vorausgehenden Fassung des Textes.“[31] Der Konzilstext selbst ist kein ausgefeilter theologischer Traktat; genau das bedeutet, dass viele Formulierungen, die die Konzilsväter zu Einzelfragen getroffen haben, „Kompromissformeln“ sind. Die Spannungen zwischen Minorität und Majorität, zwischen Vertretern einer hierarchisch geprägten, stärker juridisch gefassten Ekklesiologie und einer Ekklesiologie des Volkes Gottes, einer Kirche als „Gemeinschaft“, als universales Sakrament des Heils sind in den Texten selbst wiederzufinden, und sie haben den Rezeptionsprozess dieses Textes geprägt – vor allem die Frage nach der Stellung der Laien in der Kirche, nach Formen von Partizipation und Synodalität, nach einer sich selbst wandelnden Kirche. Die Ambivalenzen und auch Rückschritte in kirchlichen nachkonziliaren Stellungnahmen wie „Christifideles laici“ (1988) oder die Diskussionen um das Verhältnis zwischen gemeinsamem und besonderem Priestertum stehen dafür, die Frage nach Ämtern und Diensten für Frauen.

Das Neue der Kirchenkonstitution wird bereits beim Blick auf den Aufbau des Textes deutlich: „Lumen Gentium“ ist ein Verfassungstext über die Kirche, der beim tiefsten Grund der Bestimmung der Identität der Kirche ansetzt und diese nicht in rechtlichen Begriffen, sondern theologischen erschließt: Die Identität der Kirche leitet sich allein von Jesus Christus her, von ihm, der das Licht der Völker ist, und von diesem „Licht“ her sind Identität und Aufgabe der Kirche bestimmt: als Volk Gottes in Jesus Christus gleichsam Sakrament für die Einheit mit Gott und mit den Menschen zu sein (LG 1). Das erste Kapitel über das „Mysterium“ der Kirche ruft in Erinnerung, woraus sie ihr Leben gewinnt, es charakterisiert die theologische Tiefendimension ihrer Selbstbestimmung aus der Geschichte des dreieinen Gottes, der sich als Gott des Lebens in Jesus Christus zum Heilsgrund für Welt und Mensch bestimmt hat, für alle Völker. Allein daraus lebt die Kirche und in diesem Dienst steht sie. Von dort ausgehend ist dann das zweite Kapitel über das Volk Gottes formuliert. Die Kirche hat eine konkrete Verfassung, eine geschichtliche Gestalt, eine Sozialgestalt, und diese wird im Ausgang vom Volk-Gottes-Gedanken bestimmt. Daran schließen sich dann

logischer Kommentar zum Zweiten Vatikanischen Konzil, Bd. 2, Freiburg/Basel/Wien 2005, 263–563.

[31] Zitiert nach Günther Wassilowsky, Universales Heilssakrament Kirche. Karl Rahners Beitrag zur Ekklesiologie des II. Vatikanums, Innsbruck 2001, 79.

die Frage nach der hierarchischen Verfassung, das Kapitel über das Bischofsamt und das Kapitel über die Laien an. Die nächsten beiden Kapitel betreffen das charismatische Leben der Kirche, die allgemeine Berufung zur Heiligkeit und das Ordensleben. Mit der eschatologischen Perspektive wird die Kirchenkonstitution abgeschlossen, hier wird an den Lebensgrund des ersten Kapitels erinnert, an das „Woraufhin" der Kirche und an das Vertrauen, dass dieser Weg, das Bei-Gott-Sein, eine Verheißung ist für alle, die glauben. Dafür steht der Blick auf Maria im letzten Kapitel der Konstitution.[32]

Entscheidender Auftrag der Kirche ist die Verkündigung des Evangeliums; in allen ihren Vollzügen muss sie diesem Auftrag entsprechen, in der Liturgie, in der Martyria, in der Diakonie. Dabei hat sie eine „sakramentale Gestalt": Sie ist das von Gott gestiftete Volk Gottes (Kapitel 2, LG 9 ff), zu dem alle Menschen berufen sind und das zugleich in einem die wahre Vermittlung der Menschheit zu ihrer ureigensten Bestimmung ist: nämlich mit Gott und miteinander eins zu werden. Darin verdichtet sich der „sakramentale Charakter" der Kirche. Sie ist, so heißt es in LG 1, „in Christus gleichsam das Sakrament", also „Zeichen und Werkzeug für die innigste Vereinigung mit Gott wie für die Einheit der ganzen Menschheit". Aus dem Geschenk der Gnade Gottes, der Bezeugung der Versöhnung Gottes mit den Menschen, die sich in Jesus Christus ereignet hat, kann Kirche die Menschen zur Gemeinschaft untereinander und mit Gott führen. Der entscheidende Auftrag der Kirche, zur Humanisierung der Welt beizutragen, sich für Frieden, Gerechtigkeit, Nachhaltigkeit, für Menschenrechte und Menschenwürde einzusetzen, ist in dieser ekklesiologischen Tiefe angesetzt. Dabei kann das Wirken der Kirche nur als Wirken im Horizont von Freiheit verstanden werden: Glaube setzt die Freiheit voraus, von daher die Anerkennung der Religionsfreiheit und das Eintreten der Kirche für die Menschenrechte. Dieser Weg der Kirche geschieht in der Nachfolge Jesu Christi, auf dem Weg des Kreuzes in den Spuren des armen Jesus: „Christus wurde vom Vater gesandt, ‚den Armen die frohe Botschaft zu bringen, zu heilen, die bedrückten Herzens sind' (Lk 19,10). In ähnlicher Weise umgibt die Kirche alle mit ihrer Liebe, die von menschlicher Schwachheit angefochten sind, ja in den Armen und Leidenden erkennt sie das Bild dessen, der sie gegründet hat und selbst ein Armer und Leidender war. Sie müht sich, deren Not zu

[32] Vgl. Joseph Ratzinger, Kirche, Ökumene und Politik. Neue Versuche zur Ekklesiologie, Einsiedeln 1987, 26: „Man bleibt dem Konzil nur dann treu, wenn man diese beiden Herzworte seiner Ekklesiologie, Sakrament und Volk Gottes, immer zusammen liest und zusammen denkt." – Vgl. auch die ekklesiologischen Überlegungen in: Margit Eckholt, Ohnedie Frauen ist keine Kirche zu machen. Der Aufbruch des Konzils und die Zeichen der Zeit, Ostfildern 2012.

erleichtern, und sucht Christus in ihnen zu dienen." (LG 8) Ein solcher Weg, im Horizont der Freiheit, bedeutet Einsicht in eigene und fremde Grenzen: zum einen Widerspruch zur Welt, Aufdeckung ihrer Sünde, ein Weg der Entäußerung und Erniedrigung; zum anderen gehört dazu die Einsicht in die eigene Erlösungsbedürftigkeit und in die eigene Sünde (LG 8), ebenso die Bereitschaft, vom Anderen und Fremden zu lernen und sich in der Begegnung mit dem Anderen herausfordern zu lassen.[33]

Die Kirchenkonstitution hat diese Gedanken nicht weiter vertieft; das ist dann in der Pastoralkonstitution und den Dokumenten zur Haltung der katholischen Kirche zu anderen Religionen und zur Religionsfreiheit, zur Mission und Ökumene erfolgt, und gerade darum haben diese Dokumente ekklesiologischen Stellenwert. Die Ekklesiologie des Konzils – eine Ekklesiologie der Weltkirche – kann nur in der Zusammenschau all' dieser Dokumente erarbeitet werden. In dem zitierten Text (LG 8), der beeinflusst ist von der Gruppe der „Kirche der Armen"[34], vor allem der Bischöfe aus den Kirchen des Südens, die sich auf dem Konzil vernetzt haben und im lebendigen Austausch auf dem Konzil in ein neues ortskirchliches Selbstverständnis der Kirche hineingewachsen sind, wird in besonderer Weise der Paradigmenwechsel der Ekklesiologie des Konzils deutlich. Die Kirche ist nicht die „societas perfecta", sondern ist Kirche – in den unterschiedlichen Formen ihrer „Entäußerung" bzw. „Inkarnation" in die Welt – in den Spuren Jesu Christi. Die Kirche stammt von Jesus Christus her und hat ihr Ziel in den Menschen, in ihrer Wirksamkeit für die Völker. Gerade im Dasein für die anderen, wenn sie den „Christus diakonos" repräsentiert, findet sie zu ihrer Identität, und als solche „diakonische Kirche" hat sie ihre geschicht-

[33] Die Überlegungen knüpfen an die Impulse Peter Hünermanns an: z. B. Ekklesiologie im Präsens; ders., Die sakramentale Struktur der Wirklichkeit. Auf dem Weg zu einem erneuerten Sakramentsverständnis, in: Herder Korrespondenz 36 (1982) 340–345.

[34] Vgl. dazu: Giuseppe Alberigo, Die Kirche der Armen. Von Johannes XXIII. zum Zweiten Vatikanischen Konzil , in: Mariano Delgado (Hg.), Blutende Hoffnung. Gustavo Gutiérrez zu Ehren, Luzern 2000, 67–88; Paul Gauthier, Les pauvres, Jésus et l'Eglise, Paris 1962 [dt. Ausgabe: Jesus und die Kirche, Graz 1964]; Yves Marie Congar, Pour une Église servante et pauvre, Paris 1963 [dt. Ausgabe: Für eine dienende und arme Kirche, Mainz 1966]; Marie-Dominique Chenu, „Kirche der Armen" auf dem Zweiten Vatikanischen Konzil, in: Concilium 13 (1977) 232–235; zum Katakombenpakt: Thomas Fornet-Ponse, Für eine arme Kirche! Der Katakombenpakt von 1965 als Beispiel der Entweltlichung, in: Stimmen der Zeit 230 (2012) 651–661; Norbert Arntz, „Für eine dienende und arme Kirche". Der Katakombenpakt als subversives Vermächtnis des II. Vaticanums, in: Gottfried Bitter u. a. (Hg.), Religion und Bildung in Kirche und Gesellschaft (FS Norbert Mette), Würzburg 2011, 297–307; Kurt Appel/Sebastian Pittl, Das Konzil am Grab. Das Grabmal Pauls VI. und der „Pakt der Katakomben" als Verständnishilfen für den ästhetischen Perspektivenwechsel des Konzils, in: Jan-Heiner Tück (Hg.), Erinnerung an die Zukunft. Das Zweite Vatikanische Konzil, Freiburg/Basel/Wien 2012, 303–316.

liche Berechtigung; das bedeutet dann Bekehrung, Erneuerung, Umkehr zum Reich Gottes, um nahe bei Gott und nahe den Menschen zu sein.

Jesus bezeugt in seinem Leben Gott; er lebt seine Zeit so, dass sie – in seiner Praxis bis hin zum Kreuzestod – auf Gott hin geöffnet wird. Darin bricht in ihm das Reich Gottes an, Wirklichkeit wird verwandelt, sie wird von Jesus so dargelegt und dargebracht, daß das Reich Gottes ansichtig wird. Jesu Sendung verdichtet sich in den konkreten Situationen seines Lebens; sie sind „Zeichen", die aus dem Mit-Sein mit anderen erwachsen – aus der Begegnung mit Menschen, die um Heilung bitten, die fragen, wie das Reich Gottes zu erlangen ist, mit Menschen auf seinen Wegen wie der kanaanäischen Frau, die ihn selbst zu einer neuen Weite führen (z.B. Mt 15,21–28). Die „Sendung" der Kirche gründet genau in dieser Lebendigkeit der Praxis Jesu – und das heißt für sie, dass ihre Sendung immer schon Sendung in der und für die Welt ist, daß in ihrem Vollzug ebenso Wirklichkeit verwandelt wird. Sie ist „Zeichen des Reiches Gottes" (H.-J. Pottmeyer) in dieser Welt – in den vielen Formen der Bezeugung ihres Herrn. Aus diesem Zeugnis, das im Hindurchgang durch die Nacht des Todes den Weg zum Ja geht und sich als Glauben an die in der Auferstehung jede Gebrochenheit überwindende Liebe zeigt, erwächst die Sakramentalität, die die Kirche zu einem Hoffnungszeichen für die Welt werden lässt, einer Brücke zwischen Tod und Leben. Genau diese sakramentale Dimension als Wesensdimension der Kirche bedeutet ein Aufbrechen der die katholische Kirche seit Reformation und Barockscholastik bestimmenden, an der Gestalt der „societas perfecta" angelehnten ekklesiologischen Modelle und damit auch einen ganz entscheidenden Einschnitt für die Ökumenediskussion. Die Polarisierung von sichtbarer Kirche (wie sie in Gestalten des Barockkatholizismus oft überbetont wurde) und unsichtbarer Kirche (vor allem in der reformierten Tradition) wird in der neuen sakramentalen Sicht der Kirche – wie sie bereits in den Studien Yves M.-J. Congars[35] erarbeitet wird – aufgebrochen. Die Kirche ist „Zeichen und Werkzeug für die innigste Vereinigung mit Gott wie für die Einheit der ganzen Menschheit" (LG 1), sie ist als Zeichen des Reiches Gottes unter den Völkern auf Gott und auf die Menschheit als ganze bezogen. In ihrer Bezogenheit auf den „Anderen" – Gott – ist die für die neue Ekklesiologie ganz wesentliche „Anerkennung der Anderen" grundgelegt.

Die Kirche versteht sich als das Volk Gottes, das in der Geschichte auf die verheißene „Einheit der ganzen Menschheit" (LG 1) hin wächst. Dieses Wachsen wird wesentlich dadurch bestimmt, dass die Kirche als das in der

[35] Yves-Marie Congar, Diversités et communion. Dossier historique et conclusion théologique, Paris 1982; ders., Dialogue between Christians. Catholic contributions to ecumenism, London/Dublin 1966.

Geschichte „wandernde“ Volk Gottes in immer dichterer Beziehung zu den vielen Völkern steht (vgl. LG 13–17). Kirche bestimmt sich so von ihren vielfältigen Kommunikationszusammenhängen her. Jesus Christus hat „aus Juden und Heiden ein Volk berufen, das nicht dem Fleische nach, sondern im Geiste zur Einheit zusammenwachsen und das neue Gottesvolk bilden sollte“. Die Kirche ist „für das ganze Menschengeschlecht die unzerstörbare Keimzelle der Einheit, der Hoffnung und des Heils“ (LG 9). Sie lebt in der Geschichte der Völker, ist als „Sakrament der Völker“ in die verschiedenen Geschichten der Völker „verwickelt“. In ihrer, in Jesus Christus grundgelegten Bezogenheit auf Gott und Mensch trägt diese Beziehung auf die Völker einen sakramentalen Charakter; die Kirche ist „Zeichen und Werkzeug“, das die vielen Geschichten in ihrer Vielfalt miteinander verbindet. Diese sakramentale Dimension als die die Kirche vor den anderen Völkern auszeichnende Dimension weist die Kirche zudem als „mehr“ als die Völker aus. In diesem „Mehr“ wird sie zum Bezugspunkt für die Völker im Blick auf das Heil des Menschen. Sie kann die Beziehungen der Völker „durchsichtig“ werden lassen auf die unvordenkliche Gabe des sich als unerschöpfliche Liebe erweisenden Gottes.

Im Bezug auf Gott und seine unüberbietbare Liebe, die in Jesus Christus in die Welt eingegangen und zum Heil für die Menschen geworden ist, sie zu „Freunden“ Gottes macht, so die Offenbarungskonstitution „Dei Verbum“ (DV 2), gründet die der Kirche im ganzen aufgegebene und sie strukturierende Sakramentalität. In der theologischen Argumentation, dass die Kirche, indem in ihr das Mysterium Jesu Christi, des Lichtes der Völker, aufleuchtet, auf Gott und den Menschen bezogen ist, wird der neue Horizont der ekklesiologischen Aussagen deutlich: d. h. Blick „nach innen“ und „nach außen“, auf Göttliches und Menschliches, sind in der Kirche aufeinander bezogen. In Analogie zum Mysterium des fleischgewordenen Wortes, in dem jede Brücke zwischen Göttlichem und Menschlichem gründet, wird in „Lumen Gentium“ 8 im Blick auf die Kirche formuliert: „Die mit hierarchischen Organen ausgestattete Gesellschaft und der geheimnisvolle Leib Christi, die sichtbare Versammlung und die geistliche Gemeinschaft, die irdische Kirche und die mit himmlischen Gaben beschenkte Kirche sind nicht als zwei verschiedene Größen zu betrachten, sondern bilden eine einzige komplexe Wirklichkeit, die aus menschlichem und göttlichem Element zusammenwächst.“ Die Sorge für das Heil – die transzendente Ausrichtung des Menschen – und das Wohl des Menschen – die Aufgaben der Kirche in der Gesellschaft, im Blick auf die verschiedenen Lebensformen der Menschen, die Kulturen und Religionen, auch auf die Ordnungen globaler Art, ihre Sorge um Einheit und Frieden im Rahmen einer technischen Weltgesellschaft – sind aufeinander bezogen. Die theologischen und ekklesiologischen Impulse von „Lumen Gentium" finden so ihre Fortsetzung in der Pastoralkonstitution über die „Kirche in der Welt von heute", im Dekret über die Mission, in der Erklärung zur Religionsfreiheit und der Erklärung zur Haltung der Kirche zu den anderen Religionen. Die Zeichenhaftigkeit der Kirche gestaltet sich auch vom Anderen her aus – von Welt und Kultur – und nimmt darin neue Züge an. Die Kirche findet – von Jesus Christus, dem Licht der Völker her – zu ihrem Wesen in der Einbindung in die vielfältigen Freiheitsgeschichten der Menschen.

Die Kirche wird als Welt-Kirche bestimmt

Die Kirche ist, so Marie-Dominique Chenu, auf dem Weg in die Welt auf dem Weg zu sich selbst.[36] „In der eigentümlichen Logik einer Gewissenserforschung", so Marie-Dominique Chenu, „fragt die Kirche bei der Suche nach sich selbst nach der Welt, um sie selbst zu sein."[37] Wenn von Welt-Kirche die Rede ist, so bedeutet dies: Die verschiedenen Lebensfelder, in denen der Mensch Welt gestaltet, die Probleme, die damit verbunden sind und die Fragen, die dem Menschen in der Weltgestaltung aufgehen, sind für die Kirche bei der Rückfrage nach sich selbst konstitutiv. „Welt-Kirche-Werden" heißt, dass Welt und Kultur für die Selbstbestimmung und Identitätsfindung der Kirche konstitutiv werden. Ermöglicht wird dies durch die Anerkennung der Welt in ihrer Eigenständigkeit und Säkularität; in der Pastoralkonstitution „Gaudium et Spes" ist von der „Autonomie der irdischen Wirklichkeiten" die Rede (GS 36); die mit der Moderne gegebenen Momente von Freiheit, Gleichheit, Demokratie werden nicht mehr verurteilt, vielmehr umgekehrt als Ausdruck der Realisierung des Menschen in seiner Würde gesehen. Die Kirche ist Kirche in der Welt von heute, und es entfalten sich vielfältige Beziehungen zwischen Kirche und Welt, und die Kirche wird sich immer mehr dessen bewusst, „wieviel sie selbst der Geschichte und Entwicklung der Menschheit verdankt" (GS 44).

Unter den Konzilstexten kommt vor allem der Pastoralkonstitution „Gaudium et Spes" entscheidende Bedeutung im Blick auf das Werden der Weltkirche zu: Gerade die spannungsreiche und spannende Textgeschichte auf dem Konzil selbst – „Gaudium et Spes" ist der zuletzt verabschiedete Text – ist Dokument des Ringens um das Werden der Weltkirche. Die Diskussionen um Gestalt und theologische Qualifizierung des Textes haben das ganze Konzil begleitet; in ihnen konkretisiert sich die von Johannes

[36] Vgl. Chenu, Volk Gottes in der Welt, 13.
[37] Chenu, Volk Gottes in der Welt, 13.

XXIII. und Kardinal Suenens aufgeworfene Frage nach dem Wirken der Kirche „ad extra“ und „ad intra“ und damit das Werden der Welt-Kirche.[38] In jüngeren Studien werden in einer akribischen Arbeit anhand der Konzilsakten, veröffentlichter Tagebücher usw. die Geschichte dieses Ringens nachgezeichnet. Der Werdeprozess reibt sich vor allem an der „Qualifizierung“ des Textes als Konstitution: 1. Kann einem Text, der auf „kontingente“ Fragen von Gesellschafts-, Wirtschafts- oder Friedensordnung eingeht, ein lehrmäßiger Charakter zukommen? 2. In den Vorlagen der ersten und zweiten Konzilsperiode wird zwischen Text und Adnexa unterschieden. Können die Adnexa, in denen eben genau diese „kontingenten“ Fragen verhandelt werden, zu einem Konzilstext werden? Kann ein solcher Text dann als „Konstitution“ qualifiziert werden?

Mit der Verabschiedung der Pastoralkonstitution am 7. Dezember 1965 treffen die Konzilsväter – nach den Diskussionen in der Konzilsaula, in den verschiedenen Kommissionen, aber auch nach dem Ränkespiel im Hintergrund – eine Entscheidung, die für den Aufbruch der Kirche von großer ekklesiologischer Brisanz ist: Ein Konzilstext wird als „Pastoralkonstitution“ deklariert – und das heißt: zum ersten Mal in der Geschichte der Kirche wird die Verbindung von Lehre und geschichtlich bedingten Elementen, von Lehre und Pastoral von einem Konzil als verbindlich erklärt. Die Konzilsväter knüpfen dabei – sicher auch in vielen Kompromissen – an das Grundanliegen Johannes XXIII. der Öffnung zur Welt, an sein „aggiornamento“ an, wie es in der Einberufungsbulle „Humanae Salutis“ (25.12. 1961) und in seiner Eröffnungsansprache zum Ausdruck kommt. Genau die darin deutlich werdende Suche nach neuen Ausdrucksformen christlichen Glaubens in der Gegenwart kontrastiert scharf mit der ersten Konzilsperiode. Von den 77 Schemata, die hier von der Vorbereitungskommission eingebracht wurden, weisen sich nur zwei durch soziale Fragestellungen aus. Zwischen den Prinzipien der Kirche und ihres Handelns und deren konkreten Anwendungen wird scharf getrennt. Anwendungen hätten, so die Diskussionen, keinen Ort in den Texten des Konzils selbst, sie könnten auch als „Sozialkatechismus“ nach Abschluss des Konzils veröffentlicht werden. In der zweiten und vor allem dritten Konzilsperiode wird jedoch – auch auf dem Hintergrund von „Pacem in terris“, dem Vermächtnis von Johannes XXIII. – ein Ringen um ein neues Verhältnis der Kirche zur Welt deutlich. Kardinal Suenens mit seinem programmatischen Entwurf eines Auftrages

[38] Vgl. Hans-Joachim Sander, Theologischer Kommentar zur Pastoralkonstitution über die Kirche in der Welt von heute *Gaudium et Spes*, in: Peter Hünermann/Bernd Jochen Hilberath (Hg.), Herders Theologischer Kommentar zum Zweiten Vatikanischen Konzil, Bd. 4, Freiburg/Basel/Wien 2005, 581–869.

der Kirche sowohl „ad extra“ als auch „ad intra“ und der Gruppe der „Kirche der Armen“, zu der vor allem Bischöfe aus dem Süden wie Dom Hélder Câmara gestoßen sind,[39] kommen besondere Bedeutung zu. Auf Grundlage eines Vorschlages von Kardinal Suenens wird der erste Züricher Text vorbereitet, der in das Schema XIII eingeht, das auf der 3. Konzilsperiode diskutiert wird. Im Zuge der Vorbereitung dieses Textes ist z. B. auch die Hilfestellung wichtig, die Lukas Vischer, damaliger Generalsekretär des ÖRK, der Arbeitsgruppe um Bischof Guano und Bischof Häring gibt – ein wichtiges Zeichen für die Bedeutung, die der Blick „vom anderen“ für die Kirche zu gewinnen beginnt. In diesen Arbeitsgruppen und Diskussionen werden so auch entscheidende Weichenstellungen gegeben für den ekklesiologischen Perspektivenwechsel des Konzils.

Schema XIII „De Ecclesia in mundo huius temporis“ ist ein Text in 4 Kapiteln (1 Berufung des Menschen; 2 Kirche als Dienerin Gottes und der Menschen; 3 Christen in der Welt; 4 Aufgaben der Christen in der Welt: Menschenwürde, Ehe, Familie, Kultur, Wirtschaft, die Menschengemeinschaft). Das Vorwort schlägt das Thema der „Zeichen der Zeit“ an; zu „Lumen Gentium“ ist in der Formel „Christus als Licht der Welt“ ein Bezug geknüpft. Dem Schema sind 5 Anhangkapitel („Adnexa“) beigefügt, in denen konkrete Fragestellungen zur Gesellschafts- und Wirtschaftsordnung, zu Fragen von Ehe und Familie und Fragen der internationalen Ordnung (Nord-Süd-Problematik, Friedensordnung) abgehandelt werden. Für den Verlauf der 3. Konzilsperiode und die Diskussionen um Schema XIII ist die Bildung von 2 Unterkommissionen entscheidend: eine theologische bzw. „dogmatische“ Unterkommission und eine Unterkommission „Zeichen der Zeit“, deren Mitglied Marie-Dominique Chenu ist. Ebenfalls gibt „Ecclesiam suam“, die Enzyklika von Paul VI. vom 6. 8. 1964, in der er vom Dialog als Weg der Wahrheitsfindung in der Kirche spricht, für den Verlauf der 3. Sessio wichtige Impulse, so dass am Ende der Sitzungsperiode die Frage des Status des Textes geklärt werden kann: Es handelt sich um eine „constitutio pastoralis“, die sich an alle Menschen richtet. Damit ist ein ganz entscheidender Weg gebahnt: Wenn die Kirche sich zu Fragen der Welt äußert, gehört genau dies auch zu ihrer Bestimmung als Kirche. Im auf der 4. Sessio bearbeiteten Text heißt es in der Anmerkung zum Titel: „Die Pastoralkonsitution über die Kirche in der Welt von heute besteht zwar aus zwei Teilen, bildet jedoch ein Ganzes. Sie wird ‚pastoral‘ genannt, weil sie, gestützt

[39] Vgl. dazu: Chenu, „Kirche der Armen“ auf dem Zweiten Vatikanischen Konzil; Gustavo Gutiérrez, Das Konzil und die Kirche in der Welt der Armut, in: Gotthard Fuchs/Andreas Lienkamp (Hg.), Visionen des Konzils. 30 Jahre Pastoralkonstitution „Die Kirche in der Welt von heute“, Münster 1997, 159–173.

auf Prinzipien der Lehre, das Verhältnis der Kirche zur Welt und zu den Menschen von heute darzustellen beabsichtigt. So fehlt weder im ersten Teil die pastorale Zielsetzung noch im zweiten Teil die lehrhafte Zielsetzung." Fragen der „Pastoral" bzw. „Soziallehre" haben nicht akzidentellen Charakter für das Wesen der Kirche, sie stehen im Kern christlichen Lehrens und Lebens. Sie sind nicht nur „Instruktionen", die die Kirche der Welt erteilt (so das alte Modell), vielmehr wächst die Lehre der Kirche aus dem beständigen Dialog mit der Welt. Die Kirche kann das ihr anvertraute Evangelium nur dadurch bewahren und in die Zukunft tragen, wenn sie – so Johannes XXIII. – die „Zeichen der Zeit", die vom Wirken des Geistes zeugen, wahrnimmt und sich darauf einlässt. Sie muss das Wort Gottes in der Sprache der jeweiligen Zeit auslegen. Das neue ekklesiologische Modell geht davon aus, dass der Geist überall, auch außerhalb der äußeren Grenzen der Kirche, wirkt. So muss die Kirche sich bei der Suche nach den „Zeichen der Zeit" auch mit der Welt auseinandersetzen – und das heißt konkret mit Fragen der Gesellschafts- und Wirtschaftsordnung, der Kultur und Politik usw., die im jeweiligen Moment anstehen. In „Pacem in terris" sprach Johannes XXIII. u. a. von Fragen, die aus der Arbeiterbewegung herrühren, von der neuen Stellung der Frau in der Gesellschaft, von entwicklungspolitischen Fragestellungen, der Nord-Süd-Problematik.

Die Kirche macht sich zu einer im „Heute" gegen-wärtigen Größe, indem sie sich die Lage der Menschheit vergegenwärtigt. Sie entdeckt die Gegenwart Gottes im Ringen der Menschen um ihre Menschwerdung. Genau dies ist in Kapitel 1 von GS (12–22) über die „Würde der menschlichen Person" im Blick. Die Kapitel 2 und 3 über die menschliche Gemeinschaft (23–32) und das menschliche Schaffen in der Welt (33–39) vertiefen diesen Ansatz. „Aggiornamento" heißt so Vergegenwärtigung des Glaubens unter den Menschen dieser Zeit – und das bedeutet auch, dass die Kirche, wie Bischof Schmitt (Metz) in einer Eingabe zu Schema XIII formuliert, neue missionarische Wege gehen muss: „In dieser Zeit ist die Stunde gekommen, neue Wege der Kirche zu suchen… Damit die Kirche missionarisch ist, muß sie in dem historischen Fortschreiten der Welt selbst existieren."[40] Genau dieses neue Verhältnis von Kirche und Welt wird in Kapitel 4 des ersten Hauptteils von „Gaudium et Spes" (40–45) entfaltet: Es handelt von der Hilfe, die die Welt von der Kirche erfährt, und umgekehrt von der Hilfe, welche die Kirche von der heutigen Welt erfährt. Art. 40 behandelt die Beziehung von Kirche und Welt und stellt fest, dass die Kirche

[40] Acta Synodalia Sacrosancti Concilii Oecumenici Vaticani Secundi, Volumen III, Periodus Tertia, Pars V, Congregationes Generales CIII-CXI (AS III/5), Rom: Typis Polyglottis Vaticanis, 1975, 408.

Kirche in und für die Welt ist; es wird betont, dass die Kirche ihrem Ursprung und Wesen nach zwar nicht welthaft ist, aber deshalb keineswegs weltabgewandt sein darf. Die Kirche geht vielmehr den Weg mit der gesamten Menschheitsfamilie zusammen und trägt bei zur humaneren Gestaltung der Welt. Dabei wird auch der geschichtliche Charakter der Kirche betont und ihr eigenes Versagen nicht kaschiert: „Die Kirche weiß auch, wie sehr sie selbst in ihrer lebendigen Beziehung zur Welt an der Erfahrung der Geschichte immerfort reifen muß." (Art. 43) Das wechselseitige Geben und Empfangen zwischen Kirche und Welt wird in Art. 44 vertieft: Aufgrund ihrer sichtbaren Struktur hat die Kirche die Möglichkeit, durch die Entwicklung des gesellschaftlichen Lebens bereichert zu werden, so dass sie ihrem missionarischen Auftrag besser gerecht werden kann. Im zweiten Hauptteil wird dieser Auftrag an konkreten Fragestellungen von Ehe und Familie, Kultur, Wirtschaft, Gesellschaft und Friedensordnung exemplifiziert. Betont wird die Verbundenheit der Kirche mit der ganzen Menschheitsfamilie; das Konzil richtet sich an alle Menschen, nicht nur an die Glieder der Kirche. Will Kirche in ihre Sendung heute hineinwachsen, muss sie die moderne Welt erfassen und verstehen, um auf die Fragen der Menschen nach dem Sinn des Lebens antworten zu können.

Aus den kurzen Anmerkungen zum Werden der Pastoralkonstitution kann deutlich werden, dass in „Gaudium et Spes" ein entscheidender Perspektivenwechsel in der Ekklesiologie und Theologie vollzogen wird: Die Kirche konstituiert sich auch über das „ad extra", über die vielen Wege „in der Welt". Wurde diese Außendimension vor allem in den Aufgabenbereichen von Pastoral, Soziallehre und Missionswissenschaften gestellt, so rückt das, was eher „am Rand" der Theologie verhandelt worden ist, nun in den „Kern" theologischen Arbeitens. Dogmatik und „Pastoral" (in einem weiten Verständnis) stehen in einem neuen inneren Zusammenhang.

Der Prozess des Welt-Kirche-Werdens auf dem 2. Vatikanischen Konzil ist in entscheidender Weise mit der neuen Haltung der Kirche der Moderne und der modernen Freiheitsgeschichte gegenüber verbunden: Der Antimodernismus der letzten Jahrhundertwende, die Abkapselung der Kirche von Welt und Geschichte, wird auf dem Konzil auf zweifache Weise überwunden: zum einen in der Öffnung für die Moderne und den sie auszeichnenden Freiheitsgedanken (entscheidende Marksteine bilden vor allem die beiden Dokumente „Dignitatis Humanae", die Erklärung über die Religionsfreiheit, und „Nostra Aetate", das Dekret über die nicht-christlichen Religionen), wodurch eine neue Teilnahme der Kirche am öffentlichen Leben möglich wird und sie sich selbst im Blick auf die die Moderne charakterisierenden Differenzierungsprozesse – in Wissenschaft, Gesellschaft, Wirtschaft und Politik – und die verschiedenen Freiheitsbewegungen – auf politischer Ebene die nach dem 2. Weltkrieg aufbrechenden Demokratisierungs- und Entkolonialisierungsprozesse – zu bestimmen lernt; und zum anderen in der Bezugnahme der Kirche auf die „eine Menschheit" – in all ihrer Vielfalt –, auf das – angesichts der neuen sozialen Frage, der wachsenden Schere von Arm und Reich, des Nord-Süd-Gefälles – konfliktreiche Zusammenwachsen der einen Menschheit. Die Konzilsväter können hier an die beiden, für die Soziallehre der Kirche entscheidenden Enzykliken „Mater et magistra" und „Pacem in terris", anknüpfen; Johannes XXIII. beobachtete mit Freude und Sorge das Entstehen der Völkergemeinschaft und sah im Dienst am Frieden einen wesentlichen Beitrag der Kirche in der neuen Weltkonstellation. Die Kirche beginnt, sich vom „anderen", vom Weltbezug her, zu verstehen. Auf diesem neuen Weg bricht dann auch ein neues weltkirchliches Bewusstsein auf, in dem die westlich-abendländische Gestalt der Kirche aufzubrechen beginnt und sich in den vielfältigen Inkulturationsprozessen in den Kirchen Lateinamerikas, Afrikas und Asiens das Gesicht einer Weltkirche auszugestalten beginnt – ein Prozess, den Rahner als Eintritt in einen neuen Abschnitt der Kirchengeschichte charakterisiert hat.[41]

Welt-Kirche und „Zeichen der Zeit"

Die Methode, die „Gaudium et Spes" in diesem Zusammenhang des Welt-Kirche-Werdens vorschlägt, ist eine je neue, dem jeweiligen Geschichtsmoment entsprechende und in einem Prozess der „Unterscheidung der Geister" durchzuführende Interpretation der „Zeichen der Zeit" (vgl. GS 4; 11). Am Anfang der Einführung (4–10) in die Pastoralkonstitution, in der die „Situation des Menschen in der heutigen Welt" beschrieben wird, und am Beginn des ersten Hauptteiles wird quasi als ein leitendes Motiv der Begriff der „Zeichen der Zeit" eingeführt. Der Kirche obliegt die „Pflicht, nach den Zeichen der Zeit zu forschen und sie im Licht des Evangeliums zu deuten" (4) bzw. das Volk Gottes muss sich darum bemühen, „in den Ereignissen, Bedürfnissen und Wünschen, die es zusammen mit den übrigen Menschen unserer Zeit teilt, zu unterscheiden, was darin wahre Zeichen der Gegenwart oder der Absicht Gottes sind" (11). Auch im Blick auf ihre eigene Sendung geht es für die Kirche darum, die Welt zu verstehen, die Veränderungen, die sie betreffen, zu erfassen und in dieser Geschichte ihren Auftrag zu bestim-

[41] Vgl. Karl Rahner, Theologische Grundinterpretation des II. Vatikanischen Konzils, in: Schriften zur Theologie, Bd. 14, Zürich/Einsiedeln/Köln, 287–302; ders., Die bleibende Bedeutung des II. Vatikanischen Konzils, in: Schriften zur Theologie, Bd. 14, 303–318.

men und zu ihrer Gestalt zu finden – ist Gott selbst doch den Weg in die Geschichte hinein gegangen. Die Veränderungen, die die Menschheit erlebt, betreffen und verändern auch die Kirche. So werden in den einführenden Passagen von „Gaudium et Spes“ die verschiedenen Probleme der Zeit benannt: Reichtum und Armut, Freiheit und Ideologie, das Zusammenwachsen der Menschheit (5), Solidarität und Spannungen in der Weltgesellschaft (8). Vor allem die wachsende Verflechtung der Menschen untereinander und die damit übereingehende Nord-Süd-Spannung ist eines der entscheidenden „Zeichen der Zeit“, in denen die Gegenwart Gottes – sein Ruf in der Geschichte – ansichtig wird. Die „Zeichen der Zeit“ weisen auf das hin, was den Menschen in seiner Tiefe angeht, was ihn in seiner Menschenwürde betrifft, für ihn Freude oder Leid ist. Eine Kirche, die Zeichen des Reiches Gottes ist, Zeichen und Werkzeug für die innigste Verbindung von Gott und Mensch (vgl. LG 1) ist auch bezogen auf die „Zeichen der Zeit“, die „‚Zeichen‘ der Zeit Gottes“, „die der profanen Wirklichkeit eingeprägt sind“[42] und in denen sich das Ereignis des Eingangs des göttlichen Wortes in die Geschichte ausdrückt. Mit dem Begriff der „Zeichen der Zeit“ knüpfen die Konzilsväter vor allem an „Pacem in terris“ an. Die einzelnen Kapitel der Enzyklika werden durch die „Zeichen der Zeit“ strukturiert: Johannes XXIII. entdeckt „Zeichen der Zeit“ auf den verschiedenen Ebenen menschlichen Zusammenlebens; die neue Arbeiterbewegung ist ein solches Zeichen, die Stellung der Frau in der Gesellschaft, die Befreiungsbewegungen und Entkolonialisierungsprozesse in der „dritten“ Welt, die Nord-Süd-Problematik. „Zeichen der Zeit“ sind für die Kirche Zeichen der Gegenwart Gottes in der Welt, die für ihre eigene Sendung konstitutiv sind und die sie genau auf dem Weg der „Entäußerung“ in die Welt hinein erkennen kann. Genau dort kann die Kirche aus Vertrautem herausgerufen und in Neues hineingeführt werden. „Der Christ, die Christen in der Kirche sollen mit aller Kraft des Verstandes und des Herzens in der Erschütterung durch das ‚Ereignis‘ in seiner unberechenbaren Neuheit die ‚Zeichen‘ der Zeit Gottes erkennen, die der profanen Wirklichkeit eingeprägt sind. …Sie werden die Überraschung erleben – die eine frohe Überraschung ist, wenn in ihren Herzen die brüderliche Liebe lebt –, daß die Gnade in den Nichtchristen wirkt“, so hat Marie-Dominique Chenu es bereits 1967 formuliert.[43] Gerade in der Erkenntnis der „Zeichen der Zeit“, in denen der Ruf Gottes in der Welt ansichtig wird, kann die Kirche selbst in der Zeit wachsen, in eine je größere „Katholizität“ hinein.

[42] Chenu, Volk Gottes in der Welt, 62.

[43] Chenu, Volk Gottes in der Welt, 62.

Es ist interessant, dass die ekklesiologischen Impulse von „Gaudium et Spes" eher in den Kirchen des Südens rezipiert worden sind als im deutschsprachigen Kontext,[44] gerade darum ist auch eine Relektüre des Rezeptionsprozesses des Konzils in den Kirchen des Südens im europäischen und nordatlantischen Kulturkreis von Bedeutung. Auf dem lateinamerikanischen Kontinent z. B. kam es in den Jahren nach dem Konzil zu einer solchen Interpretation der „Zeichen der Zeit"; die Generalversammlung des lateinamerikanischen Episkopats in Medellín (1968) hatte in beeindruckender Weise die vielfältige Gewalt kritisiert, durch Armut, durch politische Unterdrückung, durch soziale Exklusion und fehlende Bildungsmöglichkeiten. Das war der Anstoß für die Entfaltung der Theologien der Befreiung, die seit Ende der 60er Jahre in den verschiedenen Kontexten Lateinamerikas entstanden sind. Dabei sind diese Zeichen – wie die konkret gelebte Solidarität mit den Armen, Entrechteten und Verfolgten, der Einsatz für Menschenrechte und Menschenwürde – als Strukturprinzip für die „mutua relatio" von Welt und Kirche zu lesen. Es geht darum, den christlichen Glauben gerade in den Konflikten um die Menschwerdung des Menschen zu bestimmen. „In den Zeichen der Zeit", so Hans-Joachim Sander, „ringen Menschen um die Anerkennung ihrer Würde, die ihnen bestritten und beschnitten wird. Wer diese Zeichen benennt, legt frei, worin Menschen von Unmenschlichkeit gefährdet und zerstört werden… Wer diese Zeichen benennt, wird dazu genötigt, sich mit den Menschen zu solidarisieren, die in diesen Zeiterscheinungen um die Anerkennung ihrer Würde ringen."[45] Dieser Prozess, sich „vom anderen her" zu verstehen, hat vor allem in den Kirchen des Südens, den ehemaligen Missionskirchen eingesetzt. Die lateinamerikanische Kirche hat so z. B. auf der Konferenz von Medellín (1968) die „Zeichen" ihrer Zeit beim Namen genannt: Gewalt,

[44] Vgl. zur Diskussion um die schwierige Rezeption von „Gaudium et Spes" in Deutschland: Giuseppe Alberigo, Ekklesiologie im Werden. Bemerkungen zum „Pastoralkonzil" und zu den Beobachtern des II. Vatikanums, in: Ökumenische Rundschau 40 (1991) 109–128; Hünermann, Ekklesiologie im Präsens; Walter Kasper, Kirche – wohin gehst du? Die bleibende Bedeutung des II. Vatikanischen Konzils, Paderborn 1987; Karl Rahner, Das neue Bild der Kirche, in: Glaube und Leben 39 (1966) 4–24; Joseph Ratzinger, Die Ekklesiologie des Zweiten Vatikanischen Konzils. Anhang. Neuzeitliche Variationen des Volk-Gottes-Begriffs, in: ders., Kirche, Ökumene und Politik. Neue Versuche zur Ekklesiologie, Einsiedeln 1987, 13–34. – Die Stellungnahmen von Joseph Ratzinger sind untersucht in: Christian Bauer, Ortswechsel der Theologie. Marie-Dominique Chenu im Kontext seiner Programmschrift „Une école de théologie. Le Saulchoir", Bd. 2, Berlin 2010, 666–711.

[45] Sander, Theologischer Kommentar zur Pastoralkonstitution über die Kirche in der Welt von heute *Gaudium et Spes*, 868; ebenso: „In den Zeichen der Zeit treten Menschen aus dem Strom der Ereignisse heraus, die um die Anerkennung ihrer Würde ringen müssen; die Zeichen der Zeit sind deshalb auch nicht irgendwelche Zeiterscheinungen, sondern sozial, politisch, kulturell und religiös markiert." (717)

Armut, Menschenrechtsverletzungen in der lateinamerikanischen Gesellschaft. An der konfliktiven Geschichte der Kirche auf dem lateinamerikanischen Kontinent kann deutlich werden, daß der Prozess der Erkenntnis der Zeichen der Zeit, der Entäußerung der Kirche in die Welt hinein von großer Ambivalenz geprägt ist. Ein solcher Weg muss in einen steten Prozess der „Unterscheidung der Geister" eingebunden sein. In neuen Basisbewegungen, auf der Seite der Landlosen, der politisch Verfolgten, im Einsatz für die Rechte von Frauen, im Dialog der Religionen und der Friedensarbeit usw., in kirchlichen Basisgemeinschaften, in denen es neue Formen der Partizipation gibt, den Erfordernissen des Kontextes entsprechend, in denen auch Ordensfrauen zu Gemeindeleiterinnen werden oder gerade verheirateten Diakonen – wie in indianischen Gemeinden – große Bedeutung zukommt, wächst Kirche in ihr von Jesus Christus eröffnetes Wesen hinein, hier geschieht „Ekklesiogenesis". Das ereignet sich in gleicher Weise in den Kirchen des Nordens, wenn angesichts des Wegbrechens von traditionellen Kirchenbindungen neue Formen von Gemeinschaft entstehen und sich die europäische Kirche in einem neuen Sinn als „missionarisch" versteht.[46] „Die Praxis des Reiches Gottes", so der Tübinger Pastoraltheologe Ottmar Fuchs, „übersteigt die Grenzen der Kirche in erlebbarer Weise an eben diesen Übergängen. Die Kirchebildung ereignet sich dann hoffentlich im Zentrum der über sie hinausgehenden Vergeschichtlichung des Reiches Gottes, wofür sie sich ihrerseits selbst in den Dienst stellt. ... Solche Kirchenbildungen werden zu analogen Zeichen der Liebe Gottes unter den Menschen, weil sie darstellen, was sie benennen."[47] Genau das ist dann keine Kirche, die sich abschließt, sondern die in der immer wieder neuen „Entgrenzung"[48] nach außen und nach innen, der Öffnung auf „Anderes", auf „Fremdes", in ihr Eigenes wächst. Denn in den vielen Dialogen und Begegnungen – nach innen und nach außen – entdeckt Kirche den Gott des Lebens, der sich in Jesus Christus als Befreiung und Heil von Mensch und Welt geoffenbart hat.

[46] Vgl. Sekretariat der Deutschen Bischofskonferenz (Hg.), Den Glauben anbieten in der heutigen Gesellschaft. Brief an die Katholiken Frankreichs von 1996, Bonn 2000; Sekretariat der Deutschen Bischofskonferenz (Hg.), „Zeit zur Aussaat." Missionarisch Kirche sein, Bonn 2000; Joachim Wanke, Brief eines Bischofs aus den neuen Bundesländern über den Missionsauftrag der Kirche für Deutschland, in: Sekretariat der Deutschen Bischofskonferenz (Hg.), „Zeit zur Aussaat", 35–42; Christian Hennecke, Glänzende Aussichten. Wie Kirche über sich hinauswächst, Münster 2010.

[47] Aus pastoraltheologischer Perspektive weist Ottmar Fuchs darauf hin: Diakonia. Option für die Armen, in: Konferenz der bayerischen Pastoraltheologen (Hg.), Das Handeln der Kirche in der Welt von heute. Ein pastoraltheologischer Grundriß, München 1994, 114–144, hier: 139/140.

[48] Fuchs, Diakonia. Option für die Armen, 144.

Welt-Kirche-Werden und „Anerkennung der Anderen“

Im Begriff der „Zeichen der Zeit“ verdichtet sich das neue Verhältnis der Kirche zur Welt: Ihr neues Sich-vom-anderen-her-Verstehen kristallisiert sich vor allem in ihrem neuen Verhältnis zur Moderne und zur modernen Freiheitsgeschichte, wie es sich in der Anerkennung der Menschenrechte im Dekret über die Religionsfreiheit („Dignitatis Humanae“) ausdrückt oder auch in ihrem neuen Verhältnis zu anderen christlichen Konfessionen („Unitatis Redintegratio“, Dekret über den Ökumenismus) und zu anderen Religionen (Erklärung „Nostra Aetate“). Für die Kirche bedeutet dieses neue Selbstverständnis eine neue Präsenz in der Völkergemeinschaft (GS 89). In ihrer Sendung an alle Menschen ist die Kirche Zeichen für eine „weltweite Geschwisterlichkeit“ (GS 91; 92); in der zusammenwachsenden Welt besteht ihre Aufgabe darin, Menschen aller Nationen, Rassen und Kulturen in einem Geist zu vereinen. Wenn in ihr selbst die Liebe wirkt, kann sie Verheißung der Einheit und des Friedens für die Welt sein (GS 92; 93; 42). Genau hier verdichtet sich die sakramentale Dimension der Kirche. Sie steht im Kontext des immer neuen Aufbrechens in der Begegnung mit dem Anderen und in der Anerkennung des Anderen. In der Begegnung mit dem anderen kann die Kirche ihre eigene Bestimmung erkennen und kann, wie es auf seine Weise der Jesuit Michel de Certeau ausgedrückt hat, über den „Respekt anderen gegenüber“ und die „Gegenseitigkeit“ zu sich selbst und ihren Ursprüngen zurückgeführt werden.[49]

Diese „Anerkennung des Anderen“, zu der die katholische Kirche auf dem Konzil findet, wird von Franz-Xaver Kaufmann als „kopernikanische Wende“ bezeichnet: „Daß die Kirche sich nunmehr nicht mehr als Gegenüber (oder besser: ‚Oberhalb‘) zur ‚Welt‘, sondern selbst als an der Geschichte der Menschen teilhabende, sie bald beeinflussende, bald erleidende Größe versteht, bedeutet einen Perspektivenwechsel, der durchaus mit der Kopernikanischen Wende vergleichbar ist.“[50] Kaufmann fasst hier einen Großteil der Analysen des vom Konzil angestoßenen neuen Verhältnisses von Kirche und Welt zusammen. Kirche und Welt, Kirche und Kultur sind so ineinander verwoben, dass Kirche nicht nur die „magistra“ der Welt ist, nicht nur die die Welt „Erleidende“, sondern die von ihr Lernende und an ihr Wachsende.[51] In

[49] Michel de Certeau, De la participation au discernement, in: Christus 13 (1966) 518–537, hier: 529/530.

[50] Kaufmann, Zur Einführung, in: Kaufmann/Zingerle (Hg.), Vatikanum II und Modernisierung, 28.

[51] Vgl. GS 42: „... Hilfe, welche die Kirche der menschlichen Gemeinschaft bringen möchte“ und GS 44: „... Hilfe, welche die Kirche von der heutigen Welt erfährt“. Vgl. auch GS 45: „Während sie

„Gaudium et Spes“ wird auf unterschiedlichen Ebenen, im Blick auf den Menschen und die menschliche Gemeinschaft, im Blick auf die im und aus dem Zusammenleben erwachsenen Aufgaben des Menschen, immer jedoch mit Bezugnahme auf die „Humanisierung“ des Menschen in seiner Orientierung an Jesus Christus und die in ihm erfüllte Verheißung eines befreiten, erlösten und erfüllten Lebens für die Welt, die innere Verwobenheit und Aufeinanderbezogenheit von Kirche und Welt deutlich. Welt und Kirche, Kultur und Kirche sind so aufeinander bezogen – „Gaudium et Spes“ spricht von einer „mutua relatio“ (GS 40) –, dass im Blick auf die Bestimmung der Aufgaben der Kirche auch von Welt und Kultur ausgegangen werden kann.

Für die Kirche bedeutet dies vor allem, sich von ihren eigenen Kulturvorstellungen freizumachen. Kardinal Lercaro drückte dies in den Diskussionen über die Kulturthematik in der Pastoralkonstitution „Gaudium et Spes“ mit dem Gedanken der „Armut“ der Kirche im kulturellen Bereich aus.[52] Die Kirche muss sich von eigenen Kulturvorstellungen lösen, um in einer solchen „Armut“ frei zu werden für Den, der ihr eigener Grund ist, Jesus Christus. Dieses Arm- und Freiwerden ist dabei von einem Prozess der „Unterscheidung der Geister“ begleitet, Jesu Christi Geist in der „Welt“, in der Kultur und ihren unterschiedlichen Gestalten zu erkennen. Mit dieser, in der „Unterscheidung der Geister“ angelegten neuen Annäherung an die Kultur sind auch ein neues Missionsverständnis, ein neuer Ökumenismus und ein Hineinwachsen in eine „neue Katholizität“ verbunden – ein Aufbruch aus der Bindung der Kirche an die abendländische Form des Christentums. Was sich an neuen Fragen und Herausforderungen aus dem Dialog der Religionen oder der Ökumene ergibt, hat so Konsequenzen für die Ausgestaltung einer „inkulturierten“ Ekklesiologie. Die Impulse für eine weltoffene und diakonische Kirche setzen hier an: „Gaudium et Spes“ kommt – auch in der Zusammenschau mit den weiteren Dokumenten zur Mission und Ökumene, zum Dialog der Religionen und zur Religionsfreiheit – insofern ein entscheidender ekklesiologischer Charakter zu. Das ist ein theologisches Feld, das in der Nachkonzilszeit sicher zu wenig beackert worden ist. Auf die neuen – u. a. in der Studie von John Allen benannten – Herausforderungen am Beginn des 21. Jahrhunderts kann nur auf diesem Weg entsprechend geantwortet werden.

---

selbst der Welt hilft oder von dieser vieles empfängt, strebt die Kirche nach dem einen Ziel, nach der Ankunft des Reiches Gottes und der Verwirklichung des Heiles der ganzen Menschheit.“

[52] Vgl. den Kommentar von Roberto Tucci, Zweites Kapitel des zweiten Teils. Einleitung und Kommentar, in: LThK^2, Ergänzungsband 3, Freiburg/Basel/Wien 1986, 447–485, bes. 465/466.

Eine welt-offene Kirche – Desiderat unserer Zeit: Auf dem Weg zu einer neuen Katholizität

Die Ausgangsfrage der Überlegungen des ersten Teils der vorliegenden Publikation ist die nach dem neuen Kirche-Welt-Verhältnis. Nicht „Ver"- oder „Entweltlichung" ist angesagt, das ist die falsche Alternative. Kirche muss sich vielmehr je neu in die konkreten Lebensverhältnisse des Menschen inkarnieren, Kirche kann gar nicht anders als Welt-Kirche sein, und so geht es heute darum, wie die „Welthaftigkeit" von Kirche wachsen kann, wie sich die konkreten Gestalten und Lebensformen, die „Selbstvollzüge", die wir Kirche nennen, im komplexen Gefüge dieser Weltgesellschaft ausbilden können. In den Ortskirchen der Länder des Südens sind beeindruckende neue Formen dieses Kirche-Seins entstanden, und sie werden – auf unterschiedlichen Ebenen – auch weiter entwickelt. In den ortskirchlichen Gestalten von Pastoral und Theologie in Lateinamerika, Afrika und Asien sind ekklesiologische Überlegungen vorgelegt worden, die die Kirchen- und die Pastoralkonstitution verknüpfen und so Anregungen für eine Ekklesiologie der Welt-Kirche auch im europäischen und deutschsprachigen Kontext geben können. Sie tragen zu einer Inkulturation christlichen Glaubens bei, so dass Kirche Gott und den Menschen nahe sein kann. Eine „neue Evangelisierung", der Impuls der Bischofssynode, die in Erinnerung an die Eröffnung des 2. Vatikanischen Konzils vor fünfzig Jahren in Rom im Oktober 2012 tagte, ist nur auf diesen Wegen möglich.[53]

Auf dem kontinentalen lateinamerikanischen Kongress zur Erinnerung an das 2. Vatikanum in São Leopoldo im Oktober 2012 hat der Jesuit Marcelo Fernandes de Aquino, Rektor der Jesuitenuniversität Unisinos, am Anfang der Tagung deutlich gemacht, dass der Kongress sich als „Dienst an der Hermeneutik des Konzils" und als Erinnerung an die Prophetie des Konzils versteht und den Weg einer gemeinsamen „Unterscheidung der Geister im Heute" zu gehen beabsichtigt, in den Spuren des gekreuzigten und armen Jesus. Der Weg der lateinamerikanischen Konzilskirche war ein

[53] Vgl. Bischofssynode, 8. Ordentliche Generalversammlung. Die neue Evangelisierung für die Weitergabe des Glaubens. Lineamenta. Rom 07.03.2012, im Internet abrufbar unter: http://www.vatican.va/roman_curia/synod/documents/rc_synod_doc_20110202_lineamenta-xiii-assembly_ge.html (letzter Aufruf: 13.07.2015); Bischofssynode, 8. Ordentliche Generalversammlung. Die neue Evangelisierung für die Weitergabe des Glaubens. Instrumentum Laboris, Rom 19.06.2012, im Internet abrufbar unter: http://www.dbk.de/fileadmin/redaktion/diverse_downloads/Dossiers/Bischofssynode2012_INSTRUMENTUM-LABORIS.pdf (letzter Aufruf: 15.07.2015); dazu: Michael Sievernich SJ, Was ist neu an der „neuen Evangelisierung? Eine theologische Einordnung, in: Forum Weltkirche 3 (2012) 13–17; Felix Wilfred, Die Armen nicht vergessen! Theologische Reflexion zur Neuevangelisierung aus indischer Perspektive, in: Forum Weltkirche 3 (2012) 18–22.

Prozess einer beeindruckenden geistlichen Erneuerung, und so war es auch nicht Zufall, dass in mehreren Vorträgen auf dem Kongress an den 2011 verstorbenen belgisch-brasilianischen Theologen José Comblin erinnert wurde, der in seinen theologischen Impulsen immer wieder das Wirken des Geistes Gottes in den vielfältigen Lebenswirklichkeiten des armen Volkes in Lateinamerika herausgearbeitet hat und bereits seit Ende der 60er Jahre die Veränderungen des lateinamerikanischen Katholizismus in den Großstädten, durch das neue Selbstbewusstsein der indigenen Völker und ihre kulturellen und religiösen Traditionen und durch die Zunahme an pfingstlichen und evangelikalen Bewegungen beobachtet hatte.[54]

In den Kirchen des Südens hat das „Ereignis" Konzil in den unterschiedlichen kulturellen Kontexten in Lateinamerika, Afrika, Asien und Ozeanien eine eigene Geschichte der Rezeption ausgezeitigt, die geistliche und strukturelle Erneuerung der Kirche miteinander verbunden und erste Pisten ausgelegt hat, die ekklesiologischen Impulse des 2. Vatikanums zum Werden der Welt-Kirche zu konkretisieren. Gerade die Wirkungsgeschichte des 2. Vatikanums in den Kirchen Lateinamerikas, Afrikas und Asiens, die neuen kirchlichen und theologischen Aufbrüche, die von der wiederentdeckten Dynamik von Evangelium und Kultur angetrieben werden und sich in verschiedenen Formen „inkulturierten" Theologie- und Kirche-Seins niederschlagen, wird angestoßen duch das neue weltkirchliche Bewusstsein, das in „Gaudium et Spes" zum Ausdruck kommt. Aus Perspektive des „Südens" ist „Gaudium et Spes" das entscheidende Konzilsdokument, das vor allem dazu führt, die „Katholizität" der Kirche – eine der „notae ecclesiae", der Wesenseigenschaften der Kirche – neu durchzubuchstabieren. Die Kirche beginnt sich als Weltkirche zu verstehen, indem sie sich ihrer westlich-abendländischen Wurzeln und Ausprägung bewusst wird und auf die Welt in der Vielfalt ihrer Kulturen aufzubrechen beginnt. Das Konzil ist, so die These Karl Rahners, „der erste Akt in der Geschichte", „in dem die Weltkirche amtlich sich selbst als solche zu vollziehen begann. Im 19. und 20. Jahrhundert ist die Kirche langsam und tastend aus einer potentiellen Weltkirche eine aktuelle Weltkirche geworden, aus einer europäisch-abendländischen Kirche mit europäischen Exporten in alle Welt zu einer Weltkirche, die, wenn auch in sehr verschiedenem Intensitätsgrad, in aller Welt präsent ist, und zwar nicht mehr nur als europäisch-

[54] Vgl. z. B. José Comblin, Das Projekt von Aparecida, in: Missionszentrale der Franziskaner, Berichte, Dokumente, Kommentare 102 (2007) 35–47; Nikolaus Klein, Ein Kirchenlehrer Lateinamerikas, in: Stimmen der Zeit 229 (2011) 505 f; Luiz C. Susin/Jon Sobrino, Ein Weiser und Prophet. José Comblin (1923–2011), in: Concilium 47 (2011) 466–471. – Vgl. auch: Margit Eckholt, Nahe bei Gott und nahe bei den Armen. Das Konzilsjubiläum in Lateinamerika, in: Herder Korrespondenz 67 (2012) 24–29.

nordamerikanische Exportware."[55] Damit beginnt eine neue Epoche der Kirchengeschichte: Potentiell ist die Kirche bereits im Zeitalter der großen Entdeckungen, mit ihrer Ausbreitung in die amerikanischen, afrikanischen und asiatischen Kulturräume im 16. Jahrhundert zur „Weltkirche" geworden, es ist jedoch eine Weltkirche im europäisch-abendländischen Gewand, die auf die römische „Propaganda fidei" bezogen ist und von einem westlich-abendländischen Kulturverständnis geprägt ist. Das Weltkirche-Werden auf dem Konzil bedeutet einen entscheidenden Perspektivenwechsel, es ist verbunden mit dem „Wagnis eines wirklichen Neuanfangs im Bruch mit manchen uns selbstverständlichen Kontinuitäten"[56]. „Entweder sieht und anerkennt die Kirche diese wesentlichen Unterschiede der anderen Kulturen, in die hinein sie Weltkirche werden soll, und zieht aus dieser Anerkennung die notwendigen Konsequenzen mit einer paulinischen Kühnheit, oder sie bleibt westliche Kirche und verrät so letztlich den Sinn, den das II. Vatikanum gehabt hat."[57] Der Weg für dieses Weltkirche-Werden wird auf dem Konzil in der neuen Ekklesiologie der „Orts- bzw. Lokalkirchen" gebahnt. Die Kirche realisiert sich als Kirche in der jeweiligen Ortskirche, sie ist Weltkirche in der Vielzahl der Ortskirchen.[58]

Aus der neuen ortskirchlichen Perspektive und reflektiert duch die ortskirchlichen theologischen Entwicklungen rückt zum ersten Mal die westlich-abendländische Verfasstheit der Kirche ins Bewusstsein, deutlich wird die enge Bindung von Kirche und Glauben an eine ganz spezifische Kulturform, die westlich-abendländische – und dies im Blick auf die Organisationsform von Kirche, die verschiedenen Lebensformen des Glaubens und die Art und Weise, Theologie zu treiben. Was in postkolonialen Theoriebildungen der 50er Jahre im Blick auf die politischen und wirtschaftlichen Ordnungssysteme aufzubrechen beginnt, findet – zwar langsam – einen Widerhall in Theologie und Kirche. Das Konzil bleibt zwar von einem von der Aufklärung bestimmten Kulturverständnis geprägt. Aber

---

[55] Rahner, Die bleibende Bedeutung des II. Vatikanischen Konzils, in: Schriften zur Theologie, Bd. 14, Zürich/Einsiedeln/Köln 1980, 303–318, hier: 304.

[56] Karl Rahner, Theologische Grundinterpretation des II. Vatikanischen Konzils, in: Schriften zur Theologie, Bd. 14, 287–302, hier: 298.

[57] Karl Rahner, Theologische Grundinterpretation des II. Vatikanischen Konzils, 298.

[58] Zur Theologie der Ortskirchen: Ludwig Bertsch (Hg.), Was der Geist den Gemeinden sagt. Bausteine einer Ekklesiologie der Ortskirchen, Freiburg/Basel/Wien 1991; ders., Universale Kirche als Communio eclesiarum. Überlegungen zu einer spannungsgeladenen Neuorientierung in Ekklesiologie und Kirche, in: ThPQ 140 (1992) 109–115; Medard Kehl, Die Kirche. Eine katholische Ekklesiologie, Würzburg 1992, 214: Die Kirche „steht heute vor der epochalen Aufgabe, sich als die *eine* Kirche in den *vielen* Kirchen der Völker und Kulturen zu ‚inkarnieren' und damit den theologischen Gehalt der ‚Communio ecclesiarum' auch im realen Erscheinungsbild der Kirche zu bestätigen."

gerade in der Einsicht in die geschichtliche Verfasstheit des christlichen Glaubens bricht diese auf, und der Raum öffnet sich für ein neues Werden der Kirche: einer „lateinamerikanischen", „afrikanischen" oder „asiatischen" Kirche etc.. Befreiungstheologische Ansätze von der „Kehrseite der Geschichte" lassen eine Sensibilität für Kultur in ihrer Ambivalenz, für Konfliktivität und Gewalt, für die verschiedenen Brüche in der Geschichte wachsen, für die sich in unterschiedlichen Gestalten der Vergewaltigung von Menschenwürde und Menschenrechten zeigende Tragik im Grund der Geschichte. Gerade aus der Perspektive des Südens wird deutlich, dass die Entdeckung der „Neuen Welt" zu Beginn der Neuzeit auch eine „conquista" im Blick auf das Glaubensleben und die verschiedenen Gestalten von Wissenschaft und Denken in den neu „entdeckten" Kontinenten war und europäisch-abendländisches Denken nicht in der Lage war, die „Anderen" in ihrer Andersheit anzuerkennen. Mit der europäischen Moderne geht so eine Schuldgeschichte überein, die im Laufe der verschiedenen Kolonialgeschichten weiter gewachsen ist; in ihrer Tiefe liegt ein Bruch, der in den neuen Theologien Lateinamerikas, Afrikas und Asiens aufgedeckt wird und an der konkreten sozio-politischen und wirtschaftlichen Situation und der Zerstörung der kulturellen Identitäten in diesen Kontinenten aufgezeigt wird. Von der „Kehrseite der Geschichte" werden die Grenzen der Moderne aufgezeigt, ihr Janusgesicht; darin meldet sich aber auch die Hoffnung, dass auf diesem Weg Aufklärung und Moderne „durch die Anderen aufgeklärt und in ihrer Destruktivität gezügelt" werden können.[59]

Auf diesem Hintergrund werden im Folgenden ein paar Momente der „neuen Katholizität" benannt, wie sie sich bereits in den Texten des Konzils abzeichnen und in die die katholische Kirche in der bis heute andauernden Wirkungsgeschichte des Konzils hineinzuwachsen beginnt. Auf dem Hintergrund dieses Werdens müssen diese Momente daher auch als Momente „auf dem Weg" verstanden werden – und in einer Zeit des Umbruchs, des Perspektiven- und Paradigmenwechsels als Zeichen für eine Kirche zwischen Selbstvergewisserung, Infragestellung und Aufbruch.

Die Überlegungen setzen bei den Arbeiten von Gustave Thils, Charles Journet oder Yves Congar an, die bereits in der Vorkonzilszeit ein bloß quantitatives Verständnis von Katholizität aufgebrochen haben und Katholizität stärker „qualitativ", d. h. vom Gedanken der „Einheit in Vielfalt" her zu denken versuchen. Die Schwierigkeiten, die sich für die Kirche seit der

[59] Vgl. Paulo Suess, Über die Unfähigkeit der einen, sich der Andern zu erinnern, in: Edmund Arens (Hg.), Anerkennung der Anderen. Eine theologische Grunddimension interkultureller Kommunikation, Freiburg i.Br. 1995, 64–94, hier: 66. Zur Kritik der Eroberungsgeschichte Lateinamerika vgl. hier nur: Tzvetan Todorov, Die Eroberung Amerikas. Das Problem des Anderen, Frankfurt a.M. 1985.

Reformation mit dem Begriff „katholisch“ auftaten, der doch von seiner ursprünglichen Bedeutung auf ein „Ganzes“, „Umfassendes“ bezogen war in Absetzung von jeglichen „Partikularitäten“ (die, so Ignatius von Antiochien, mit den „Häretikern“ bzw. „Sektierern“ in Verbindung gebracht worden sind), spiegeln sich nun in den Debatten um den Begriff der „Einheit“ wider.[60] Wenn Kirche wesentlich als „Zeichen des Reiches Gottes“ und als „Sakrament der Völker“ verstanden wird und Kirche – mit Marie-Dominique Chenu gesprochen – auch auf dem Weg nach „außen“, zum „Fremden“, auf dem Weg zu sich selbst ist, so muss diese Verknüpfung von Katholizität und Einheit neu durchbuchstabiert werden. „Katholisch“ wird in einer – im Zuge der Globalisierungsprozesse enger zusammenwachsenden „einen“ Welt – an den Gedanken von Pluralität, einer in je unterschiedlichen Inkulturationsprozessen Gestalt annehmenden Kirche, geknüpft. Der US-amerikanische Missionswissenschaftler Robert Schreiter spricht in diesem Zusammenhang von einer „neuen Katholizität“; er sieht in einer neuen Bestimmung der Katholizität eine Chance für die Fundierung von ortskirchlichen Theologien: „Es scheint mir, daß das Konzept der *Katholizität* ein theologisches Konzept sein kann, das am ehesten geeignet ist, eine theologische Sicht von der Theologie zwischen dem Globalen und dem Lokalen in einer weltweiten Kirche zu entwickeln.“[61]

Katholizität als „Hoffnungsdimension“

Für eine Kirche, die sich als Zeichen des Reiches Gottes versteht und für die der Weg in die Fremde ein Weg zu sich selbst ist, impliziert „katholisch“ eine Hoffungsdimension: Die Kirche ist bleibend auf dem Weg zu ihrer Verheißung: Sie „ist“ katholisch in ihrem „Werden“. Die Kirche ist je neu durch „Anderes“ herausgefordert, sie selbst zu werden. „Katholisch“ weist auf den „eschatologischen“ Charakter des wahren Kirche-Seins hin; „wahre“ Kirche

---

[60] Vgl. zu den „Kennzeichen der Kirche“: Peter Steinacker, Die Kennzeichen der Kirche. Eine Studie zu ihrer Einheit, Heiligkeit, Katholizität und Apostolizität, Berlin/New York 1982; Gustave Thils, L‘après-Vatican II – Un nouvel âge de l'Eglise?, Louvain-la-Neuve 1985; Paul Tihon, Pour une nouvelle „catholicité“ ecclésiale, in: Recherches de Science Religieuse 86 (1998) 123–142. Zur „traditionellen“ Bestimmung der Katholizität: Charles Journet, Théologie de l'Eglise, Paris 1958/1987, 368: „L'unité catholique, ou catholicité, c'est L'Eglise, en tant que rassemblant, dans la communion d'une même foi, d'une meme espérance, d'une meme charité cultuelle, sacramentelle, orientée (voilà l'unité), la dispersion de l'humanité déchue (voilà la diversité).“ Vgl. auch: Yves-Marie Congar, Die Wesenseigenschaften der Kirche, in: Johannes Feiner/Magnus Löhrer (Hg.), Mysterium Salutis, Bd. 4/1, Einsiedeln/Zürich/Köln 1972, 357–502, bes. 478–502. Die Qualität der Katholizität bestimmt sich „kraft ihres göttlichen Ursprungs und ihres Herrn Jesus Christus“ (487).

[61] Robert Schreiter, Die neue Katholizität. Globalisierung und die Theologie, Frankfurt a.M. 1997, 206.

zu sein ist „Gabe und Aufgabe“ für die Kirche.[62] Die Kirche ist als in der Geschichte wanderndes Volk Gottes bleibend auf dem Weg zu ihrer wahren „Katholizität“.

Katholizität und „Anerkennungsverhältnis“

Erhält so das „Andere“ eine wesentliche Bedeutung in der Selbstbestimmung der Kirche, wird allen Abgrenzungsstrategien der Grund entzogen. Kirche muss immer wieder neu aufbrechen, die Botschaft des Heils zum Leben werden zu lassen, und dabei auch die Herausforderungen des fremden Anderen annehmen. „Katholisch“ muss unter Rückbezug auf den Begriff der „Anerkennung der Anderen“ aus Anerkennungsverhältnissen verstanden werden. In der Kirchenkonstitution „Lumen Gentium“ (LG 8) ist z. B. formuliert: Die eine, heilige, katholische und apostolische Kirche „ist verwirklicht“ – „subsistit“ – in der katholischen Kirche: „Das schließt nicht aus, daß außerhalb ihres Gefüges vielfältige Elemente der Heiligung und der Wahrheit zu finden sind, die als der Kirche Christi eigene Gaben auf die katholische Einheit hindrängen.“

Katholizität und „Pluralismus“

Katholisch ist nicht mehr die „Universalkirche“, vielmehr die „Weltkirche“: d. h. Katholizität und Pluralismus (nach außen und nach innen) sind in ganz entscheidender Weise zusammenzudenken. Die Kirche ist katholisch in einer durch die vielfältigsten Pluralisierungs- und Differenzierungsprozesse charakterisierten Welt, die wiederum auf die Kirche selbst zurückwirken. Katholizität realisiert sich je konkret in einer unausschöpfbaren Vielfalt. In den verschiedenen, je neuen Inkulturationsprozessen wächst die Kirche in ihre Katholizität hinein. Mit dem Konzil hat der Prozess eines Weltkirche-Werdens begonnen, der Aufbruch aus einer westlich-abendländischen Kirche zu einer „polyzentrischen Weltkirche“ (J.B. Metz), die bis heute im Werden ist.[63]

Katholizität und „Einheit“

Ein solches Verständnis von Katholizität modifiziert die in der Katholizität implizierte Einheitsvorstellung: Einheit realisiert sich in verschiedensten Kommunikationsprozessen, in denen es genau um die „Anerkennung der

[62] Hermann Josef Pottmeyer, Die Frage nach der wahren Kirche, in: Walter Kern/Hermann Josef Pottmeyer/Max Seckler (Hg.), Handbuch der Fundamentaltheologie, Bd. 3, Feiburg/Basel/Wien 1986, 212–241, hier: 219.

[63] Johann Baptst Metz, Im Aufbruch zu einer kulturell polyzentrischen Weltkirche, in: Franz-Xaver Kaufmann/Johann Baptist Metz, Zukunftsfähigkeit. Suchbewegungen im Christentum, Freiburg i. Br.1987.

Anderen" geht. Im Konzil ist dies angelegt im Gedanken der „communio"[64] – einer Kommunikation auf verschiedensten Ebenen: der Ortskirchen untereinander, der Ortskirchen mit dem Bischof von Rom, der verschiedenen Charismen usw. in der Kirche, eine Kommunikation mit den anderen christlichen Kirchen, den nicht-christlichen Religionen, der modernen Welt usw. Die Einheit kann so als ein neues Miteinander, eine „neue Ökumeine", verstanden werden. Katholisch und „ökumenisch" (in diesem weiten Sinn der auf die ganze Menschheit bezogenen Kommunikationsprozesse; vgl. LG 13) werden komplementär. Die Kirche ist auf dem Weg zu einer neuen und größeren Einigkeit, wie es auch in jüngeren interkonfessionellen Gesprächen anerkannt wird.[65]

Katholizität und „qualifizierte" Communio

Die Kirche ist „katholisch" in der Einheit, die aus der Gemeinschaft und dem Miteinander der vielen erwächst. Dieses Miteinander ist ein Geschehen, eine Praxis der „Anerkennung des Anderen", die sich in verschiedenen Formen von Subsidiarität und Solidarität realisiert. Katholizität ist so keine unbestimmte Wesenseigenschaft der Kirche. Es geht um die Förderung jedes einzelnen, sich in seiner je eigenen Freiheit realisieren zu können (d.h. Subsidiarität), und den Beistand dort, wo der einzelne nicht mehr allein weiter kommt (Solidarität). Eine in der je konkreten „Option für die Armen" sich qualifizierende „interekklesiale Solidarität" (vgl. hier LG 23), wie sie z. B. auf der Amerika-Synode im Dezember 1997 ausdrücklich formuliert worden ist, und wie sie auch ein Grundprinzip der kirchlichen Hilfswerke ist, ist eines der wesentlichen Charakteristika für eine wirklich katholische Kirche. Nur über einen verstärkten Nord-Süd- und Ost-West-Dialog, aber auch den heute verstärkt anstehenden Süd-Süd-Dialogen kann die katholische Kirche wirklich katholisch werden.

Katholizität und „Versöhnungsarbeit"

Gerade weil sich die Kirche als Weltkirche auf dem Weg ihrer Katholizität in der Geschichte befindet, weil sie auf dem Weg in die Welt hinein auf dem Weg zu sich selbst ist, ist Katholizität zutiefst vom „bleibenden Konfliktcharakter zwischen Glaube und Welt"[66] geprägt. Die Praxis der Nachfolge in einer von Gewalt und Menschenrechtsverletzungen usw. geprägten Welt

---

[64] Siegfried Wiedenhofer bestimmt Katholizität als „Ganzheit und Fülle durch Austausch und Kommunikation": Das katholische Kirchenverständnis, Graz 1992, 279.

[65] Vgl. Pottmeyer, Die Frage nach der wahren Kirche, 216: „In der Fragestellung nach der wahren Kirche gilt es deshalb, die bereits gegebene Einheit inmitten der gespaltenen Christenheit wiederzuentdecken, um von da aus auf eine größere Einigkeit auszugreifen."

[66] Johann Baptist Metz, Zur Theologie der Welt, Mainz [5]1985, 76.

beinhaltet, auf das Kreuz Christi in der Geschichte zu stoßen und aus der den Tod überwindenden Liebe Gottes alle Praktiken von Gewalt anzuprangern und Wege der Versöhnung zu suchen. Schuld, Schuldigwerden, Umkehr und Versöhnung sind Momente, die den Weg in der Welt in ganz entscheidender Weise prägen. Für die Katholizität der Kirche bedeutet dies ein Doppeltes: Die Kirche wird „katholisch" in einer Welt der Menschenrechtsverletzungen, der Nord-Süd-Spannungen usw. genau dann, wenn sie mit zur „Versöhnungsarbeit" beiträgt, indem sie jegliche Verletzung der „Anerkennung des Anderen" anprangert und jede Ausgrenzung – ob sozialer, wirtschaftlicher, rassischer, ethnischer, geschlechtlicher usw. Art – kritisiert.[67]

Auf der anderen Seite bedeutet dieses Weltkirche-Werden für die Kirche auch die Einsicht in das eigene Schuldigwerden. Auf dem Konzil wurde an den Gedanken der „ecclesia semper reformanda" angeknüpft. „Bis es aber einen neuen Himmel und eine neue Erde gibt, in denen die Gerechtigkeit wohnt (vgl. 2 Petr 3,13)," so die Kirchenkonstitution „Lumen Gentium" (LG 48) in ihren Ausführungen zum „endzeitlichen Charakter der Kirche", „trägt die pilgernde Kirche in ihren Sakramenten und Einrichtungen, die noch zu dieser Weltzeit gehören, die Gestalt dieser Welt, die vergeht, und zählt selbst so zu der Schöpfung, die bis jetzt noch seufzt und in Wehen liegt und die Offenbarung der Kinder Gottes erwartet (vgl. Röm 8, 19–22)." Das heißt für die Kirche, dass sie selbst „zugleich heilig und stets der Reinigung bedürftig" ist und immerfort den „Weg der Buße und Erneuerung" geht (LG 8).[68] Im Konzil ist diese Einsicht in die eigenen Grenzen, Schatten und Unangepasstheiten zwar angelegt, entfaltet wird dieser Gedanke in den letzten Jahren des Pontifikats von Johannes Paul II. (vgl. hier „Tertio millenio adveniente", 1994, und das Schuldbekenntnis in seinem Schreiben am Beginn des neuen Jahrtausends „Novo Milenio Ineunte" am 6. Januar 2001) und zuletzt von Papst Franziskus, der in seiner Ansprache vor den sozialen Bewegungen in Santa Curz de la Sierra (Bolivien) am 9. Juli 2015 mit sehr deutlichen Worten den Kolonialismus in Vergangenheit und Gegenwart

[67] Vgl. hier z. B. die 2. Europäische Ökumenische Versammlung in Graz: Felix Senn (Hg.), Widerstehen und Befreien. Versöhnung in friedlosen Verhältnissen. Eine Handreichung zur Weiterarbeit am Thema der Zweiten Europäischen Ökumenischen Versammlung in Graz 1997, Luzern 1998; Konrad Raiser, Die Welt im 21. Jahrhundert. Herausforderungen an die Kirchen, in: Carmen Krieg u. a. (Hg.), Die Theologie auf dem Weg in das dritte Jahrtausend. Festschrift für Jürgen Moltmann zum 70. Geburtstag, Gütersloh 1996, 13–24, hier: 20: „Die Herausforderung, die unseren Schritt ins 21. Jahrhundert begleitet, wird es sein, die Kirchen als vitalen Teil der zivilen Gesellschaft zu verstehen, die die potentiell exklusiven Ansprüche von Kultur, rassischer Abstammung oder ethnischer Loyalität überwindet."

[68] Vgl. z. B. Giuseppe Alberigo, Chiesa santa e peccatrice. Conversione della chiesa?, Magnano 1997.

anprangerte und die eingeborenen Völker um Verzeihen bat: „Wir sagen also *Nein* zu den alten und neuen Formen der Kolonialisierung. Wir sagen *Ja* zur Begegnung von Völkern und Kulturen. Selig, die für den Frieden arbeiten. *Und hier möchte ich bei einem wichtigen Thema innehalten.* Es könnte nämlich jemand mit Recht sagen: ‚Wenn der Papst von Kolonialismus redet, vergisst er gewisse Handlungen der Kirche.' Ich sage Ihnen mit Bedauern: Im Namen Gottes sind viele und schwere Sünden gegen die Ureinwohner Amerikas begangen worden. Das haben meine Vorgänger eingestanden, das hat der CELAM, der Lateinamerikanische Bischofsrat, gesagt, und auch ich möchte es sagen. Wie Johannes Paul II. bitte ich, dass die Kirche – ich zitiere – ‚vor Gott niederkniet und von ihm Vergebung für die Sünden ihrer Kinder aus Vergangenheit und Gegenwart erfleht'. Ich will Ihnen sagen – und ich möchte dabei ganz freimütig sein, wie es der heilige Johannes Paul II. war –: *Ich bitte demütig um Vergebung*, nicht nur für die von der eigenen Kirche begangenen Sünden, sondern für die Verbrechen gegen die Urbevölkerungen während der sogenannten Eroberung Amerikas. Gemeinsam mit dieser Bitte um Vergebung möchte ich, um gerecht zu sein, auch, dass wir uns an Tausende von Priestern und Bischöfen erinnern, die sich mit der Kraft des Kreuzes entschieden der Logik des Schwertes widersetzt haben. Es gab Sünde, es gab sie, und zwar reichlich, wir aber haben nicht um Vergebung gebeten, und deshalb bitten wir um Vergebung, bitte ich um Vergebung. Doch auch dort, wo es Sünde gab, wo es reichlich Sünde gab, ist die Gnade überreich geworden (vgl. Röm 5,20) durch diese Männer, die das Recht der Urbevölkerungen verteidigt haben."[69]

Der ekklesiologische Neuansatz des Konzils verdichtet sich in der – an der Friedensvision des himmlischen Jerusalems orientierten – „neuen Katholizität" und „neuen Ökumene": Die Kirche versteht sich als „Sakrament der Völker"; das Wachsen der Kirche in der Geschichte als das sichtbare Mysterium des Reiches Gottes, getragen von der Hoffnung auf die eschatologische Verheißung des Reiches Gottes, ist auf die Menschheit im Gesamten, auf die eine Menschheit, auf die Völkergemeinschaft bezogen. Das Wie ihrer Bezogenheit gründet im Geschehen der Inkarnation, der Menschwerdung des göttlichen Wortes zum Heil der Welt, zur Aussöhnung der gebrochenen Menschheit. So wie die Sakramente eine Brücke zwischen Tod und Leben bilden, so lässt die Kirche in ihrer Sakramentalität in der Gebrochenheit der Welt die Verheißung von Einheit und Aussöhnung wachsen. In ihr wird die Welt in der Vielzahl der Völker, in ihrer Ge-

[69] Ansprache von Papst Franziskus auf dem Messegelände „Expo Feria", Santa Cruz de la Sierra (Bolivien), Donnerstag, 9. Juli 2015: Übersetzung zitiert nach: http://www.itpol.de/?p=1804 (letzter Aufruf: 11.08.2015).

brochenheit und Fragmentarität, durchsichtig gemacht auf die – so die Prophezeiungen des Jesaja (Jes 2,2–4 u.a.) – verheißene Einheit und den verheißenen Frieden. In der Geschichte ist dies ein Prozess, ein Wachsen in die je größere Zukunft. Von hier her lässt sich der Gedanke der „Mission" neu entfalten. Die Kirche ist in ihrem Wesen zutiefst „missionarisch" – und dies vor allem in ihrem Dienst der Versöhnung in Welt und Geschichte und der „Sorge für das gemeinsame Haus" und ihrem Einsatz für eine „integrale Ökologie", wie es Papst Franziskus in seiner Enzyklika „Laudato Si" (2015) ausgedrückt hat.[70] In genau diesem Sinn knüpft der Papst fünfzig Jahre nach dem 2. Vatikanischen Konzil an die Konzilspäpste Johannes XXIII. und Paul VI. an und gestaltet er in der lebendigen Tradition des Konzils in der Hoffnung auf die „Kirche der Zukunft" die Kirche unserer Gegenwart.

[70] Vgl. LG 9: Gerade dann ist „dieses messianische Volk, obwohl es tatsächlich nicht alle Menschen umfaßt und gar oft als kleine Herde erscheint, für das ganze Menschengeschlecht die unzerstörbare Keimzelle der Einheit, der Hoffnung und des Heils. Von Christus als Gemeinschaft des Lebens, der Liebe und der Wahrheit gestiftet, wird es von ihm auch als Werkzeug der Erlösung angenommen und als Licht der Welt und Salz der Erde (vgl. Mt 5,13–16) in alle Welt gesandt." Vgl. Papst Franziskus, Enzyklika *Laudato Si*, hg. vom Sekretariat der Deutschen Bischofskonferenz, Bonn 2015, bes. Kapitel 4 „Eine ganzheitliche Ökologie" (137–162).

Eigenes und Fremdes – Grenzen überschreiten: Eine kreative Fortschreibung Melchior Canos für den Dialog der Kulturen

Melchior Cano gehört zu den Begründern der dogmatischen Theologie am Beginn der Moderne, der dogmatische Theologie im Sinne einer „Kunst des Denkens der Geschichte"[71]bestimmt hat – für seine Zeit etwas „Revolutionäres". Melchior Cano war Kind einer Zeit, die durch verschiedene „Brüche" geprägt war, den Bruch der Reformation, die Aufbrüche der Entdecker neuer Welten, die Brüche der verschiedenen Eroberungsgeschichten, eine Zeit, die selbst Aufbruch in „Neues" bedeutete: beginnende Moderne. Von dort her kann der Blick auf Cano auch heute zu denken geben, in Zeiten, in denen vielleicht alte Brüche heilen, sich gleichzeitig doch neue auftun angesichts der Entstehung einer globalen Weltgesellschaft mit einer zunehmenden klaffenden Schere zwischen Arm und Reich und Verteilungskämpfen um den gerechten Zugang zu Grundnahrungsmitteln und notwendigen Ressourcen wie Wasser und Land. Die Kirche war zu Zeiten Canos gefragt – so wie sie heute gefragt ist –, ihr Selbstverständnis auf neue Weise zu bestimmen; gerade darum ist die beginnende Moderne auch der Gründungsmoment für die dogmatische Reflexion auf die Kirche, für die Ekklesiologie. Melchior Cano stand am Beginn einer neuen Zeit; er hat es verstanden, diese Zeit „zu denken" und von dort her das Selbstverständnis von Kirche zu erschließen. Das macht ihn – auch wenn unsere Zeiten und Fragen andere sind – für unsere „Neu-zeiten" so spannend. Genau an diesem Punkt setzt meine These einer „kreativen Fortschreibung" der Methodenlehre Melchior Canos an.[72]

Auch wir befinden uns – wie Cano am Beginn der Moderne – am Beginn neuer Zeiten. Wie bei jedem tiefgreifenden Epochenwechsel hat dieses Neue bereits begonnen und gleichzeitig ist es noch am Beginnen. In unserer postmodernen Moderne schält sich das Neue nur in einer gesteigerten Auseinandersetzung mit der Moderne, wie sie gerade auch die postkolonialen Ansätze der Gegenwart formulieren[73], und den mit ihr verbundenen Implikationen – Freiheit, Demokratie, Religionsfreiheit, Autonomie aller

[71] Elmar Klinger, Ekklesiologie der Neuzeit. Grundlegung bei Melchior Cano und Entwicklung bis zum 2. Vatikanischen Konzil, Freiburg i. Br. 1978, 19.

[72] Vgl. dazu: Margit Eckholt, Lo propio y lo ajeno – traspasar límites. Una actualización creativa de Melchor Cano para el diálogo entre las culturas, in: Aníbal Fornari/Carlos Pérez Zavala/Jutta H. Wester (Hg.), La razón en tiempos difíciles. Homenaje a Dorando J. Michelini, Río Cuarto 2010, 447–468; dies., Poetik der Kultur. Bausteine einer interkulturellen dogmatischen Methodenlehre, Freiburg i.Br. 2002, 363–423.

[73] Vgl. z.B. Andreas Nehring/Simon Tielesch (Hg.), Postkoloniale Theologien. Bibelhermeneutische und kulturwissenschaftliche Beiträge, Stuttgart 2013.

Sachbereiche der Kultur, Dialog von Konfessionen und Religionen usw. – heraus.[74] Aus einer ekklesiologischen Perspektive sind die ortskirchlichen Entwicklungen in der Nachkonzilszeit und die Ausgestaltung von kontextuellen Theologien in den verschiedenen Kontinenten, in Lateinamerika, Afrika und Asien, ein Indiz für diesen Epochenwandel; der Wandel selbst greift tiefer, es ist ein globaler Kulturwandel in einer Tiefendimension der Veränderung von Denkprozessen, den ich – angeleitet von Denkern wie Bernhard Welte, Paul Ricoeur, Michel de Certeau, Gerhard Oexle, Raúl Fornet-Betancourt, Bernhard Waldenfels – mit dem Begriff der „Kultur" charakterisiere.[75] Prozesse wie diese hat Marie-Dominique Chenu als ein „Ereignis des Geistes"[76] beschrieben, das eine „Renaissance" einleitet, ein Neuwerden der Formen, in denen Denken die Wirklichkeit zu erfassen und gestalten sucht und damit auch der Formen, in denen hinein sich der Glaube, das Angerührtwerden der tiefsten Wirklichkeit des Menschen durch den Geist Gottes entfaltet. „Kultur" verstehe ich als ein Konzept, das wie die Begriffe Kosmos und Geschichte eine Epochenumschreibung ist.[77] Die Antike und das Mittelalter sind von der Idee des Kosmos geprägt, die Moderne wird über den Begriff der Geschichte charakterisiert. Melchior Cano hat es verstanden, die neuen „Zeichen der Zeit" zu denken und der Glaubensreflexion über die Feststellung der „Autorität der Geschichte" als theologischem Ort neue Wege zu erschließen. Seine Methodenlehre ist insofern eine Antwort auf den Kulturwandel seiner Zeit gewesen, und genau darum muss theologische Methodenlehre auch heute, am Beginn einer neuen Epoche, neue Wege erschließen und so Kirche zu einer Selbstbestimmung in diesen neuen Zeiten verhelfen. Wenn ich Kultur als einen neuen „theologischen Ort" bezeichne, ist dieser Ort in gewisser Weise aus dem theologischen Ort der Geschichte erwachsen und „entlassen". Geschichte ist ein zutiefst europäischer Begriff, der heute aus diesem „Eurozentrismus" aufbrechen muss in

[74] Es wird bewusst von „postmoderner Moderne" bzw. „gebrochener Moderne" gesprochen: Aus Perspektive des Südens wird die Postmoderne negativ betrachtet; viele Errungenschaften der Moderne sind noch nicht „angekommen", insofern bestehe die Gefahr, dass postmodernes Denken, so der chilenische Theologe Juan Noemi, auf Denk- und Lebensfiguren der Vormoderne zurückgreife: Juan Noemi, Die Anfrage der modernen Vernunft an die Kirche. Eine Annäherung von der Situation Lateinamerikas her, in: Bernhard Fraling/Helmut Hoping/Juan Carlos Scannone (Hg.), Kirche und Theologie im kulturellen Dialog. Für Peter Hünermann, Freiburg/Basel/Wien 1994, 43–60; ders., Postmodernismo y postmodernidad en teología, in: Stromata 51 (1995) 287–299.

[75] Vgl. dazu im Einzelnen: Margit Eckholt, Poetik der Kultur. Bausteine einer interkulturellen dogmatischen Methodenlehre, Freiburg i.Br. 2002.

[76] Vgl. Marie-Dominique Chenu, Une école de théologie. Le Saulchoir, Paris 1985, z.B. 124; ders., Vorwort, in: Tharcisius Tshibangu, Théologie comme science au XXème siècle, Kinshasa 1980, 8.

[77] Vgl. Eckholt, Poetik der Kultur, Kapitel 8.1, 427–442.

eine neue Gestalt von Universalität. Bernhard Waldenfels hat zurecht festgestellt, dass – wenn wir die Kantschen Kategorien von Zeit und Raum als wesentliche Grundkonstanten des Denkens und der Wirklichkeitserschließung voraussetzen – die Raumorientierung heute stärker von Bedeutung wird.[78] In Zeiten zunehmender Migration und Flüchtlingsströme kommen feste Orte abhanden und werden Grenzräume und Warteräume zu den Orten, an denen sich die vielen und vielfältigen Geschichten unserer Zeit kreuzen und an denen sich die Weltgeschichte entscheiden wird. „Dies bedeutet", so Waldenfels, „mehr als das relativierende Zugeständnis an eine faktische Pluralität von Welten, da die Erfahrung sich selbst von Grund auf pluralisiert."[79] Das Wahrnehmen einer Pluralität von Orten und das Wandern „zwischen den Welten", die notwendige Grenzüberschreitung zwischen Eigenem und Fremdem gehören zu den neuen Grundaspekten des Denkens und auch zu einem Glaubensverständnis, das seine „Weltkirchlichkeit" entdeckt. „Von Eigenem und Fremden – Grenzen überschreiten", das ist die entscheidende Grunderfahrung der neuen Epoche, in die wir hineinwachsen und die ich mit dem Stichwort „Kultur" charakterisieren möchte.

Die gegenwärtigen Zeiten sind spannende Zeiten, in denen sich entscheiden wird, welche Zukunft christlicher Glaube haben wird, ob dem Geist Gottes und seiner Dynamik und Weite, wie sie auf der Schöpfung lag, wie sie das Volk Israel begleitet hat, wie sie in Jesus von Nazareth und dem anbrechenden Reich Gottes zum Zukunftshorizont der Welt geworden ist, Orte auch in unseren neuen Zeiten bereitet werden. Die theologischen Entwicklungen der Nachkonzilszeit, gerade in den Ländern des Südens, sind eine theologische Antwort auf den Aufbruch des Konzils. Die Missionswissenschaften haben auch im europäischen Kontext auf dem Hintergrund dieser neuen „Zeichen der Zeit" entsprechende Methodiken – Hermeneutiken des Dialogs, der Interkulturalität, der Begegnung mit dem Fremden usw. – entwickelt, sie sind aber ein Randfach geblieben und ihre neuen methodischen Impulse sind von den „klassischen" theologischen Disziplinen nicht aufgegriffen worden. Die kontextuellen theologischen Entwicklungen sind teilweise ausgebremst worden, und die These Karl Rahners von

[78] Vgl. zum Raum-Denken: Stephan Günzel, Vom Raum zum Ort – und zurück, in: Annika Schlitte/Thomas Hünefeldt/Daniel Romic/Joost van Loon (Hg.), Philosophie des Ortes. Reflexionen zum Spatial Turn in den Sozial- und Kulturwissenschaften, Bielefeld 2014, 24–44; Marc Augé, Nicht-Orte, München 2010; in postkolonialer Perspektive: Edward Said, Imaginative Geography and Its Representations. Orientalizing the Oriental, New York 1979; Homi Bhabha, The Location of Culture, Abingdon 2004; Jonathan Rutherford, The Third Space. Interview with Homi Bhabha, in: ders. (Hg), Identity. Community, Culture, Difference, London 1990, 207–221.

[79] Bernhard Waldenfels, Topographie des Fremden. Studien zur Phänomenologie des Fremden, Bd. 1, Frankfurt a.M. 1997, 66.

einem neuen weltkirchlichen Aufbruch, für den das Konzil ein Beginn darstellt[80], ist immer wieder angefragt worden. Und doch formuliere ich – allen neuen „Provinzialismen" zum Trotz – die These von einem bis in die Tiefe der Denkprozesse hineinreichenden Kulturwandel, der nicht nur weltkirchliche Entwicklungen betrifft, sondern gerade auch die tiefgreifenden Umgestaltungen im europäischen kirchlichen Kontext in der Ökumene, dem Dialog der Religionen, angesichts der Präsenz von Migrantinnen und Migranten usw.. Gerade hier kann der Blick auf Melchior Cano hilfreich sein: Er hat angesichts der Umbrüche in Gesellschaft, Kultur und Kirche seiner Zeit eine neue theologische Methodik vorgelegt, die – sicher in Kontinuität zu Grundbestimmungen der „ratio theologica", die ein Thomas von Aquin gegeben hat – Theologie in der Moderne hat ankommen lassen. Von ihm kann gelernt werden, welche Bedeutung einer dogmatischen Methodenlehre in solchen Umbruchzeiten zukommt. Walter Kasper hat bereits 1988 das Fehlen grundlegender methodischer Arbeiten in der Theologie angemahnt: „... die offenen und die schwelenden Krisen und Konflikte der nachkonziliaren Theologie" haben „letztlich in einer weitverbreiteten Unklarheit über Status und Methode der Theologie ihre Wurzeln... Die weitere Diskussion über die Methode der Theologie wird deshalb für die Zukunft der Theologie von vitaler Bedeutung sein."[81]

Die folgenden Überlegungen knüpfen an meine Forschungsarbeit „Poetik der Kultur. Bausteine einer interkulturellen dogmatischen Methodenlehre" (2002) an. Auf dem Hintergrund des genannten – und im folgenden auch noch weiter zu explizierenden – Kulturwandels der Gegenwart geht es mir um eine kreative Fortschreibung der „loci-theologici"-Lehre Melchior Canos. Wenn ich dabei Kultur als einen neuen „theologischen Ort" formuliere, soll die in unseren neuen Zeiten notwendige Vermittlung von Fremdem und Eigenem für den theologischen Erkenntnisprozeß in den Blick genommen werden. Die „Außenspiegelung" wird zu einem konstitutiven Bestandteil theologischer Reflexion, damit sind Fragen des interkulturellen und interreligiösen Dialogs, des Dialogs der Theologie mit den vielen Wissenschaften des Humanen und der Kultur, der Blick auf die Vielfalt von Lebensformen und Praxisgestalten des Menschen, auch ein neues Wahrnehmen der vielen „Subjekte" – von Männern und Frauen, Jungen und Alten usw. – ein wesentlicher Bestandteil der Suche nach For-

[80] Vgl. Karl Rahner, Theologische Grundinterpretation des II. Vatikanischen Konzils, in: Schriften zur Theologie, Bd. 14, Zürich/Einsiedeln/Köln, 287–302; ders., Die bleibende Bedeutung des II. Vatikanischen Konzils, in: Schriften zur Theologie, Bd. 14, 303–318.

[81] Walter Kasper, Die Wissenschaftspraxis der Theologie, in: Walter Kern/Hermann Josef Pottmeyer/Max Seckler (Hg.), Handbuch der Fundamentaltheologie, Bd. 4, Freiburg/Basel/Wien 1988, 242–277, hier: 258/259.

men einer auch wissenschaftlich verantworteten Gott-Rede im Heute. Der gelebte Glaube in seiner geschichtlichen und kulturellen Dynamik, der sich in einer je neuen Aneignung der Tradition, aber auch im Lernen mit und von anderen seine entsprechenden Formen sucht und darin kulturgestaltend werden kann, wird auf diese Weise neu in den Blick genommen.

Die Methodenreflexion Melchior Canos ist in eine ganz spezifische Gestalt von Kirche und ekklesiologische Reflexion eingebunden; hier haben sich die Koordinaten durch das 2. Vatikanische Konzil in entscheidender Weise geändert. Der Versuch einer kreativen Fortschreibung der Methodenlehre Canos knüpft an die ekklesiologischen Impulse an, die das 2. Vatikanische Konzil bedeutet hat und wie sie vor allem von Marie-Dominique Chenu und Karl Rahner interpretiert worden sind, Impulse, die auch in den neuen Kommentaren der Konzilstexte, die von Peter Hünermann und Bernd Jochen Hilberath herausgegeben worden sind[82], einen Ausdruck gefunden haben. Mit dem Konzil hat die Kirche – so die leitende These – zu einem neuen Selbstverständnis als Welt-Kirche – gefunden, sowohl im Sinne einer Kirche in der Vielfalt der Kulturen als auch im Sinne einer sich immer auch von Welt und Kultur her verstehenden und vollziehenden Kirche. Wenn von Welt-Kirche die Rede ist, erhält die Beziehung, die zum „Anderen" und „Fremden" – konkret der Moderne in ihren autonomen Kultursachbereichen, ihren Gesellschafts- und Wirtschaftsformen, dem neuzeitlichen Atheismus, den christlichen Konfessionen und den nicht-christlichen Religionen – aufgenommen wird, für Kirche und Theologie einen neuen Stellenwert. Die Kirche versteht sich nicht mehr im „Gegenüber" zur Welt, sondern als Kirche „in" Welt. Die „participatio", die gegenseitige Teilhabe, wird zum neuen Leitmotiv für das Verhältnis Kirche – Welt. Gegründet ist dies im Ursprungsereignis des christlichen Glaubens: In Jesus Christus, dem Mensch gewordenen Gottessohn, ist die Kirche als „Sakrament der Völker" und „Sakrament des Geistes" an die gesamte Menschheitsgeschichte gebunden, an den Menschen in seiner Einzigkeit und Gesamtheit.[83] Das ist der theologische – christologische – Grund für die vielen Aufbrüche der Nachkonzilszeit, für das Wahrnehmen des Kulturwandels aus einer ekklesiologischen und theologischen Perspektive: Die

[82] Vgl. Peter Hünermann/Bernd-Jochen Hilberath (Hg.), Herders Theologischer Kommentar zum Zweiten Vatikanischen Konzil, Bde. 1–5, Freiburg/Basel/Wien 2004–2006.

[83] Michel de Certeau unterstreicht in seinem Aufsatz „De la participation au discernement. Tâche chrétienne après Vatican II" (in: Christus 13 (1966) 518–537) den Aspekt der „participatio": Die Kirche ist das „sacramentum unitatis" – „'liée', par le Christ, à l'histoire entière de l'homme et à 'l'homme considéré dans son unité et sa totalité'." (520) Es ist eine „participation à une relation qui soit pour l'Eglise (et pour chaque chrétien) une expérience 'en esprit et en vérité'. Quelle expérience? Celle d'une altérité, nécessaire et pourtant irréductible, qui appelle un retour à soi, mais un retour qui est le geste, toujours recommencé, d'exister soi-même en se convertissant à la vérité qu'on professait déjà." (528)

„lebendige Tradition“ der Kirche wächst über den europäischen Kontext hinaus, und in den vielen neuen Geschichten, die in die Kirche einbrechen, bahnt sich eine neue Katholizität und Ökumene an. Eine solche „Horizontverschiebung“ ist etwas zuhöchst „Evangelisches“, das aus der Vergegenwärtigung des Evangeliums im Geist Gottes in der Vielfalt der Kulturen erwächst. Für die Theologie, die in diesen neuen geschichtlich-gesellschaftlichen und kulturellen Kontexten ihre Aufgaben der Glaubensreflexion bestimmen muss, ist dies in der Tiefe ein „metanoia-Prozess“. Es gibt keine Theologie, so Marie-Dominique Chenu, „ohne neue Geburt“, die Theologie ist der mit der jeweiligen Zeit „solidarische“ Glaube, und genau darin liegen „metanoia“, Bruch und Aufbruch der Theologie begründet.[84]

Im Folgenden werde ich zunächst den Ausgangspunkt meiner kreativen Fortschreibung der „loci-theologici“-Lehre Melchior Canos klarstellen und von dort ausgehend einige Momente dieser Fortschreibung benennen, wobei sich diese Perspektive auf die These der Kultur als neuem „locus alienus“ verdichten wird.

Referenzpunkt: Neue Interpretationen der loci-theologici-Lehre Melchior Canos nach dem 2. Vatikanischen Konzil

Der spanische Dominikanertheologe Melchior Cano hat in seinem posthum 1563 veröffentlichten Werk „De locis theologicis“ den Versuch unternommen, den Prozess theologischer Erkenntnis zu strukturieren. Vor dem Hintergrund der Umbruchsprozesse des Humanismus, in denen geschichtliche Quellen neu erschlossen werden, erhält die Frage „nach dem theoretischen Status historischer Quellen in der Theologie – man wird später erst von positiver Theologie sprechen – … eine solche Dringlichkeit, daß die Reflexion darauf zu Veränderungen führt, die rückblickend als der theologische Beitrag einer epochalen Weiterentwicklung des Wissenschaftsbegriffs aufgefaßt wird“.[85] Genau in diesem Zusammenhang spre-

[84] Vgl. Chenu, Une école de théologie, 136. – Vgl. auch Bernard Lonergan, Theologie im Pluralismus heutiger Kulturen, Freiburg/Basel/Wien 1975, 181/182.

[85] Paul Petzel, Was uns an Gott fehlt, wenn uns die Juden fehlen. Eine erkenntnistheologische Studie, Mainz 1994, 65. – Folgende Überlegungen beziehen sich auf: Eckholt, Poetik der Kultur, Kapitel 7.2, 363–415. Es wird Bezug genommen auf folgende Arbeiten zur „loci-theologici“-Lehre Canos: Peter Hünermann, Dogmatik – Topische Dialektik des Glaubens, in: Michael Kessler/Wolfhart Pannenberg/Hermann Josef Pottmeyer (Hg.), Fides quaerens intellectum. Beiträge zur Fundamentaltheologie, Tübingen/Basel 1992, 577–592; Bernhard Körner, Melchior Cano, De locis theologicis. Ein Beitrag zur theologischen Erkenntnislehre, Graz 1994; Karl Lehmann, Dogmengeschichte als Topologie des Glaubens. Programmskizze für einen Neuansatz, in: Werner Löser/Karl Lehmann/Matthias Lutz-Bachmann (Hg.), Dog-

chen Elmar Klinger oder Peter Hünermann von Cano als dem Begründer der dogmatischen Theologie im modernen Sinn. Cano geht es darum, in angefragten Zeiten Normen und Kriterien für die rechte Tradition, für die Überlieferung des Wortes Gottes zu bestimmen, und er formuliert darum, in Anlehnung an die aristotelische Topik, aber gleichzeitig unter dem Einfluss der humanistischen Rhetorialdialektik eines Rudolph Agricola (dessen Werk „De inventione dialectica" wurde 1554 in Burgos gedruckt), „Orte", „topoi", die „für den Theologen eine methodische Hilfe zur Auffindung jeweils geeigneter argumenta" auf dem Weg theologischer Erkenntnisgewinnung darstellen sollen.[86] „Er wendet die ‚inventio dialectica' voll auf die neue Gestalt der Theologie an, die durch die Grundlagenkrise der scholastischen Methodologie, durch die wachsende Bedeutung historischer Erkenntnisse, durch die Ausbildung der ‚theologischen Qualifikationen' und nicht zuletzt durch die theologische Herausforderung der Reformation vor neuen Fragen stand. Grundfrage ist nun: Wie kann das geschichtliche Zeugnis des Glaubens Grundlage für die Theologie sein?"[87] Wie in der Rhetorialdialektik überwiegt für Cano – im Gegensatz zur logischen Ausrichtung der Topik im Mittelalter – ein praktisches Interesse bei der Abfassung seiner Methodenlehre. Cano übernimmt die zu seiner Zeit „klassische" Definition der „loci" als „sedes argumenta"; die „loci" sind „quasi argumentorum sedes et notae" bzw. „tamquam domicilia omnium argumentorum theologicorum".[88] Cano formuliert zehn „loci", wobei er zwi-

---

mengeschichte und katholische Theologie, Würzburg 1985, 513–528; Hermann Josef Pottmeyer, Normen, Kriterien und Strukturen der Überlieferung, in: Kern/Pottmeyer/Seckler (Hg.), Handbuch der Fundamentaltheologie, Bd. 4, 124–152; Max Seckler, Die ekklesiologische Bedeutung des Systems der „loci theologici". Erkenntnistheoretische Katholizität und strukturale Weisheit, in: Walter Baier u. a. (Hg.), Weisheit Gottes – Weisheit der Welt (FS J. Ratzinger), St. Ottilien 1987, 37–65, wiederabgedruckt in der Aufsatzsammlung: Die schiefen Wände des Lehrhauses, Freiburg/Basel/Wien 1988, 79–104; ders., Die Communio-Ekklesiologie, die theologische Methode und die Loci-theologici-Lehre Melchior Canos, in: Theologische Quartalschrift 187 (2007) 1–20. – Vgl. auch die jüngste Studie von Bernhard Körner: Orte des Glaubens – loci theologici. Studien zur theologischen Erkenntnislehre, Würzburg 2014.

[86] Körner, Melchior Cano, 147. – Vgl. zur Geschichte der Topik: Petzel, Was uns an Gott fehlt, 57–64; Berthold Emrich, Topik und Topoi, in: Peter Jehn (Hg.), Toposforschung. Eine Dokumentation, Frankfurt a. M. 1972, 90–120, hier 91: Es geht Aristoteles in der Topik, die er im 5. Teil des Organon zwischen Apodiktik und Sophistik abhandelt, darum, „eine Methode zu finden, nach der wir über jedes aufgestellte Problem aus wahrscheinlichen Sätzen Schlüsse bilden können und, wenn wir selbst Rede stehen sollen, in keine Widersprüche geraten."

[87] Lehmann, Dogmengeschichte als Topologie des Glaubens, 522.

[88] Vgl. Melchior Cano, De locis theologicis, Rom 1890, LT I.III.1; Körner verweist auf die Unterschiede im mittelalterlichen und humanistischen Verständnis der Topik: Während die Topik im Mittelalter Teil und sogar Grundlage der Logik darstellt, wird im Humanismus das praktisch-rhetorische Interesse wieder stärker betont und an Cicero angeknüpft. Die loci

schen „loci proprii“ (wozu Schrift und apostolische Tradition, die Autorität der katholischen Kirche, der Konzilien und der römischen Kirche, der Kirchenväter und Theologen gehören) und „loci alieni“ (dazu zählen die „ratio naturalis“, die Autorität der Philosophen und der menschlichen Geschichte) unterscheidet; beide sind jedoch, darauf weist Max Seckler in seinen Studien zur loci-Lehre Canos hin, theologische Orte.[89] Aus den „loci“ kann der Theologe „*Argumentationsmöglichkeiten* (argumenta) *gewinnen* ..., die ihrerseits zur argumentativen Bekräftigung von Glaubensaussagen dienen können bzw. zur Widerlegung von Meinungen, die dem Glauben widersprechen.“[90] „... so schlagen wir bestimmte partikulare Orte der Theologie vor, die den gesamten theologischen Argumentationsbereich darstellen, aus dem heraus die Theologen alle ihre Argumentationen finden, sei es zum Bestätigen oder zum Zurückweisen.“[91]

Die zehn verschiedenen Orte, die Cano absteckt, bilden gerade in ihrem Zusammenspiel das Gesamt des Überlieferungsgeschehens aus. Sie sind – so Bernhard Körner – „Verbürgungszusammenhänge“, nicht „Begriffszusammenhänge“ oder Sätze, in denen die Wahrheiten des Glaubens enthalten sind, wie es bei Thomas von Aquin z. B. Aufgabe der Glaubensartikel war.[92] „Vergleicht man Melchior Canos Konzeption mit der aristotelischen Topik und der mittelalterlichen bzw. humanistischen Ausprägung ihrer Wirkungsgeschichte, dann erscheint es als sinnvoll, Canos Verweis auf Aristoteles im Zusammenhang mit der Charakterisierung der loci eher als einen Hinweis auf eine Aristoteles verpflichtete Tradition, und nicht sosehr als einen Hinweis auf Aristoteles selbst zu verstehen. Anders gesagt: Die historisch hinreichend gesicherte Tatsache, daß an der Artistenfakultät zur Zeit Canos die Ausbildung in der Dialektik einerseits auf einem Schulbuch und andererseits auf der Lektüre des Aristoteles selbst basiert, läßt es als naheliegend erscheinen, daß auch Cano Aristoteles mit den Augen des Petrus Hispanus und später des Rudolph Agricola gelesen und verstanden hat – wie

dienen dann der „Auffindung der argumenta, nicht deren Konfirmierung“ (Körner, Melchior Cano, 146).

89 Cano, De locis theologicis, LT I.III.2–11. Vgl. dazu auch Pottmeyer, Normen, Kriterien und Strukturen der Überlieferung, 133: „So sind die ‚loci‘ Dokumentationsbereiche und Bezeugungsinstanzen wie Heilige Schrift, Kirche oder Konzilien, die als Heimstätten (‚domicilia‘) der theologischen Argumente bezeichnet werden.“ – Seckler, Die Communio-Ekklesiologie, 9.

90 Körner, Melchior Cano, 384.

91 Cano, De loci theologicis, LT I, 3, 2a (zitiert nach Hans-Joachim Sander, Das Außen des Glaubens – eine Autorität der Theologie. Das Differenzprinzip in den Loci Theologici des Melchior Cano, in: Hildegund Keul/Hans-Joachim Sander (Hg.), Das Volk Gottes. Ein Ort der Befreiung, Würzburg 1998, 240–258, hier: 242).

92 Körner, Melchior Cano, 147.

es ja z. B. in der Theologiegeschichte auch eine Berufung auf Thomas gibt, ohne daß die Differenz zwischen dem Aquinaten und seinen Interpreten deklariert wird. Aus dem unmittelbaren Kontext ergibt sich außerdem, daß Cano mit der Nennung des Stagiriten im Gegensatz zu Melanchthon und anderen protestantischen und katholischen Autoren einen ganz bestimmten Typ von loci in Anspruch nehmen will – es geht ihm nicht nur um ihre ordnend-klassifizierende, sondern auch um ihre inventorische Funktion: ‚Sie sollen nicht die *gefundenen* Wahrheiten ordnen helfen und ihre leichte Einprägung und Wiederauffindung erleichtern, sie sollen vielmehr die erste Auffindung und die theologische *Rechtfertigung* der theologischen Prinzipien ermöglichen.‘“[93] Gerade angesichts der Herausforderungen durch die Quellenstudien den theoretischen Status der Theologie zu wahren und ihr neue Argumentationsmöglichkeiten zu schaffen, bedeutet für Cano, „gleichsam transzendental“ die Frage „nach den Möglichkeitsbedingungen einer nach Maßgabe seiner Zeit wissenschaftlichen Theologie“ zu stellen.[94] Darum ist – gerade neben der Referenz auf die verschiedenen „Autoritäten“ – der Vernunftstatus von Theologie für Cano von Bedeutung. Theologie existiert „nicht ohne die Vernunft jeweiliger Natur. ... Wer daher die natürliche Vernunft aus dem Vollzug der Theologie entfernen will, nimmt der Theologie die Möglichkeit der Auseinandersetzungen, ohne die gleichwohl weder unterschieden noch begriffen werden kann, was irgendwann die Wahrheit ist. Deshalb steht fest und bin ich der Meinung, daß den Theologen im Gespräch unter sich die Vernunft unerläßlich ist.“[95] Gerade die „loci alieni“, die Cano in ihrem Gesamt auf die „ratio naturalis“ bezieht, stehen für diese Rationalitätserfordernis der Theologie, wobei der entscheidende, die Theologie in die Zukunft führende Schritt für Cano darin besteht, die Geschichte in diesen Argumentationszusammenhang einzubeziehen.

Melchior Canos Werk wurde mehrere Jahrhunderte lang als das Standardwerk in der theologischen Methodenlehre angesehen.[96] Albert Lang – wie Antoine Gardeil einer der neuscholastischen Interpreten Melchior Canos – bezeichnet „De locis theologicis“ als „den ersten systematischen Versuch und zugleich einen für Jahrhunderte unüberbotenen Höhepunkt theologischer Erkenntnislehre und Methodologie“, als „Einschnitt in der

[93] Körner, Melchior Cano, 148; Körner zitiert: Albert Lang, Die Loci theologici des Melchior Cano und die Methode des dogmatischen Beweises, München 1925, 70.

[94] Petzel, Was uns an Gott fehlt, 66.

[95] Klinger, Ekklesiologie der Neuzeit, 35 (Klinger zitiert Loci IX, 4, 231, nach der Ausgabe von H. Serry, Padua 1962).

[96] Bis 1890 kam es übrigens zu dreißig Auflagen der „Loci theologici“ Melchior Canos (vgl. Petzel, Was uns an Gott fehlt, 69).

Geschichte der theologischen Methodologie".[97] Nach dem 2. Vatikanischen Konzil kam es zu einem erneuten, zwar recht vereinzelten Rückgriff auf die Methodenlehre Melchior Canos – haftete Cano doch, so sahen es Bernard Lonergan oder Clodovis Boff, zu sehr das „Gewand der Neuscholastik" an, als dass seine Überlegungen fruchtbringende Impulse für die anstehenden Methodenfragen der Nachkonzilszeit geben könnten. Demgegenüber kommt es in den Beiträgen von Max Seckler, Hermann-Josef Pottmeyer, Elmar Klinger, Karl Lehmann, Peter Hünermann und Bernhard Körner zu einer neuen Aufwertung der „loci theologici", dies auf dem Weg historischer Zugänge zum Werk Canos, wobei gerade die rhetorischen und dialektischen Traditionen, in denen Cano stand, stark gemacht werden und so die neuscholastische und schultheologische Rezeptionsgeschichte Canos relativiert wird. Die theologischen Impulse Canos werden als „quaestio" und „inventio" für einen geschichtlich angeleiteten Blick auf das Gesamt des kirchlichen Überlieferungsgeschehens interpretiert, wie es die Theologen der ersten Tübinger Schule zu Beginn des 19. Jahrhunderts forderten. „Auch wenn der Traditionsbegriff Canos", so Max Seckler, „noch nicht die Reife aufweist, die er im 19. Jahrhundert im Traditionsverständnis der Katholischen Tübinger Schule erlangte, so kann man doch sagen, daß seine Systemidee durchaus in dieses geschichlich-organologische Denken eintragbar ist und dessen Kriterien standhält."[98]

In diesen Zugängen zu Melchior Cano wird das Modell der Topik auf neue Weise beleuchtet. Dabei wird auch eine Brücke geschlagen zu jüngeren Entwicklungen in der Wissenschaftstheorie. Otto Pöggeler, Rüdiger Bubner oder Jürgen Mittelstraß machen die Topik für ein die verschiedenen lebensweltlichen Rationalitäten umfassendes und damit auch die Einheit von Geistes- und Naturwissenschaften neu akzentuierendes Wissenschaftsverständnis stark.[99] So stellt die Topik „Grundsätze dar, auf denen sich Beweisführungen aufbauen lassen, wo die strengen wissenschaftlichen Prinzipien nicht gegeben sind. In ihrem Bereich sollen die topoi dazu dienen, die jeweilige spezifische Qualität der Voraussetzungen (Prämissen) zu bestimmen. So ist die Topik ein Erwägen und ein Erinnern, das sich an Problemen orientiert. … Die Topik wählt aus den menschlichen Diskursen das diskursiv Wahre aus. Sie geht auf die vorgängigen Kenntnisse zurück, ohne die es überhaupt keine Wissenschaft geben kann."[100] Cano greift auf die Topik zurück, gerade weil sich die Theologie auf die „Autorität" des Wortes Gottes beruft, das bezeugt und anerkannt wer-

[97] Lang, Die Loci theologici des Melchior Cano, 19.

[98] Seckler, Die Communio-Ekklesiologie, 19.

[99] Vgl. u. a. Rüdiger Bubner, Dialektik als Topik. Bausteine zu einer lebensweltlichen Theorie der Rationalität, Frankfurt a.M. 1990; ders., Zur Sache der Dialektik, Stuttgart 1980.

[100] Lehmann, Dogmengeschichte als Topologie des Glaubens, 518.

den muss, und dies geschieht immer an und von einem spezifischen Ort aus. Auf diesem Weg kommt der „ratio inveniendi“ der Vorrang zu vor der „ratio iudicandi“.[101] Aufgrund der Ausarbeitung verschiedener „loci theologici“ und aufgrund des Zusammenspiels der verschiedenen „loci“ auf dem Weg der Wahrheitssuche, gerade auch von „loci proprii“ und „loci alieni“, wird in Cano ein Begründer der dogmatischen Theologie der Moderne gesehen, die sich gerade durch die wesentliche „geschichtliche Vermitteltheit des Wortes Gottes“[102] auszeichnet. Elmar Klinger macht dies in seiner Studie zur „Ekklesiologie der Neuzeit“ an der Bedeutung fest, die Cano der Geschichte als theologischem Ort zumisst.[103] „Geschichte und Theologie verbinden sich bei ihm zu einer Theologie, die selber Autorität in der Geschichte hat. Darin ereignet sich auf epochemachende Weise die Grundlegung der Theologie als einer Theologie der Kirche.“[104] Dieser Einschätzung schließt sich Peter Hünermann an: Die Loci theologici sind „nicht nur die faktischen Orte, von denen her die Argumente zur Verständigung über den Glauben gewonnen werden. Die Topoi werden vielmehr als geschichtlich ausgebildete Vermittlungsinstanzen des Glaubens zugleich in ihrer differenzierten Wesentlichkeit für den Glauben erwiesen. Dies ist zugleich die Geburtsstunde der Dogmatik als neuzeitlicher theologischer Wissenschaft, da sie die denkend – im Sinne des intellectus fidei – eingeholte Vermittlung des Glaubens und der Topoi voraussetzt.“[105] Nach dem 2. Vatikanischen Konzil wird an dieses methodische Verfahren wieder erinnert und herausgearbeitet – das ist auch die Leitperspektive der vorliegenden Überlegungen –, dass diese Orte nicht nur eine „Fundgrube von Gesichtspunkten“ darstellen, sondern auch „Quellen der Erfindung und Entdeckung von etwas Neuem“, das nicht nur der „Sicherung von etwas schon Bekanntem“ dient, sondern „der Erweiterung des Horizonts“, „des perspektivischen Reichtums einer Sache“[106].

---

[101] Lehmann, Dogmengeschichte als Topologie des Glaubens, 519.

[102] Pottmeyer, Normen, Kriterien und Strukturen der Überlieferung, 133. – Auf die Bedeutung, die den „loci alieni“ zukommt, weist auch Seckler hin: Die Communio-Ekklesiologie, 9: „Für die theologische Erkenntnislehre bedeutet die Integration der loci adscriptitii in das System der loci theologici insgesamt eine enorme Horizonterweiterung.“ Seckler bezeichnet die loci proprii „als die der christlich-kirchlichen Glaubensüberlieferung eigentümlichen *kategorialen* Felder der theologischen Erkenntnis“, die epistmologische Relevanz der loci alieni ist *„transzendentaltheologisch* begründbar“ (9).

[103] Klinger, Ekklesiologie der Neuzeit, 97. – Zur Geschichte des „locus alienus“ vgl. auch Jean-Marie Levasseur, Le lieu théologique „histoire“. Contribution à une ontologie et introduction à une méthodologie, Trois-Rivières, Ottawa 1960.

[104] Klinger, Ekklesiologie der Neuzeit, 22.

[105] Hünermann, Dogmatik – Topische Dialektik des Glaubens, 586.

[106] Vgl. Alex Stock, Poetische Dogmatik. Gotteslehre Bd. 1: Orte, Paderborn 2004, 30. Zur loci-Lehre vgl. auch: Seckler, Die ekklesiologische Bedeutung des Systems der „loci theologici“;

Folgende „kreative Fortschreibung" der Methodenlehre Melchior Canos und die Formulierung eines neuen „locus theologicus" Kultur – im Sinne eines „locus alienus" – setzt auf dem Hintergrund dieser neuen Zugänge zu Melchior Cano an. Dabei schließe ich mich vor allem der Interpretation des christlichen Traditionsprozesses an, wie Peter Hünermann sie als ein von der Dynamik des vom Geist Gottes geleiteten Sprachgeschehens bestimmt hat. In einer solchen Interpretation des christlichen Traditionsverständnisses ist die Möglichkeit der Formulierung neuer theologischer Orte angelegt. „Nur im fortschreitenden sprachlichen Verständigungsprozeß über den Glauben werden die vom Ursprung her normierten Topoi herausgebildet. Die Entstehung der eigentümlichen Topoi des Glaubens ist so nicht unabhängig vom dialektischen Prozeß des Glaubens selbst."[107] Gerade wenn die Kirche als das in der Geschichte wandernde Volk Gottes verstanden wird, das die Vielzahl der Völker auf das von Gott verheißene Reich Gottes hin sammelt, wenn dieser lebendige Überlieferungsprozess als ein vom Geist geleitetes Geschehen in den vielfältigen Kommunikationsstrukturen der Welt verstanden wird, kann es möglich werden, von der Ausbildung neuer theologischer Orte zu sprechen. Die „loci" bilden die „Baugesetze des Überlieferungsgeschehens", in ihnen geht es um das „Interaktionsgeschehen, in dem sich das geistige Leben des Volkes Gottes abspielt"[108], sie müssen sich auf das Neue hin öffnen können. Dadurch wird auf einer Ebene theologischen Denkens zum einen dem tiefgreifenden Kulturwandel Rechnung getragen, zum anderen das Wachsen der Kirche in eine „neue Katholizität" begleitet. Gerade darin erweist sich dann das Traditionsgeschehen in der Kirche als lebendig, als kreativ, als bewegt vom Geist Gottes, dessen Zukunft immer neu ist. Dabei erhalten heute – so meine These – die „loci alieni" neue, über Canos Anliegen hinausgehende Bedeutung. Sie haben nicht mehr „akzidentelle" Bedeutung, sondern werden zu entscheidenden „Konstitutionsfaktoren für die Theologie des Glaubens. Ohne sie ist dessen Autorität nicht zu finden."[109] Hans-Joachim Sander

---

ders., Die Communio-Ekklesiologie; Hünermann, Dogmatik – Topische Dialektik des Glaubens; Hünermann, Dogmatische Prinzipienlehre; Eckholt, Poetik der Kultur.

[107] Hünermann, Dogmatik – Topische Dialektik des Glaubens, 587. – Auf diesem Hintergrund ist auch die Zahl der theologischen Orte nicht festgelegt; es werden von Peter Hünermann neue Orte formuliert wie die Liturgie (Dogmatische Prinzipienlehre. Glaube – Überlieferung – Theologie als Sprach- und Wahrheitsgeschehen, Münster 2003, 212–214). Für Max Seckler decken demgegenüber die von Cano bestimmten zehn Orte „den ganzen Bereich der Quellen der theologischen Erkenntnis" vollständig ab (Die Communio-Ekklesiologie, 12).

[108] Seckler, Die ekklesiologische Bedeutung des Systems der ‚loci theologici', 82.

[109] Sander, Das Außen des Glaubens, 252: „Die loci alieni haben nicht nur ‚im Zusammenhang mit der außerwissenschaftliche Glaubenserkenntnis ihren Platz' (Körner, Melchior Cano,

bezeichnet Theologie so als die „Kunst des Argumentierens in der Differenz der *loci proprii* und *loci alieni.*“[110] In der Formulierung des neuen Ortes „Kultur“ kann die Chance für einen neuen Dialog der Theologie im Konzert der Kulturwissenschaften mit den vielen Wissenschaften des Humanum liegen. Für die Tradierung christlichen Glaubens und die Relevanz der Gott-Rede im Heute ist dies ein nicht zu unterschätzender Dienst.

Suchbewegung: Eine kreative Fortschreibung der loci-theologici-Lehre Melchior Canos – der neue Stellenwert der „fremden Orte“

Aus drei Perspektiven möchte ich im Folgenden die Suchbewegung einer kreativen Fortschreibung der loci-theologici-Lehre Canos skizzieren: Zunächst werde ich nochmals auf den Kulturwandel eingehen, danach auf die damit verbundenen Wandlungen in der Tiefendimension von Denken; im Blick auf Theologie als „intellectus fidei“ und die loci-Lehre betrifft dies die Verhältnisbestimmung von „Autorität“ und „ratio“. Auf diesem Hintergrund kann der neue Stellenwert der „fremden Orte“ skizziert werden. Die damit verbundenen Konsequenzen – die Formulierung von Kultur als „locus theologicus“ – werden abschließend benannt.

Der Kulturwandel der Gegenwart – auf dem Weg in „neue Zeiten“:
Angesichts der schon begonnenen und beginnenden globalen Umbruchsprozesse und der Ausbildung einer neuen Weltgesellschaft versuche ich, im Anschluss an die genannten Denker Gerhard Oexle, Bernhard Welte, Paul Ricœur, Michel de Certeau usw. Kultur im Sinne eines neuen „Epochenbegriffs“ zu verstehen. „Kultur“ schließt an die Weltverstehen leitenden Begriffe des „Kosmos“ und der „Geschichte“ an, die die großen geschichtlichen Epochen der Antike und des Mittelalters bzw. der Neuzeit geprägt haben. Antike und Mittelalter wurden durch den Gedanken des Kosmos geprägt, der Ordnung und Harmonie der Wirklichkeit, der wohlgeordneten Zuordnung göttlicher und menschlicher Wirklichkeit. In den Philosophien der großen antiken Denker Platon oder Aristoteles, in der patristischen und scholastischen Theologie wird das Modell des Kosmos vorausgesetzt; für Thomas von Aquin ist der göttlicher Vernunft und göttlichem Willen entsprechende, christologisch zentrierte „Ordo“ die entscheidende Regelgestalt

390), sondern sind ein Konstitutionsfaktor für die Theologie des Glaubens. Ohne sie ist dessen Autorität nicht zu finden.“

[110] Sander, Das Außen des Glaubens, 254.

der Wirklichkeit.[111] Mit Denkern wie Francis Bacon oder Giambattista Vico wird seit der frühen Neuzeit das Modell dieses „Ordo“ durchbrochen, einerseits durch die Einsicht in die eigene gestalterische Fähigkeit des Menschen und die naturwissenschaftlichen Gesetzen folgende „Mechanik“ der Wirklichkeit, andererseits durch einen neuen Blick auf die Geschichte. Sicher wirken in vielen Denkmodellen noch die alten „Ordo“-Vorstellungen nach, so im Gedanken der prästabilierten Harmonie bei Leibniz oder auch der allgemeinen Gesetze des Okkasionalismus eines Nicolas Malebranche. Aber in der Eigenständigkeit, die hier die Naturwissenschaften bei der Beschreibung der Wirklichkeit gewinnen und vor allem auch in der Zentrierung der neuen philosophischen Systeme auf den Menschen, das cartesische „Cogito ergo sum“ oder das „Sapere aude“ Kants, bricht eine neue Epoche an: Geschichte wird zum neuen Epochenbegriff. Geschichtliches Denken, in den Philosophien des deutschen Idealismus weiter vorangetrieben, erreicht im 19. Jahrhundert im Denken von Marx, Nietzsche und Dilthey einen Höhepunkt. Geschichte und damit auch die Erfahrung von Zeit, Werden und Vergehen prägen die Wirklichkeitserfahrungen des Menschen. Die Einheit von Wirklichkeit, die in Gestalt des Kosmos zum Ausdruck kam, differenziert sich in verschiedenen Dimensionen aus, die Wirklichkeit wird unter verschiedenen Perspektiven erfasst und mit dem Instrumentarium unterschiedlicher Wissenschaften beschrieben, und vor allem: sie wandelt sich, sie wächst im Laufe der Geschichte in unterschiedliche Gestalten hinein.[112]

Der „Durchbruch geschichtlichen Denkens“ wird in der Theologie selbst erst mit großem Zeitverzug rezipiert. Auch wenn einzelne Theologen bereits um die Wende vom 19. zum 20. Jahrhundert geschichtlich arbeiten – die sich zwischen dem 1. und 2. Vatikanischen Konzil in unterschiedlichen Formen ausgestaltende Modernismuskrise ist genau Ausdruck für das Ringen um das geschichtliche Denken in der Theologie –, bricht sich geschichtliches Denken erst mit dem 2. Vatikanum wirklich Bahn. Die Komplexität, die das Leitmodell der Geschichte im Vergleich zum Kosmos-Modell bedeutet,

[111] Vgl. Helmut Meinhardt/Wolfgang Hübener/Ulrich Dierse, Art. Ordnung I-III, in: Historisches Wörterbuch der Philosophie, Bd. 6, hg. von Joachim Ritter/Karlfried Gründer, Darmstadt 1984, 1249–1303; Matthias Gatzemeier/Rolf Ebert, Art. Kosmos, in: Historisches Wörterbuch der Philosophie, Bd. 4, hg. von Joachim Ritter/Karlfried Gründer, Darmstadt 1976, 1167–1176.

[112] Vgl. z. B. Fritz-Peter Hager/Georg Scholtz, Art. Geschichte, in: Historisches Wörterbuch der Philosophie, Bd. 3, hg. von Joachim Ritter/Karlfried Gründer, Darmstadt 1974, 344–398; als Untersuchung aus theologisch-philosophischer Perspektive: Peter Hünermann, Der Durchbruch geschichtlichen Denkens im 19. Jahrhundert. Johann Gustav Droysen, Wilhelm Dilthey, Graf Paul Yorck von Wartenburg. Ihr Weg und ihre Weisung für die Theologie, Freiburg/Basel/Wien 1967.

potenziert sich im Zuge der Entwicklungen und neuen Suchbewegungen in der Nachkonzilszeit in erheblicher Weise – vor allem wenn die Vielfalt der kirchlichen und theologischen Aufbrüche in den Ländern des Südens und Südostens im Blick ist. Genau hier ist der Ort, von einem neuen Referenzmodell zu sprechen und einen neuen Begriff einzuführen: den Begriff der Kultur, in gewisser Weise aus der Geschichte hervorgegangen und „entlassen", aber doch auch Indikator für das Neue des gegenwärtigen Momentes. Gerade die theologischen und philosophischen Neuaufbrüche in Lateinamerika, Afrika oder Asien machen deutlich, dass der Epochenbegriff der Geschichte auf dem Hintergrund westlich-abendländischen Wirklichkeitsverstehens erwachsen ist, ein Leitmodell, das eine Universalität implizierte, die jedoch auf dem Hintergrund der neuen Formen kontextueller Theologien und Philosophien als „eurozentrisch" aufgedeckt wird. Im Modell der Geschichte war noch die Einheit der Wirklichkeitserfahrung impliziert: die Weltgeschichte erhält, so z.B. in Jacques Bénigne Bossuets Entwurf der Weltgeschichte als Heilsgeschichte, ihre Einheit durch die Orientierung auf das von Gott verheißene Heil, und dieser Gedanke der Einheit wird auch in säkularen Geschichtskonzeptionen und ihrem Modell von Linearität und Zielorientiertheit der Geschichte nicht durchbrochen.

Der Einbruch der ehemals kolonialen Gesellschaften in die Weltgeschichte bedeutet demgegenüber eine Ausdifferenzierung dieses Geschichtsverständnisses und mit ihr einen Epochenumbruch, der – gewiss in aller Vorläufigkeit des Neuen – mit dem Begriff der Kultur umschrieben werden soll. Der Kulturbegriff orientiert sich neben dem Kantschen Paradigma der Zeit am Begriff des Raums. Menschliche Erfahrung erschließt sich an den Orten und in den Räumen, in denen sich ausprägt, was „Kultur" ist. Interessant ist dabei, dass dieser Begriff bereits im 19. Jahrhundert in den Arbeiten von Wilhelm Dilthey, Max Weber, Georg Simmel, Ernst Cassirer, Ernst Troeltsch oder Paul Tillich eingeführt wurde.[113] Im deutschen Sprachraum wurde diese Tradition in den 30er Jahren unterbunden und auch nach dem 2. Weltkrieg zunächst nicht aufgearbeitet, galt Kultur doch als „konservatives" Thema eines in den großen Katastrophen des 20. Jahrhunderts untergegangenen Bildungsbürgertums; nach Auschwitz war es obsolet, von Kultur zu reden, Kultur in Gestalt der deutschen humanistischen Bildungstradition war in Auschwitz gescheitert.[114] Ideologiekritik,

[113] Vgl. z.B. Otto Gerhard Oexle, Geschichtswissenschaft im Zeichen des Historismus. Studien zu Problemgeschichten der Moderne, Göttingen 1996.

[114] Vgl. z.B. Herbert Schnädelbach, Plädoyer für eine kritische Kulturphilosophie, in: Ralf Konersmann (Hg.), Kulturphilosophie, Leipzig 1996, 307–326.

Praxis, gesellschaftliche Wandlungsprozesse usw. seien zudem mit dem Kulturthema nicht vereinbar.

In den letzten Jahren rückt Kultur vor allem in den Ländern des Südens, aber auch in philosophischen Arbeiten des französischen und nordamerikanischen Sprachraums in das Blickfeld, die sich an ethnologischen und kulturanthropologischen Studien orientieren und eng verbunden sind mit dem Raum-Paradigma. Claude Lévy-Strauss hat in seinem strukturalistischen Ansatz eine Brücke zwischen Ethnologie und Sprachphilosophie geschlagen, Clifford Geertz faltet dies in semiotischer Perspektive weiter aus; Michel de Certeau verbindet missionsgeschichtliche Studien mit Psychoanalyse und Mystik.[115] In all diesen neuen Ansätzen wird dabei herausgearbeitet – und hier unterscheidet sich die gegenwärtige Situation von der letzten Jahrhundertwende –, dass mit dem Kultur-Modell nicht mehr eine gesellschaftliche oder geschichtliche Integration angestrebt werden kann und soll. „Kultur“ steht vielmehr für die Vielfalt an Lebensformen und die Ausdifferenzierung der Wirklichkeitserfassung in aller Pluralität, auch für das Nebeneinander von divergierenden bis widersprüchlichen Welterfahrungen, worauf die postkolonialen Studien verweisen. Der bewegte und liquide Raum der Mega-Cities mit seinen Aus- und Abgrenzungen, von Gewalt, aber auch den Sehnsüchten und Hoffnungen der „arrival cities“[116] geprägt, wird zu einem der großen Schauplätze des aktuellen Raum-Denkens der Kulturwissenschaften. Die kontextuellen theologischen Entwicklungen – in ihren unterschiedlichen Gestalten in Lateinamerika, Afrika und Asien – haben auf ihre Weise deutlich gemacht, dass die „Einheit der Geschichte“ gebrochen ist und die Frage nach dem Sinn von Geschichte nur über die Vielfalt von Einzelgeschichten und nur im Angesicht der vielen Brüche der Geschichte gestellt werden kann.[117] Im Begriff der Kultur werden so Vielfalt, Dynamik, Zerbrechlichkeit und bleibende Uneindeutigkeit der verschiedensten Lebensformen und Praxisgestalten des Menschen thematisiert. So verdichten sich hier die geschichtlichen Wandlungsprozesse der Gegenwart in all ihrer Ambiguität und Konfliktivität, in der Spannung und

[115] Vgl. Michel de Certeau, La culture au pluriel, Paris 1993; Clifford Geertz, The interpretation of cultures, New York 1973; ders., Dichte Beschreibung: Beiträge zum Verstehen kultureller Systeme, Frankfurt a.M. [4]1995; Claude Lévi-Strauss, Der Blick aus der Ferne, Frankfurt a.M. 1993.

[116] Doug Sounders, Arrival City. Über alle Grenzen hinweg ziehen Millionen Menschen vom Land in die Städte, von ihnen hängt unsere Zukunft ab, München 2011.

[117] Zur Reflexion auf die Geschichtsphilosophie vgl. die Beiträge in: Herta Nagl-Docekal (Hg.), Der Sinn des Historischen. Geschichtsphilosopische Debatten, Frankfurt a.M. 1996, v.a.: Hans Michael Baumgartner, Philosophie der Geschichte nach dem Ende der Geschichtsphilosophie. Bemerkungen zum gegenwärtigen Stand des geschichtsphilosophischen Denkens, 151–172.

Aufeinanderbezogenheit von partikularen kulturellen Bestrebungen und einer in Entstehung begriffenen Globalkultur. Mit dem Begriff der „Kultur" ist Abschied genommen von einem westlichen eurozentrischen Leitmodell. Das In- und Miteinander der Kulturen, Prozesse der Interkulturalität und Bewegungen der Transkulturalität, hybride, dynamische Ausgestaltungen von Kultur etc. werden mit dem Begriff der Kultur thematisiert.[118]Einheit" ist auf diesem Hintergrund – um eine theologische Metapher aufzugreifen – eine eschatologische Referenzgröße, eine Hoffnungsgestalt, die sich nur im lebendigen Miteinander und Dialog der verschiedenen Kulturen einstellen kann. Der Begriff der Kultur entlässt Theologie in eine neue Grundgestalt: die „interkulturelle Theologie".[119]

Veränderungen auf Ebene des Denkens: auf dem Weg zu einer neuen Universalität:

Die Ausgestaltung des „intellectus fidei" erfolgt, so Thomas von Aquin, in der Spannung von „auctoritas" und „ratio naturalis", wobei die „ratio" eine solche ist, die durch die Offenbarung in ihre eigentliche Sinngestalt geführt wird.[120] Melchior Cano knüpft daran in seiner „loci theologici"-Lehre an. Neu ist dabei aber, dass er der „ratio" als einem „locus alienus" die Autorität der Philosophen und der Geschichte zur Seite stellt. Die „ratio naturalis" kann nicht isoliert von geschichtlichem Vollzug und den konkreten philosophischen Modellen der jeweiligen Zeit bestimmt werden. Auf dem Weg in die Moderne und in die neuen Zeiten einer Weltgesellschaft stellen sich nun neue Fragen an die Gestalt des Denkens, die auch dessen in den „loci alieni" gesammelte Referenzen erweitern.

Theologien und Philosophien des „Südens" – in Lateinamerika die Befreiungstheologien und -philosophien, in Afrika die inkulturierten Theologien und Philosophien auf der Suche nach einer Gestalt afrikanischen Denkens, in Asien die Theologien und Philosophien im Dialog mit den großen Weltreligionen – stellen große Anfragen an die klassischen Gestalten europäischer Rationalität. Sie zeigen die „Dialektik der Aufklärung" an, die

[118] Vgl. Wolfgang Welsch, Grenzgänge der Ästhetik, Stuttgart 1996, z. B. 271. – Vgl. auch: Margit Eckholt, Dogmatik interkulturell. Globalisierung – Rückkehr der Religion – Übersetzung – Gastfreundschaft. Vier Stationen auf dem Weg zu einer interkulturellen Dogmatik, Nordhausen 2007.

[119] Vgl. z. B. Michael Sievernich, Konturen einer interkulturellen Theologie, in: Zeitschrift für Katholische Theologie 110 (1988) 257–283; Franz Gmainer-Pranzl, Theologie interkulturell. Die diskursive Form von Katholizität, in: Korrespondenzblatt des Canisianums 143 (2010/11) 16–34; Klaus Hock, Einführung in die Interkulturelle Theologie, Darmstadt 2011; Henning Wrogemann, Interkulturelle Theologie und Hermeneutik. Grundfragen, aktuelle Beispiele, theoretische Perspektiven, Gütersloh 2012.

[120] Vgl. Seckler, Die Communio-Ekklesiologie, 9.

Brüche, die Schuld, die sich in den vielfältigen Prozessen der Eroberungen im Lauf der Geschichte angesammelt haben. Eine neue Gestalt von Denken wird gefordert, ein geschichtlich und kulturell eingebundenes Denken, das vermag, in einen „gebrochenen Spiegel" zu schauen, gerade auch die dunklen Gestalten der „Andersheit" wahrzunehmen und Fremdes auf eine ganz neue Weise zu achten. Mit Ricœur kann dieses Denken als ein Denken in der Spannung von „Selbst" und „Anderem" verstanden werden, ein philosophischer Ansatz, der die Subjektivitätsphilosophie cartesischer Herkunft aufsprengt und Denken aus dem Eingespanntsein in die konkrete Beziehung mit dem Anderen erwachsen lässt.[121] Dabei wird die Spannung zwischen Selbst und Anderem auf den unterschiedlichsten Stufen von Welterfahrung und Lebenspraxis konkret, es sind die Geschichten, in die das Selbst mit sich, mit anderen, mit Welt und Kultur in Gestalt gesellschaftlicher, politischer oder wirtschaftlicher, aber auch religiöser und kultureller Ordnungen „verstrickt" ist.[122] Der Andere oder Fremde, auf den das Selbst im Vollzug des Denkens je schon bezogen ist, ist kein „alter ego", auch kein abstrakter Fremder, sondern eine je konkrete Fremde, mit dem bzw. mit der Miteinander gestaltet wird und sich eine Geschichte ausbildet und dem und der gegenüber ich mich aber auch verfehlen kann. In dieser Dynamik von Selbst und Anderem wird das Andere nicht in das Eigene hinein vereinnahmt, es wird vielmehr in seiner Eigenständigkeit und Widerständigkeit wahrgenommen. In der Tiefe ist ein solches Denken in der Aufeinanderbezogenheit von Selbst und Anderem von einem Anerkennungsprozess geprägt, eine Anerkennung, die die Anderen anders sein lässt und so zur Ausbildung einer neuen Gestalt von Universalität beiträgt. Universalität ist, so der französische Philosoph Paul Valadier, eine „beständige und fordernde Arbeit, dank derer sich das zerbrechliche Netz des gegenseitigen Verstehens knüpft".[123]

Auf der Ebene des Denkens kann auf diesem Weg eine Antwort auf den Vorwurf des Eurozentrismus und des „Vergessens des Anderen" in den

[121] Vgl. Paul Ricoeur, Soi-même comme un autre, Paris 1990, [dt. Übersetzung: Das Selbst als ein Anderer, München 1996].

[122] Das Motiv des „In-Geschichten-Verstrickt-Seins" hat Ricœur Wilhelm Schapp entnommen: In Geschichten verstrickt, Wiesbaden 1976; vgl. dazu: Paul Ricœur, Zeit und Erzählung, Bd. 1, München 1988, 119.

[123] Paul Valadier, La fausse innocence du relativisme culturel, in: Etudes 387 (1997) 47–56, hier: 55. Valadier bestimmt Universalität als „Öffnung zum Anderen" (53). Vgl. hier auch jüngere Entwicklungen in der politischen Theologie, die sich auf Ansätze der Philosophie der Alterität beziehen: z. B. Jürgen Manemann, Kritik als zentrales Moment des Glaubens. Zur gesellschaftskritischen Dimension der Fundamentaltheologie, in: Klaus Müller (Hg.), Fundamentaltheologie – Fluchtlinien und gegenwärtige Herausforderungen, Regensburg 1998, 217–241, hier: 226; Enrique Dussel, Philosophie der Befreiung, Hamburg 1989.

Gestalten europäischer Philosophie und Theologie formuliert werden. Ein Diskurs mit postkolonialen philosophischen Ansätzen ist möglich, die denen eine Stimme geben, die in den verschiedenen Eroberungsprozessen der Moderne um ihre Stimme gebracht worden sind. Denken ist immer in je spezifischen Kontexten verortet, es steht in seinem konkreten Vollzug in der Begegnung mit Anderem, und dies „in concreto", in vielfältigen geschichtlich-gesellschaftlichen und kulturellen Einbindungen. Von Bedeutung sind heute die vielfältigen und vielschichtigen Übersetzungsprozesse zwischen verschiedenen Kulturen, religiösen Traditionen und Lebenspraktiken; in der jeweiligen Über-setzung aus dem einen in den anderen Kontext kann Universalität angezielt werden. Die Spannung von Kontextualität und Universalität, das Ernstnehmen postkolonialer Denkansätze, der vielen Stimmen aus den Ländern des Südens bilden den Hintergrund für den „Universalienstreit" unserer Zeit. Er geht vor allem von den „Kehrseiten" der Geschichte aus, die durch die neuen theologischen und philosophischen Aufbrüche in den Ländern des Südens aufgedeckt werden, von den Befreiungstheologien, den biographisch orientierten und in die Alltagswirklichkeit von Frauen eingebetteten Gestalten feministischer Theologie und Philosophie und von den Weisheitstraditionen der indianischen Völker in den verschiedenen Weltkontexten, in Lateinamerika, im asiatischen oder afrikanischen Raum, die auch mündliche Traditionen, poetische oder narrative Zugänge zur Wirklichkeit erschließen.[124] Theologisches Denken muss sich diesem Streit stellen – genau dies ist Anliegen der Formulierung von Kultur als „theologischem Ort"; wenn Theologie dies nicht tut, wird sie „provinziell".

Die neue Bedeutung der „loci alieni":
Auf diesem Hintergrund erhalten die „fremden Orte" neue Bedeutung. Melchior Canos Leistung bestand u. a. darin, neben den theologischen Orten im „eigentlichen Sinne" – so der Schrift oder dem Väterzeugnis z. B. – auch „fremde" Orte für den theologischen Erkenntnisprozess erschlossen zu haben. Zu ihnen zählte er die „ratio naturalis", die Philosophie und die Geschichte. In der Geschichte der Theologie blieben die fremden Orte zum großen Teil unbestimmt, sie hatten – wurden sie überhaupt beachtet – eher

[124] Vgl. zu diesen vielfältigen neuen Formen der Wahrheitsfindung z. B. Diego Irarrázaval, Rito y pensar cristiano, Lima 1993; Raul Fornet-Betancourt (Hg.), Mystik der Erde. Elemente einer indianischen Theologie, Freiburg/Basel/Wien 1997; oder auch die Entdeckung des „cotidiano" in der lateinamerikanischen feministischen Theologie: Ivone Gebara, Presencia de lo femenino en el pensamiento cristiano latinoamericano, in: José Comblin/José Ignacio González Faus (Hg.), Cambio social y pensamiento cristiano en América latina, Madrid 1993, 199–213.

akzidentellen Charakter für die Theologie, jedoch wenig Einfluss auf das theologische Arbeiten als solches. Auf dem Weg der Entdeckung der für Glauben und Glaubensverständnis wesentlichen geschichtlichen und kulturellen Vermitteltheit werden nun die „fremden Orte" neu bestimmt, sie können als für die theologische Wahrheitssuche wesentliche Erkenntnisquellen gelten. Die „loci alieni" stehen in hermeneutischer Beziehung zu den „loci theologici proprii", das heißt, dass Theologie sich in der Bezugnahme vom Selben auf Anderes, vom Eigenen auf Fremdes (und jeweils umgekehrt) vollzieht. So wird es möglich, die mit dem 2. Vatikanischen Konzil sich durchsetzende neue weltkirchliche Dimension von Glauben und Glaubensverstehen in der Theologie so zu verankern, dass sie zu einem die Theologie bestimmenden und sie verändernden Moment wird. Die Bezugnahme auf Welt und Kultur in aller Vielfalt wird für die Kirche und die theologische Erarbeitung ihres Selbstverständnisses konstitutiv. Hier liegt der ekklesiologische Grund für den neuen Blick auf die „loci theologici" und die „loci alieni" im besonderen. Kirchlicher Selbstvollzug und theologisches Arbeiten bestimmen sich aus und in der Vermittlung von „Selbst" und „Anderem". Dazu gehören genau die Bereiche, die in den Konstitutionen, Dekreten und Erklärungen des Konzils, vor allem in „Gaudium et Spes", „Nostra Aetate", „Unitatis Redintegratio" und „Dignitatis Humanae" in den Zusammenhang der Entfaltung menschlichen Lebens und Zusammenlebens unter den Bedingungen der Moderne gestellt worden sind; die verschiedenen Lebensformen, die sich in Wirtschaft, Gesellschaft und Politik ausbilden und die nur im Gespräch der vielen, im offenen Dialog der gesellschaftlichen, wirtschaftlichen und politischen Akteure, der Kulturen, Konfessionen und Religionen erfasst werden können. Auf diesem Hintergrund bildet sich im Zusammenhang der „fremden Orte" Kultur als Topos im Sinne einer „geschichtlich ausgebildeten Vermittlungsinstanz des Glaubens" aus,[125] als Ort theologischer Erkenntnis im Sinne einer für die Theologie „konsubstantiellen Komponente", wie Marie-Dominique Chenu es in seinem, die Studie des afrikanischen Theologen Tharcisse Tshibangu begleitenden Vorwortes formuliert hat.[126]

---

[125] Hünermann, Dogmatik – Topische Dialektik des Glaubens, 586; vgl. ders., Dogmatische Prinzipienlehre. Glaube – Überlieferung – Theologie als Sprach- und Wahrheitsgeschehen, Münster 2003.

[126] Vgl. Chenu, Vorwort, in: Tshibangu, La théologie comme science, 8: „La même théologie qu'offusquait l'introduction de la conscience historique dans la parole de Dieu et dans les énoncés dogmatiques récusait aussi le relativisme qu'impliquait l'historicité de la théologie comme savoir, dès lors qu'on la référait à la culture non comme à un accident extrinsèque, mais comme à une composante consubstantielle."

Grenzüberschreitungen: Kultur als neuer „locus theologicus" – von Eigenem und Fremden

Wird Kultur als neuer theologischer Ort bestimmt, wird deutlich, dass die Orte, die die Landschaft des Christlichen ausgestalten, nicht nur diachron im Sinne des Traditionsprinzips in der Geschichte angelegt sind, sondern dass gerade heute der synchrone Charakter und damit die Raumorientierung im Blick auf Denk- und Erkenntnisprozesse von zunehmender Bedeutung werden.[127] In einem theologischen Ort „Kultur" kann die Wahrheit Gottes „in der Welt", in den verschiedenen Praxisformen und in den unterschiedlichen Räumen, in denen der Mensch sein Leben gestaltet, in der Begegnung mit der säkularen Gesellschaft, mit anderen Religionen und Kulturen, bestimmt werden. In den Blick kommen die unterschiedlichen Kommunikationszusammenhänge, in denen der Mensch steht, aber auch die Brüche, die sich in einer Welt von Migration, Flucht und Vertreibung auftun. Im Begriff der Kultur wird der Geschichte – mit der ja der theologische Paradigmenwechsel der Konzilszeit verbunden wird – die Abstraktheit genommen; im Blick sind die Lebensformen und Praxisgestalten in all ihrer Vielfalt, Widersprüchlichkeit, Ungleichzeitigkeit, Ambivalenz und Fragilität. Der Ausgangspunkt der Glaubensreflexion in der Vielfalt an Lebensformen und Praxisgestalten gibt der „Welt-Kirche" ein ganz konkretes Gesicht bzw. konkrete Gesichter. Im „locus alienus" Kultur wird das Welt-Kirche-Werden auf dem Weg theologischen Denkens verankert. Wenn im theologischen Ort „Kultur" die Stimme der „Anderen" zu Wort kommt und als „Fremdprophetie" zu einem wesentlichen Moment für den Vollzug von Kirche und die Ausgestaltung theologischer Rationalität wird, so werden „Anerkennung der Anderen" und Dialog- und Kommunikationsfähigkeit zu auszeichnenden Momenten der Welt-Kirchlichkeit. Der theologische Ort „Kultur" ist die „Möglichkeitsbedingung für die Dignität des Pluralen"[128]; er ist so ein Ausgangspunkt für die neuen Formen interkulturellen, interreligiösen und interdisziplinären Arbeitens in der Theologie.

Im theologischen Ort „Kultur" wird der Prozess theologischer Wahrheitsfindung, den Melchior Cano im Raum der Kirche angesiedelt hat, über

[127] Vgl. auch: Petzel, Was uns an Gott fehlt, 135. – „... innertheologisch wäre (der Kulturbegriff, M. E.) analog zum Traditionsbegriff von DV 8 als Komplex von Leben, Lehre, Kult auszulegen. Bezeichnet Tradition diesen Komplex in seiner Diachronie, so die Kultur seine Synchronie. Secklers These vom Canoschen Modell als epistemologischer Ausgestaltung des Traditionsprinzips wäre entsprechend fortzuführen in der Rede von einer Ausgestaltung eines Kultur- bzw. Kommunikationsprinzips."

[128] Saskia Wendel, Absenz des Absoluten. Die Relevanz des Bilderverbots bei Jean-François Lyotard, in: Jahrbuch Politische Theologie 2 (1997) 142–155, hier: 152.

diesen Raum hinaus auf Fremdes hin geöffnet: den vielen Gestalten der Kultur, in denen Menschen heute Sinngestalten und Gestalten „guten Lebens“ ausbilden. Eine Brücke für die Dialog- und Kommunikationsfähigkeit der Kirche mit dem Fremden ist gebaut. Der theologische Ort „Kultur“ ist so konstitutiv für die theologische Wahrheitsfindung in einer „Welt-Kirche“. Dazu gehören Übersetzungen und Vermittlungen zwischen unterschiedlichen – kulturellen und religiösen – Wirklichkeitsinterpretationen. Die Aussagen, die in einem Topos „Kultur“ gemacht werden – aus unterschiedlichen Bereichen der Wirklichkeitserfahrung, sei es der Wirtschaft, Politik, Kunst, aus Perspektive anderer Religionen oder humanistischer Wirklichkeitserschließungen –, müssen daraufhin untersucht und aufgeschlüsselt werden, welcher Stellenwert ihnen im Gesamtkontext des Erkenntnisprozesses zukommt. Die Urteile, die von einem theologischen Ort Kultur aus gefällt werden, sind in einen hermeneutischen Prozess des Zusammenklangs aller Überlieferungsgestalten christlichen Glaubens einzubeziehen. Ein solcher Prozess vermittelt zwischen „Eigenem“ und „Fremdem“, geht interdisziplinär und interkulturell vor und zu ihm gehören ganz wesentlich Selbst- und Ideologiekritik, denn mit der Möglichkeit, dass ein Urteil falsch getroffen wird, muss gerade angesichts der Einbindung in Geschichte und Kultur gerechnet werden. Rüdiger Bubner oder Paul Ricœur sprechen im Blick auf eine solche lebenspraktische Rationalität von dem „verisimile“, dem Wahrscheinlichen, das in einer theologischen Wahrheitstheorie von Bedeutung wird, die Wahrheit gerade in Gestalt des „Versprechens“ zum Ausdruck bringt.[129] Die verschiedenen Lebensgestalten, die sich ausbilden und die durch die einzelnen Wissenschaften bestimmt werden, sind dabei immer wieder neu der Kritik zu unterziehen, ob sie auf ein „gutes Leben“ und ein „Zusammenleben in gerechten Institutionen“ ausgerichtet sind. Ein theologischer Ort „Kultur“ weist so darauf hin, dass die Wahrheitsermittlung christlichen Glaubens in einer „Welt-Kirche“ ein offener – im Dialog der vielen kulturellen und religiösen Sinngestalten stehender – Lernprozess ist, ein Prozess des Suchens. Ein solcher Wahrheitsaufweis ist ein offener, auf Zukunft und Hoffnung hin angelegter, dessen Kriterium vor allem die „Anerkennung des anderen“ ist, wie sie sich für christlichen Glauben in der Tiefe von Menschwerdung, Kreuz und Auferstehung Jesu Christi ereignet hat. Dazu gehört dann auch die Vermittlung zwischen unterschiedlichen Modellen der Wahrheitsfindung, den verschiedenen wissenschaftstheoretischen Ansätzen der Kultursachbereiche oder auch den unterschiedlichen Wirklichkeitszugängen und Gestalten von Rationalität in den verschiedenen Kulturen und Religionen entsprechend.

[129] Vgl. Ricœur, Das Selbst als ein Anderer, 9. Abhandlung, 322–325.

Von nicht zu unterschätzender Bedeutung ist der theologische Ort „Kultur" für das neue Gespräch der Theologie mit den Kulturwissenschaften. Hier bieten sich heute neue Chancen für Theologie als Wissenschaft, hat Theologie doch gerade angesichts der Ausdifferenzierung und Fragmentierung der verschiedenen Wissenschaftsbereiche Kultur als Inbegriff menschlichen Lebens in seiner Ganzheit im Blick und kann so in entscheidender Weise im „Streit" um das Orientierungswissen einer Kultur mitwirken.[130] Theologie, die seit der Grundlegung ihrer wissenschaftlichen Gestalt in den theologischen Synthesen des Mittelalters auf ein „commercium scientiarum"[131] hin angelegt war, kann auch heute zu einem solchen „commercium" anregen. Für sie selbst bedeutet es eine Offenheit für eine Vielfalt an wissenschaftlichen Perspektiven in den einzelnen theologischen Disziplinen, für je neue Grenzüberschreitungen zwischen den theologischen Disziplinen und darüberhinaus in die anderen Wissenschaften hinein und sogar in andere, nicht-wissenschaftliche, z. B. sapientiale Formen der Wirklichkeitserfassung, wie die Lebensweisheiten einheimischer Kulturen oder die moderne Kunst in ihrer Vielgestalt. So gehört zur wissenschaftstheoretischen Grundlegung der Theologie heute eine weitergehende Einsicht in die je eigene „Verortung" des theologischen Ansatzes; Theologie ist in diesem Sinn immer eine „local theology". Gleichzeitig gehört dazu die Fähigkeit der „Über-Setzung" in unterschiedlichste Sprachformen, die Fähigkeit eines je neuen Perspektivenwechsels. Auf diesem Weg wird Theologie dann „universal", kann eine wirklich „ökumenische Theologie", eine Theologie in einer Welt-Kirche im Sinne einer interkulturellen und interreligiösen Theologie entstehen.[132]

Das „Ereignis" des Konzils hat die Kirche in neuen Räumen sehen gelernt, gerade weil die theologisch-ekklesiologische Selbstbestimmung von Kirche sich an dem großen Raum Gottes selbst orientiert, dem Ereignis seiner Welt und Geschichte freisetzenden Liebe, und weil mit dem Perspektivenwechsel von der West- zur Weltkirche ein neues Raum-Denken möglich wird. Das wird jedoch eher an den „Rändern" der Theologie be-

[130] Zur Aufgabe der Geisteswissenschaften vgl. Wolfgang Frühwald/Hans Robert Jauß/Reinhard Koselleck/Jürgen Mittelstraß/Burkhart Steinwachs, Geisteswissenschaften heute. Eine Denkschrift, Frankfurt a.M. [2]1996, 43/44.

[131] Georg Wieland, Commercium scientiarum. Interdisziplinarität und andere Versuche, in: Theologische Quartalschrift 175 (1995) 178–186, hier: 180: „Es ist vielmehr die der Theologie als Wissenschaft innewohnende Verwiesenheit auf von ihr unabhängige Wahrheitsansprüche und Zusammenhänge, die gerade diese Disziplin zu einem besonders eindrucksvollen Exempel eines commercium scientiarum macht."

[132] Vgl. auch Hans Küng, Ein neues Grundmodell von Theologie? Divergenzen und Konvergenzen, in: Hans Küng/David Tracy (Hg.), Das neue Paradigma von Theologie. Strukturen und Dimensionen, Zürich/Gütersloh 1986, 205–216, hier: 214.

dacht, in den Missionswissenschaften, die in ihren Reflexionen auf Inkulturation und Interkulturalität das Raum-Denken einholen, und in den bezeichnenderweise so genannten „local theologies" – so die Formulierung von Robert Schreiter[133] für die „kontextuellen" Theologien Lateinamerikas, Afrikas und Asiens, die theologisches Arbeiten aus den Herausforderungen der jeweiligen kulturellen, ökonomischen, sozialen und religiösen Kontexte ihrer Weltregionen neu verorten. Aber auch 50 Jahre nach dem Konzil ist diese neue „Verortung" der Theologie noch lange nicht im Herz der theologischen Wissenschaftstheorie angekommen – trotz Vorlagen, wie sie u.a. in Hans Waldenfels' „kontextueller Fundamentaltheologie" oder Entwürfen „interkultureller Theologie" gegeben worden sind.[134] Es ist zu hoffen, dass das Pontifikat von Franziskus, des Papstes „vom Ende der Welt", in dem durcheinandergewirbelt wird, was Zentrum und was Peripherie ist, ein neuer Ausgangspunkt ist, dass der theologische Ort „Kultur" und mit ihm das Raum-Paradigma zu einer Denk-Kategorie wird, die die Theologie neue Wege führt.

Eigenes und Fremdes aufeinander beziehen, Grenzen überschreiten – dazu muss theologische Methodenlehre heute befähigen. Eine solche Methodenlehre steht im Dienst der „missionarischen" Kirche unserer Zeit, einer ins Offene und in die Fremde hinein gesandten Kirche, die selbst immer wieder auf diesen spannenden, sicher nicht konfliktfreien Wegen zu dem hingeführt werden muss, was Glaube ist: dem sich auf das Wagnis der Menschwerdung einlassenden Wort Gottes trauen, leben aus der Liebe des menschenfreundlichen Gottes und hoffen auf einen die Grenzen der Innerweltlichkeit sprengenden Zukunftsraum Gottes. „Entdeckt" wird diese Liebe auf den vielen Wegen in die Dichte der Welt, in das Innerste der jeweiligen Lebensgestalten, in denen das Wort Gottes Richter ist über „Gedanken und Regungen des Herzens" (Hebr 4,12) und bloßlegt, was den Menschen in seiner Würde und Freiheit verletzt, was ein Zusammenleben in gerechten Institutionen und ein gelingendes Leben beeinträchtigt.

---

[133] Robert Schreiter, Constructing local theologies, Maryknoll, NY 2008.

[134] Vgl. auch Hans Waldenfels, Kontextuelle Fundamentaltheologie, Paderborn 1985.

Die „Kirche der Armen“ auf dem 2. Vatikanischen Konzil

„Volvió la primavera“ („Der Frühling ist zurückgekehrt“), so der spanische Journalist, José María Vidal, seit vielen Jahren im Gespräch mit der lateinamerikanischen Theologie und Kirche, nach der Wahl des Erzbischofs von Buenos Aires, Kardinal Jorge Mario Bergoglio, zum neuen Papst. „Ein Papst für einen Frühling in der Kirche. Ein Papst, der wieder Hoffnungen weckt und überzeugt mit der radikalen und barmherzigen Botschaft des Nazareners.“[135] Kardinal Bergoglio, in Buenos Aires als der „Kardinal der Armen“ bekannt, hat sich in die Spur des Franz von Assisi gestellt, der zu Beginn des 13. Jahrhunderts den Geist und die Praxis der Armutsbewegung verkörpert, die im Rückbezug auf die lebendigen Quellen des Evangeliums für Erneuerung und Reform der Kirche steht. Diese „Option für die Armen“ ist augenfällig in den ersten öffentlichen „Auftritten“ des neuen Papstes: Das schlichte weiße Gewand des Bischofs von Rom und das Bronzekreuz, der Verzicht auf Hermelin und rote Schuhe, die Wege zu Fuß und die erste Fahrt in einem VW entsprechen den Worten, die an die Gemeinde der Gläubigen und die Kardinäle gerichtet sind. Es sind Worte, die aus dem Gebet erwachsen, das zunächst die Gemeinde und die Kardinäle für ihn und mit ihm sprechen, die Raum eröffnen für Gottes Geist und die darin das „Neue“ des Evangeliums ansagen: die Barmherzigkeit Gottes, die in Jesus Christus sichtbar und konkret geworden ist. Mehr als fünfzig Jahre nach Eröffnung des 2. Vatikanischen Konzils erinnert Franziskus an den weitblickenden, mutigen und hoffnungsvollen Konzilspapst Johannes XXIII., der in seiner Rundfundbotschaft vom 11. September 1962 und dann in der Eröffnungsansprache vom 11. Oktober 1962 von der „Kirche der Armen“ gesprochen hatte: „…gegenüber den unterentwickelten Ländern erweist sich die Kirche als das, was sie ist und sein will, die Kirche aller, vornehmlich die Kirche der Armen“.[136] Und diese Kirche der Armen muss auch, so Soares de Resende, Bischof von Beira/Mozambique, bei den Diskussionen in der Konzilsaula zum Schema XIII, der späteren „Pastoralkonstitution“, eine „arme Kirche“ sein. „Armut“, so hatte in diesen Diskussionen auch Pater

[135] http://blogs.periodistadigital.com/religion.php/2013/03/14/ipaz-y-bien-papa-francisco (letzter Aufruf: 13.07.2015). Vgl. zu den folgenden Überlegungen: Margit Eckholt, Kirche der Armen, in: Mariano Delgado/Michael Sievernich (Hg.), Die großen Metaphern des Zweiten Vatikanischen Konzils. Ihre Bedeutung für heute, Freiburg/Basel/Wien 2013, 205–224.

[136] Johannes XXIII., Rundfunkbotschaft an die Katholiken der Welt vom 11. September 1962, in: Herder Korrespondenz 17 (1962/63) 43–46. – Die historischen Daten sind der Konzilsgeschichte von Giuseppe Alberigo entnommen: Giuseppe Alberigo/Klaus Wittstadt (Hg.), Geschichte des Zweiten Vatikanischen Konzils (1959–1965), Bde. 1–5, Mainz/Leuven/Ostfildern 1997–2009.

Bernhard Häring deutlich gemacht, „ist keine schöne Frömmigkeitsform für besonders Berufene. Sie ist eine strikte moralische Verpflichtung für Bischöfe; da die Bischöfe die Fülle des priesterlichen Amtes empfangen haben, haben sie auch das Privileg vollkommener Armut. Sie ist eine Verpflichtung für Bischöfe, andernfalls würde das Konzil versagen."[137] Ein beeindruckender Bogen ist zwischen diesen, 1963 formulierten Aussagen in der Konzilsaula und den Worten von Papst Franziskus gespannt: „Ich möchte eine arme Kirche und eine Kirche für die Armen"[138]. Im wahrsten Sinn des Wortes erweist sich die auch die Konzilsväter überraschende „Metapher" der „Kirche der Armen", wie sie Johannes XXIII. in seinen das Konzil eröffnenden Worten einspielte und die das Unterfangen des Konzils von Beginn an in den weiten Horizont des Evangeliums stellten, als „lebendige Metapher". Aus Perspektive der Lokalkirchen des Nordens hat diese Metapher kaum eine durchschlagende Bedeutung erhalten; sicher sind im Umfeld des Konzils kirchliche Hilfswerke entstanden und Kommissionen eingerichtet worden, die sich das von Johannes XXIII. auch in seiner Sozialenzyklika „Pacem in terris" genannte „Zeichen der Zeit" der Armut und der zunehmenden Schere zwischen den Ländern des Nordens und des Südens zu eigen machten. Aber die mit den weltweiten sozialen Ungleichheiten und der Armutsschere verbundenen Herausforderungen sind in den letzten Jahrzehnten – vielleicht eines der großen Paradoxa der Globalisierung – in den Hintergrund getreten. Mit den einfachen Worten des neuen Papstes scheint dieser Mantel des Vergessens abgeworfen, und in einer beeindruckenden Klarheit wird das, was vor fünfzig Jahren am Beginn des Erneuerungsprozesses der Kirche stand, zur lebendigen Gegenwart.

Bilder und Symbole, in denen sich die „poetische Kraft" dessen ausdrückt, was in den Tiefenschichten der Kulturen gesammelt ist, können nicht verloren gehen und nicht lange unterdrückt werden, das hat der große französische Philosoph Paul Ricœur immer wieder betont. Die „Kirche der Armen" ist ein solches Bild, in dem das formuliert ist, was die Gemeinschaft der Christen und Christinnen aus der Tiefe des Evangeliums erneuert. „Der Geist des Herrn ruht auf mir; denn der Herr hat mich gesalbt. Er hat mich gesandt, damit ich den Armen eine gute Nachricht bringe; damit ich den Gefangenen die Entlassung verkünde und den Blinden das Augenlicht; damit ich die Zerschlagenen in Freiheit setze und ein Gnadenjahr des Herrn ausrufe", so schildert der Evangelist Lukas (Lk 4,18/19) das erste öffentliche

[137] Zitiert nach Alberigo/Wittstadt (Hg.), Geschichte des 2. Vatikanischen Konzils, Bd. 4, 337.

[138] Papst Franziskus, Ansprache am 16. März, Audienz für die Medienvertreter im Vatikan: http://www.vatican.va/holy_father/francesco/speeches/2013/march/documents/papa-francesco_20130316_rappresentanti-media_ge.htm (letzter Aufruf: 13.07.2015).

Auftreten Jesu in der Synagoge in Nazareth. „Selig die Armen, denn ihnen gehört das Himmelreich" (Mt 5,3–12), so der Skopus der Bergpredigt, in dem sich das Evangelium Jesu verdichtet. Das Bild der „Kirche der Armen" kann mit Paul Ricœur als eine „lebendige Metapher" verstanden werden; in ihr „erscheint jede schlummernde Daseinspotentialität *als* entfaltet, jede latente Handlungsfähigkeit *als* wirklich geworden"[139]. Die Spannung, die sich in ihr auftut von „Zugehörigkeit" und „Distanzierungsvermögen", eröffnet einen Raum der Geschichte, in dem das, was in den Tiefenschichten der Kultur gesammelt ist, immer wieder eine neue Praxis anleiten kann. In den Worten und im Auftreten von Papst Franziskus haben die Impulse zur „neuen Evangelisierung", die sein Vorgänger Benedikt XVI. auf der Bischofssynode im Oktober 2012 in Erinnerung an die Konzilseröffnung gegeben hat und die sich in einer Vielzahl von „Propositiones" niedergeschlagen haben, ihren „roten Faden" wieder gefunden. In Zeiten, in denen viel von einem Gott-Vergessen die Rede ist, machen diese einfachen Worte deutlich, wo Gott, wo Jesus Christus, wo Gottes Geist präsent sind – überall dort, wo Not ist, Armut, Hunger, Krankheiten, Analphabetismus, schlechte Wohnverhältnisse, Kriminalität, vorzeitiger Tod, Missachtung, Unbarmherzigkeit und Sünde.[140] So wie in den Zeichen und Worten von Papst Franziskus der Mantel des Vergessens um die „Kirche der Armen" abgeworfen wird, so geht es darum, die Augen zu öffnen für die Wirklichkeit und über den Anruf, der von den vielen Gesichtern der Armen ausgeht, den Mut, die Hoffnung und Kraft für die Erneuerung der Kirche zu finden. Der neue Papst aus Argentinien, fast vom „Ende der Welt", wie er selbst unmittelbar nach seiner Wahl auf der Loggia des Petersdoms sagte, wird die Kirchen des Nordens zu dieser neuen Einfachheit und evangelischen Demut herausfordern. Die „Kirche der Armen", wie sie Papst Johannes XXIII. programmatisch an den Anfang des Konzils stellte und die in der gleichnamigen Arbeitsgruppe auf dem Konzil Gestalt angenommen hat, ist eine zutiefst „lebendige Metapher", die im Prozess der Rezeption des Konzils vor allem der Kirche Lateinamerikas ein neues Gesicht gegeben hat, und die aus dieser Perspektive des Südens der „neuen Evangelisierung" am Beginn des 21. Jahrhunderts einen „lebendigen Ausdruck" und eine „lebendige Existenz" geben wird. Sicher ist die Metapher der „Kirche der Armen" nicht isoliert zu lesen; sie steht im Zusammenhang mit der neuen „Lektüre" des Wortes Gottes und der kommunikativen Kraft der Offenbarung Gottes, die

[139] Paul Ricœur, Die lebendige Metapher, München 1986, 55.

[140] Vgl. dazu auch die Rede des Laienauditors James Norris am 9.11.1964, Präsident der Internationalen katholischen Kommission für die Migration, in: Alberigo/Wittstadt (Hg.), Geschichte des 2. Vatikanischen Konzils, Bd. 4, 371.

das Volk Gottes immer wieder erneuert und den Horizont des pastoralen Auftrages der Kirche erschließt, aber sie führt auf eine ausgezeichnete Weise in den Geist des Evangeliums und damit in die Tiefendimension der Erneuerung der Kirche. Kontinuität zum Evangelium und radikale Erneuerung werden in der Spannungseinheit der „lebendigen Metapher" der Kirche der Armen zusammengebündelt.

Die „Erschließungskraft" der Konzilsmetapher „Kirche der Armen"

Wenn Johannes XXIII. in seiner Radiobotschaft vom 11. September 1962 von der Kirche Jesu Christi als der „Kirche der Armen" spricht und dies auch in anderen seiner Texte und seinen Tagebüchern präsent hat, so greift er damit ein „Zeichen der Zeit" auf, das mit dem 2. Weltkrieg und den danach aufbrechenden Befreiungsbewegungen in den Ländern des Südens immer stärker in das Bewusstsein gerückt ist: die Situation der zweigeteilten Welt in Nord und Süd, Arm und Reich, den Schrei der ehemaligen Kolonialländer nach Freiheit und Befreiung, gerade auch nach einem Ausbrechen aus menschenunwürdigen Armutssituationen. Ihre Sendung kann die Kirche, davon ist Johannes überzeugt, nur im Angesicht dieser Not der Menschen neu definieren, angesichts der Probleme der Welt, vor allem der Armut und der Sehnsucht der Menschen nach Frieden. In den Jahren 1944–1953, in denen er als vatikanischer Nuntius in Paris arbeitete, ist Johannes in die Schule der „nouvelle théologie" und der Arbeiterpriester gegangen, er hat die Erneuerung des Ordenslebens aus den Quellen des Evangeliums verfolgt, war mit dem Zeugnis eines Charles de Foucauld und der Nazareth-Bewegung vertraut und hat in seinen eigenen theologisch-pastoralen Impulsen aus der Theologie des Dominikaners Marie-Dominique Chenu geschöpft. „‚Gott spricht *heute*'", so Chenu, „und in dieser etwas summarischen Formel kommt das Wiedererwachen einer Kirche auf hervorragende Weise zum Ausdruck, die sich… zur ‚Frohen Botschaft' hin zurückwendet. Eine Rückkehr zum Evangelium, die nicht durch archäologische Restauration zustande kommt, sondern durch eine Erneuerung, die dem Wort Gottes seine… Kreativität zurückgibt… Das Leben der Kirche… tritt in den Text ein… und gewinnt in lebendiger Tradition neue Kraft."[141] Und in diesem neuen „Eintreten in den Text" haben verschiedene der in den Texten des

[141] Chenu (Au temps des ordres mendiants, 143) zitiert nach: Christian Bauer, Ortswechsel der Theologie. Marie-Dominique Chenu im Kontext seiner Programmschrift „Une école de théologie. Le Saulchoir", Bde. 1 und 2, Berlin 2010, 600.

Evangeliums geborgene Metaphern eine neue lebendige Existenz erhalten, so auch die Metapher der „Kirche der Armen".

Marie-Dominique Chenu selbst war einer informellen Arbeitsgruppe auf dem Konzil verbunden, die sich bereits vor Konzilseröffnung gefunden hat auf Initiative von P. Paul Gauthier, ehemaliger Professor am Priesterseminar von Dijon/Frankreich und Mitgründer der Bruderschaft der Gefährten des Zimmermanns Jesus von Nazareth, der nun als Arbeiter in Nazareth im Geist des Evangeliums die Nachfolge des armen Jesu lebte. Bischöfe und Theologen aus allen Teilen der Welt, mit der Priestergemeinschaft Charles de Foucaulds und der Arbeiterpriesterbewegung verbunden, vor allem Bischöfe aus den Ländern des Südens, den damals so genannten „unterentwickelten" Ländern, waren in dieser Gruppe versammelt, darunter die lateinamerikanischen Bischöfe Dom Hélder Câmara Pessoa, damals Weihbischof in Rio de Janeiro, Don Manuel Larraín aus Talca/Chile und Don Sergio Méndez aus Cuernavaca/Mexiko, Mons. Georges Mercier, Bischof von Laghouat in der algerischen Sahara, Mons. Georges Hakim aus Akka-Nazareth oder Bischof Himmer aus Tournai/Belgien. Ihr Anliegen war eine Analyse der „Zeichen der Zeit" ihrer Ortskirchen; sie wurden auf der einen Seite von den Impulsen Paul Gauthiers inspiriert, der auf Veranlassung von Erzbischof Georges Hakim vor Konzilsbeginn die Schrift „Jesus, die Kirche und die Armen" verfasste und an den Papst und an die Konzilsväter sandte. Aus dem Geist der Arbeiterpriesterbewegung und der Gemeinschaft der Gefährten des Zimmermanns Jesus von Nazareth, einer in Palästina unter der Protektion der melchitischen Kirche und ihres Patriarchen Maximus IV. entstandenen Bewegung, plädiert der Text dafür, „unter dem Antrieb des Heiligen Geistes die Beziehung der Liebe zu betrachten, welche die Kirche mit den Armen verbindet …, die mit Jesus gleichgesetzt werden. Damit die Menschen, die heute auf die Kirche schauen, in ihr Jesus von Nazareth, den Zimmermann, erkennen."[142] Auf der anderen Seite war auch der unmittelbar nach der ersten Konferenz von dreißig ehemaligen Kolonialländern in Bandung/Indonesien (1955) formulierte Gedanke Marie-Dominique Chenus noch in lebendiger Erinnerung, ein „christliches Bandung" einzuberufen, denn angesichts des frühzeitigen Todes so vieler Menschen und der vielfältigen politischen, wirtschaftlichen und kulturellen Abhängigkeitsstrukturen könne das Christusereignis nicht nur als „Erlösung von der Sünde" verstanden werden, sondern auch als „Befreiung". „Der von den Propheten angekündigte… Messias", so Chenu, „bringt ein Heil, das nicht nur Erlösung von der Sünde,

[142] Vgl. Paul Gauthier, Die Armen, Jesus und die Kirche, Graz 1964, 121: „Das ist die Hoffnung der Armen: daß sie in der Kirche Jesus von Nazareth, den Zimmermann, erkennen können."

sondern auch… Befreiung bedeutet. Folglich ist die messianische Ära… überall dort eingeleitet, wo ein besseres Leben für die Armen… die Kolonisierten und die Ausgeschlossenen aller Rassen beginnt."[143] Damit war neben der geistlichen Orientierung der Gruppe der „Kirche der Armen" auch ihre politische Bedeutung benannt.

„Gründungsurkunde", so der italienische Kirchenhistoriker Guiseppe Alberigo, dieser ca. 50 Mitglieder zählenden Arbeitsgruppe – in Anlehnung an die von Charles de Foucauld initiierte Gemeinschaft auch „Bruderschaft der Kleinen Bischöfe" genannt, viele der Mitglieder waren der Priestergemeinschaft „Jesus Caritas" verbunden –, die sich in den ersten beiden Konzilsperioden regelmäßig, oft in wöchentlichem Abstand, im belgischen Kolleg traf und zu der im Laufe des Konzils weitere Konzilsväter und -theologen stießen, war die Intervention des Erzbischofs von Bologna, Kardinal Giacomo Lercaro, auf der Generalkongregation am 6. Dezember 1962. Die Frage der Armut war für ihn nicht ein Thema neben anderen, sondern „das einzige Thema des gesamten II. Vatikanums", das „Element der Synthese, der Punkt, an dem alle bisher behandelten Themen und die gesamte Arbeit, die wir noch leisten müssen, Klärung und Zusammenhalt finden sollten."[144] Lercaro stellt dabei die christologische und soteriologische Dimension der Armut in das Zentrum, Armut ist ein wesentlicher Aspekt des Geheimnisses Christi. Wie kaum ein anderer hat gerade Lercaro durch alle Konzilsperioden hindurch das Thema der Armut immer wieder eingespielt, auch wenn nach den ersten beiden Sessionen des Konzils die Gruppe der Kirche der Armen durch interne Differenzen geschwächt wurde und die Gruppe selbst nicht den Status einer „Kommission" erhielt, der von ihr zu Beginn intendiert war.

In einem Vortrag im Libanon am 12. April 1964 formulierte Lercaro: „Die Seligpreisungen erscheinen uns wie eine besondere Form des messianischen Zuspruchs. Die Armen sind selig, weil sich Jesus selbst auferlegt hat, die besondere und bestimmte Aufgabe des von Jesaia prophezeiten Messias zu erfüllen, die sich im Verhältnis zu den Rechtlosen der Welt ergibt. Indem er ihnen verkündet, daß diese Aufgabe bald erfüllt sein wird, und daß er sich schon als der gezeigt hat, erweist sich Jesus als der Messias der Armen, der in

[143] Chenu (Ce qui est en cause dans ‚Gaudium et Spes', 19) zitiert nach: Bauer, Ortswechsel der Theologie, 783.

[144] Alberigo/Wittstadt (Hg.), Geschichte des 2. Vatikanischen Konzils, Bd. 2, 405. – Zur Gruppe „Kirche der Armen" vgl. Alberigo/Wittstadt (Hg.), Geschichte des 2. Vatikanischen Konzils, Bd. 4, 443 ff; Bd. 2, 237–241; Bd. 3, 194–195. Vgl. dazu auch: Denis Pelletier, Une marginalité engagée. Le groupe „Jésus, l 'Eglise et les Pauvres", in: Mathjis Lamberigt/Claude Soetens/Jan Grootaers (Hg.), Les Commissions Conciliaires à Vatican II, Leuven 1996, 63–89; Giuseppe Alberigo (Hg.), Giacomo Lercaro. Vescovo della chiesa di Dio (1891–1976), Genua 1991; Giacomo Lercaro (Hg.), Per la forza dello Spirito, Bologna 1984, 38–50.

den Weissagungen des großen Propheten beschrieben wird. … Er ist nicht nur der Messias der Armen, sondern der arme Messias, er ist der Messias der Armen, eben gerade weil er der arme Messias ist. Dieses Muster ist in der ganzen Heilsgeschichte anzutreffen: Gott offenbarte sich nicht nur mit Vorliebe den Armen, sondern auch durch die Armen, die schon vor Christus, dann aber auch durch ihn, Träger des Heilsgeheimnisses waren (das Volk Israel wurde auserwählt, weil es arm und geknechtet war; Unfruchtbare wurden Mütter der Söhne der Verheißung; ‚Knecht Jahwes' bezeichnet gleichzeitig den Messias und das Volk Gottes usw. … Man muß auch in Betracht ziehen, was die Charakterisierung Jesu als Messias der Armen und als armer Messias für die Ekklesiologie bedeutet. Insofern nämlich der Kirche die messianische Sendung Jesu anvertraut ist, setzt sich in ihr das Mysterium der Selbstentäußerung (kenosis) des Wortes fort, und sie muß in zweierlei Weise zuallererst im erläuterten Sinn die Kirche der Armen sein: einerseits als Kirche vor allem der Armen, bestimmt für die Armen, gesendet für das Heil der Armen; und zum anderen als Kirche so arm, daß sie wie Christus, der für unser Heil Mensch geworden ist, vor allem die Armen retten will und selber Armut auf sich nimmt."[145] Lercaro verbindet hier zwei Aspekte des Themas, die pastorale und praktische Orientierung, wie sie in der Gruppe „Kirche der Armen", vor allem von Bischof Mercier vertreten wurde, und die Einforderung des theoretischen Anspruchs und einer fundierten theologischen Reflexion auf das Thema, wie es Mons. Ancel in seinem Papier vom 12.9.1964 vor Beginn der dritten Sitzungsperiode forderte, ohne die eine „Bekehrung der Kirche zur Armut" nicht möglich sei. Paul VI. hatte zu Beginn der 3. Sitzungsperiode des Konzils, in der gerade Schema XIII – die zukünftige Pastoralkonstitution – zur Diskussion stand, Kardinal Lercaro mehrfach aufgefordert, sich um die Umsetzung der Forderungen der Gruppe „Kirche der Armen" zu bemühen. Ein Beratungskomitee, moderiert aus 11 Bischöfen, kam zusammen, darunter Bischöfe wie Ancel, Himmer und Coderre aus der Gruppe „Kirche der Armen". Guillaume Mollat und Yves Congar fungierten als Periti für Mons. Ancel.[146] Der Text „La pauvreté dans l'Eglise et dans le monde", der die sozial-ökonomische, theologische und pastorale Perspektive des Blicks auf die Armutsfrage vereinte und an dem Marcos Gregorio McGrath, Yves Congar und John Joseph Wright mitwirkten, bildete die Grundlage eines Berichtes, den Lercaro – zusammen mit seinem Weibischof und General-

[145] Zitiert nach: Giuseppe Alberigo, Die Kirche der Armen. Von Johannes XXIII. zum Zweiten Vatikanischen Konzil , in: Mariano Delgado (Hg.), Blutende Hoffnung. Gustavo Gutiérrez zu Ehren, Luzern 2000, 67–88, hier: 79.

[146] Vgl. Alberigo/Wittstadt (Hg.), Geschichte des 2. Vatikanischen Konzils, Bd. 4, 445/446.

vikar Giuseppe Dossetti – dem Papst vorlegte. Im Anschluss an die Antrittsenzyklika Paul VI. „Ecclesiam suam“, in der dieser den Gedanken der evangelischen Armut aufgegriffen hat – er selbst war der Gruppe der Armen von Anfang an verbunden –, forderte der Bericht einerseits eine biblische und christologische Vertiefung des Themas der Armut, auf der anderen Seite die praktische Umsetzung der Armut im Lebensstil der Kirche, in der Ausbildung der Priester und einem verstärkten Augenmerk auf ihre Fähigkeiten an der Seite der Armen und der Arbeiter. Ebenso wurden die Laien benannt, die Notwendigkeit ihrer Förderung und stärkeren Beteiligung bei der Verwaltung kirchlichen Eigentums. Die mit dem Bericht verbundenen Petitionen „Einfachheit und evangelische Armut“ und „Der Vorrang in unserem Dienst für die Evangelisierung der Armen“, die mit persönlichen Konsequenzen für die Bischöfe verbunden waren, auf Titel wie Eminenz oder Exzellenz, auf kostbare Gewänder zu verzichten, auf evangelische Weise zu arbeiten und so das Apostolat unter den Armen und Arbeitern zu leben, erhielten zwischen dem 23. Oktober und dem 13. November 1964 über 500 Unterschriften, wobei sich hier, so Lercaro in einem Bericht an Paul VI. vom 19. November 1964, auch sieben Kardinäle anschließen: Liénart, Feltin, Richaud, Lefebvre, Gerlier, Léger und Suenens.[147] Und doch hatte das Anliegen der Gruppe „Kirche der Armen“ keine durchschlagende Kraft und blieb, so Alberigos Einschätzung, „am Rande des Konzilsgeschehens“[148]. Daran konnte auch am Ende der dritten Konzilsperiode die Veröffentlichung des Buches von Paul Gauthier, „Consolez mon peuple: le Concile et ‚L'Eglise des pauvres‘“, dessen Vorwort von fünfzehn Bischöfen mit gezeichnet wurde – darunter Charles-M. Himmer von Tournai/Belgien, Georges Hakim, Erzbischof von Galiläa, Georges Mercier, Bischof von Laghouat/Algerien, Hélder Câmara, Erzbischof von Olinda und Recife/Brasilien, Manuel Larraín, Bischof von Talca/Chile und der Erzbischof von Medellín, T. Botero Salazar – nichts mehr ändern.

Sicher ist das Thema der evangelischen Armut kein durchgängiges Thema der Konzilstexte, aber doch haben die Konzilsväter und -theologen die Referenz auf die „Kirche der Armen“ an zentralen Stellen verankert, und gerade hier hat sich die Metapher, die aus dem Text des Evangeliums in den Text des Konzils eingegangen ist, als „lebendige“ bewahrheitet, die gerade – um Paul Ricœurs Charakteristik der metaphorischen Rede aufzugreifen – im Konzilstext die „lebendige Existenz“ des Evangeliums darstellt. „Die Menschen ‚*als handelnde*‘ und alle Dinge ‚*als wirkende*‘, in actu darstellen: das könnte durchaus die *ontologische* Funktion der metaphorischen Rede

[147] Alberigo/Wittstadt (Hg.), Geschichte des 2. Vatikanischen Konzils, Bd. 4, 446.
[148] Alberigo, Die Kirche der Armen, 75.

sein. In ihr erscheint jede schlummernde Daseinspotentialität *als* entfaltet, jede latente Handlungsfähigkeit *als* wirklich geworden."[149] So ist es darum kein „Zufall" oder eine bloße Randnotiz, dass das erste Kapitel der Kirchenkonstitution „Lumen Gentium" mit dem Hinweis auf den „armen Jesus" endet. Das „Licht der Völker", das Jesus Christus ist und dem entsprechend die Kirche ihre sakramentale Gestalt zu entfalten hat, wird über den Menschen- und Gottessohn „dargestellt", der selbst ein „Armer und Leidender" war. In ihm ist das Evangelium zur lebendigen Existenz gekommen, und diesem Jesus von Nazareth hat sie in all' ihren Vollzügen zu entsprechen. „Christus wurde vom Vater gesandt, ‚den Armen die frohe Botschaft zu bringen, … die im Herzen Zerknirschten zu heilen' (Lk 4,18), ‚zu suchen und heil zu machen, was verloren war' (Lk 19,10): In ähnlicher Weise umgibt die Kirche alle mit ihrer Liebe, die von menschlicher Schwachheit angefochten sind, ja, in den Armen und Leidenden erkennt sie das Bild ihres armen und leidenden Gründers; sie müht sich, ihre Not zu lindern, und sucht Christus in ihnen zu dienen." (LG 8) Hier schlägt sich direkt einer der zentralen Impulse der „Kirche der Armen" nieder, es wird zudem eine theologische Begründung des Einsatzes für die Armen gegeben, tragen doch die Armen und Notleidenden das Gesicht Jesu Christi. Die „Armut" Jesu Christi ist dabei nicht allein eine materielle, sondern Armut bezieht sich auf den ganzen Weg der Kenosis, der Erniedrigung und „Entleerung" – um ganz frei zu sein für Gott und um Gott Gott sein zu lassen: „Wie aber Christus das Werk der Erlösung in Armut und Verfolgung vollbrachte, so wird die Kirche gerufen, denselben Weg einzuschlagen, um den Menschen die Früchte des Heils mitzuteilen. Christus Jesus ‚hat, obwohl er in Gottesgestalt war, … sich selbst entäußert, indem er Knechtsgestalt annahm' (Phil 2,6), und ist unsertwegen ‚arm geworden, obwohl er reich war' (2 Kor 8,9)." (LG 8)

Die Konzilsväter haben genau diesen zentralen Gedanken der Kirchenkonstitution im Dekret über die Missionstätigkeit der Kirche „Ad Gentes" aufgegriffen. Im Gedanken der Armut verdichtet sich die Menschwerdung Gottes; der Sohn Gottes wird Mensch, wird arm, um uns reich zu machen. „Deshalb schritt der Sohn Gottes auf den Wegen der wahren Menschwerdung, um die Menschen der göttlichen Natur teilhaftig zu machen, unseretwegen bedürftig geworden, obwohl er reich war, damit wir durch seine Armut reich seien. … Angenommen aber hat er die vollständige menschliche Natur, wie sie sich bei uns Elenden und Armen findet, jedoch außer der Sünde. Von sich selbst nämlich sagt Christus, ‚den der Vater geheiligt und in die Welt gesandt hat' (Joh 10,36): ‚Der Geist des Herrn

[149] Ricœur, Die lebendige Metapher, 55.

(ist) über mir; deswegen hat er mich gesalbt, den Armen frohe Botschaft zu bringen; er hat mich gesandt, die im Herzen Zerknirschten zu heilen, den Gefangenen die Befreiung zu predigen und den Blinden das Sehen‘ (Lk 4,18).“ (AG 3) Genau auf diesem Weg setzt die Kirche die Sendung Christi selbst fort: „Da diese Sendung fortdauert und durch den Ablauf der Geschichte die Sendung Christi selbst entfaltet, der gesandt wurde, den Armen frohe Botschaft zu bringen, muss die Kirche unter dem Ansporn des Geistes Christi auf demselben Weg voranschreiten, auf dem Christus selbst vorangegangen ist, nämlich auf dem Weg der Armut, des Gehorsams, des Dienstes und der Selbstaufopferung bis hin zum Tod, aus dem er durch seine Auferstehung als Sieger hervorgegangen ist.“ (AG 5,2)

Wenn die Kirche diesen Weg geht, dann bricht Gottes Reich an, auf das die Kirche hinwächst (LG 5). Dazu ist entscheidend, dass die, die an Christus glauben, aus dem „Geist der evangelischen Armut“ leben, weil genau diese das „Streben nach vollkommener Liebe“ fördert (LG 42,5). Wenn es Aufgabe der Kirche ist, Jesus Christus zu verkünden und ihn in ihren unterschiedlichen Vollzügen sakramental zu „repräsentieren“, so kommt der sakramentalen Präsenz Jesu Christi in den Armen besondere Bedeutung zu. Das muss gleichzeitig verbunden sein mit der Bekämpfung von Armut und Notsituationen, was in der Pastoralkonstitution „Gaudium et Spes“ mehrfach aufgegriffen wird[150], auch wenn diese der Armut sicher nicht das Gewicht beigemessen hat, wie es den Petitionen der Gruppe „Kirche der Armen“ entsprochen hätte. Armut ist zu bekämpfen, weil sie den Menschen daran hindert, sich als „Wesen der Freiheit“ zu entfalten (GS 31), und dieser Einsatz für Menschenwürde, Gerechtigkeit und Frieden muss dabei getragen sein von der „Treue gegen Christus“ und seiner frohen Botschaft, „dergestalt, daß sein (d.h. des Christen) ganzes persönliches und gesellschaftliches Auftreten geprägt sei vom Geist der Bergpredigt, insbesondere von der Seligpreisung der Armut“ (GS 72).[151]

---

[150] Vgl. auch Gaudium et Spes, 1. Teil, 3. Kapitel 31; 2. Teil, 3. Kapitel 69; 4. Kapitel 72; 75. – Das Motiv der evangelischen Armut wird auch aufgegriffen im Dekret über das Hirtenamt der Bischöfe (CD 13,1), sowie im Dekret über Dienst und Leben der Presbyter (PO 20).

[151] Der Laienauditor James Norris forderte in seiner Rede vom 09.12.1964 anlässlich der Debatte um Fragen menschlicher Solidarität dazu auf, „die notwendigen Institutionen, Beziehungen, Formen der Zusammenarbeit und Handlungsmethoden bereit(zu)stellen, damit sich alle Katholiken am weltweiten Kampf gegen Armut und Hunger beteiligen können“. Ähnlich sprachen auch Kardinal Alfrink oder Kardinal Silva Henríquez, der Präsident von Caritas Internationalis. Bischof Pildáin y Zapiádin von den Kanarischen Inseln war der Überzeugung, dass die „Kluft zwischen Reich und Arm … ein ‚schreckliches Verbrechen‘ (ist), das als das größte Übel des 20. Jahrhunderts angesehen werden könne“. Vgl. Alberigo/Wittstadt (Hg.), Geschichte des 2. Vatikanischen Konzils, Bd. 4, 370–372.

Die Konzilsmetapher der „Kirche der Armen“ transportiert mehr als andere neue Konzilsmetaphern die neue ekklesiologische Orientierung, die das „Ereignis“ Konzil bedeutet hat und immer noch bedeutet. Die Kirche ist nicht die „societas perfecta“, sondern ist Kirche – in den unterschiedlichen Formen ihrer „Entäußerung“ bzw. „Inkarnation“ in die Welt – in den Spuren Jesu Christi. Die Kirche stammt von Jesus Christus her und hat ihr Ziel in den Menschen, in ihrer Wirksamkeit für die Völker. Gerade im Dasein für die anderen, wenn sie den „Christus diakonos“ repräsentiert, findet sie zu ihrer Identität, und als solche „diakonische Kirche“ hat sie ihre geschichtliche Berechtigung; das bedeutet dann Bekehrung, Erneuerung, Umkehr zum Reich Gottes, um „nahe bei Gott und nahe den Menschen“[152] zu sein. Und diese Nähe zu den Menschen ist nicht „exklusiv“ zu verstehen; die Kirche als „Sakrament der Völker“ steht im Dienst des ganzen Menschengeschlechtes. Gerade auch im Blick auf die Armutsbekämpfung, den Einsatz für Gerechtigkeit und Frieden hat sich im Umfeld des Konzils, auch durch die Einrichtung von Iustitia et Pax und durch die Gründung bischöflicher Hilfswerke, eine „Ökumene der Praxis“ ausgebildet, die mehr als theologische Dispute und Einigungen zu einem neuen „christlichen“ Selbstverständnis beigetragen hat. Lukas Vischer hat sich in seinem Bericht für den Ökumenischen Rat der Kirchen – im Anschluss an die Forderung des Ökumenismusdekrets (UR 12) – gerade auf die internationale und ökumenische Zusammenarbeit im Blick auf die Armutsbekämpfung bezogen als ein entscheidender Impuls für die neuen ökumenischen Wege.

[152] Vgl. so die Interpretationen des Konzils aus lateinamerikanischer Perspektive: Congreso Continental de teología, La teología de la liberación en prospectiva, hg. von Fundación Amerindia, Bde. 1 und 2, Montevideo 2012, z.B. die Beiträge: Eduardo Arens, Algunos principios hermenéuticos para la correcta lectura del Concilio Vaticano II (Bd. 1), 323–332; Pablo Dabezies Antía, Hermenéuticas del Concilio Vaticano I (Bd. 2), 263–276. Die Publikation ist im Internet abrufbar: http://oclacc.org/redes/teologia/files/2013/01/Teolog%C3%ADa-de-la-liberaci%C3%B3n-en-prospectiva.pdf und http://www.amerindiaenlared.org/biblioteca/3276/la-teologia-de-la-liberacion-en-prospectiva-tomo-ii/ (letzter Aufruf: 13.07.2015); vgl. auch: Alberto da Silva Moreira/Michael Ramminger/Afonso Maria Ligorio Soares (Hg.), A primavera interrompida. O projeto Vaticano II num impasse, Libros Digitales Koinonia 2006. Im Internet abrufbar unter: http://www.servicioskoinonia.org/LibrosDigitales/LDK/LDK2.pdf (letzter Aufruf: 13.07.2015).

Die „Spannungs"-Wahrheit der Konzilsmetapher der „Kirche der Armen" – ein neues „Kirche-Werden" auf den Wegen der lebendigen Rezeption

Kurz vor Konzilsende, am 16. November 1965, hatten 40 Bischöfe, darunter die Lateinamerikaner Dom Hélder Câmara, Dom Antonio Fragoso, Dom Aloisio Lorscheider, Don Manuel Larraín, Don Leonidas Proaño, Don Samuel Ruiz, Don José Dammert, Weihbischof Luigi Bettazzi aus Bologna und als einziger Deutscher der Essener Weihbischof Julius Angerhausen, in der Domitila-Katakombe einen Gottesdienst gefeiert und eine Selbstverpflichtung unterschrieben, in der sie die Anliegen der Gruppe „Kirche der Armen" nochmals unterstreichen; 500 weitere Bischöfe werden sich dem anschließen. Die Bischöfe verpflichten sich selbst, nach dem Geist Jesu Christi, dem Geist der Armut, Demut und geschwisterlichen Liebe zu leben, auf Machtsymbole und -privilegien zu verzichten und „das Leben mit unseren Geschwistern in Christus zu teilen, mit allen Priestern, Ordensleuten und Laien, damit unser Amt ein wirklicher Dienst werde" (Nr. 12). Ein solcher Dienst muss sich „im Dienst an der Mehrheit der Menschen – zwei Drittel der Menschheit – verwirklich(en), die körperlich, kulturell und moralisch im Elend leben", und er beinhaltet die Verpflichtung, „dass wirtschaftliche und kulturelle Strukturen geschaffen werden, die der verarmten Mehrheit der Menschen einen Ausweg aus dem Elend ermöglichen, statt in einer immer reicher werdenden Welt ganze Nationen verarmen zu lassen" (Nr. 11). Dabei sind sich die Bischöfe „dessen bewusst", „wie viel ihnen noch fehlt, um ein dem Evangelium entsprechendes Leben in Armut zu führen", und sie vertrauen darauf, „durch die Gnade unseres Herrn Jesus Christus sowie durch das Gebet der Gläubigen und Priester unserer Diözesen bestärkt zu werden".[153]

Der Katakombenpakt war – und das zeigen die Unterschriften – in besonderer Weise ein Ausdruck für das neue Selbstbewusstsein, das die Kirchen des Südens durch ihren regelmäßigen Austausch während der Sessionen des Konzils gefunden hatten. Dom Hélder Câmara hatte von Beginn des Konzils an die Gruppe der Bischöfe, die mit dem CELAM, dem lateinamerikanischen Bischofsrat, verbunden waren, zu regelmäßigen Treffen in die Domus Mariae eingeladen. Die sich hier versammelnden Bischöfe kamen mit Erfahrungen einer erneuerten Pastoral, ihr Blick für die sozialen und politischen Fragen war durch die Teilnahme an Bewegungen

[153] Vgl. den Text des Katakombenpaktes in: Institut für Theologie und Politik (Hg.), Der doppelte Bruch. Das umkämpfte Erbe des Zweiten Vatikanischen Konzils. Ein Werkbuch, Münster 2011, 29–31.

der JOC, der christlichen Arbeiter- und Studentenjugend, geschärft. Dom Hélder Câmara hatte bereits Ende der 50er Jahre die „Campanha da Fraternidade – Kampagne der Brüderlichkeit" in Brasilien initiiert, 1963 die Bewegung „Movimento de Educação de Base – MEB" mit begründet; Bischof Proaño hatte 1960 das „CEAS – Centro de Estudios y Acción Social" gegründet, erste Schritte einer indianischen Pastoral vorbereitet, und José Dammert, damals Weihbischof von Lima, schreckte seine Kollegen durch Besuche in Elendsvierteln, 1959 fand auf seine Anregung die erste Sozialwoche Perus statt. Paul VI. bestärkte in seiner Ansprache am 23.11.1965 die noch in Rom anwesenden 600 lateinamerikanischen Bischöfe in ihrem Vorhaben, eine neue gesamtlateinamerikanische Bischofsversammlung einzuberufen, und so wurden nach dem Tod von Don Manuel Larraín, damaliger Präsident des CELAM, unter der Federführung von Dom Hélder Câmara die Impulse des Konzils, die neue Volk-Gottes-Ekklesiologie der Kirchenkonstitution „Lumen Gentium" und der pastorale Ansatz von „Gaudium et Spes", in der konfliktiven lateinamerikanischen Realität der zweiten Hälfte der 60er Jahre mit Leben gefüllt und über die „lebendige Metapher" der „Kirche der Armen" zusammengeführt. In ganz besonderer Weise hat es die lateinamerikanische Kirche verstanden, dem Wesensauftrag der Kirche, der Evangelisierung, einen konkreten „Ausdruck" zu geben: Jesus Christus wird verkündigt, wenn Heil und Befreiung geschieht, vor allem für die Armen, auf ihren Gesichtern leuchtet das Gesicht Jesu Christi auf.

Die 1968 in Medellín einberufene Generalversammlung des lateinamerikanischen Episkopats wurde, so formulierte Hélder Câmara 1975 rückblickend in Chaclacayo zum „Symbol für das Bemühen, auf unserem Erdteil die großen Beschlüsse des zweiten Vatikanischen Ökumenischen Konzils in die Tat umzusetzen. Medellín ist das Symbol für eine klare, kühne und vom Licht christlichen Pflichtbewußtseins inspirierte Sicht von der Wirklichkeit unseres Kontinents. Medellín ist das Symbol für die kontinentale Entscheidung der Kirche Christi in Lateinamerika, sich der Problematik dieses Teils der Erde und dieser Stunde, in der Gott uns erlaubt zu leben und uns zu arbeiten ruft, bewusst zu stellen…"[154] Bischöfe wie Dom Hélder Câmara, Don Leonidas Proaño oder Don Sergio Méndez werden zu Inspiratoren für eine Kirche an der Seite der Armen und eine arme Kirche, die neue Impulse für die Pastoral – eine inkulturierte Pastoral und eine Sozialpastoral – geben, die wie Don Méndez in Cuernavaca neue Zeichen setzen für die Priester-

[154] Zitiert nach: Horst Goldstein, „Der Masse helfen, Volk zu werden". Hélder Câmara Pessoa (*1909), Erzbischof von Olinda und Recide/Brasilien, in: Johannes Meier (Hg.), Die Armen zuerst! 12 Lebensbilder lateinamerikanischer Bischöfe, Mainz 1999, 45–65, hier: 55.

ausbildung im Geist der Option für die Armen, die wie Don Silva Henríquez in Santiago de Chile in Zeiten der Diktatur über die Gründung der Vicaría de la Solidaridad zu Fürsprechern für die Menschenrechte werden oder wie Dom Hélder Câmara Anstöße für die Ausbildung von Basisgemeinden, die neue Beteiligung der Laien und die „lectura popular de la Biblia“ geben. Aus diesem Geist entsteht eine neue Gestalt von Theologie, die Befreiungstheologie, die die theologische, soteriologische und christologische Reflexion auf die Armut gerade auch in interdisziplinärer Perspektive unter Einbeziehung sozialwissenschaftlicher oder ökonomischer Studien weiter entfaltet.

In Kontinuität zum Geist des Evangeliums, aber auch aus der Distanz des neuen geschichtlichen und kulturellen Momentes der lateinamerikanischen Gesellschaft der zweiten Hälfte des 20. Jahrhunderts wird die der Metapher der „Kirche der Armen“ innewohnende „Spannungs“-Wahrheit auf eine ganz besondere Weise fruchtbar. In den verschiedenen Ortskirchen Lateinamerikas, auf allen Ebenen kirchlichen Lebens, vor allem im gelebten Glauben des Volkes in Gemeinden, Gemeinschaften, in den vielen Zeichen der lebendigen Volksreligiosität gewinnt die sakramentale Ekklesiologie des Konzils ein konkretes „Gesicht“. Die Kirche wird in ihrer Inkarnation hinein in die Welt der Armen, der Gedemütigten, der Entrechteten zum Zeichen und Werkzeug des Heils; es sind gerade die vielen „Gesichter der Armen“, wie das Dokument von Puebla es ausdrückt (vgl. DP 31–39), in denen das Leidensantlitz Jesu Christi erkannt werden kann. Die Sendung in die Welt, die konkreten Formen der Sozialpastoral, der „pastoral de conjunto“ und die neuen Gestalten missionarischen Zeugnisses, wie sie auf der letzten Generalversammlung des lateinamerikanischen Episkopats in Aparecida (2007) benannt werden, sind Vollzug der Evangelisierung in und aus den vielen Geschichten der Menschen. Der Weg des Menschen ist der Weg, die Spur Gottes in der Geschichte zu entdecken. Die in Medellín versammelten Bischöfe haben, so Jon Sobrino, „von der Armut als Ort der Gegenwart Gottes“ gesprochen. „Auf diese Weise hat Medellín intuitiv erfaßt, was wir das jesuanische Prinzip genannt haben und was dann Puebla in aller Deutlichkeit formuliert hat. Die theologische Entfaltung der Intuition war das Werk von Theologen, allen voran Gustavo Gutiérrez. Doch die theologale Beziehung zwischen Gott und den Armen überhaupt hergestellt zu haben, das ist die eigentliche Leistung von Medellín.“[155] So ist die „Option für die Armen“ „Bekehrung“ hin zum Evangelium, eine „Dezentrierung“, die – aus der Option mit den Armen und der Begegnung mit dem Armen – Gottes

[155] Jon Sobrino, Zurück zur Kirche der Armen. Für Gustavo Gutiérrez, den Christen und Theologen von Medellín, in: Delgado (Hg.), Blutende Hoffnung, 89–99, hier: 92.

Gratuität anerkennt. „Das Engagement für die Armen und Unterdrückten und das Entstehen der Basisgemeinschaften haben der Kirche dazu verholfen, das evangelisatorische Potential der Armen zu entdecken, da sie die Kirche ständig vor Fragen stellen, indem sie sie zur Umkehr aufrufen, und da viele von ihnen in ihrem Leben die Werte des Evangeliums verwirklichen, die in der Solidarität, im Dienst, in der Einfachheit und in der Aufnahmebereitschaft für das Geschenk Gottes bestehen." (DP 1147) In Gemeinschaft mit den Armen und in Anerkennung ihres „evangelisatorischen Potentials" wird die Kirche immer mehr zum universalen Heilssakrament. Genau darin bewahrheitet gerade der Weg der lateinamerikanischen Kirche die „Spannungskraft" der lebendigen Metapher der „Kirche der Armen".

Neue Wege der Weltkirche – die „verbindende" Kraft der Konzilsmetapher der „Kirche der Armen"

In den letzten beiden Jahrzehnten ist in den Kirchen des Nordens in Vergessenheit geraten, dass Paul VI. in seinen großen Enzykliken „Populorum Progressio" (1968) und „Evangelii Nuntiandi" (1975) die Impulse der „Kirche der Armen" immer wieder auf das weltkirchliche Tapet gebracht hat. Das Ende des Ost-West-Konflikts mit dem Fall der Mauer 1989 hat das Pontifikat von Johannes Paul II. geprägt, und erst mit der Wahl des Argentiniers Jorge Mario Bergoglio sind die Fragen und Herausforderungen der Weltkirche und der Kirchen des Südens neu in den Blick getreten. Eine lebendige Metapher wie die „Kirche der Armen", die aus den Quellen christlichen Glaubens erwachsen ist und den Weg des armen Jesus von Nazareth und seine Gottes-Ansage in das Zentrum gestellt hat, ist jedoch „nachhaltig" und erhält immer wieder neu eine „lebendige Existenz". Aufgabe der Kirche ist es, so Papst Franziskus in der Predigt zu seiner Amtseinführung, „mit Liebe und Zärtlichkeit die gesamte Menschheit anzunehmen, besonders die Ärmsten, die Schwächsten und die Geringsten".[156] Das ist zwar ein „geistliches" Wort, in Gegenwart von hochrangigen Regierungsvertretern aus aller Welt erhält es aber eine weitergehende Bedeutung. Die Vereinten Nationen schreiben der Armutsbekämpfung höchste Priorität zu; die Milleniumsziele formulieren an erster Stelle die Armutsbekämpfung als vorrangiges Entwicklungsziel, Armut ist auch heute ein „Zeichen der Zeit", das in der Weltgemeinschaft – quer durch alle Kulturen und Reli-

[156] Papst Franziskus, Predigt auf dem Petersplatz, Dienstag 19. März 2013, 3, im Internet verfügbar unter: https://w2.vatican.va/content/francesco/de/homilies/2013/documents/papa-francesco_20130319_omelia-inizio-pontificato.pdf (letzter Aufruf: 11.08.2015).

gionen – unbestritten ist. Im Zuge der Globalisierung ist Armut zudem nicht mehr nur ein Problem der unterentwickelten Gesellschaften des Südens, Armut reicht – in unterschiedlichen Facetten, vor allem auch als Armut von Kindern und Frauen – in die Gesellschaften des Nordens hinein. Armut führt zur Exklusion, „dem Ausschluss von gesellschaftlicher Teilhabe“[157], und gerade darin, in der fehlenden Zugehörigkeit zur bürgerlichen Gesellschaft und der Annahme, zu den „Überflüssigen“ zu gehören, liegt ein zutiefst revolutionäres Potential, das – so die Studie von Martin Kronauer – die Konflikte der Zukunft und eine massive Gefährdung des Weltfriedens in sich birgt. So hat Papst Franziskus in seinem geistlichen Wort auch entscheidende (kirchen-)politische Akzente am Beginn seines Pontifikats gesetzt. Die katholische Kirche ist zur Weltkirche geworden, und die neue Papstwahl ist Ausdruck der Mündigkeit der Ortskirchen, die die kirchenpolitischen und pastoralen Prioritäten nicht unverändert lassen wird. Mehr als die Hälfte der ca. 1,2 Milliarden Katholiken leben allein in den Ländern Lateinamerikas; das „neue Gesicht der Kirche“, wie es in der Studie des Journalisten John L. Allen deutlich wird, ist nicht mehr europäisch geprägt. Die Fragen der Weltkirche werden auf Zukunft hin die Agenda der katholischen Kirche prägen, und hier hat Franziskus I. mit der Erinnerung an die „Kirche der Armen“ bereits unmittelbar nach seiner Wahl zum neuen Papst und am Beginn seines Pontifikats ein wichtiges Zeichen gesetzt.

In der Einfachheit der Worte von Papst Franziskus können, so ist zu hoffen, die Inspirationen der Kirche der Armen vom Rand in die Mitte kirchlichen, aber auch politischen, gesellschaftlichen und kulturellen Engagements treten. So kann der geistliche Aufbruch des Konzils in die Welt hineinwirken und über die lebendige Metapher der „Kirche der Armen“ der „unterbrochene Frühling“ neuen Anlauf nehmen. In Rom, so die Berichterstattungen nach der Papstwahl, hatte es aufgehört zu regnen und mit dem Blau des Himmels kehrten die Träume wieder zurück, um ein Bild von Dom Hélder Câmara aufzugreifen.

[157] Martin Kronauer, Exklusion. Die Gefährdung des Sozialen im hochentwickelten Kapitalismus, Frankfurt a.M. u. a. ^{2}2010.

Vom Konzil zu Papst Franziskus: Partnerschaft als Grundvollzug der Weltkirche

2010/2011 hatte die Bischöfliche Aktion für Lateinamerika ADVENIAT – auch im Zusammenhang ihres 50jährigen Bestehens – eine empirische Studie zur weltkirchlichen Arbeit ADVENIATS durchführen lassen mit dem Ziel, auf dem Hintergrund von Veränderungen in der Entwicklungs- und Weltkirche-Arbeit die Kommunikation mit den Gemeinden deutscher Diözesen zu verbessern. Befragt wurden Haupt- und Ehrenamtliche in katholischen Gemeinden sowie Lehrkräfte an katholischen Schulen. Am Schluss der Ergebnissicherung heißt es im Blick auf den „weltkirchlichen Stellenwert Lateinamerikas heute" und die „Zukunft weltkirchlicher Arbeit":

„Ehrenamtliche wünschen, dass Adveniat hierzulande nicht allein das in Lateinamerika grassierende Elend vermittelt, sondern mehr Freude am Leben, tolle Fröhlichkeit, Herzlichkeit und lateinamerikanische Kulturen. Zudem sprechen sich einige Ehrenamtliche dafür aus, dass Adveniat weltkirchliche Spiritualität in Gemeinden stärker fördern solle (lebendige und freudige Gottesdienstfeiern, gelebten Glauben usw.). Sie erwarten auch, dass Adveniat den Blick auf weitere Möglichkeiten des Voneinander-Lernens lenke. Ebenfalls wichtig ist ihnen, dass Adveniat nicht nur auf Geldspenden und finanzielle Unterstützung zielt, sondern auch darauf, dass wir – (Christen in Deutschland und Lateinamerika) – uns im Gebet auch nah sind, dass wir gegenseitig Fürbitten austauschen, ja dass die (Arbeit) auf dieser spirituellen Ebene passiert. Auch der Aspekt, dass Geben auch meine Bereicherung bedeutet, und dieser Gedanke, 'niemand ist so arm, dass er uns nichts geben kann; niemand ist so reich, dass er nicht noch etwas empfangen muss', sollen stärker als bisher in den Fokus rücken. Diese beiden Perspektiven, nämlich wechselseitig belebende Spiritualität und gegenseitiges Geben und Nehmen, treten bei den neu befragten Ehrenamtlichen stärker auf als in der ersten Forschungshase. Als weitere Aufgaben, die nicht vernachlässigt werden dürfen, wenn Weltkirche auch im Jahr 2020 leben soll, nennen die ehrenamtlichen und die Lehrkräfte politische Themen auf globaler Ebene, beispielsweise Umweltfragen, Migration und Arbeitslosigkeit im Zusammenhang internationaler Konzerne... In den Augen der weltkirchlich Aktiven lebt Weltkirche von persönlichem Kontakt. Darüber hinaus dürfe jedoch die Klärung der religiösen und theologischen Grundlagen für weltweite Solidarität nicht vernachlässigt werden. Adveniat solle wie andere katholische Hilfswerke auch daran mitwirken, durch nachhaltige und effektive Öffentlichkeitsarbeit sowie durch verstärkte politische Lobbyarbeit weltkirchliche Themen über den kirchlichen Binnenraum hinaus auf einer breiteren gesellschaftlichen Basis vorzubringen.“[158]

In diesem längeren Zitat wird der Umbruch in der weltkirchlichen Arbeit – und das betrifft nicht nur ADVENIAT, sondern auch die anderen Hilfswerke in Deutschland, die Arbeit der Missionsorden und der Weltkirche-Referate der deutschen Diözesen – deutlich, wie er sich in den letzten beiden Jahrzehnten auf dem Hintergrund des mit dem Stichwort Globalisierung bezeichneten Paradigmenwechsels in der weltweiten politischen, sozialen, kulturellen und kirchlichen Zusammenarbeit abzeichnet. Die weltkirchliche Arbeit im deutschen Kontext wurde am Ende der 50er und in den 60er Jahren des letzten Jahrhunderts im Umfeld des 2. Vatikanischen Konzil angestoßen und hat sich auf vielen Ebenen pastoraler und missionarischer, diakonischer und entwicklungspolitischer Praxis entfaltet. Bis weit in die 70er Jahre orientierte sich diese Arbeit am entwicklungspolitischen Paradigma von Entwicklung/Unterentwicklung, an sozialwissenschaftlichen Theoriebildungen, die im Ausgang vom und in der Kritik am sog. „Desarrollismo“ die Machtverhältnisse zwischen Nord und Süd anfragten. Die Arbeit kirchlicher Hilfswerke verstand sich als Beitrag zur „Entwicklung“ in den Kirchen des Südens – auf pastoraler und sozio-ökonomischer Ebene –, vor allem auch als Beitrag zur „Bewusstseinsbildung“ und „Befreiung“ der Menschen, die zu den Ärmsten der Armen gehörten. In den letzten Jahrzehnten haben die Globalisierungstheorien neue, auch subtilere Abhängigkeiten in allen Weltkontexten aufgezeigt; Informationstechnologien, Kommunikationsmedien, Finanzmärkte, Migrationsströme auf der einen, Tourismusströme auf der anderen Seite lassen die Welt auf eine neue Weise zusammenwachsen, gleichzeitig aber auch Ausschlussmechanismen, Gewaltpotentiale und die Armutsschere zunehmen, wobei diese nicht mehr allein nach Weltregionen polarisiert sind, sondern auch in den durch Migration wachsenden Metropolen und Mega-Cities des Nordens zu finden sind.

Weltkirchliche Arbeit fokussiert sich in diesem Zusammenhang zunehmend auf weltkirchliche Bildungsarbeit im Kontext der deutschen Ortskirchen. „Bewusstseinsbildung“ und „Option für die Armen“, die in den 70er Jahren letzten Jahrhunderts in der Folge befreiungstheologischer und befreiungspädagogischer Impulse vor allem im Blick auf die Länder des

[158] Klaus Kießling/Chunhee Cho/Hermann-Josef Wagener, Blickpunkt Lateinamerika. Empirische Studie zur weltkirchlichen Arbeit der Bischöflichen Aktion Adveniat, Münster 2012, 120/121. – Vgl. zu den folgenden Überlegungen: Kirche im „Aufbruch“ und die Wiederentdeckung der Partnerschaft. Partnerschaft als Grundvollzug von Kirche, in: Klaus Krämer/Klaus Vellguth (Hg.), Weltkirche in Deutschland. Miteinander den Glauben leben, Freiburg/Basel/Wien 2014, 25–41.

Südens formuliert wurden, betreffen in gleicher Weise den Norden. Der weltkirchliche Aufbruch, den das 2. Vatikanische Konzil bedeutet hat, bleibt auf halber Strecke stehen, wenn diese „Option für die Armen“ nicht „Bekehrung“ – im Sinne von Umkehr und Befreiung – für christlichen Glauben und kirchliche Praxis in den verschiedenen Kontexten des „Nordens“ bedeutet. Entwicklungstheorien, die sich auf post-koloniale Kritiken beziehen, haben die subtilen Machtdiskurse aufgedeckt, die auch einem Entwicklungsparadigma wie dem der „Hilfe zur Selbsthilfe“ innewohnen kann, und den Stimmen aus dem „Süden“ neue Anerkennung verschafft. Das neue Welt-Kirche-Werden, das der ekklesiologische Paradigmenwechsel des 2. Vatikanischen Konzils angestoßen hat, bedeutet nicht nur ein neues Wahrnehmen der Kirchen des Südens durch den Norden, sondern betrifft die Kirchen des Nordens selbst, betrifft auch ihre „Befreiung“, eine „Option für die Armen“, die sie in der Begegnung mit den „Armen“ des Südens befreit zu einer neuen, am Evangelium Jesu Christi ausgerichteten Praxis.

In genau diesem Zusammenhang greift das Stichwort der „Partnerschaft“ als Schlüsselwort für die weltkirchliche Arbeit und ein neues Selbstverständnis der Weltkirche. „Partner“ – so die Wortbedeutung – sind die, die von sich bzw. sich selbst „teilgeben“ und „teilhaben“, an den Erfahrungen, am Wissen und Reichtum, an der Armut und den Sorgen der anderen. Weltkirche als Partnerschaft heißt, dass wir Teil eines größeren Ganzen sind, dass christlicher Glaube und kirchliche Praxis sich nur im je neuen Teilhaben und Anteilgeben vollziehen. Das Evangelium, Jesus Christus, die Lebenskraft Gottes, entdecken wir – worauf Papst Franziskus in seinem Apostolischen Schreiben „Evangelii Gaudium“ hinweist – im je neuen Aufbrechen, im dynamischen Austausch von Begegnung, Veränderung und Wachsen mit und durch die Anderen, die – auch über Distanzen hinweg – zu unseren Weggenossen werden. So wird Weltkirche, so wächst Kirche hinein in ihren genuinen Auftrag, Zeugnis vom Evangelium des Lebens zu geben.[159]

In den folgenden Schritten wird es darum gehen, diese „Partnerschaft“ als Grundvollzug von Kirche neu zu entdecken. Grundgelegt in den biblischen und patristischen Traditionen ist sie in der frühen Moderne und bis

---

[159] Papst Franziskus, Apostolisches Schreiben *Evangelii Gaudium*, hg. vom Sekretariat der Deutschen Bischofskonferenz, Bonn 2013, z. B. Nr. 88: „Unterdessen lädt das Evangelium uns immer ein, das Risiko der Begegnung mit dem Angesicht des anderen einzugehen, mit seiner physischen Gegenwart, die uns anfragt, mit seinem Schmerz und seinen Bitten, mit seiner ansteckenden Freude in einem ständigen unmittelbar physischen Kontakt. Der echte Glaube an den Mensch gewordenen Sohn Gottes ist untrennbar von der Selbsthingabe, von der Zugehörigkeit zur Gemeinschaft, vom Dienst, von der Versöhnung mit dem Leib der anderen. Der Sohn Gottes hat uns in seiner Inkarnation zur Revolution der zärtlichen Liebe eingeladen.“

zum 2. Vatikanischen Konzil in den Hintergrund getreten. Aus und im neuen Dialog mit den Kirchen des Südens, den ehemaligen Missionskirchen, tritt sie neu hervor. Partnerschaft erinnert, dass wir in der Nachfolge Jesu Christi alle Teile eines größeren Ganzen sind, dass wir im Anteilhaben und Anteilgeben, den wechselseitigen Prozessen der Anerkennung, hineinwachsen in unsere Christusbeziehung, hineinwachsen in Den, der die Gabe ist, die Leben ist, unverbrüchliches Leben, Hoffnung durch alle Gebrochenheiten hindurch. „Partnerschaft" als weltkirchliches Schlüsselmotiv wird die Weltkirche-Arbeit der Diözesen, Gemeinden und Hilfswerke neu in den Grundvollzug christlichen Lebens einbinden und sie als „Mystik mit offenen Augen" (Johann Baptist Metz) sehen lassen helfen, wie Papst Franziskus in „Evangelii Gaudium" christliche Praxis und den Auftrag der Evangelisierung skizziert hat: „Es geht darum, Jesus im Gesicht der anderen, in ihrer Stimme, in ihren Bitten zu erkennen. Und auch zu lernen, in einer Umarmung mit dem gekreuzigten Jesus zu leiden, wenn wir ungerechte Aggressionen oder Undankbarkeiten hinnehmen, ohne jemals müde zu werden, die Brüderlichkeit zu wählen. Dort liegt die wahre Heilung, da die wirklich gesund und nicht krank machende Weise, mit anderen in Beziehung zu treten, eine *mystische*, kontemplative Brüderlichkeit ist, die die heilige Größe des Nächsten zu entdecken weiß; … Gerade in dieser Zeit … sind die Jünger des Herrn berufen, als eine Gemeinschaft zu leben, die Salz der Erde und Licht der Welt ist (vgl. Mt 5,13–16). Sie sind berufen, auf immer neue Weise Zeugnis für eine evangelisierende Zugehörigkeit zu geben." (EG 91; 92)

Partnerschaft als Grundvollzug von Kirche: verloren und wiedergefunden – ein kurzer Blick in die Geschichte christlicher Mission

Es ist immer wieder neu faszinierend, an den Prozess der Evangelisierung und Mission in der frühen Kirche zu erinnern. Die rasche Ausbreitung des Evangeliums, die Verkündigung durch Paulus und seine Begleiter und Begleiterinnen, durch Petrus, Jakobus, Maria von Magdala und die vielen anderen Männer und Frauen, die Missionare und Theologen der ersten christlichen Jahrhunderte, war Ereignis des Geistes, Christusverkündigung, die ein neues Miteinander bedeutet hat, Auferbauung der Gemeinden: „Durch ihn (d. h. Jesus Christus) wird der ganze Leib zusammengefügt und gefestigt in jedem einzelnen Gelenk. Jedes trägt mit der Kraft, die ihm zugemessen ist. So wächst der Leib und wird in Liebe aufgebaut." (Eph 4,16) Die Briefe des Paulus und der anderen Apostel, die in den verschiedenen

Gemeinden beim Gottesdienst gelesen werden, bedeuten ein Anteilgeben und Anteilnehmen an den Erfahrungen, Freuden und Hoffnungen, Ängsten und Sorgen der anderen. Das ist die Grunderfahrung, Teil des Leibes Christi zu sein, dass Mission und jegliche kirchliche Praxis im Dienst des Aufbaues dieses „Leibes Christi" stehen, und dieser Jesus Christus ist der, der Anteil an sich selbst gegeben hat, sich „als Lösegeld hingegeben hat für alle" (1 Tim 2,6), zum Leben, zur Befreiung aus Schuld und Sünde: Das ist das Geheimnis und der Ursprungsgrund christlichen Glaubens, an den die Gemeinden in der Feier der Eucharistie erinnern und der sich ihnen hier – gnadenhaft – je neu schenkt. Die Partnerschaft zwischen den ersten christlichen Gemeinden wächst aus dieser Christus-Verkündigung, sie ist fruchtbar in Wort und Tat, sie lässt den Glauben „hervortreten" – ein Stichwort, das die französische Ortskirche in den letzten Jahren im Blick auf ihre neue pastorale und missionarische Praxis verwendet[160] –, und sie ist lebendige Anteilnahme an allen Sorgen der anderen Gemeinden; so ruft Paulus zur Sammlung für die Kirche in Jerusalem auf (2 Kor 8), Wortverkündigung und praktische Solidarität sind auf einander bezogen. Hier bildet sich ein Modell von Partnerschaft aus, das sich in der Gemeinde, der Struktur ihrer Ämter, aber auch in der Verbindung der Ortskirchen untereinander spiegelt. Die fünf Patriarchate, die sich in der frühen Kirche ausbilden – Jerusalem, Antiochien, Alexandrien, Konstantinopel, Rom – stehen in lebendigem Austausch, der Vorrang Roms steht im Dienst der Einheit und der Verkündigung Jesu Christi; regionale und kulturelle Verschiedenheiten werden – gerade auf dem Hintergrund des religiösen Pluralismus der damaligen „Ökumene" im römischen Reich und der Minderheitensituation des Christentums – anerkannt, eine Anerkennung und Partnerschaft, die im gemeinsamen Christuszeugnis, der Erinnerung an das Geheimnis von Inkarnation, Kreuz und Auferstehung gründet und die Tiefendimension für das missionarische Zeugnis der Kirche ist. Die ersten christlichen Jahrhunderte waren in diesem Sinn eine geistlich fruchtbare Zeit – eine Zeit, in der sich die Kirche als sich partnerschaftlich vollziehende und in ihrem Wesen missionarische Welt-Kirche ausbildet, ein Grundvollzug, der in den darauf folgenden Jahrhunderten in den verschiedenen, auch mit unterschiedlichen Brüchen über-

[160] Vgl. dazu: Christoph Theobald, Le christianismecomme style. Unemanière de faire de la théologie en postmodernité, 2 Bde., Paris 2007; ders., Evangelium und Kirche, in: Reinhard Feiter/Hadwig Müller (Hg.), Frei geben. Pastoraltheologische Impulse aus Frankreich, Ostfildern ^{2}2013, 110–138. – Vgl. auch: Margit Eckholt, „Der unterbrochene Frühling". Erinnerung an das Weltkirche-Werden auf dem 2. Vatikanischen Konzil, in: Philipp Thull (Hg.), Ermutigung zum Aufbruch. Eine kritische Bilanz des Zweiten Vatikanischen Konzils, Darmstadt 2013, 120–128.

eingehenden Entstehungsprozessen der Westkirche in den Hintergrund rückt.

In der frühen Moderne kommt es, sicher auch bedingt durch den Bruch, den die Reformation bedeutet hat, zu Grenzziehungen und einer Selbstdefinition der katholischen Kirche, die das Modell des Partnerschaftlichen in den Hintergrund treten lässt und die katholische Kirche im Sinne einer „societas perfecta“ definiert, im Besitz der „Gnadenmittel“, selbstgenügsam, eine hierarchische Größe, die sich in der Definition des Primats des Papstes auf dem 1. Vatikanischen Konzil zuspitzt. Die Struktur der Kirche, ihre Ämter, ihre Liturgie, ihr Bildungssystem, orientieren sich am „Zentrum“; die römische Kirche versteht sich als Universalkirche; der vom Konzil von Trient angestoßene römische Katechismus z. B. hat Geltung für die gesamte Kirche. Die 1622 gegründete Kongregation „De Propaganda fide“ (seit 1967 Kongregation für die Evangelisierung der Völker) formuliert Grundprinzipien der Mission und hat die Aufsicht über die neu entstehenden Missionskirchen. Im Zuge der europäischen Expansionsprozesse der frühen Neuzeit folgen die Missionare den Spuren der Eroberer. Der „Fremde“ galt als zu „Erobernder“, als „Unmündiger“, er wurde nicht als „Partner“ gesehen, ihm mussten Bildung, Wohlstand, Kultur und Religion vermittelt werden. Noch im Zuge eines neuen Interesses an außereuropäischer Geschichte, Religion und Kultur im 19. Jahrhundert wurde das erste Lateinamerika-Plenarkonzil 1899 in Rom durchgeführt, Zentralisierung war angesagt. Mission wurde als „Bekehrung“ der Anderen verstanden, notwendig zu ihrem Heil, verbunden mit der Vorherrschaft eines westlichen Modells von Bildung, Verwaltung, Recht und Theologie. Ein einheimischer Klerus wurde in den Missionsländern erst im 20. Jahrhundert zugelassen und ausgebildet, eingeborene kulturelle und religiöse Traditionen wurden nicht anerkannt. Bis weit in das 20. Jahrhundert hinein wird das Modell einer „selbstzentrierten“ Kirche vertreten, das Papst Franziskus in „Evangelii Gaudium“ kritisiert und einer „Kirche im Aufbruch“ gegenüberstellt (vgl. EG, Kapitel 1 „Die missionarische Umgestaltung der Kirche“). Die Wiederentdeckung der Partnerschaft schreibt sich ein in den großen Paradigmenwechsel des 2. Vatikanischen Konzils, ein noch lange nicht abgeschlossener Entdeckungsprozess, der mit der Anerkennung der Eigenständigkeit kultureller und religiöser Traditionen, der Notwendigkeit von Dialog und Begegnung, von Bekehrung durch die Anderen, hin zu Jesus Christus, verbunden ist, mit einer neuen missionarischen Dynamik, die Paul VI. in faszinierender Weise in seiner Enzyklika „Evangelii Nuntiandi“ (1975) thematisiert hat und an deren Impulse Papst Franziskus anknüpft.

Die Wiederentdeckung der Partnerschaft – das Welt-Kirche-Werden auf dem 2. Vatikanischen Konzil

Das 2. Vatikanische Konzil (1962–65) war gewiss, wie die Studien des italienischen Kirchenhistorikers Giuseppe Alberigo aufgewiesen haben, „Ereignis des Geistes“, Ausdruck eines neuen Kirche-Seins, aber auch notwendiger Aufbruch in einer Zeit, in der sich die „religiöse Landkarte“ weltweit neu zu konfigurieren begonnen hat. In traditionellen christlich bzw. katholisch geprägten Regionen wie denen Frankreichs zeichnen sich massive „Entchristlichungsprozesse“ ab, in den Ländern des Südens wachsen vor allem seit dem 2. Weltkrieg und den damit verbundenen geopolitischen Veränderungen, den Befreiungsbewegungen in den Kolonien, die Anfragen an Missionierung und Evangelisation und die Kritik an westlicher kultureller Dominanz auch in religiöser und kirchlicher Hinsicht. Bereits Mitte der 50er Jahre fragte eine Gruppe afrikanischer Priester aus Kongo-Zaire, wie es möglich sein kann, Afrikaner und Christ zu sein, inkulturierte Ausdrucksformen christlichen Glaubens in Liturgie, Pastoral und Theologie wurden eingefordert, eine neue Eigenständigkeit der lokalen Kirchen und die Wiederentdeckung der „communio“ – und damit der „Partnerschaft“ – der Ortskirchen.

Es ist beeindruckend zu sehen, wie einer der weitsichtigsten und einflussreichsten Konzilstheologen, der französische Dominikaner Yves Marie-Joseph Congar das „Ereignis“ Konzil begleitet hat und das Ringen um den ekklesiologischen Paradigmenwechsel in seinem Konzilstagebuch festgehalten hat. Ein kirchliches Modell und ekklesiologisches Paradigma, wie es sich im 2. Jahrtausend immer weiter zur hierarchischen Gestalt der Kirche als „societas perfecta“ zugespitzt hat, aufzubrechen, ist wahrhaft „Ereignis des Geistes“, ein zutiefst spannungsreicher Prozess, der für die Kirche „Aufbruch“ und die Ausbildung eines neuen „Stils“ des Christlichen bedeutet. Die Kirche, so hatte Congar bereits in den 50er Jahren auf dem Hintergrund der Beobachtung, dass die französische Kirche „Missionsland“ geworden ist, formuliert, „ist heute aufgerufen, einen neuen Stil ihrer Gegenwart in der Welt zu finden.“ „Die Kirche sollte weniger von der Welt und mehr in der Welt sein. Sie sollte nur die Kirche Jesu Christi, das vom Evangelium geformte Gewissen der Menschen sein, aber wäre sie es!“[161] Das ist eine Kirche, „die nicht nur den Rahmen für Menschen bildet, die eine ‚Religion‘ ‚praktizieren‘, sondern ein Zeichen darstellt, das den Glauben

[161] Yves Congar, Für eine dienende und arme Kirche, Mainz 1965, 94/95.

erweckt, ein Milieu, das den mündigen Glauben erzieht und nährt."[162] In den zentralen Dokumenten des 2. Vatikanischen Konzils wird genau dieser ekklesiologische Paradigmenwechsel vollzogen, weg von einer „selbstzentrierten" Kirche hin zu einer – im ursprünglichen Sinne – missionarischen Kirche, die sich in ihrer Praxis – sei es der Liturgie, der Katechese, der Diakonie – zunächst und grundlegend von Jesus Christus her verstehen muss und aus der je neuen Bekehrung zu Ihm in ihr Wesen hineinwächst. Congar und die anderen Vertreter der „nouvelle théologie" wie Jean Daniélou oder Henri de Lubac haben in den 40er und 50er Jahren des letzten Jahrhunderts Studien zu einem erneuerten Verständnis des Bischofsamtes, zu den Laien, zur Mission und Ökumene, zum Dialog mit den nichtchristlichen Religionen vorgelegt, das Konzil wird hier anknüpfen. Die Kirche wird auf dem Hintergrund eines neuen „Welt-Horizontes" – der veränderten religiösen Landkarte, der Anerkennung der Pluralität von Religionen, Konfessionen und Kulturen – zu einer neuen „Selbstbestimmung" finden; sie erkennt ihre „Partikularität" – sie ist „Teil" eines größeren Ganzen, auf das hin sie selbst aufbrechen muss, auf ihrem Weg, das „Volk Gottes" auszuprägen.

Das Konzil wird das neue Kirche-Sein vor allem an der Bedeutung, die den Ortskirchen zukommt, festmachen. „Die Einzelbischöfe", so heißt es in der Kirchenkonstitution „Lumen Gentium" Nr. 23, „hinwiederum sind sichtbares Prinzip und Fundament der Einheit in ihren Teilkirchen, die nach dem Bild der Gesamtkirche gestaltet sind. In ihnen und aus ihnen besteht die eine und einzige katholische Kirche. ... Daher stellen die Einzelbischöfe mit dem Papst die ganze Kirche im Band des Friedens, der Liebe und der Einheit dar." Herausgearbeitet wird die Kollegialität der Bischöfe, der Impuls für die Gründung von Bischofskonferenzen und für die Einberufung von regionalen Synoden wird gegeben (z. B. „Christus Dominus" Nr. 38). Das Erste und Entscheidende ist die „Sorge, das Evangelium überall auf Erden zu verkündigen" (LG 23), dem ist das Amt des Bischofs verpflichtet, und der Dienst des Papstes versteht sich aus dieser Verantwortung für das Evangelium als Dienst an der Einheit der Kirche. Genau das sind die ekklesiologischen Grundlagen für die Wiederentdeckung der Partnerschaft, für ein neues Verständnis der Weltkirche als Partnerschaft, die aus und in der Dynamik der je neuen „Zentrierung" auf Jesus Christus hin ihre Lebendigkeit erhält und darin aufbrechen kann zu je neuen Grenzüberschreitungen. Kirche ist in ihrem Wesen missionarisch, das heißt, aus der Bekehrung zu Jesus Christus, die sich in allen all- und sonntäglichen Begeg-

[162] Yves Congar, Christus in Frankreich, in: ders., Priester und Laien. Im Dienst am Evangelium, Freiburg/Basel/Wien 1965, 221–233, hier: 229.

nungen ereignet. Im Lernen vom und Herausgefordertwerden durch den Anderen, auf allen Wegen der Welt, in den vielen Weggemeinschaften im Dienst des Menschen kann christlicher Glaube „neu hervortreten“, können sich neue Lebensformen des Glaubens ausbilden. „Nicht ohne Dich“ – aber „mit Euch“, in der je neuen Suche nach Jesus Christus, dem von Gott in sein Leben Auferweckten, und in der Bindung an die Schwestern und Brüder, fügt sich der neue „Stil“ des Christlichen, wie der französische Jesuit, Theologe und Philosoph Michel de Certeau schreibt.[163] „Partnerschaft“ ist Schlüsselwort dieses neuen Paradigmas der „Mission“.

Die christologische Grundlage der Partnerschaft: Teilgabe und Teilnehmen

Das apostolische Schreiben „Evangelii Gaudium“ von Papst Franziskus kann als Impuls für ein Entdecken der Weltkirche als Partnerschaft gelesen werden. Das Evangelium „geht auf“, Glaube „tritt neu hervor“, wenn Lebensgeschichten geteilt werden, wenn in der je neuen Begegnung und Bindung an den anderen Jesus Christus entdeckt wird, wenn wir uns hier von ihm entdecken lassen, wenn der Anspruch seiner Freundschaft uns herausreißt aus allen Gefangenschaften, vor allem aus unfrei machenden Bindungen, die wir uns selbst auferlegen. Im „Zentriertwerden“ auf Jesus Christus hin lassen wir uns „dezentrieren“, entdecken wir neu, was Partnerschaft bedeutet: dass wir Teil eines Ganzen sind, das größer ist, als wir es uns vorstellen können. Jesus Christus ist der „Fremde“, der uns immer voraus ist, den wir an jedem Ort entdecken können, an dem Leben wächst, aus und im Miteinander der vielen Weggemeinschaften; dort wird das Evangelium verkündet, dort wird das Brot geteilt und der Wein gereicht. Die Partnerschaft der Weltkirche wächst überall, wo wir mit Gott als Partner rechnen und Jesus Christus Wegbegleiter ist, der „Fremde“ auf allen Emmauswegen.

In Jesus Christus – und daran hat das 2. Vatikanischen Konzil in seinen Dokumenten erinnert, vor allem der Kirchen- und der Offenbarungskon-

[163] Michel de Certeau, De la participation au discernement. Tâche chrétienne après Vatican II, in: Christus 13 (1966) 518–537, hier: 523: „… die Kirche muß unaufhörlich in der Welt das unterscheiden, wovon sie Zeugnis ablegt; sie muß immer mit den Menschen das suchen, was sie ihnen lehrt; sie ist niemals im endgültigen und erworbenen Besitz der Wahrheit; ihr wird ständig ihr Besitz entzogen im Namen dessen, was sie glaubt und wovon sie lebt. Gott hört nicht auf, sie über sich hinaus ins Exil zu senden, durch die Begegnungen und Solidaritäten, die zunächst außer Bahn werfen, die dann aber daran erinnern und das erneuern, was sie immer schon ‚zum Gedächtnis‘ und als Zeichen des ewigen Bundes tut.“

stitution – hat Gott sich selbst zur Gabe für die Menschen gemacht, hat er Anteil an sich selbst geschenkt. In Gottes „Ratschluss", in seiner Weisheit und Güte, liegt begründet, „die Menschen zur Teilhabe an dem göttlichen Leben zu erheben" (LG 2); er schenkt uns in Jesus Christus seine Freundschaft, er spricht uns als „Freunde" an (DV 2). „Das ist mein Gebot: Liebt einander, so wie ich euch geliebt habe. Es gibt keine größere Liebe, als wenn einer sein Leben für seine Freunde hingibt. Ihr seid meine Freunde, wenn ihr tut, was ich euch auftrage. Ich nenne euch nicht mehr Knechte; denn der Knecht weiß nicht, was sein Herr tut. Vielmehr habe ich euch Freunde genannt; denn ich habe euch alles mitgeteilt, was ich von meinem Vater gehört habe." (Joh 15,12–15) Die Lebenshingabe Jesu am Kreuz vollendet diese Mitteilung, die Freundschaft Gottes durchbricht alle Grenzen und überwindet alle Abgründe von Hass und Ausgrenzung – das ist die Erfahrung der Auferstehung, Leben „zum Trotz", in Fülle, Überwindung des Bösen. Der Anspruch dieser Freundschaft an den Menschen bedeutet Bekehrung, bedeutet Aufbruch, bedeutet Teilgabe und Teilnehmen, bedeutet, sich in den verschiedenen Weggemeinschaften des Lebens an die anderen zu „binden", mit ihnen Leben zu teilen, und genau darin – vor allem im Teilen mit denen, die nach Leben und Liebe hungern – Jesus Christus zu entdecken und ihn zu verkünden.

Die Partnerschaft auf den verschiedensten Ebenen christlichen Lebens, zwischen Gemeinden, Ordens- und Laiengemeinschaften, unter den Teilkirchen und die von den kirchlichen Hilfswerken praktizierte Partnerschaft gründen in diesem Entdeckungsprozess, gründen in der Liebe und Freundschaft Gottes selbst, der Erfahrung des Geistes, „Teil" des größeren Ganzen Gottes zu sein, Glied des Volkes Gottes, das sich auf diesem Weg herausbildet. Kirche findet auf den vielen Wegen der Welt in ihr Wesen, so hat es der französische Dominikaner Marie-Dominique Chenu formuliert[164], und genau darum ist Partnerschaft Schlüsselwort und Wesensmoment dieser Welt-Kirche. Das ist anspruchsvoll, es ist aber auch tröstlich: In der erfahrenen Partnerschaft teilt sich uns Jesus Christus mit, gibt er Anteil an sich selbst, und darin werden wir bestärkt im Glauben. Wir erfahren uns als „Teil" am Leib Christi; nur gemeinsam, auf allen Wegen der Welt wachsen wir in diesen Leib Christi hinein; Fragment bleiben alle Gestalten der Partnerschaft, die wir ausbilden. Wie Jesus sich selbst hat brechen lassen, so bestärkt diese „partage" – dieses Teilen – uns, die Botschaft des Evangeliums in alle gebrochenen, flüchtigen, unverbindlichen Beziehungen hinein zu

[164] Vgl. die Definition von Welt-Kirche bei Marie-Dominique Chenu, Volk Gottes in der Welt, Paderborn 1968, 13: „In der eigentümlichen Logik einer Gewissenserforschung fragt die Kirche bei der Suche nach sich selbst nach der Welt, um sie selbst zu sein."

sagen, so fragmenthaft sie auch sind. Weltkirchliche Partnerschaften, so professionell sie auch begleitet werden, so große „Erfolgsgeschichten" sie auch sind – und zum Glück gibt es viele solcher Geschichten auf Gemeindeebene oder Ebene der Werke –, sind davon geprägt, tragen Wundmale, bleiben Fragmente. Aber wenn hier mit Gott gerechnet wird, wenn die Tür für den „Fremden" offen gehalten wird, so bricht sich das Evangelium Bahn und wird der Liebesschrei Jesu Christi hörbar, der die Wunden ausheilt und Räume des Friedens öffnet. Weltkirche als Partnerschaft ermöglicht so ein neues Verständnis der Mission, als Hervortreten-Lassen des Glaubens, ein Hineinfinden in den Glauben in der – auch noch so fragilen – Bindung an andere, der Ausbildung von Weggemeinschaften, die Raum für den „Fremden" lassen.

Die Partnerschaft einüben – Weltkirche als Lerngemeinschaft auf dem Weg zur Ausbildung eines neuen „Stils" des Christlichen

Eine solche Partnerschaft heute zu leben, ist „Provokation": In der globalisierten Welt von elektronischen Medien und Navigationsprogrammen bis in die letzten Winkel erschlossenen, sind vielfältige neue Kommunikationsräume entstanden. Menschen bewegen sich in und zwischen verschiedenen Räumen, die „Fremde" ist nahe gerückt, Beheimatungen verflüssigen sich, selbst wenn der Bewegungsradius auf die eigene „Stadt" beschränkt bleibt. Die sozialen, kulturellen und ökonomischen Realitäten in den Metropolen und Mega-Cities der Welt haben sich vervielfältigt, die Stadt ist zum bewegten Raum eines Großstadt-Nomadentums geworden. Alles ist verbunden, vernetzt, aber gerade hier wachsen Individualismus und Einsamkeit, die Beziehungen der Passanten sind flüchtig, brüchig, schwach, vom steten Lösen und Neufinden geprägt. Wenn Christen darum Partnerschaft in der Spur Jesu Christi leben, gegen den Strom der Flüchtigkeit und Flüssigkeit, wenn Bindung mit Verantwortung und Verlässlichkeit verbunden ist, wenn auf den vielen Wegen der Welt so tragfähige und Gemeinschaft stiftende Netze entstehen, die die vielfältigen ökonomischen, sozialen und kulturellen Ausgrenzungen und Abgrenzungen hinterfragen, die die Räume der großen Städte prägen, ist dies „Provokation", ein sichtbares Zeichen für das Anbrechen des „Reiches Gottes" und das Wachsen der „Stadt Gottes" in der Stadt der Menschen. „Es ist notwendig, dorthin zu gelangen, wo die neuen Geschichten und Paradigmen entstehen, und mit dem Wort Jesu den innersten Kern der Seele der Städte zu erreichen." (EG Nr. 74). Eine solche Partnerschaft bedeutet, „das Menschliche bis zum Grunde zu leben und als ein Ferment des Zeugnisses ins Innerste der Herausforderungen einzudringen" (EG Nr. 75), und genau dies „lässt den Christen besser werden und befruchtet die Stadt" (EG 75). Hier wird „Weltkirche", und hier vollzieht sie sich als Partnerschaft, hier steht sie im Dienst dieses neuen „Stils" des Christlichen, einer neuen Präsenz von Christen und Christinnen in der globalisierten – einen – Welt. Wenn die Gemeinden, die Ortskirchen, wenn die Weltkirche die Partnerschaft neu entdecken, werden sie auf erneuerte Weise zum „Zeichen für die Völker", zur „Stadt auf dem Berg".

Das ist provokativ, das ist anspruchsvoll, und gerade darum braucht Weltkirche als Partnerschaft vielfältige Kompetenzen, sie braucht professionelle Begleitung und vor allem das Vorbild gelebter und über Jahre praktizierter Partnerschaft, wie sie die verschiedenen Netzwerke auf Gemeinde-, auf Diözesanebene, die Ordensgemeinschaften und die kirchlichen Hilfswerke in Deutschland praktizieren. Weltkirche als Partnerschaft nimmt vielfältige Formen an, sie ist Gebets-, Solidar- und Lerngemeinschaft.[165] Weltkirche als Partnerschaft braucht eine qualifizierte theologische Begleitung, eine Theologie, die selbst „Essay" ist, Suchbewegung, die Menschen begleitet, die in der globalisierten – einen – Welt in verschiedenen Räumen beheimatet sind, eine Theologie, die – analog zum von Paul Ricœur vorgelegten Modell interkultureller Hermeneutik[166] – neue Wege der Über-Setzung geht im Vertrauen in die Weg-Logik Jesu Christi, die vielfältigste Wege begleitet, sich vom Anderen de-zentrieren zu lassen, von ihm oder ihr angefragt zu werden und darin je neu in die eigene Identität zu finden, die das Unausgesöhnte aufdeckt und aus den Tiefenschichten der Kultur die Asche wieder anzufachen versteht, den reinen Lebensfunken entdecken lässt, der zum Aufbruch befähigt. Die „Kirche im Aufbruch", von der Papst Franziskus in „Evangelii Gaudium" spricht, ist eine solche missionarische Kirche, die sich auf das Wagnis der Partnerschaft einlässt, weil Gott selbst sich in Jesus Christus zum Partner der Menschen gemacht hat, eine Kirche, die vertraut, im Aufbruch und der je neuen Bindung an den anderen, das Gesicht Jesu Christi zu entdecken. Mission setzt in diesem Aufbruch an, der in der vorbehaltlosen Bindung an den anderen zunächst „Bekehrung" bedeutet, Befreiung aus solchen Bindungen, die Leben nehmen, und Aufbruch zu einer Partnerschaft, bei der der „Fremde" – Jesus Christus – sich zugesellt und den Raum des Miteinanders zum „Zeichen" der „Stadt auf dem Berg" werden lässt.

---

[165] Vgl. Die deutschen Bischöfe, Allen Völkern Sein Heil. Die Mission der Weltkirche (23. September 2004), hg. vom Sekretariat der Deutschen Bischofskonferenz, Bonn 2004.

[166] Vgl. dazu: Margit Eckholt, Poetik der Kultur. Bausteine einer interkulturellen dogmatischen Methodenlehre, Freiburg i.Br. 2002; dies., Hermeneutik und Theologie bei Paul Ricœur. Denkanstöße für eine Theologie im Pluralismus der Kulturen, München 2002.

Teil II:
An die Peripherien gehen. Papst Franziskus und die Kirche der Armen in Lateinamerika

„Nahe bei Gott ... nahe bei den Armen“: Das Konzilsjubiläum in Lateinamerika

Der Weg der lateinamerikanischen Konzilskirche war ein Prozess einer beeindruckenden geistlichen Erneuerung, woran der 2011 verstorbene belgisch-brasilianische Theologen José Comblin immer wieder erinnert hat, der in seinen theologischen Impulsen das Wirken des Geistes Gottes in den vielfältigen Lebenswirklichkeiten des armen Volkes herausgearbeitet hat und bereits seit Ende der 60er Jahre die Veränderungen des lateinamerikanischen Katholizismus gerade in den Großstädten, aber auch durch das neue Selbstbewusstsein der indigenen Völker und ihrer kulturellen und religiösen Traditionen und durch die Zunahme an pfingstlichen und evangelikalen Bewegungen beobachtet hatte. Die neuen Wege der Befreiungstheologie, die seit den 80er Jahren eingeschlagen wurden, eine in die vielfältigen kulturellen und religiösen Realitäten inkulturierte Theologie, eine indigene Theologie, für die z. B. ein Theologe wie der Mexikaner Eleazar López steht, die afro-amerikanische Theologie, eine Theologie im Kontext von Migration und Gewalt, wie sie die kolumbianische Realität prägt, und vor allem die feministische Befreiungstheologie, die seit Ende der 70er Jahre die „Option für die Armen“ als „Option für die arme Frau“ formuliert hat, auch als Kritik am Patriarchalismus der Befreiungstheologie der Gründergeneration, setzen je unterschiedliche Akzente auf dem Weg des Werdens der Konzilkirche in Lateinamerika.

Die Theologie der Befreiung ist ein Zeichen, dass Lateinamerika, so der chilenische Theologe und Jesuit Jorge Costadoat, „erwachsen“ geworden ist, weil Lateinamerika mit der Theologie der Befreiung für sich selbst zu denken begonnen hat, zum ersten Mal in der 500jährigen Geschichte des Kontinents.[167] „Ohne das Konzil“, so Jon Sobrino, „hätte es die Kirche der Armen nicht gegeben, aber ebenso gibt es sie nicht nur aufgrund des Konzils. Und ohne die Kirche der Armen, wie sie im Umfeld von Medellín entstand, hätte sich das Konzil nicht auf eine so dem Evangelium gemäße Weise in der Dritten Welt entfaltet. Und ... viele grundlegende Elemente des Konzils hätten ohne die Kirche der Armen nie eine solche schöpferische Kraft entfaltet.“[168]

---

[167] Vgl. dazu: Margit Eckholt, Nahe bei Gott und nahe bei den Armen. Das Konzilsjubiläum in Lateinamerika, in: Herder Korrespondenz 67 (2012) 24–29; Jorge Costadoat, Trazos de Cristo en América Latina. Ensayos teológicos, Santiago de Chile 2010.

[168] Jon Sobrino, Der „Kirche der Armen“ war auf dem Zweiten Vatikanischen Konzil kein Erfolg beschieden. Von Medellín gefördert, verwirklichte sie wesentliche Elemente des Konzils, in: Concilium 48 (2012) 296–305, hier: 300.

Papst Franziskus hat die seit den 80er Jahren letzten Jahrhunderts angefragte Theologie der Befreiung „rehabilitiert"; sein Pontifikat trägt zu einer „Entideologisierung" der theologischen Debatten in Lateinamerika bei. In seinen Ansprachen macht er den – in diesem Teil des Buches herauszuarbeitenden – „roten" Faden der Konzilskirche und Theologie in Lateinamerika deutlich, die „Option für die Armen", die von einer entsprechenden, die Kirche je neu „dezentrierenden" und auf das Evangelium hin führenden Theologie begleitet werden muss. In Lateinamerika steht darum eine Relektüre der Konzilstexte an aus genau dieser Perspektive einer „Option für die Armen", um sie der jungen Generation, vor allem auch der jungen Priestergeneration zu vermitteln. Für viele Bischöfe, so Bischof Demetrio Valentini in seinem Statement auf dem von Amerindia organisierten Kongress in São Leopoldo im Oktober 2012 anlässlich der Erinnerung an die Eröffnung des 2. Vatikanischen Konzils vor fünfzig Jahren, sei das Konzil ein „totes Archiv der Geschichte" und es laufe Gefahr, überhaupt nicht mehr gekannt zu werden, genausowenig wie seine kreative Umsetzung in Lateinamerika.[169] Not tut eine enttabuisierte Erinnerung an den besonderen Weg der Inkulturation des Evangeliums in Lateinamerika, um die Potentiale, die dieser Weg auch heute noch birgt, für die Zukunft zu erschließen. „No dejen morir la profecía" („Lasst die Prophetie nicht sterben"), das hatte Dom Hélder Câmara gefordert.

Auf dem Kongress in São Leopoldo wurde an die Rezeption der Impulse von „Lumen Gentium" in den Basisgemeinden erinnert, die sich als armes Volk verstehen, wie es der im Dezember 2009 verstorbene Theologe chilenische Ronaldo Muñoz in vielen seiner Werke herausgearbeitet und durch seine eigene Praxis verkörpert hatte, ebenso an die Bedeutung, die die Bibel – im Anschluss an die Impulse der Offenbarungskonstitution „Dei Verbum" – für das Volk erhält, das große Lebensprojekt eines Carlos Mesters und seiner „lectura popular de la Biblia"; erinnert wurde an die Kirche, die es verstanden hat, die Herausforderungen einer Lektüre der „Zeichen der Zeit" in Lateinamerika im „Schrei der Armen" und im Bild der „gekreuzigten Völker" zu bündeln. Der Kongress konnte nicht mehr als einen weiten Blick auf den Weg der kreativen Übersetzung des 2. Vatikanums in der lateinameri-

[169] Vgl. die Publikation des Kongresses: Fundación Amerindia (Hg.), Congreso Continental de teología. La teología de la liberación en prospective, Bde. 1 und 2, Montevideo 2012, z. B. die Beiträge: Eduardo Arens, Algunos principios hermenéuticos para la correcta lectura del Concilio Vaticano II (Bd. 1) 323–332; Pablo Dabezies Antía, Hermenéuticas del Concilio Vaticano I (Bd. 2), 263–276. Die Publikation ist im Internet abrufbar: http://oclacc.org/redes/teologia/files/2013/01/Teolog%C3 %ADa-de-la-liberaci%C3 %B3n-en-prospectiva.pdf und http://www.amerindiaenlared.org/biblioteca/3276/la-teologia-de-la-liberacion-en-prospectiva-tomo-ii/ (letzter Aufruf: 13.07.2015).

kanischen Ortskirche werfen und Mut machen, dass in den lateinamerikanischen Konzilsprojekten der nächsten Jahre – wie z. B. den Forschungsarbeiten am Centro Manuel Larraín in Santiago de Chile – eine fundierte theologische Arbeit geleistet wird, dass Beiträge zur Konzilshermeneutik und zur generativen Lektüre der Konzilstexte auf dem Weg der lateinamerikanischen Kirche entstehen, die vor allem den Zusammenhang der beiden großen Kirchenkonstitutionen „Lumen Gentium“ und „Gaudium et Spes“ aufzeigen. Genau das hat die kreative Übersetzung des Konzils in Lateinamerika ausgezeichnet und muss gerade heute als das neue Selbstbewußtsein einer Ortskirche als „aktives Subjekt der Kirche“ (Victor Codina) erinnert werden, die Wege der Evangelisierung nur in der Inkarnation in die konkreten Lebensrealitäten und der Interpretation der „Zeichen der Zeit“ erschließt, „nahe an Gott und nahe an den Armen“, wie es der Titel des Schlussdokuments des Kongresses formuliert. Die Erinnerung daran tut heute Not, will Kirche lebendiges Zeichen des Reiches Gottes bleiben und den Geist des Evangeliums nicht verraten. „Gloria Dei, vivens pauper“ (Oscar Romero), es sind die Armen, so der im Januar 2014 verstorbene brasilianische Theologe und Jesuit João Batista Libânio, die den Faden in der Hand haben, der aus dem Labyrinth der Gegenwart herausführt, das ist die Formulierung, mit der die lateinamerikanische Kirche die neue Selbstdefinition der Kirche als „Sakrament der Völker“ auf dem 2. Vatikanischen Konzil in die eigene Realität übersetzt hat.

Die folgenden Überlegungen erinnern an den Weg der lateinamerikanischen Konzilskirche, an ihre „Option für die Armen“ und die Entstehung der Befreiungstheologien. Wenn Papst Franziskus von einer „armen Kirche für die Armen“ spricht, so knüpft er an diesen Weg an; die lateinamerikanische Prägung seines Pontifikats und seine theologischen Wurzeln in der argentinischen „Theologie des Volkes“ werden herausgearbeitet.

„Option für die Armen“ und „Bekehrung durch die Anderen“: Hermeneutik der „Zeichen der Zeit“ in lateinamerikanischer Perspektive

Die „Zeichen der Zeit“ haben einen „Locus-Charakter“ für das Verständnis des Evangeliums und sind in diesem Sinne für das rechte Verständnis des Evangeliums unverzichtbar. Das bedeutet, dass das „Außen“ der Kirche um des Evangeliums willen wissenschaftlich adäquat erforscht, verstanden und strukturiert werden muss. Mit dieser Leitperspektive wird an den Perspektivenwechsel angeknüpft, den das 2. Vatikanische Konzil für Kirche und Theologie bedeutet hat und der in den beiden ekklesiologisch relevanten Konstitutionen „Lumen Gentium“ und „Gaudium et Spes“ grundgelegt ist. Was Kirche ist, ist gerade auch in der Wahrnehmung ihres Außen zu bestimmen, unter Bezugnahme auf die „Zeichen der Zeit“, in denen sich die Herausforderungen für den Menschen und ein „gutes Leben“ verdichten; christliche Glaubensreflexion ist in entsprechender Weise zu strukturieren und hat über die „Zeichen der Zeit“ neue „theologische Orte“ im Blick auf die Vergewisserung des Glaubens zu befragen. Wenn die „Zeichen der Zeit“ als „locus theologicus“ bestimmt werden, so sind sie als „loci alieni“ zu verstehen, denen aber durch den ekklesiologischen Perspektivenwechsel des Konzils neue Bedeutung zukommt.[170] Das Außen wird mit konstitutiv für das Eigene oder anders formuliert: Nur im je neuen Sich dieser Fremde Aussetzen kann auch Eigenes bestimmt werden. So werden die „Zeichen der Zeit“ zu einem neuen theologischen Ort in einem hermeneutischen Sinn bestimmt: Was Mensch und Welt bewegt, herausfordert, was erschüttert oder bedrängt, wird zu einem Ort, an dem Glaubensvergewisserung in neuer Weise wachsen kann; an diesen Orten, die das „Heute“ des Menschen und der Welt kennzeichnen, kann ein neues „Heute“ für die Bestimmung dessen, was Glauben ist, wachsen.

Eine fundamentaltheologische Reflexion auf diese „Zeichen der Zeit“ macht in unseren „Neu-zeiten“ Sinn, in denen vielleicht alte Brüche heilen, sich gleichzeitig doch neue auftun angesichts der Entstehung einer globalen Weltgesellschaft mit einer zunehmenden klaffenden Schere zwischen Arm

---

[170] Elmar Klinger, Ekklesiologie der Neuzeit. Grundlegung bei Melchior Cano und Entwicklung bis zum 2. Vatikanischen Konzil, Freiburg i.Br. 1978; Max Seckler, Die Communio-Ekklesiologie, die theologische Methode und die Loci-theologici-Lehre Melchior Canos, in: Theologische Quartalschrift 187 (2007) 1–20; Bernhard Körner, Melchior Cano De loci theologicis. Ein Beitrag zur theologischen Erkenntnislehre, Graz 1994. – Vgl. zu den folgenden Überlegungen: Margit Eckholt, „Option für die Armen“ und „Bekehrung durch die Anderen“. Eine Relecture der Hermeneutik der „Zeichen der Zeit“ in lateinamerikanischer Perspektive, in: Christoph Böttigheimer/Florian Bruckmann (Hg.), Glaubensverantwortung im Horizont der „Zeichen der Zeit“, Freiburg/Basel/Wien 2012, 137–165.

und Reich und Verteilungskämpfen um den gerechten Zugang zu Grundnahrungsmitteln und notwendigen Ressourcen wie Wasser und Land; von zunehmender Gewalt ist das politische und Alltagsleben geprägt, die Verunsicherung wird verschärft durch die großen Migrationsbewegungen, in denen sich die Erfahrungen von Raum und Zeit für einen großen Teil der Menschheit verändern. In diesem Sinn sind es auch neue Zeiten, in denen die katholische Kirche und die christliche Glaubensreflexion wieder auf eine radikale Weise angefragt sind. Dabei hat sich die Stoßrichtung der Anfragen im Vergleich zu den Zeiten der Entstehung der „loci-theologici"-Lehre verändert: Die Kirche war angesichts des Bruches der Reformation gefragt, ihr Selbstverständnis auf neue Weise auf den Punkt zu bringen; der Blick hat sich auf das „Innen" konzentriert und gerade darum ist die beginnende Moderne auch der Gründungsmoment für die dogmatische Reflexion auf die Kirche, für die Ekklesiologie im engeren Sinne. Not tut heute umgekehrt der Blick auf das Außen und eine Erneuerung des Innen durch Wahrnehmung dieses Außen und damit eine Erneuerung und Fortschreibung der Ekklesiologie unter Bezugnahme auf dieses „Außen". In den „Zeichen der Zeit" geht es um „menschliche Freiheitsentscheidungen", um „Freiheitsmaßstäbe" und „Freiheitsorientierungen", und in diesem Sinne sind sie „Zeichen", in denen sich eine „wesentliche Einsicht in menschliche Sachverhalte" ausdrückt, in denen es um das „Menschsein des Menschen" geht.[171] Die Krise der Kirche und der massive Ansehens- und Glaubwürdigkeitsverlust der letzten Jahre haben mit der Unterbelichtung der „Zeichen der Zeit" und damit der neuen theologischen Orte zu tun, die an diesen Knotenpunkten aufbrechen, in denen Menschen um ihr Menschsein ringen und deren universaler Charakter in einem moralischen Konsensbildungsprozess zutage tritt.[172]

Im Folgenden wird an das „Zeichen der Zeit" angeknüpft, das Johannes XXIII. bereits in „Pacem in terris"[173] nannte und das dann in „Gaudium et

---

[171] Peter Hünermann, Zur theologischen Arbeit am Beginn des dritten Milleniums, in: Peter Hünermann/Bernd Jochen Hilberath (Hg.), Das Zweite Vatikanische Konzil und die Zeichen der Zeit heute, Freiburg i.Br. 2006, 569–593, 586/587.

[172] Hünermann, Zur theologischen Arbeit, 587: „In ihnen manifestiert sich in historischer Weise der maßgebliche, unabweisbare Charakter, die wesentliche Einsicht, welche mit diesen Zeichen verbunden ist. Es handelt sich dabei um eine, formal gesehen, moralische – nicht um eine politische oder kulturelle – Konsensbildung."

[173] Vgl. Johannes XXIII., Enzyklika *Pacem in terris*. „Über den Frieden auf Erden", 11. April 1963, in: Texte zur katholischen Soziallehre. Die sozialen Rundschreiben der Päpste und andere kirchliche Dokumente, hg. v. Katholische Arbeitnehmer-Bewegung Deutschlands e. V., Köln [9]2007, 241–290, Nr.: 39–45.75–79.126–129.142–145; vgl. Marianne Heimbach-Steins, Unterscheidung der Geister. Strukturmoment christlicher Sozialethik dargestellt am Werk Madeleine Debrêls, Münster 1994; vgl. dies., „Erschütterung druch das Ereignis" (M.-D. Chenu). Die Entdeckung der Geschichte als Ort des Glaubens und der Theologie, in:

Spes“ und weiteren Konzilstexten aufgegriffen worden ist und in der Nachkonzilszeit vor allem in den lateinamerikanischen Ortskirchen und Theologien zu einem kirchlichen und theologischen Erneuerungsprozess geführt hat: die Armutsfrage, in damaliger Terminologie die „Nord-Süd-Schere“, die 50 Jahre nach dem Konzil nach wie vor virulent ist und mittlerweile – im Zuge von Globalisierung, Migration und Metropolisierung – in den Gesellschaften des Nordens ebenso präsent ist.

In Lateinamerika hat über das Wahrnehmen dieses „Zeichens der Zeit“ eine ganze Ortskirche zu einem neuen Profil gefunden, und über die theologische und sozialwissenschaftliche Analyse dieses Zeichens der Zeit sind in der Theologie neue Methodiken entwickelt worden, die den „intellectus fidei“ über die Verortung in der Praxis zu einem neuen Sprechen von Gott, Jesus Christus, von Gnade, Schuld und Sünde geführt haben. Die lateinamerikanischen Bischöfe haben auf ihrer Konferenz in Medellín (1968) gesellschaftliche Strukturen als „Außen“ der Kirche ernst genommen, haben „Strukturen der Gewalt“ beim Namen genannt, Menschenrechtsverletzungen, politische, soziale und wirtschaftliche Gewalt, und genau dies hat zur Formulierung eines neuen „theologischen Ortes“ geführt: den Armen. Dieser Blick auf das 2. Vatikanische Konzil und den Weg der lateinamerikanischen Kirche und Theologie ist heute aktuell wie vor 50 Jahren. Erschreckend ist auf der einen Seite, wie virulent die Armutsfrage immer noch ist, auf der anderen Seite ist es erschreckend, wie wenig selbstverständlich und wie angefochten dieser neue theologische Impuls des Konzils ist. Der Streit um die Theologie der Befreiung, der Mitte der 80er Jahre letzten Jahrhunderts in den Instruktionen „Libertatis nuntius“ und „Libertatis conscientiae“ einen Höhepunkt erreichte, aber über die Verurteilung und Verwarnung von Theologen wie Leonardo Boff, Gustavo Gutiérrez und Jon Sobrino sich bis in die Gegenwart hineinzieht, machen deutlich, dass ein Ernstnehmen der „Zeichen der Zeit“, gerade wenn in ihnen das „Heute“ Gottes aufgespürt wird und damit der Kern des Glaubens auf eine neue Weise präsent wird, mit einem Erneuerungs- und Bekehrungsprozess der Kirche und ihrer Glaubensvermittlung verbunden ist. Die lateinamerikanischen Bischöfe haben dies auf ihrer Generalversammlung in Aparecida (2007) als „conversión pastoral“ bzw. „conversión social“ („pastorale“ bzw. „soziale Bekehrung“) verstanden.[174] Eine solche „metanoia“ gehört zum

Gotthard Fuchs/Andreas Lienkamp Visionen des Konzils. 30 Jahre Pastoralkonstitution „Die Kirche in der Welt von heute“, Münster 1997.

[174] Aparecida 2007. Schlußdokument der 5. Generalversammlung des Episkopats von Lateinamerika und der Karibik. 13.–31. Mai 2007, hg. vom Sekretariat der Deutschen Bischofskonferenz, Bonn 2007; Victor Manuel Fernández, Conversión pastoral y nuevas estructuras. Lo tomamos en serio?, Buenos Aires 2010.

Wesen der Kirche, das wird gerade über das Ernstnehmen des Außen als Konstitutivum der Kirche deutlich.

Not tut diese Erinnerung an den Weg der lateinamerikanischen Ortskirche und Theologie auch im europäischen und deutschen Kontext. Die „Zeichen der Zeit" sind zu einer wichtigen Erkenntniskategorie auf dem Feld der Sozialethik geworden, die Herausforderungen der Zeit werden hier benannt und im Dialog mit Sozial-, Wirtschafts- und Politikwissenschaften analysiert, ihre fundamentaltheologische Relevanz ist jedoch unterbelichtet. Sicher war die Publikation von Johann Baptist Metz „Glaube in Geschichte und Gesellschaft" (1977) wegweisend für die Entwicklung einer politischen Theologie; über die Studien von Edmund Arens oder Jürgen Manemann hinaus werden diese Pisten jedoch kaum weiter verfolgt.[175] Wenn Metz für die Entfaltung einer „praktischen Fundamentaltheologie" plädiert, so ist dies heute sicher immer noch einzuholen: „... Die Unableitbarkeit und Transzendenz der eschatologischen Gottesbotschaft (kann) nur überzeugend sichtbar gemacht werden, wenn ihre kritisch-befreiende Kraft gegenüber diesen gesellschaftlichen Determinanten immer neu freigesetzt wird. Eine Theologie, die in diesem Sinne kritische Verantwortung christlichen Glaubens und seiner Überlieferung sein will, kann in ihrem Kern nicht von diesem ‚gesellschaftlichen' und ‚praktischen' Bezug absehen, und ihre Theorie läßt eine Abstraktion von den Problemen der Öffentlichkeit, des Rechts, der Freiheit, kurz: der politischen Zusammenhänge nicht zu. Insofern kann und muß sie ‚politische Theologie' sein – und zwar noch unabhängig von der Frage, wie im einzelnen die politische Thematik bei der Bestimmung der eschatologischen Hoffnung des Christen zu berücksichtigen sei."[176] Edmund Arens hat den Fokus auf die Entwicklung einer theologischen Handlungstheorie gelegt: „Theologische Handlungstheorie ist elementar daran interessiert, den praktischen Kern biblisch-christlicher Gottesrede herauszuarbeiten; sie ist dabei darauf aus, das aufzuzeigen, was christliche Gottesrede und Glaubenspraxis intrinsisch verbindet."[177] Gerade

[175] Vgl. Edmund Arens, Habermas und die Theologie. Beiträge zur theologischen Rezeption, Diskussion und Kritik der Theorie kommunikativen Handelns, Düsseldorf 1989; vgl. Jürgen Manemann, Kritik als zentrales Moment des Glaubens. Zur gesellschaftskritischen Dimension der Fundamentaltheologie, in: Klaus Müller (Hg.), Fundamentaltheologie. Fluchtlinien und gegenwärtige Herausforderungen, Regensburg 1998, 217–241; vgl. ders., Das Politische in der neuen politischen Theologie, in: Jürgen Manemann/Bernd Wacker (Hg.), Jahrbuch politische Theologie, Politische Theologie – gegengelesen, Bd. 5, Münster 2008, 94–119.

[176] Johann Baptist Metz, Glaube in Geschichte und Gesellschaft. Studien zu einer praktischen Fundamentaltheologie, Mainz 1977, 77.

[177] Edmund Arens, Feuerprobe auf das Tun des Glaubens. Zum Ansatz einer theologischen Handlungstheorie, in: Klaus Müller (Hg.), Fundamentaltheologie. Fluchtlinien und gegen-

diese Brücke zwischen Gottesrede und Glaubenspraxis ist für viele im europäischen Kontext weggebrochen. Genau hier ist der Ort der fundamentaltheologischen Relevanz der „Zeichen der Zeit", um auf dem Weg ihrer Erschließung die Brücke zwischen Gottesrede und Leben bzw. Praxis des Menschen wieder zu bauen. Nur in wenigen theologischen Ansätzen wird die Erkenntnisqualität angemahnt und reflektiert, die den „Zeichen der Zeit" zukommt als neuen „theologischen Orten", in denen ein neues – für das „Heute" des Menschen relevantes – Sprechen von Gott und vom Menschen ansetzen kann.[178] In einer globalisierten Weltgesellschaft werden dabei interkulturelle Lernprozesse von immer größerer Bedeutung. Die europäische Theologie kann über die Rezeption und Relecture des Weges der lateinamerikanischen Kirche wichtige Impulse erhalten, ist dort doch in einem beeindruckenden, den ganzen Kontinent übergreifenden Konsensbildungsprozess der Blick auf die Situation von Armut und ungerechten, die Menschenwürde verletzenden Strukturen als neuer „theologischer Ort" formuliert worden und hat sich, davon ausgehend, ein neues Sprechen von Gott und vom Menschen ausgebildet. Dabei darf nicht vergessen werden, was Marie-Dominique Chenu bereits 1937 geschrieben hat: Es gibt keine Theologie „ohne neue Geburt"; die Theologie ist der mit der jeweiligen Zeit „solidarische" Glaube, und genau darin liegen „metanoia", Bruch und Aufbruch der Theologie begründet – und damit auch der Weg der Erneuerung, den die Kirche in jedem „Heute" zu gehen hat (vgl. LG 8).[179]

„Strukturelle Gewalt" und „Option für die Armen" – „Zeichen unserer Zeit"

„Zeichen der Zeit" sind – in gesellschaftlicher Perspektive – die mit der Globalisierung verbundenen Wandlungsprozesse, die für einen Großteil der Bevölkerung heute nicht weniger als vor 50 Jahren Armut und damit Gewalt und Ausgrenzung bedeuten. 2010 hat die Entwicklungsorganisation der

wärtige Herausforderungen, Regensburg 1998, 59–76, 65; ebenso: „Fundamentaltheologie hat aus der Perspektive der im folgenden präsentierten Position heute grundlegend zu bedenken, *wer*, das heißt welche Subjekte, *wo*, das heißt an welchen Orten und in welchen Kontexten, *wie*, das heißt auf welche Weise und mit welchen Mitteln, *wozu*, das heißt mit welchen Intentionen und Zielen, an Glaubenspraxis beteiligt ist und darauf theologisch reflektiert."(65)

178 Vgl. Hildegund Keul/Hans-Joachim Sander (Hg.), Das Volk Gottes, ein Ort der Befreiung, Würzburg 1998.

179 Vgl. Marie-Dominique Chenu, Une école de théologie. Le Saulchoir, Paris 1985 [dt. Ausgabe: Le Saulchoir. Eine Schule der Theologie, Berlin 2003, 136]. – Vgl. auch Bernard Lonergan, Theologie im Pluralismus heutiger Kulturen, Freiburg/Basel/Wien 1975, 181/182.

Vereinten Nationen einen neuen Bericht über die „menschliche Entwicklung“ vorgelegt und an ihren vor 10 Jahren vorgelegten letzten Bericht „Der wahre Wohlstand der Nationen: Wege zur menschlichen Entwicklung“ angeknüpft.[180] Der Fokus wurde hier auf die Förderung des Menschen, die „Investition“ in Bildung und Gesundheit gesetzt, ein u. a. von Amartya Sen vertretener entwicklungspolitischer Ansatz, der in dem 2010 vorgelegten Bericht weiter entfaltet wird. „Statt sich auf einige wenige herkömmliche Indikatoren für wirtschaftlichen Fortschritt zu konzentrieren (wie etwa das Bruttosozialprodukt pro Kopf), verfolgte der Ansatz der ‚menschlichen Entwicklung‘ die Absicht, ein breites Spektrum von Informationen über die Lebensbedingungen der Menschen in der jeweiligen Gesellschaft und ihre elementaren Freiheiten systematisch zu untersuchen.“[181] Es wird deutlich gemacht, dass zwar in vielen Ländern des Südens Fortschritte gerade auf den Sektoren von Bildung und Gesundheit erzielt wurden, dass aber der Armutsindex vor allem in den Ländern Afrikas und Asiens nicht verringert worden ist. Mit Armut gehen Unterversorgung und Unsicherheit überein.[182]

Verschärft wird Armut durch die massive Metropolisierung in allen Ländern des Südens und die Migrationsbewegungen – sei es in den einzelnen Ländern oder Kontinente übergreifend. Seit dem Ende des 2. Weltkriegs sind die Urbanisierungsprozesse vom europäischen Raum auf einzelne Regionen in den Ländern des Südens – in Lateinamerika, Afrika und Asien – übergesprungen und haben hier eine immense Beschleunigung erfahren. Zu den größten Städten der Welt zählen die lateinamerikanischen Hauptstädte Mexiko-City mit 24,4 Millionen Einwohnern, gefolgt von São Paulo mit 23,6 Millionen Einwohnern. Nur New York und Tokio erreichen noch ähnlich große Ausmaße wie Kalkutta, Bombay, Schanghai, Teheran, Jakarta oder Buenos Aires. Gerade Lateinamerika ist der Kontinent, der mit aller Wucht von den Licht-, aber vor allem Schattenseiten dieses Urbanisierungsprozesses betroffen ist. Vor 40 Jahren lebten z. B. in Brasilien 20 % der

[180] Kurzfassung: Bericht über die menschliche Entwicklung 2010, Jubiläumsausgabe zum 20. Erscheinen. Der wahre Wohlstand der Nationen. Wege zur menschlichen Entwicklung, Berlin 2010 (Deutsche Gesellschaft für die Vereinten Nationen, Deutsche Ausgabe) – im Folgenden UNDP abgekürzt. – Vgl. auch Stiftung Entwicklung und Frieden (Hg.), Globale Trends 2010. Frieden – Entwicklung – Umwelt, Frankfurt a.M. 2010; Franz Nuscheler, Entwicklungspolitik, Bonn 2006; UN-Milleniumsentwicklungsziele: www.un-kampagne.de (letzter Aufruf: 13.07.2015).

[181] Amartya Sen, Einleitung, in: UNDP, 6–10; 4. – UNDP, 3: „Bei der menschlichen Entwicklung geht es darum, positive Ergebnisse im weiteren Zeitverlauf stetig aufrechtzuerhalten und Prozesse abzuwehren, die zur Verarmung der Menschen führen oder Unterdrückung und strukturelle Ungerechtigkeiten untermauern. Prinzipien wie Gleichheit, Nachhaltigkeit und die Achtung der Menschenrechte sind daher von entscheidender Bedeutung.“

[182] UNDP, 5.

Bevölkerung in den Städten und 80 % auf dem Land, in weniger als einem halben Jahrhundert hat sich die Verteilung genau umgekehrt. Nur ein Viertel der Bevölkerung lebt noch auf dem Land. Nach Schätzungen der Vereinten Nationen gibt es bis zum Jahr 2025 etwa 93 Städte mit mehr als fünf Millionen Einwohnern, davon 80 Städte in den Ländern des Südens. Gerade die große Ungleichheit in den Ländern des Südens, Geschlechterungerechtigkeit und damit vor allem die Benachteiligung von Frauen macht die Armut nach wie vor zu einem der zentralen „Zeichen der Zeit". „Der Blick auf die Zukunft lässt erwarten, dass die kommenden Berichte sich mit noch schwierigeren Fragen auseinandersetzen müssen, einschließlich dem zunehmend kritischen Bereich der Nachhaltigkeit sowie mit Ungleichheit und einer Erweiterung des Begriffs der Teilhabe (‚Empowerment')."[183] Die Kluft zwischen entwickelten und Entwicklungsländern besteht weiter: „Eine kleine Gruppe von Ländern hat sich an der Spitze der globalen Einkommensverteilung gehalten, und nur eine Handvoll Länder, die früher arm waren, haben es in die Gruppe der Länder mit hohem Einkommen geschafft."[184] „In den 104 Ländern, die der Index für mehrdimensionale Armut erfasst, leben etwa 1,7 Milliarden Menschen – ein Drittel ihrer Bevölkerung – in mehrdimensionaler Armut. Das bedeutet, dass mindestens 30 Prozent der Indikatoren akute Entbehrungen im Gesundheits- oder Bildungsbereich oder beim Lebensstandard widerspiegeln. Das sind mehr Menschen als die geschätzte Anzahl von 1,44 Milliarden in diesen Ländern, die mit 1,25 US-Dollar oder weniger am Tag auskommen müssen (jedoch weniger als die Anzahl der Menschen, die von höchstens zwei US-Dollar am Tag leben). Die Entbehrungsmuster unterscheiden sich auch in wesentlicher Hinsicht von der Einkommensarmut. In vielen Ländern – darunter Äthiopien und Guatemala – sind mehr Menschen in mehreren Bereichen arm. In rund einem Viertel der Länder, für die beide Schätzungen vorliegen – darunter China, Tansania und Usbekistan – leiden jedoch mehr Menschen unter Einkommensarmut."[185]

Einen großen Stellenwert räumt der Entwicklungsbericht der Partizipation und damit der Ausgestaltung der „citizenship" aller Menschen bei – und knüpft damit an die Konzepte der „Hilfe zur Selbsthilfe" an, die bereits in den 80er und 90er Jahren auf dem Feld der Entwicklungsarbeit vorlagen.[186]

[183] UNDP, 6 (Vorwort).

[184] UNDP, 5.

[185] UNDP, 10.

[186] Vgl. Hans-Rimbert Hemmer, Alternative wirtschaftswissenschaftliche Konzepte zur Bekämpfung der Armut. Ein Überblick, in: Peter Hünermann/Juan Carlos Scannone (Hg.), Lateinamerika und die Katholische Soziallehre. Ein lateinamerikanisch-deutsches Dialogprogramm, Bd. 2, Mainz 1993, 113–136; Leopold Neuhold, Wie arm ist arm? Die ver-

Es geht darum, „Menschen in die Lage zu versetzen, individuelle Wahlmöglichkeiten wahrzunehmen und an Prozessen auf Haushalts-, Gemeinschafts- und nationaler Ebene teilzunehmen, solche Prozesse zu gestalten und daraus Nutzen zu ziehen – die Menschen müssen also in Hinblick auf ihre Teilhabe gestärkt werden."[187] Und so schließt der Bericht: „‚Menschlicher Fortschritt', schrieb Martin Luther King Jr., ‚kommt nicht zwangsläufig von selbst. Er entsteht durch unermüdliche Anstrengung und ausdauernde Arbeit… Ohne diese harte Arbeit wird die Zeit selbst zu einer Verbündeten der Kräfte gesellschaftlicher Stagnation.' Das Konzept menschlicher Entwicklung ist ein Beispiel für diese Bemühungen. Es wurde von einer engagierten Gruppe Intellektueller und Praktiker entwickelt, die Veränderungen in unserem Denken über gesellschaftlichen Fortschritt bewirken wollen. Doch um die Agenda menschlicher Entwicklung voll umzusetzen, muss man weitergehen. Die Menschen in den Mittelpunkt der Entwicklung zu stellen, ist sehr viel mehr als eine intellektuelle Übung. Es bedeutet, den Fortschritt gerecht zu gestalten und auf eine breite Basis zu stellen, die Menschen aktiv an Veränderungen zu beteiligen und sicherzustellen, dass aktuelle Errungenschaften nicht auf Kosten zukünftiger Generationen gehen. Diesen Herausforderungen zu begegnen ist nicht nur möglich, sondern auch nötig. Und es ist dringlicher als je zuvor."

Armut und mit ihr verbunden vielfältige Formen struktureller Gewalt – Ungerechtigkeiten in der Einkommensverteilung, Geschlechterungerech-

schiedenen Gesichter der Armut und die Option für die Armen, in: Clemens Sedmak (Hg.), Option für die Armen. Die Entmarginalisierung des Armutsbegriffs in den Wissenschaften, Freiburg/Basel/Wien 2005, 9–34, 11: „Die Option für die Armen kann als ein neues Sozialprinzip nur dann vor Abstumpfung bewahrt werden, wenn sie eine Option mit den Armen wird." Hemmer, Alternative wirtschaftswissenschaftliche Konzepte, 131/132: „Partizipation ist somit nicht nur ein Instrument der Entwicklung, sondern auch ein eigenständiges Ziel, da sie dem Menschen ein Gefühl der Selbstachtung und Zugehörigkeit gibt. Sie ist daher unverzichtbarer Bestandteil jeder zielgruppenorientierten Entwicklungsstrategie." – Vgl. auch Hans-Rimbert Hemmer, Theoretische Grundlagen einer armutsorientierten Entwicklungspolitik, in: Peter Hünermann/Margit Eckholt (Hg.), Katholische Soziallehre-Wirtschaft-Demokratie. Ein lateinamerikanisches Dialogprogramm, München/Mainz 1989, 67–91, 90. – Die Gemeinsame Synode spricht von einem umfassenden, „umverteilenden" Teilen (in: Neuhold, Wie arm ist arm?, 12), und Deutsche Kommission Iustitia et Pax, Gerechtigkeit für alle. Zur Grundlegung kirchlicher Entwicklungsarbeit, Bonn 1991, 49: „Die vorrangige Option für die Armen ist Ausdruck der Solidarität mit den Armen im Protest gegen die Armut."; vgl. Hartmut Köß, Globale Entwicklung und Option für die Armen, in: Marianne Heimbach-Steins (Hg.), Christliche Sozialethik. Ein Lehrbuch, Bd. 2, Regensburg 2005; vgl. Michelle Becka, Eine Option für die Gerechtigkeit. Die Option für die Armen heute in Theologie und Pastoral in Lateinamerika, in: Magdalena Holztrattner (Hg.), Eine vorrangige Option für die Armen im 21. Jahrhundert?, Innsbruck/Wien 2005, 143–157; vgl. Magdalena Holztrattner(Hg.), Eine vorrangige Option für die Armen im 21. Jahrhundert?, Innsbruck/Wien 2005.

[187] UNDP, 12.

tigkeit, aber auch Kriminalität und Gewalt durch den Verlust von Heimat, Arbeit usw. – ist eines der zentralen Zeichen unserer Zeit. Johannes XXIII. hat bereits in „Pacem in terris" dieses Zeichen benannt, knapp 50 Jahre später ist dieses „Zeichen" nach wie vor virulent: Auf dem Spiel stehen hier die Menschlichkeit des Menschen und seine Würde. Auf Ebene der Vereinten Nationen ist das Zeichen benannt, die Milleniumsziele formulieren an erster Stelle die Armutsbekämpfung als vorrangiges Entwicklungsziel.[188] Armut ist zu einem „Zeichen" geworden, das in der Weltgemeinschaft – auch quer durch alle Kulturen und Religionen – unbestritten ist.[189] Im Zuge der Globalisierung ist Armut zudem nicht mehr nur ein Problem der unterentwickelten Gesellschaften des Südens, Armut reicht – in unterschiedlichen Facetten, vor allem auch als Armut von Kindern und Frauen – in die Gesellschaften des Nordens hinein.[190] Armut führt zur Exklusion, „dem Ausschluss von gesellschaftlicher Teilhabe"[191], und gerade darin, in der fehlenden Zugehörigkeit zur bürgerlichen Gesellschaft und der Annahme, zu den „Überflüssigen" zu gehören, liegt ein zutiefst revolutionäres Potential, das – so die Studie von Martin Kronauer – die Konflikte der Zukunft und eine massive Gefährdung des Weltfriedens in sich birgt.[192] Die Theologie ist heute neu gefragt in den interdisziplinären Analysen des Armutsbegriffs, vor allem angesichts des weltweiten und Kulturen und Religionen übergrei-

[188] Vgl. die Milleniumsziele und die Zielperspektive der Armutsbekämpfung: www.un-kampagne.de (letzter Aufruf: 13.07.2015): Bis 2015 soll der Anteil derer, die weniger als 1 Dollar pro Tag verdienen, halbiert werden. – Heute ist die Hälfte der Bevölkerung unter 27 Jahre; davon ist ein großer Teil ohne Perspektiven; jeder 3. im arbeitsfähigen Alter ist unterbeschäftigt oder arbeitslos.

[189] Vgl. zur Armutsbekämpfung in den Weltreligionen: World Religions Summit 2010: www.faithchallengeg8.com (letzter Aufruf: 13.07.2015); Johannes Wallacher/Karoline Scharpenseel (Hg.), Globale Solidarität. Schritte zu einer neuen Weltkultur. Klimawandel und globale Armut, Bd. 18, Stuttgart 2009 – Auf die Vielschichtigkeit des Armutsbegriffs kann hier nicht eingegangen werden: vgl. Hemmer, Alternative wirtschaftswissenschaftliche Konzepte; Ilona Ostner, Armutsbegriffe im Wandel, in: Sedmak, Option für die Armen, 31–45. Ostner weist auf die Armut in reichen Gesellschaften hin, vor allem auf die Armut von Frauen und Kindern, auf Altersarmut.

[190] Vgl. Sedmak, Option für die Armen.

[191] Martin Kronauer, Exklusion. Die Gefährdung des Sozialen im hochentwickelten Kapitalismus, Frankfurt a.M. u.a. ^{2}2010; Ernst-Ulrich Huster, Armut in Europa, in: Raúl Fornet-Betancouert (Hg.), Armut im Spannungsfeld zwischen Globalisierung und dem Recht auf eigene Kultur. Dokumentation des 5. Internationalen Seminars des philosophischen Dialogprogramms, Fankfurt a.M. 1998, 16–45. – Einkommensarmut wird häufig, vor allem wenn ihr Arbeits- und Beschäftigungslosigkeit vorausgehen, mit Exklusion – dem Ausschluss von gesellschaftlicher Teilhabe – verbunden.

[192] Vgl. Stéphane Hessel, Indignez-vous!, Paris 2010, [dt. Ausgabe: Empört euch!, Berlin 2011].

fenden Konsenses im Blick auf die Notwendigkeit der Bekämpfung der Armut.[193]

Wie kann nun im theologischen Sinn von Armut als „Zeichen der Zeit" gesprochen und der Kontext der Armut als „theologischer Ort" erschlossen werden? Wie kann er für eine zeitgemäße Glaubensverantwortung eine Quelle der Erkenntnis sein, die im Konzert der anderen theologischen Orte – wie Schrift, Lehramt und Theologie – zu befragen ist?

„Die Armen als ‚locus theologicus'"

In der Nachkonzilszeit hat die lateinamerikanische Kirche auf dem Hintergrund von die Menschenwürde verletzenden gesellschaftlichen Strukturen und von Ausgrenzungen großer Bevölkerungsschichten die „Option für die Armen" formuliert und – unter Rückbezug auf die biblischen Traditionen – von den Armen als einem neuen „theologischen Ort" gesprochen. „Wenn man unseren Kontinent betrachtet, wo mehr als zwei Drittel der Menschen infolge von Ungerechtigkeiten in untermenschlichen Verhältnissen leben; und wenn man sieht, daß sich die gleiche Situation auf Weltebene wiederholt; wie kann man dann nicht auf den Gedanken kommen, an der Befreiung dieser Menschen mitarbeiten zu müssen? – Genauso, wie der Vater, der Schöpfer, uns als Mit-Schöpfer will, so will der Sohn, der Erlöser, uns als Mit-Erlöser. Es ist also an uns, die vom Sohn begonnene Befreiung fortzusetzen: die Befreiung von der Sünde und ihren Folgen, die Befreiung vom Egoismus und seinen Folgen. Das ist für uns die Theologie der Befreiung."[194]

Was Dom Hélder Câmara hier sehr pointiert formuliert hat, hat den Weg der Konzilskirche in Lateinamerika geprägt. Beeindruckend ist, dass die Kirche eines gesamten Kontinents auf dem Hintergrund der Impulse des 2. Vatikanums auf ihrer Generalversammlung in Medellín (1968) einen scharfen Blick auf die Realität des Kontinents geworfen hat und benannt hat, wo Unrecht zum Himmel schreit und die Menschenwürde verletzt wird: Ungerechtigkeit und strukturelle Gewalt auf unterschiedlichen Ebenen, im sozialen, wirtschaftlichen, politischen, aber auch kulturellen Bereich. Das war der Ursprungsort einer neuen theologischen Reflexion, die die gesellschaftliche Situation als „Zeichen der Zeit" wahrgenommen und diese

[193] Das hat u.a. damit zu tun, dass sozialwissenschaftliche Analysen der Gegenwart von der „Undefinierbarkeit" der Armut sprechen. Wichtig werde der „menschliche Zugang von Person zu Person", so Neuhold, Wie arm ist arm?, 11.

[194] Dom Hélder Camara, Der Anwalt der Gerechten. Texte zur Orientierung, Gütersloh 1987.

einer Beurteilung im Licht des Evangeliums, einer „Unterscheidung der Geister“, unterzogen hat. Die theologische Analyse wurde vor allem im Dialog mit den Wissenschaften des Sozialen entfaltet, sie orientierte sich an der leitenden Option der lateinamerikanischen Ortskirchen, der „Option für die Armen“, und hat gerade über sie an den Quellgrund des Evangeliums anknüpfen können.

Der Befreiungsbegriff übersetzt den christlichen Erlösungsgedanken angesichts des „Zeichens der Zeit“ von Armut und struktureller Gewalt in die konkrete lateinamerikanische Realität. Was dem Menschen Leben nimmt, wird als ein solches „Zeichen der Zeit“ benannt, dessen Wahrnehmen Konsequenzen für die Praxis des Glaubens, für christliches und kirchliches Engagement hat. Hier liegen die Impulse für die Fundamentaltheologie der Gegenwart: Werden die „Zeichen der Zeit“ wahrgenommen, führt dies für die Theologie zu einem neuen „öffentlichen Aufweis des Grundes ihrer Hoffnung“[195], und ein solcher Aufweis ist eingebunden in eine Praxis, gerade weil Gott selbst sich in seiner Offenbarung in Jesus Christus ganz konkret als Gott der Liebe erwiesen hat, in der guten Botschaft für die Armen und auf dem Weg Jesu Christi in die Nacht des Kreuzes. Im Ereignis von Kreuz und Auferstehung ist aufgegangen, wer Gott ist und wie von Gott zu sprechen ist. Die konkrete gesellschaftliche Situation – Armut, Ungerechtigkeit, vielfältige Strukturen der Gewalt – haben zur Formulierung eines neuen „locus theologicus“ geführt. Die Situation der Armut wird als neuer „hermeneutischer Ort“ benannt, die Armen als neuer „theologischer Ort“.[196] Dabei gehen die Wurzeln dieser neuen theologischen Aussage auch auf Entwicklungen in der europäischen Theologie und Soziallehre zurück.

Die lateinamerikanischen Bischöfe und die sie beratenden Theologen waren geprägt durch die neuen Aufbrüche in der Theologie der 40er und 50er Jahre, die Beurteilung der Realität anhand der Trias von Sehen, Urteilen und Handeln, wie sie in der Arbeiterbewegung eines Joseph Cardijn z. B. formuliert worden ist. Neue Studien zur Armut wurden in der Vorkon-

[195] Manemann, Kritik als zentrales Moment des Glaubens, 217.

[196] Vgl. z. B. Juan Carlos Scannone, Soziallehre der Kirche und Theologie der Befreiung. Wissenschaftstheoretische Übereinstimmungen und Divergenzen, in: Berhard Fraling (Hg.), Kirche und Theologie im kulturellen Dialog. Für Peter Hünermann, Freiburg i.Br. u. a. 1994, 271–289; ebenso: Virginia R. Azcuy/Margit Eckholt (Hg.), Citizenship – Biographien – Institutionen. Perspektiven lateinamerikanischer und deutscher Theologinnen auf Kirche und Gesellschaft, Wien u. a. 2009, 167–178; vgl. Virginia R. Azcuy, Theologie vor den Herausforderungen der Armut. Eine lateinamerikanische Perspektive aus der Sicht der Frauen, in: Zeitschrift für Missionswissenschaft und Religionswissenschaft 87 (2003) 264–281.

zilszeit vorgelegt.[197] Armut wurde nicht mehr nur als individuelle Eigenschaft oder Mangelerscheinung gesehen oder im geistlichen Sinn als eine Tugend, sondern es wurden soziale und kulturelle Zusammenhänge analysiert, die Armutsbewegungen und das Armutsgelübde wurden gerade auch in ekklesiologischer Beziehung neu in den Blick genommen. Charles de Foucauld und Paul Gauthier übten auf die französischen Bischöfe und Kardinäle – wie Kardinal Gerlier – große Bedeutung aus.[198] Am 26.10.1962 fand sich im belgischen Kolleg in Rom eine Arbeitsgruppe zusammen, die mit dem Namen „Kirche der Armen" in die Geschichte des Konzils eingegangen ist. Wie Johannes XXIII. hat auch Paul VI. die Impulse dieser Bewegung als Herausforderung für die Kirche ernst genommen, nicht nur im Sinne ihres sozialen Engagements, sondern im Blick auf die Realisierung der Kirche als Heilssakrament der Völker. Die „Option für die Armen" steht so im Zusammenhang mit einem radikalen Erneuerungsprozess für die Kirche, der in der biblischen Tradition der „Armen Gottes" und der Nachfolge des armen Jesus gründet.

Die „Option für die Armen" auf dem 2. Vatikanischen Konzil

„Wie kann man heute sichtbares Zeichen des Reiches Gottes sein? Wie kann man Kirche sein, um sagen zu können ‚Dein Reich komme'"?[199], so hat Papst Johannes XXIII. in einer seiner Ankündigungen des Konzils formuliert. Diese radikale Suche nach dem „Heute" der Kirche und damit dem „Heute" Gottes hat Johannes XXIII. mit der Analyse der „Zeichen der Zeit" verbunden. In seinem Tagebuch hat er notiert: „Nicht das Evangelium ist es, das sich verändert, nein, wir sind es, die gerade anfangen, es besser zu verstehen. Wer ein recht langes Leben gehabt hat, wer sich am Anfang dieses Jahrhunderts den neuen Aufgaben einer sozialen Tätigkeit gegenübersah, die den ganzen Menschen beansprucht, wer wie ich zwanzig Jahre im Orient und acht in Frankreich verbracht hat und auf diese Weise verschiedene

---

[197] Giuseppe Alberigo, Die Kirche der Armen. Von Johannes XXIII. zum Zweiten Vatikanischen Konzil , in: Mariano Delgado (Hg.), Blutende Hoffnung. Gustavo Gutiérrez zu Ehren, Luzern 2000, 67–88, 72.

[198] Albert Gelin, Il povero nella sacra Scrittura, Mailand 1956; Émile Poulat, La naissance des prêtres-ouvriers (1943–1947), Tournai 1965; Paul Gauthier, Les pauvres, Jésus et l'Eglise, Paris 1962, [dt. Ausgabe: Jesus und die Kirche, Graz 1964]; Yves Marie Congar, Pour une Église servante et pauvre, Paris 1963; zum 2. Vatikanum: Denis Pelletier, Une marginalité engagée. Le groupe „Jésus, l 'Eglise et les Pauvres", in: Mathjis Lamberigt/Claude Soetens/Jan Grootaers (Hg.), Les Commissions Conciliaires à Vatican II, Leuven 1996, 63–89.

[199] Die Ankündigung der Diözesansynode für Rom und des Ökumenischen Konzils, in: Herder Korrespondenz 13 (1958/59) 387 f., zitiert in: Gustavo Gutiérrez, Das Konzil und die Kirche in der Welt der Armut, in: Fuchs/Lienkamp (Hg.), Visionen des Konzils, 159–173, 161.

Kulturen miteinander vergleichen konnte, der weiß, daß der Augenblick gekommen ist, die Zeichen der Zeit zu erkennen, die von ihnen gebotenen Möglichkeiten zu ergreifen und in die Zukunft zu blicken."[200] Und das bedeutet für ihn, das sich die Kirche „als das, was sie ist und sein will" erweist, wenn sie „die Kirche aller, vornehmlich die Kirche der Armen" ist.[201]

Paul VI. wird in seiner Abschlussrede an diese Option erinnern. Unter Rückgriff auf Joh 13,35 und 1 Joh 4,20 („... wer seinen Bruder nicht liebt, den er sieht, kann Gott nicht lieben, den er nicht sieht") wird er die christologische Spur für die Beurteilung dieses neuen theologischen Ortes auslegen, die dann von Kirche und Theologie in Lateinamerika aufgegriffen wird: „... die alte Erzählung vom Samaritan... (wurde) zum Beispiel und zur Norm für die geistige Haltung des Konzils... Ein gewaltiges Mitgefühl hat es völlig durchdrungen. Das Aufspüren und Erwägen der menschlichen Not – sie ist um so größer, je größer der Sohn der Erde sich aufspielt – hat die Aufmerksamkeit unserer Synode ganz und gar in Anspruch genommen." „Im Antlitz eines jeden Menschen – zumal wenn es durch Tränen und Leiden durchsichtig geworden ist – (können und müssen wir) das Antlitz *Christi*, des Menschensohnes, erkennen" (vgl. Mt 25,40). Deshalb „wird unser Humanismus zum Christentum, und unser Christentum wird theozentrisch; so sehr, daß wir auch sagen können: Um Gott zu kennen, muß man den Menschen kennen".[202] In den Armen wird Christus begegnet und genau darin geht die theologische Qualität dieses „Zeichens der Zeit" auf: Es geht um die Präsenz Gottes im „Heute" und wie angesichts der Bedrohung des Menschlichen in Situationen von Armut, Gewalt und Ungerechtigkeit auf neue Weise von Gott gesprochen werden kann. Gerade Kardinal Lercaro, Motor der Gruppe „Kirche der Armen", hat in seinen Ansprachen immer

---

[200] Ludwig Kaufmann/Nikolaus Klein, Johannes XXIII. Prophetie im Vermächtnis, Freiburg i. Br. 1990, 24 f., zitiert in: Gutiérrez, Das Konzil und die Kirche, 163. – Vgl. GS 3–4: „Um das Werk Christi weiterzuführen, der „in die Welt kam, um der Wahrheit Zeugnis zu geben; zu retten, nicht zu richten; zu dienen, nicht sich bedienen zu lassen... obliegt der Kirche allzeit die Pflicht, nach den Zeichen der Zeit zu forschen und sie im Licht des Evangeliums zu deuten. So kann sie dann in einer jeweils einer Generation angemessenen Weise auf die bleibenden Fragen der Menschen nach dem Sinn des gegenwärtigen und des zukünftigen Lebens und nach dem Verhältnis beider zueinander Antwort geben. Es gilt also, die Welt, in der wir leben, ihre Erwartungen, Bestrebungen und ihren oft dramatischen Charakter zu erfassen und zu verstehen".

[201] Johannes XXIII., Rundfunkbotschaft an die Katholiken der Welt vom 11. September 1962, in: Herder Korrespondenz 17 (1962/63) 43–46, 45; Johannes XXIII., Rundfunkbotschaft an die Katholiken der Welt, zitiert in: Alberigo, Die Kirche der Armen, 71: „Ein weiterer Punkt: Gegenüber den unterentwickelten Ländern erweist sich die Kirche als das, was sie ist und sein will, die Kirche aller, vornehmlich die Kirche der Armen."

[202] Predigt Paul VI. zum Abschluss des Konzils: Mario von Galli/Bernhard Moosbrugger, Das Konzil und seine Folgen, Luzern/Frankfurt a.M. 1966, 289, zitiert in: Gutiérrez, Das Konzil und die Kirche 159/160.

wieder an das „Mysterium Christi in den Armen" und damit an die christologische und kenotische Tiefendimension der Kirche und der Option für die Armen erinnert.[203] So kann der „Aufruf zur Armut im Sinne des Evangeliums" nicht nur ein „Leitspruch" sein, sondern gerade die Armut ist „ein wichtiges Element der Perfektion und der Schönheit der Kirche und der Beweis der universalen christlichen Brüderlichkeit", „die Armut ist vielmehr der schlichte und klare Ausdruck einer absoluten Bedingung für das historische Überleben des religiösen Sinns der Welt und des Lebens".[204] Hier wird in besonderer Weise deutlich, wohin ein Nicht-Wahrnehmen der „Zeichen der Zeit" führt – gerade darum ist diese Aussage ein Stachel im Fleisch der Kirche heute, und gerade darum ist das Pontifikat von Franziskus fünfzig Jahre nach dem 2. Vatikanum ein „Ereignis des Geistes", weil Franziskus von

[203] Vgl. Johannes XXIII., Rundfunkbotschaft 11. 9. 1962, 45; Kardinal Lercaro stellt im Anschluss an Johannes XXIII. den Zusammenhang der Gegenwart Jesu Christi in den Armen und in der Kirche heraus. Lercaro wollte „die Aufmerksamkeit auf einen Aspekt des Mysteriums Christi in der Kirche lenken, der nicht nur für die Ewigkeit von Bedeutung, sondern auch in der Geschichte von hervorragender Aktualität zu sein scheint. … Als ich die Inhaltsverzeichnisse der verschiedenen Schemata durchsah …, ist mir aufgefallen, daß etwas fehlte: alle Themen, die vorgelegt wurden und noch vorgelegt werden sollten … haben diesen wesentlichen Aspekt des Mysteriums Christi offenbar nicht bewußt und ausdrücklich berücksichtigt, wie es aufgrund der gegenwärtigen Lage notwendig gewesen wäre. Dieser Aspekt wurde bereits in der Verkündigung der Propheten als unverkennbares Zeichen des Auftrages und der Sendung Christi vorweggenommen; diesen Aspekt verherrlichte die Mutter des Erlösers im Augenblick der Inkarnation des Wortes, dieser Aspekt spricht aus der Geburt, aus der Kindheit, aus dem verborgenen Leben und aus dem öffentlichen Wirken Jesu, dieser Aspekt begründet das Grundgesetz des Reiches Gottes, dieser Aspekt liegt dem ganzen Gnadenfluß und dem Gang des kirchlichen Lebens zugrunde, seit der Zeit der Apostelgemeinde bis hin zu den großen Stunden größerer innerer Erneuerung und äußerer Ausbreitung; schließlich wird dieser Aspekt beim zweiten und glorreichen Kommen des Gottessohnes am Ende der Zeiten und der Geschichte mit Lohn oder Strafe sanktioniert werden für alle Ewigkeit." (Giacomo Lercaro, Chiesa e Povertà, in: Per la forza dello Spirito. Discorsi conciliari del card, Bologna 1984, 113–122, 116 f., zitiert in: Alberigo, Die Kirche der Armen, 76/77).

[204] Bericht von Kardinal Lercaro an Paul VI.: Giacomo Lercaro, Per la forza dello Spirito. Discorsi conciliari del card. G. Lercaro, a cura dell' Instituto per le Scienze Religiose, Bologna 1984, 109–122, 162, zitiert in: Gutiérrez, Das Konzil und die Kirche 171. – Ebenso: „Das Mysterium *Christi* in der Kirche ist immer, und heute ganz besonders, das Mysterium *Christi* in den Armen, sofern die Kirche, wie seine Heiligkeit *Johannes XXIII.* sagte, die Kirche aller ist, aber heute besonders die Kirche der Armen." Dieser Aspekt des Mysteriums Christi in den Armen „ist das Grundgesetz des Reiches Gottes" (171). – Vgl. Lercaro, Per la forza dello Spirito, zitiert in: Gutiérrez, Das Konzil und die Kirche, 170: „Dies ist die Stunde der Armen, der Millionen Armen auf der ganzen Erde, dies ist die Stunde des Mysteriums der Kirche als Mutter der Armen und die Stunde des Mysteriums *Christi* vor allem bei den Armen." Daher „würde die weitreichendste Forderung unserer Zeit und die große Hoffnung, die Einheit aller Christen voranzubringen, nicht erfüllt, sondern eher umgangen, wenn das Problem der Evangelisierung der Armen unserer Zeit auf dem Konzil nur als Nebenaspekt anderer Themen behandelt würde". Folglich „handelt es sich nicht um irgendein beliebiges Thema, sondern in gewissem Sinne um *das einzige Thema* des ganzen Vatikanum II".

Beginn an den roten Faden der „Option für die Armen" in sein Pontifikat einwebt.

Johannes XXIII. und Paul VI. sind die großen „Mentoren" für die Ausgestaltung des neuen theologischen Ortes der Armen. Ihre Impulse sind wenigstens teilweise von den Konzilsvätern in der Abfassung der Konstitutionen und weiteren Texte des Konzils aufgegriffen worden. Die „Option für die Armen" ist in das Herz der Verfassung der Kirche eingeschrieben: Die Kirchenkonstitution „Lumen Gentium" erinnert in ihrem Blick auf das „Mysterium der Kirche" an den Weg Jesu, der an das Kreuz geführt hat, ein Weg der Armut und Verfolgung; und dieser Weg ist auch der Kirche vorgegeben, will sie Sakrament des Heils für die Völker sein. So haben die Konzilsväter in „Lumen Gentium" 8 formuliert: „Wie aber Christus das Werk der Erlösung in Armut und Verfolgung vollbrachte, so ist auch die Kirche berufen, den gleichen Weg einzuschlagen, um die Heilsfrucht den Menschen mitzuteilen. Christus Jesus hat, ‚obwohl er doch in Gottesgestalt war, … sich selbst entäußert und Knechtsgestalt angenommen' (Phil 2,6); um unseretwillen ‚ist er arm geworden, obgleich er doch reich war' (2 Kor 8,9). So ist die Kirche, auch wenn sie zur Erfüllung ihrer Sendung menschlicher Mittel bedarf, nicht gegründet, um irdische Herrlichkeit zu suchen, sondern um Demut und Selbstverleugnung auch durch ihr Beispiel auszubreiten. Christus wurde vom Vater gesandt, ‚den Armen die frohe Botschaft zu bringen, zu heilen, die bedrückten Herzens sind' (Lk 4,18), ‚zu suchen und zu retten, was verloren war' (Lk 19,10). In ähnlicher Weise umgibt die Kirche alle mit ihrer Liebe, die von menschlicher Schwachheit angefochten sind, ja in den Armen und Leidenden erkennt sie das Bild dessen, der sie gegründet hat und selbst ein Armer und Leidender war. Sie müht sich, deren Not zu erleichtern, und sucht Christus in ihnen zu dienen." Das Mysterium der Kenosis kann sich auf dem Weg der Kirche fortsetzen, gerade wenn sie, wie es im Missionsdekret „Ad Gentes" heißt, den Armen die frohe Botschaft bringt: „In dieser Sendung setzt die Kirche die Sendung Christi selbst fort, der den Armen die frohe Botschaft zu bringen gesandt war, und entfaltet sie die Geschichte hindurch. Deshalb muß sie unter Führung des Geistes Christi denselben Weg gehen, den Christus gegangen ist, nämlich den Weg der Armut, des Gehorsames, des Dienens und des Selbstopfers bis zum Tode hin, aus dem er dann durch seine Auferstehung als Sieger hervorging." (AG 5)

Das Konzil hat Armut als „Zeichen der Zeit" benannt und den Weg der Armut in christologischer Perspektive in das Herz der Kirche eingeschrieben; es hat aber keine weiteren Beurteilungskriterien genannt und sicher auch nicht, wie es Wunsch von Kardinal Lercaro war, die Armut zu „dem"

Thema des Konzils werden lassen.[205] Hier waren die Konzilsväter in dem Sinn weise, dass „Zeichen der Zeit" in je unterschiedlichen Geschichtsepochen aufbrechen und in aller Vielfalt zu formulieren sind. Sie bergen aber eine Universalität des Wahrheitsanspruches in sich, gerade weil sich in ihnen ein übergreifender Konsensbildungsprozess abzeichnet, in dem angesichts der Bedrohung des Menschen wesentliche – in Freiheitsentscheidungen abgestimmte – Orientierungen formuliert werden; aber genau dies ist auch nicht in einem exklusiven Sinn zu verstehen. Die lateinamerikanische Kirche und Theologie haben an die neue Perspektive des Konzils angeknüpft, und genau in diesem Sinn ist ihre „Option für die Armen" auch nicht exklusiv zu verstehen, sondern als Analyse und theologische Interpretation eines „Zeichens der Zeit" aus dem spezifischen Kontext einer Ortskirche heraus.

Die „Option für die Armen" in der lateinamerikanischen Kirche und Theologie der Befreiung

„Die Kirche, dienend und arm, Dienerin der Armen. Ich werde nicht müde zu wiederholen: Es ist eine große Liebe, in unserer voller Ungerechtigkeit steckenden Zeit Gerechtigkeit zu üben. Und die große Armut für die Kirche besteht darin, es hinzunehmen, schlecht beurteilt zu werden, ihren guten Ruf zu riskieren, ihr Ansehen zu verlieren. Als subversiv, als revolutionär, vielleicht als kommunistisch behandelt zu werden. Das ist, in der Zeit, in der wir leben, die Armut, die Jesus von seiner Kirche fordert …", so Dom Hélder Câmara in einer Auslegung von Mt 20,24–28.[206] Gustavo Gutiérrez, der 1968 in einem Vortrag in Chimbote zum ersten Mal den Begriff der „Theologie der Befreiung" geprägt hat, ging es im Anschluss an die großen Theologen, die den für die katholische Kirche einschneidenden Umbruch des 2. Vatikanischen Konzils mit vorbereitet haben – so Karl Rahner, Marie-Dominique Chenu oder Yves Marie-Joseph Congar –, darum, dem Wirken des Geistes Gottes in der konkreten, von Armut und Gewalt in verschiedenen Facetten geprägten Zeit der Kirche und Gesellschaft in Lateinamerika nachzuspüren, um von ihnen ausgehend „von Gott in Ayacucho" sprechen zu können. Gutiérrez – und mit ihm andere Theologen wie Ronaldo Muñoz (Chile), Juan Luis Segundo (Uruguay), José Comblin, João Batista Libanio (Brasilien), Ignacio Ellacuría und Jon Sobrino (El Salvador) – haben in

[205] Eine Orientierung gibt die Bischofssynode 20 Jahre nach dem Konzil: Schlußdokument der Außerordentlichen Bischofssynode 1985, 20: „Im Anschluß an das Zweite Vatikanische Konzil wurde sich die Kirche ihrer Sendung im Dienst der Armen, Unterdrückten und an den Rand Gedrückten stärker bewußt."

[206] Dom Helder Camara, Gott lebt in den Armen, Olten 1986, 126/127.

besonderer Weise den Auftrag der Theologie in den Blick genommen, für Gottes Reich des Friedens und Gottes Liebe, denen in der „Option für die Armen“ in besonderer Weise der Weg bereitet wird, „Rechenschaft“ abzulegen. Die neue Art Theologie zu treiben versteht sich als „kritische Reflexion auf die geschichtliche Praxis“, als „befreiende Theologie“, die der Kirche hilft, „ihren Auftrag zu einer befreienden Verkündigung des Evangeliums in der Geschichte zu erfüllen“.[207] Die befreiungstheologischen Entwürfe in Lateinamerika buchstabieren den Weg des Konzils neu, indem sie, an den der sozialen Bewegungen der 30er Jahre entstammenden methodischen Dreischritt des „Sehens, Urteilens und Handelns“ anknüpfend, bei der konfliktiven Realität des lateinamerikanischen Kontinents – bei Gewalt, Menschenrechtsverletzungen und Armut – ansetzen und von dort her dem Glaubensgeheimnis neu auf der Spur sind. Indem die lateinamerikanische Kirche in ihrer „Option für die Armen“ selbst den Weg der Armut geht, radikalisiert sie die „Entdeckung“ der Welt auf dem Konzil. Die „Inkarnation“ in die Welt hinein wird zu einer Entäußerung, in der der ursprüngliche Sinn des Evangeliums neu entdeckt wird und ihm in den verschiedensten Formen der Praxis auf der Seite der Armen und Ausgegrenzten, bis hin zum Martyrium, zur Hingabe des Lebens, neue Gestalten gegeben werden. In dieser Entäußerung geht die Kirche über jede „Grenze“ von Kirche hinaus, sie geht in die „Fremde“, in der das je Neue und Unerhörte des Glaubens bereits „da“ ist, vor allem in den vielen Gesichtern der Armen. Die Kirche geht, so Jon Sobrino, zu den Armen, sie lässt sie nicht zu sich kommen, und genau dies ist Umkehr der Kirche zu ihrer ursprünglichen Bestimmung.[208] Theologie, die diesen Weg begleitet und die selbst den Weg der „Umkehr“ gegangen ist[209], ist „aufdeckende“ Theologie – eine Theologie, die das Dunkel und Böse der Geschichte, die in ihr wohnende Sünde aufdeckt und die jegliche Formen der Verletzung der Menschenwürde anklagt. Dabei versteht sie sich als „zweiter Akt“; wichtig ist zunächst die

---

207 Clodovis Boff, Wissenschaftstheorie und Methode der Theologie der Befreiung, in: Ignacio Ellacuría/Jon Sobrino (Hg.), Mysterium liberationis. Grundbegriffe der Theologie der Befreiung, Bd. 1, Luzern 1995, 63–97, hier: 95.

208 Jon Sobrino, El Vaticano II y la Iglesia en América Latina, in: Casiano Floristán/Juan José Tamayo (Hg.), El Vaticano II, veinte años después, Madrid 1985, 105–134, hier: 113/114: „Esa encarnación supone, por supuesto, costosas exigencias, austeridad, pobreza; pero supone además una dosis de ignorancia, pues ese pobre es realmente un 'otro' para la Iglesia. 'Ir a los pobres' es una verdadera revolución eclesial si realmente se va a ellos y no se les hace venir, sutil o burdamente, a donde está la Iglesia. Exige y expresa la primera y fundamental conversión de la Iglesia… Exige, por último, la clara denuncia y desenmascaramiento de un mundo que genera tal pobreza. 'Ir a los pobres' no es otra cosa que ir al verdadero lugar de la Iglesia.“

209 Jon Sobrino, El principio-misericordia. Bajar de la cruz a los pueblos crucificados, Santander 1992, 65.

konkrete Praxis auf Seiten der Armen, die gleichzeitig auch Ausdruck der Praxis des Glaubens ist.

Gerade der peruanische Theologe Gustavo Gutiérrez hat in seinen Schriften immer wieder die verschiedenen Dimensionen des Armutsbegriffs herausgearbeitet und von dort zu einer differenzierten theologischen Analyse des Zeichencharakters der Armut und einer Beurteilung dieses neuen theologischen Ortes im Licht des Evangeliums gefunden. Armut ist und bleibt ein Übel, es gibt aber auch – und gerade in und angesichts der bedrängenden Situation der Armut – die spirituelle Armut als Offenheit für den Willen Gottes, sowie die Solidarität mit den Armen, verbunden mit dem Protest gegen die Situation, unter der die Armen leiden.[210] Ohne den Dialog mit den Wissenschaften des Sozialen, aber genauso wenig ohne die Rückbindung an die biblischen Traditionen des Alten und Neuen Testaments ist eine differenzierte Analyse dieses „locus theologicus" nicht möglich. Gerade dieses interdisziplinäre Gespräch ermöglicht es Gutiérrez – in gleicher Weise zeigen dies die Texte der Konferenzen des lateinamerikanischen Episkopats von Medellín (1968) oder Puebla (1979) –, von „institutionalisierter Gewalt" und von „struktureller Sünde" zu sprechen.[211] „Im übrigen haben die zahlreichen und zunehmenden Beispiele eines Engagements für die Armen unsere Augen für die außerordentliche Komplexität ihrer Welt geöffnet. Es handelt sich wirklich um eine ganze Welt, in der der sozioökonomische Aspekt, auch wenn er grundlegend ist, nicht der einzige ist. Armut bedeutet letzten Endes Tod. Mangelnde Ernährung und Wohnung, keine Möglichkeit, den Bedürfnissen nach Gesundheit und Erziehung in angemessener Weise zu entsprechen, Ausbeutung der Arbeit, Dauerarbeitslosigkeit, Mißachtung der Menschenwürde und unrechtmäßige Einschränkungen der persönlichen Freiheit im Bereich der Meinungsäußerung, im politischen und im religiösen Bereich, tägliches Leid. Es ist eine Situation, die Völker, Familien und einzelne Menschen zerstört und die von Medellín und Puebla als ‚institutionalisierte Gewalt' gekennzeichnet wird…"[212] Gerade darum, weil einerseits Leben in diesen Kontexten der Armut ganz auf dem Spiel steht, weil andererseits bereits die biblischen Texte – im Alten und Neuen Testament – die Armut bzw. die Armen in das Zentrum des Heilsgeschehens gestellt

---

210 Vgl. Gustavo Gutiérrez, Die Armen und die Grundoption, in: Ellacuría/Sobrino (Hg.), Mysterium liberationis, Bd. 1, 293–331, hier: 293.

211 Die Kirche Lateinamerikas. Dokumente der II. und III. Generalversammlung des Lateinamerikanischen Episkopates in Medellín und Puebla, hg. vom Sekretariat der Deutschen Bischofskonferenz, Bonn 1979; zur strukturellen Sünde: Nr. 92 und Nr. 532; vgl. Michael Sievernich, Schuld und Sünde in der Theologie der Gegenwart, Frankfurt a.M. 1982, 232–288.

212 Gutiérrez, Die Armen und die Grundoption, 294.

haben (so die Seligpreisungen in Mt 5–7 bzw. Lk 6,20–25, so die Gerichtsrede in Mt 25), kommt der Armut ein „Zeichencharakter“ zu, der im „Heute“ Lateinamerikas – aber auch darüberhinaus – für die Glaubensvergewisserung und den Aufweis der Glaubwürdigkeit des christlichen Bekenntnisses von entscheidender Bedeutung ist. Vor allem zwei theologische Kriterien zur Beurteilung dieses Zeichencharakters im Licht des Evangeliums können in der lateinamerikanischen Theologie und kirchlichen Glaubensreflexion festgemacht werden:

Gottes Präsenz in den Armen:
Der Vorrang der Armen gründet allein in Gott: „Der Arme soll den Vorrang erhalten, nicht weil er vom moralischen oder religiösen Standpunkt aus notwendigerweise besser wäre als andere, sondern weil Gott Gott ist. Die ganze Bibel ist durchdrungen von der Vorliebe Gottes für die Schwachen und Misshandelten der menschlichen Geschichte. Sie offenbaren uns in großer Deutlichkeit die Seligpreisungen des Evangeliums, sie sagen uns, dass die Bevorzugung der Armen, Hungernden und Leidenden ihr Fundament in der sich verschenkenden Güte des Herrn hat.“[213] Wird das Zeichen der Armut ernst genommen, kann die Gratuität der Liebe Gottes neu aufleuchten. Die „Option für die Armen“ ist so Antwort auf Gottes Liebe, die vor allem eine Liebe zu den Armen ist, eine theozentrische und prophetische Option, die die Gratuität der Liebe Gottes in Erinnerung ruft.[214]

Jesus, der Messias der Armen und der arme Messias, und der Arme als „Sakrament Christi“:
Jesus ist – und darauf hat bereits Kardinal Lercaro hingewiesen, auf den Gustavo Gutiérrez sich in seinen Texten bezieht – selbst der arme Messias, nicht nur der „Messias der Armen“: „Gott offenbarte sich nicht nur mit Vorliebe den Armen, sondern auch durch die Armen, die schon vor Christus, dann aber auch durch ihn, Träger des Heilsgeheimnisses waren (das Volk Israel wurde auserwählt, weil es arm und geknechtet war; Unfruchtbare wurden Mütter der Söhne der Verheißung; ‚Knecht Jahwes‘ bezeichnet gleichzeitig den Messias und das Volk Gottes usw.).“[215]

---

[213] Gustavo Gutiérrez, Nachfolge und Option für die Armen. Beiträge zur Theologie der Befreiung im Zeitalter der Globaliserung, hg. v. Mariano Delgado, Stuttgart 2009, 93.

[214] Gott stellt keine Bedingungen (vgl. Jdt 8,11–18), und für ihn sind „die Letzten die Ersten“: Mt 20,16; Mt 22,2–10: das Gleichnis vom Gastmahl; Mt 21,31: Zölllner und Dirnen gelangen eher in das Reich Gottes als ihr. – Vgl. dazu: Gutiérrez, Die Armen und die Grundoption, 299–303.

[215] „Die Seligpreisungen erscheinen uns wie eine besondere Form des messianischen Zuspruchs. Die Armen sind selig, weil sich Jesus selbst auferlegt hat, die besondere und bestimmte

Wiederholt haben die Dokumente der lateinamerikanischen Bischofskonferenzen und die theologischen Texte an diese christologische Tiefendimension der Option für die Armen erinnert. Das Dokument von Puebla (1979) bezieht sich in Nr. 3 auf Mt 25,40: „Alles, was ihr für diese meine Brüder, auch die geringsten, getan habt, das habt ihr für mich getan". In den von äußerster Armut gekennzeichneten Gesichtern sollten wir „das Leidensantlitz Christi, unseres Herrn erkennen ..., der uns fragend und fordernd anspricht".[216] In Puebla 32–39 werden die vielen Gesichter der Kinder, Jugendlichen, Indigenen und Afroamerikaner, Kleinbauern, Arbeiter, Arbeitslosen, Marginalisierten, Alten usw. genannt, und das Dokument von Santo Domingo (1992) wird hier ansetzen und dies weiter ausführen: „Realistisch setzt es", so Gutiérrez, „die neuen Situationen von sozialer Bedeutungslosigkeit und Exklusion hinzu: Gesichter, die entstellt sind vom Hunger, enttäuschte Gesichter, erniedrigt aufgrund ihrer eigenen Kultur, von der Gewalt in Schrecken versetzte Gesichter, leidende Gesichter von erniedrigten und zurückgesetzten Frauen und die erschöpften Gesichter der Migranten..."[217] „Im leidenden Antlitz der Armen das Antlitz des Herrn entdecken (vgl. Mt 25,31–46) ist etwas, was alle Christen zu einer tiefen persönlichen und kirchlichen Umkehr herausfordert." (SD 178) Die Armen werden, wie Gustavo Gutiérrez, Clodovis Boff oder Jon Sobrino formulieren, zum „Sakrament" Jesu Christi.[218] Genau hier verdichtet sich die theologische und ekklesiologische Tiefendimension des Zeichencharakters der Armut.

Aufgabe des von Jesaia prophezeiten Messias zu erfüllen, die sich im Verhältnis zu den Rechtlosen der Welt ergibt. Indem er ihnen verkündet, daß diese Aufgabe bald erfüllt sein wird, und daß er sich schon als der gezeigt hat, erweist sich Jesus als der Messias der Armen, der in den Weissagungen des großen Propheten beschrieben wird. ... Er ist nicht nur der Messias der Armen, sondern der arme Messias, er ist der Messias der Armen, eben gerade weil er der arme Messias ist. Dieses Muster ist in der ganzen Heilsgeschichte anzutreffen: Gott offenbarte sich nicht nur mit Vorliebe den Armen, sondern auch durch die Armen, die schon vor Christus, dann aber auch durch ihn, Träger des Heilsgeheimnisses waren (das Volk Israel wurde auserwählt, weil es arm und geknechtet war; Unfruchtbare wurden Mütter der Söhne der Verheißung; „Knecht Jahwes" bezeichnet gleichzeitig den Messias und das Volk Gottes usw.)" Giacomo Lercaro, Poverta nella Chiesa, in: ders. (Hg.), Per la forza dello Spirito. Discorsi conciliari del card. Giacomo Lercaro, Bologna 1984, 113–122, 154, zitiert in: Alberigo, Die Kirche der Armen, 80.

[216] Die Evangelisierung Lateinamerikas in Gegenwart und Zukunft, in: Die Kirche Lateinamerikas, hg. vom Sekretariat der Deutschen Bischofskonferenz, 10.

[217] Gutiérrez, Nachfolge Jesu und Option für die Armen, 57. – Vgl. auch Gustavo Gutiérrez, Einleitung zur Neuauflage, in: Theologie der Befreiung, Mainz [10]1992, 17–60; Gustavo Gutiérrez, Die Kirche und die Armen in lateinamerikanischer Sicht, in: Hermann Josef Pottmeyer/Giuseppe Alberigo/Jean Pierre Jossua (Hg.), Die Rezeption des zweiten Vatikanischen Konzils, Düsseldorf 1986, 221–247.

[218] Clodovis Boff/Jorge Pixley, Die Option für die Armen, Düsseldorf 1987, 128: „Der Herr befindet sich vielmehr im Armen. Hier kommt es darauf an, die Unmittelbarkeit der Bezeihung zu erfassen: Was man den Armen antut, tut man Christus an. Der Arme ist lebendige

Die ekklesiologische Tiefendimension des Zeichencharakters der Armut

Die Option für die Armen erinnert, so Gustavo Gutiérrez, an die „radikale Dezentrierung durch das Evangelium“[219]. In der Erzählung vom Samariter (Lk 10,25–37) ist nicht die Frage von Bedeutung „Wer ist mein Nächster?“, sondern: „Wer hat sich als Nächster erwiesen?“ „So haben wir es mit einer Verschiebung zu tun, die vom Ich zum Du, von meiner Welt zu der des Anderen geht – eine Bewegung, die das Herz des Gleichnisses bildet. Habe ich zuerst den Nächsten als das Objekt, als den Adressaten meiner Hilfe gesehen, so trete ich jetzt in eine Reziprozität ein, die mich den Nächsten als Subjekt der Handlung der Proximität sehen lässt.“[220] Die „Option für die Armen“ ist ein Begegnungsgeschehen, ein Vollzug von Praxis, der das Miteinander verändert. Sie führt – konkret im Einsatz in Befreiungsbewegungen, auf der Seite der Landlosen, der vergewaltigten Frauen, der Straßenkinder u. a. – zu einem „empowerment“ des Armen, das sie selbst ihre eigene Würde entdecken lässt, ihnen durch konkrete Projekte von Armutsbekämpfung und Bildungsarbeit neue Teilhabe an ihrer Befreiung ermöglicht, in dem sie selbst die Strukturen entdecken, die ihnen die Menschenwürde nehmen. Umgekehrt geht den „Reichen“ in der Begegnung mit den Armen ihre eigene „Armut“ auf, sie können im Gesicht des Armen Jesus Christus entdecken. Option für die Armen ist so immer eine Option mit den Armen, „Bekehrung“ hin zum Evangelium, eine Dezentrierung, die – in dieser Begegnung mit dem Armen – Gottes Gratuität anerkennt. Die Armen stehen in diesem Sinne für die Kirche, die, so „Lumen Gentium“ 1, in der je

Vermittlung des Herrn, sein wirklicher Ausdruck und nicht nur eine Zwischeninstanz. In diesem Sinne ist der Arme Sakrament Jesu: Kundgebung und Mitteilung seines Geheimnisses, Ort seiner Offenbarung und Gegenwart. Zwischen Christus und dem Armen besteht demnach ein Einklang nicht nur moralischer, sondern mystischer und in diesem Sinn zutiefst realer Art. Das will nicht heißen, daß es zwischen Christus und den Armen eine abstrake, ontologische Identität gibt (der Arme = Christus), sondern daß eine konkrete Identifzierung waltet (der Arme *in* Christus).“ – Vgl. auch: Jon Sobrino, Systematische Christologie. Jesus Christus, der absolute Mittler des Reiches Gottes, in: Ellacuría/Sobrino (Hg.), Mysterium liberationis, Bd. 1, 567–591, 590: Er schreibt unter Bezugnahme auf Erzbischof Romero: „Ihr seid das Abbild des durchbohrten Herrn.“

219 Gutiérrez, Nachfolge Jesu und Option für die Armen, 28.

220 Gutiérrez, Nachfolge Jesu und Option für die Armen, 29; ebenso 94: „Dass der Andere den Vorrang hat, ist etwas, das zu seiner Verfassung als anderer gehört, das muss auch noch dann so sein, wenn der Andere mich übersieht oder mir mit Gleichgültigkeit gegenübersteht. Nicht um eine Frage der Gegenseitigkeit geht es, wir stehen vielmehr vor einem Primat des Anderen, worauf das folgt, was unser Autor die Disymmetrie der interpersonalen Beziehung oder die ethische Asymmetrie nennt. Theologisch würden wir sagen, dass, wenn der Andere und – besonders anspruchsvoll – der Arme Vorrang haben müssen, dann aus dem Geschenktsein heraus – weil es notwendig ist, zu lieben, wie Gott liebt.“

neuen Bekehrung hin zu Jesus Christus zum Sakrament des Heiles für die Völker wird. Genau darin haben die Armen selbst ein „evangelisatorisches Potential", das in den theologischen Kern des Zeichencharakters der Armut führt. „Das Engagement für die Armen und Unterdrückten und das Entstehen der Basisgemeinschaften haben der Kirche dazu verholfen, das evangelisatorische Potential der Armen zu entdecken, da sie die Kirche ständig vor Fragen stellen, indem sie sie zur Umkehr aufrufen, und da viele von ihnen in ihrem Leben die Werte des Evangeliums verwirklichen, die in der Solidarität, im Dienst, in der Einfachheit und in der Aufnahmebereitschaft für das Geschenk Gottes bestehen." (DP 1147) In Gemeinschaft mit den Armen, auch in Anerkennung ihres „evangelisatorischen Potentials" wird die Kirche immer mehr zum universalen Heilssakrament.

„Option für die Armen" und „Bekehrung durch die Anderen" – Theologie im interkulturellen Gespräch

Angesichts der Herausforderung durch Armut, Ungerechtigkeit und damit verbundener struktureller – politischer, wirtschaftlicher oder sozialer – Gewalt ist in Lateinamerika ein neuer „locus theologicus" formuliert worden: die Armen. Von dort ausgehend sind neue Zugänge zur christlichen Rede von Mensch und Gott, von Kirche und Gesellschaft erschlossen worden. „Die Armen", so Jon Sobrino im Kontext seiner christologischen Reflexion, „erfüllen die Funktion eines Ortes für die Christologie aufgrund der konkreten Inhalte, die sie ihr bieten, und sagen damit etwas Wichtiges über Christus aus: seine Erniedrigung, seine „kenosis", sein Verborgensein, sein Kreuz. Vor allem aber dienen sie deshalb als Ort für die Christologie (und natürlich für den Glauben und die Nachfolge), weil sie als Ort der heutigen Gegenwart Christi wie ein Licht sind, das alles erleuchtet und besonders die Wahrheit Christi erhellt."[221] In diesem Licht kann in der Öffentlichkeit auf neue, zutiefst in die lateinamerikanische Realität inkarnierte Weise der Kern der Reich-Gottes-Botschaft Jesu sichtbar werden. Diese neue theologische Reflexion ist über Lateinamerika hinaus zwar wahrgenommen, aber doch nur in einem kleinen Kreis rezipiert worden. Der Streit um die Theologie der Befreiung und damit die fehlende kirchliche Anerkennung haben einen weiteren Rezeptionsprozess unterbunden und damit auch die Brisanz deutlich gemacht, die in einem Ernstnehmen der „Zeichen der Zeit" liegt, sind damit doch Konsequenzen für das Sprechen von Gott und für den Blick auf die Kirche verbunden.

[221] Sobrino, Systematische Christologie, 590.

Das Ernstnehmen der „Zeichen der Zeit" und ihre Interpretation führt die Kirche auf der einen Seite immer mehr in ihren Ursprung zurück, in einen Bekehrungsprozess zum Reich Gottes, auf der anderen Seite definiert sie sich dabei als Kirche im „Heute", wie Jon Sobrino schreibt: „Was die Kirche und ihre Gegenwart auszeichnet, ist, daß sie das ‚Heute' Gottes erfährt und darauf antwortet, daß sie die Zeichen der Zeit in ihrem theologalen Sinn ‚der Gegenwart oder der Absicht Gottes' deutet, wie *Gaudium et Spes* sagt."[222] „Dieses ‚Heute' Gottes ist es, welches aktualisiert und realisiert, was die Kirche in den Augenblicken der Wahrheit ihrer Vergangenheit über sich selbst gedacht hat. ... Wenn wir sie ein ‚Mysterium' nennen, müssen wir uns fragen, welche unaussprechliche und freundliche Realität Gott heute durch sie vermitteln will. Wenn wir sie ‚Leib Christi' nennen, müssen wir uns fragen, welcher Christus heute durch sie präsent sein will, welche Verantwortung sein Leib heute hat, damit er wahrhaftig – und nicht nur mit Worten – seine Herrschaft in der Geschichte errichtet. Wenn wir sie ‚Sakrament des Heils' nennen, müssen wir uns fragen, für welches Heil sie ein Zeichen ist, wodurch sie dies ist, mit welcher Glaubwürdigkeit."[223] Das „Heute" Gottes konkretisiert so die Realität der Kirche. In der Interpretation des „Zeichens der Zeit" der Armut und strukturellen Ungerechtigkeit hat die lateinamerikanische Kirche sich als Kirche der Armen definiert, nicht nur in dem Sinn einer Solidarität und Sorge für die Armen, sondern als Kirche, die das „evangelisatorische Potential" der Armen ernst nimmt und in der Bekehrung durch die Armen selbst den Weg der Umkehr und Erneuerung geführt wird, den „Lumen Gentium" Nr. 8 in das Herz der Verfassung der Kirche eingeschrieben hat.[224] Auf diesem Weg setzt sich dann in ihr das „Mysterium der Selbstentäußerung (kenosis) des Wortes"[225] fort, wächst sie in ihr Wesen hinein und realisiert sich als allumfassendes Heilssakrament. Es

[222] Jon Sobrino, Gemeinschaft mit den gekreuzigten Völkern, um sie vom Kreuz abzunehmen. Kirchliche communio in einer pluriformen und antagonistischen Kirche, in: Ludwig Bertsch (Hg.), Was der Geist den Gemeinden sagt. Bausteine einer Ekklesiologie der Ortskirchen, Freiburg i.Br. 1991, 101–135, hier: 108.

[223] Sobrino, Gemeinschaft mit den gekreuzigten Völkern, 109.

[224] Gutiérrez, Die Armen und die Grundoption, 309: „Die volle Befreiung in Christus, deren Sakrament die Kirche in der Geschichte ist, bildet die letzte Grundlage der Kirche der Armen."

[225] Kardinal Lercaro sprach in einem Vortrag von der Kirche der Armen: „Man muß auch in Betracht ziehen, was die Charakterisierung Jesu als Messias der Armen und als armer Messias für die Ekklesiologie bedeutet. Insofern nämlich der Kirche die messianische Sendung Jesu anvertraut ist, setzt sich in ihr das Mysterium der Selbstentäußerung (kenosis) des Wortes fort, und sie muß in zweierlei Weise zuallererst im erläuterten Sinn die Kirche der Armen sein: einerseits als Kirche vor allem der Armen, bestimmt für die Armen, gesendet für das Heil der Armen; und zum anderen als Kirche so arm, daß sie wie Christus, der für unser Heil Mensch geworden ist, vor allem die Armen retten will und selber Armut auf sich nimmt." Lercaro, Povertà nella Chiesa, 155, zitiert in: Alberigo, Die Kirche der Armen, 80.

geht, so Gustavo Gutiérrez, „letztendlich … darum, mit Demut und Respekt dem Erlösungsakt des Herrn zu begegnen, auch jenseits der sichtbaren Grenzen der Kirche."[226]

Wenn sich die christliche Glaubensreflexion an diesen „Zeichen der Zeit" orientiert und den neuen theologischen Ort der Armen ernst nimmt, wird sich auch die Qualität des „intellectus fidei" ändern. Jon Sobrino spricht vom „intellectus amoris"[227], von einer Theologie, die aus dem konkreten, praktischen Glaubensvollzug erwächst, die insofern selbst in die je neue Umkehrbewegung zum Reich Gottes eingebunden ist. An den „Zeichen der Zeit" entscheidet sich diese Umkehrbewegung, und gerade darin wird Theologie zu einer immer mehr in die Welt und alles Menschliche inkarnierten Theologie. Auf neue Weise kann so „in der Welt" der Kern der christlichen Gott-Rede, der Reich-Gottes-Botschaft „sichtbar" werden, und gerade weil er an diesen Nähten und Bruchstellen des Menschlichen aufbricht, nicht an ihnen vorbei, gewinnt christliches Zeugnis eine neue Präsenz im Raum der Öffentlichkeit. Angesichts der angefragten Gott-Rede, ihres Relevanzverlustes gerade in Kirche und Gesellschaft Europas, angesichts der vielfältigen „Sprachlosigkeiten" weist die lateinamerikanische Theologie Wege, wie in ein lebendiges, neues Sprechen von Gott hineinzufinden ist. Es ist die Erinnerung an den Weg Jesu von Nazareth, den Mensch gewordenen Gottessohn. Das Dokument der Konferenz von Puebla greift die Perikope vom Endgericht bei Matthäus auf und lädt uns ein, „das Leidensantlitz Christi, unseres Herrn", zu erkennen, „der uns fragend und fordernd anspricht" (DP 31). Und die Konferenz von Santo Domingo erklärt: „Im leidenden Antlitz der Armen das Antlitz des Herrn zu entdecken (vgl. Mt 25,31–46) ist etwas, was alle Christen zu einer tiefen persönlichen und kirchlichen Umkehr herausfordert". (SD 178) Der von Papst Franziskus am 23. Mai 2015 seliggesprochene Erzbischof von San Salvador, Oscar Arnulfo Romero, am 23. März 1980 während der Eucharistiefeier erschossen, sagte in einer seiner Homilien: „Es

[226] Gutiérrez, Das Konzil und die Kirche in der Welt der Armut, 168.

[227] Jon Sobrino, Theologie als intellectus amoris, in: Otto König (Hg.), Theologie der gekreuzigten Völker. Jon Sobrino im Disput, Graz 1992, 10–21, 15: „Wir müssen Gott antworten (in Glaube und Hoffnung), indem wir Gott Gott sein lassen, aber wir müssen ihm entsprechen, indem wir in der Geschichte das Göttliche seiner Wirklichkeit (die Barmherzigkeit, die Gerechtigkeit, Liebe, Wahrheit oder Gnade) verwirklichen und so ihm gleichgestaltet werden." Ebenso 20: „Ebenso ist es absolut vernünftig, eine Theologie, die sich als Antwort auf das ungeheure Leiden in der Dritten Welt betrachtet, als *intellectus amoris* zu begreifen, was wiederum eine Universalisierung des biblischen Begriffes des *intellectus misericordiae* bedeutet und seinerseits nach einer historischen Konkretisierung als *intellectus iustitiae* verlangt. Das hindert sie natürlich nicht, ein Verstehen der Inhalte des Glaubens und der Hoffnung zu sein; es beinhaltet aber, beide Momente dem Verständnis der Liebe logisch unterzuordnen und ich denke, daß beide durch diese logische Unterordnung noch verstärkt werden."

gibt ein Kriterium, das uns wissen lässt, ob Gott uns nahe oder fern ist: Wer immer sich um den Hungernden, Nackten, Armen, Verschwundenen, Gefolterten, Gefangenen, Leidenden kümmert, der ist Gott nahe“ (5. Februar 1978).[228] „Die Geste gegenüber dem Anderen, die Annäherung an den Verlassensten“, so Gustavo Gutiérrez, „entscheidet über die Gottesnähe oder -ferne…“[229]

Die Begegnung mit dem Armen, die Bekehrung durch den „Anderen“ – wie Gutiérrez in seinen jüngeren Aufsätzen betont –, ist der Quellgrund der Gottesrede. Auf den Wegen der Menschwerdung wird Gott entdeckt, in den vielen Gesichtern der Armen, die den Gott Jesu Christi „durchsichtig“ machen, die gerade an den Orten, wo Leben genommen wird, Sakrament Gottes sind und darin die Radikalität der Kenosis Gottes aufdecken.[230] Die lateinamerikanische Theologie hat wichtige neue Pisten aufgezeigt für ein Sprechen von Gott, das die Radikalität der Kenosis ernst nimmt, aber hier nicht vom „dunklen“ oder „fernen“ Gott spricht, sondern dem Menschgewordenen, der sich in die letzte Gebrochenheit und Bedrohtheit des Menschen entäußert und hier Wege der Menschwerdung freisetzt, in denen dann das Geheimnis der Auferstehung durchbricht und Gott sich in seinem Gott-Sein offenbart. So gehören das Sprechen von Gott und vom Menschen zusammen, in ihrer Aufeinanderbezogenheit, die auf neue Weise an den „Zeichen der Zeit“ aufgeht, wird einerseits die Gratuität Gottes und seiner Liebe sichtbar, andererseits wird deutlich, dass Gratuität sich erst als solche in der Praxis der Gerechtigkeit erweist. „Der Vorrang für die Armen resultiert nicht in erster Linie daraus, dass er moralisch oder religiös besser wäre (eine unangebrachte Idealisierung), sondern daraus, dass er sich in einer unmenschlichen, ungerechten Situation befindet, die dem Willen Gottes widerspricht. Der letzte Grund dieses Vorrangs ruht in Gott, in seiner ungeschuldeten und universalen Liebe. Es ist eine Frage der Gerechtigkeit, sagten wir, aber nicht einer Gerechtigkeit, die äußere Normen meint, wie es in unserer Gesellschaft und in der Welt der Religion… zur Genüge der Fall ist, sondern einer radikalen und fordernden Gerechtigkeit, die ans Mark der

[228] Zitiert nach: Gutiérrez, Nachfolge Jesu und Option für die Armen, 32.

[229] Gutiérrez, Nachfolge Jesu und Option für die Armen, 32.

[230] Vgl. hier auch das Dokument der Deutschen Kommission von Justitia et Pax, Gerechtigkeit für alle. Zur Grundlegung kirchlicher Entwicklungsarbeit, Bonn 1991, 49: „Die vorrangige Option für die Armen ist Ausdruck der Solidarität mit den Armen im Protest gegen die Armut. Diese Option ist nicht beliebig. Sie bezeugt die Grundentscheidung Gottes, den Menschen unbedingt zu bejahen, und zu verneinen, was Menschen behindert und zerstört. Sie bezeugt die Grundentscheidung Gottes, im Leben und Sterben an der Seite der unterdrückten und alleingelassenen Menschen zu stehen und Partei zu ergreifen… Sie verweist uns zugleich an einen herausgehobenen Ort unserer Gottesbegegnung.“

Ungerechtigkeit und der Conditio humana rührt…“[231] „Ohne die Forderung nach Gerechtigkeit läuft die Sprache der Gratuität Gefahr, an der Geschichte, in der Gott gegenwärtig ist, vorbeizugehen oder sich gar aus ihr zu verabschieden. Das Sprechen von Gratuität seinerseits bewirkt, dass die Sprache der Gerechtigkeit nicht der Versuchung erliegt, ihr Bild von der Geschichte und von Gott zu verengen. Beide Sprachen wurzeln in den Lebensbedingungen, im Leiden und in der Hoffnung der Bedeutungslosen Lateinamerikas und der Karibik und anderer armer Gebiete der Menschheit. Sie verbinden sich miteinander, bereichern einander und werden zu einem einzigen Sprechen.“[232]

Glaubensreflexion, die die „Zeichen der Zeit“ wahrnimmt, erwächst aus dem und im lebendigen Geschehen des Miteinanders und der Herausforderung durch die „Anderen“, sie ist eingebunden in eine Spiritualität der Weggemeinschaft mit den vielen anderen zu Gott. Daraus erwächst die Rede von Gott, die als solche immer auch eine Rede vom Menschen und der Welt ist. In einer solchen „Spiritualität der Weggemeinschaft zu Gott“[233] wird die sakramentale Struktur der Kirche konkret und ereignet und vollzieht sich die Kirche als diakonische Kirche. Der zeichenhafte Charakter der Kirche verdichtet sich im Wahrnehmen der „Zeichen der Zeit“, wenn die Kirche sich in den Dienst der Menschheit stellt und darin, auf allen Wegen der Kenosis zum Sakrament Jesu Christi und der Völker wird.

---

[231] Gutiérrez, Nachfolge Jesu und Option für die Armen, 84.

[232] Gutiérrez, Nachfolge Jesu und Option für die Armen, 85.

[233] Gutiérrez, Nachfolge Jesu und Option für die Armen, 31: „Die Erfahrung, die viele Christen auf den verschiedenen Wegen der Solidarität mit den Marginalisierten und Bedeutungslosen der Geschichte machen, hat gezeigt, dass der Einbruch des Armen – seine neue Präsenz auf der historischen Bühne – letztlich einen wahren Einbruch Gottes in unser Leben bedeutet.“ Ebenso 32: „Solidarität mit dem Armen ist die Quelle einer Spiritualität, eines kollektiven – oder gemeinschaftlichen, wenn man lieber will – Unterwegsseins zu Gott. Sie ereignet sich in einer Geschichte, die sich in der unmenschlichen Situation des Armen in ihrer ganzen Grausamkeit zeigt, die aber auch Möglichkeiten und Hoffnungen zu entdecken gibt.“

Jesus Christus, der Befreier: Zur Entwicklung des christologischen Denkens in Lateinamerika

Die nachkonziliaren deutschprachigen christologischen Ansätze – in der Schule eines Karl Rahners und Hans Urs von Balthasars – brechen die neuscholastische – thomistische – Metaphysik als Referenzgröße dogmatischer Theologie auf durch die Rezeption des neuzeitlichen idealistischen Denkens im Anschluss an die Freiheitsphilosophie Kants und die Geschichtsphilosophie Hegels. Dadurch ist der Weg für ein neues geschichtliches und personal-anthropologisches Denken bereitet worden; die Offenbarung Gottes wird als Ereignis der Selbstmitteilung Gottes in die Geschichte des Menschen verstanden, als Gabe des dreifaltigen Gottes in der Hingabe des Menschen- und Gottessohnes Jesus Christus, die die Menschengeschichte neu mit der Gottesgeschichte verwebt. Die Impulse zu einem solchen Neubedenken der hypostatischen Union, der immer Geheimnis bleibenden und doch dem Denken aufgegebenen Einung von menschlicher und göttlicher Natur in der einen Person Jesu Christi, die Bernhard Welte und Karl Rahner in ihren Beiträgen anlässlich der 1500-Jahrfeier des Konzils von Chalcedon gegeben haben[234], werden in kreativer Weise mit der Rückfrage nach dem historischen Jesus verknüpft, die in der neutestamentlichen Exegese vorgelegt werden.

Eine „Christologie von oben" und eine „Christologie von unten" werden in der Interpretation des Todes Jesu und der sich in ihm ereignenden Erlösung des Menschen als „Stellvertretung" auf eine dialektische Weise miteinander vermittelt. Hier offenbaren sich Gottsein und Menschsein Jesu Christi, eine „neue Möglichkeit und Wirklichkeit des Menschseins: Menschsein für Gott und für die andern"[235], so bestimmt Walter Kasper das Christusereignis, wird hier erschlossen. Christologie und Soteriologie sind nicht zu trennen, „Stellvertretung" ist keine spekulative, ungeschichtliche Idee und die Rückfrage nach Jesus Christus muss aus dem konkreten, geschichtlichen Kontext erwachsen, und genau dies wird aus Perspektive der

---

[234] Karl Rahner, Chalkedon – Ende oder Anfang?, in: Aloys Grillmeier/Heinrich Bacht (Hg.), Das Konzil von Chalkedon, Bd. 3, Würzburg 1954, 3–49; Bernhard Welte, Homoousios hemin. Gedanken zum Verständnis der theologischen Problematik der Kategorien von Chalkedon, in: Grillmeier/Bacht (Hg.), Das Konzil von Chalkedon, Bd. 3, 51–80. – Vgl. zu den folgenden Überlegungen: Margit Eckholt, Jesus Christus, der Befreier. Anmerkungen zur Entwicklung des christologischen Denkens in Lateinamerika, in: George Augustin/Klaus Krämer/Markus Schulze (Hg.), Mein Herr und mein Gott. Christus bekennen und verkünden. Festschrift für Walter Kardinal Kasper zum 80. Geburtstag, Freiburg/Basel/Wien 2013, 540–571.

[235] Walter Kasper, Jesus der Christus, Mainz ^{7}1978, 290.

kontextuellen Christologien entfaltet: „Where and who do we meet Jesus Christ today?“[236]

In der lateinamerikanischen Kirche der Nachkonzilszeit und der in diesen Jahren entstehenden Theologie ist diese Frage auf dem Hintergrund der den Kontinent kennzeichnenden politischen, wirtschaftlichen und kulturellen Umbruchsprozesse, der radikalen Herausforderungen durch die verschiedenen Armutskontexte und die Marginalisierung großer Bevölkerungsschichten auf dem Land und in den entstehenden „suburbios“ der Großstädte, durch die politische Unterdrückung und Menschenrechtsverletzungen in vielen der lateinamerikanischen Länder auf eine neue – radikalere und in ihrer Radikalität gerade angefragte – Weise gestellt worden. Gerade die – im Sinne des Evangeliums „radikalisiertere“– Rückfrage nach dem historischen Jesus und seiner Verkündigung des Reiches Gottes als befreiender Botschaft vor allem für die vielen Armen und Marginalisierten hat die neuen kontextuellen Ansätze der lateinamerikanischen Christologie zu einem „Stein des Anstoßes“ werden lassen. Im Konflikt um die Christologie der Befreiung, die bereits in den 70er Jahren in Lateinamerika an den theologischen Fakultäten und Seminarien ausgetragen wurde und die mit der Notifikation der Kongregation für die Glaubenslehre zur Christologie von Jon Sobrino (26. November 2006) einen Höhepunkt erfährt[237], zeigt sich nicht nur die legitime, dem Pluralismus biblischer und theologischer Ansätze entsprechende und gerade auch die westlichen und nordatlantischen Christologien charakterisierende Spannung zwischen einer „Christologie von unten“ und einer „Christologie von oben“, sondern gerade das spannungs- und konfliktreiche Aufbrechen einer „dogmatischen“ – neuscholastischen – Christologie und damit auch die Krise einer Kirche auf ihren Wegen der Rezeption der Impulse des 2. Vatikanischen Konzils, vor allem der Pastoralkonstitution „Gaudium et Spes“.

Das Konzil hat einen Paradigmenwechsel bedeutet für die katholische Kirche und ihre Verhältnisbestimmung zur Welt; Kirche und „Welt“ – mit all‘ ihren unterschiedlichen institutionellen Gefügen in Politik, Gesellschaft, Wirtschaft und Kultur – sind keine diametral gegenüberstehenden Größen, sondern Kirche kann ihre Identität als Volk Gottes auf dem Weg durch die Zeit allein in der pluralen und den verschiedenen Kontexten entsprechen-

[236] Randy L. Stice, Jesus the Christ. The Christology of Walter Kasper, in: Heythrop Journal 49 (2008) 240–253, hier: 250; ebenso auch 248: „… no separation between Christology and soteriology, and an affirmation of the historicity of the Christ-event.“ – Vgl. auch: Glenn Morrison, Walter Kasper's Religious Quest for Jesus Christ, in: Irish Theological Quarterly 72 (2007) 274–294.

[237] Vgl. Knut Wenzel (Hg.), Die Freiheit der Theologie. Die Debatte um die Notifikation gegen Jon Sobrino, Ostfildern 2008.

den „Inkarnation“ und „Entäußerung“ in Welt bestimmen. Die Wege der Umsetzung dieser neuen ekklesiologischen Leitlinien können nicht spannungsfrei verlaufen; genau dafür steht auch der Konflikt um die Theologie und Christologie der Befreiung in der lateinamerikanischen Kirche. In allen Spannungsgefügen ist es wichtig, die Orientierung nicht zu verlieren. Walter Kasper hat in seiner Christologie darauf hingewiesen, dass die „christliche Idee der Stellvertretung“ den Christen und den Kirchen „die Welt als Ort ihres Dienstes“ zuweist und sie verpflichtet, „mitzuwirken an einer neuen Ordnung des Friedens in Freiheit, die getragen ist vom Gedanken der Solidarität. Die christliche Liebe, die im Nachvollzug der Liebe Gottes jeden Menschen unbedingt annimmt, wird so zugleich zum unbedingten Einsatz zur Gerechtigkeit für jedermann.“[238] Das ist eine klare Orientierung, Christologie und Soteriologie sind nicht zu trennen, und die christologische Frage verdichtet sich im Gedanken der „Stellvertretung“, der Solidarität Gottes mit uns Menschen, die zu einer neuen Solidarität untereinander führt. Genau das war und ist die Orientierung für den Weg der lateinamerikanischen Konzilskirche bis in die Gegenwart, so spannungs- und konfliktreich die Zeiten in Gesellschaft und Kirche auch waren.

Der folgende Blick auf Entwicklungslinien der Christologie in Lateinamerika wird eingebettet in den lateinamerikanischen kirchlichen Kontext, der von der 2. Generalversammlung des lateinamerikanischen Episkopats in Medellín (1968) zur bislang letzten Konferenz des Episkopats in Aparecida (2007) führt. Auf diesem Hintergrund werden die neuen Wege der Christologie der Befreiung skizziert, aber auch die Konfliktlinien und eher „klassischen“ christologischen Entwürfe, die an theologischen Fakultäten in Lateinamerika vertreten werden. Die Spannungen um die Christologie der Befreiung können und sollen nicht aufgelöst werden, sie sind gerade auch heute ein Zeichen für den spannenden und spannungsreichen Weg der lateinamerikanischen Kirche und der Weltkirche in der Rezeption des 2. Vatikanischen Konzils. Die neuen christologischen Entwicklungen sind in den Weg des lateinamerikanischen Episkopats von Medellín (1968) bis Aparecida (2007) eingebettet, und sie sind – gerade in allem Spannungsreichtum – ein Hoffnungszeichen für die Weltkirche und für eine immer stärker angefragte Kirche in Europa. Die lateinamerikanischen Bischöfe sind ihrer Orientierung an der befreienden Reich-Gottes-Botschaft Jesu von Nazareth, dem Evangelium vor allem für die Armen, Notleidenden und Marginalisierten treu geblieben. Sie erinnern die Weltkirche an den Geist der Seligpreisungen, an die befreiende Gute Nachricht, sie haben diesen Jesus von Nazareth immer wieder in das Zentrum gerückt und damit auch

[238] Kasper, Jesus der Christus, 268.

deutlich gemacht, dass es in allem Konflikt nicht in einem abstrakten Sinn um die „Person“ Jesu Christi geht – ob in der theologischen Reflexion nun stärker die göttliche oder menschliche Natur akzentuiert wird –, sondern dass die theologische Reflexion im Dienst der Ansage der liebenden, heilenden und befreienden Nähe Gottes zum Menschen steht. „In Jesus bekommt man es letztlich mit Gott zu tun. An ihm entscheidet sich endgültig, wer Gott ist“[239] und „Jesus paßt in kein Schema“, so hat Walter Kasper 1974 formuliert. Das kann auch heute Orientierung geben und die Einsicht weiterhin wachsen lassen, dass jede theologische Arbeit „kontextuell“ ist: „Weder antike noch moderne, nicht einmal alttestamentliche Kategorien reichen aus, um ihn zu verstehen. Er ist ein höchst einmaliges Phänomen. Er ist und bleibt ein Geheimnis. Er selbst tut wenig, dieses Geheimnis zu lüften. Es geht ihm gar nicht um sich selbst. Ihm geht es nur um eines, aber darum geht es ihm ganz und gar: um Gottes kommende Herrschaft in der Liebe. Es geht ihm um Gott und die Menschen, um Gottes Geschichte mit den Menschen. Das ist seine Sache. Nur wenn wir ihr nachfragen, kommen wir auch dem Geheimnis seiner Person näher. Die theo-logische Perspektive ist die einzige, die Person und Sache Jesu gerecht wird.“[240]

Zum Weg der lateinamerikanischen Kirche der Nachkonzilszeit in christologischer Perspektive[241]

„Ich glaube, daß das Konzil praktisch die Geburtstunde für das Enstehen der Theologie in ganz Lateinamerika gewesen ist, nicht allein in Argentinien. Nichtsdestotrotz ist es sicher auch möglich zu sagen, dass diese Bewegung bereits nach dem Krieg, in den 50er Jahren, entstanden ist, mit den neu erscheinenden lateinamerikanischen Zeitschriften, die diese Fragen stellen. … Die Frage nach der Theologie und der Pastoral beginnt bereits früher. … Meine ersten Texte haben mit der Pastoral zu tun; die Theologie erwächst bei mir aus der Pastoral. … Ich glaube, dass meine Generation einen großen Bruch zwischen Theologie, Pastoral und Spiritualität geerbt hat… Auf der einen Seite hat die Pastoral darunter gelitten, wurde sie doch als eine rein pragmatische Realität verstanden oder, wenn es hoch kommt, als eine Kunst oder ein Gesamt von Normen, um zu wissen, wie zu handeln ist, aber nichts

---

[239] Kasper, Jesus der Christus, 82.

[240] Kasper, Jesus der Christus, 82.

[241] Zur Übersicht: Johannes Meier/Veit Straßner (Hg.), Kirche und Katholizismus seit 1945. Lateinamerika und Karibik, Bd. 6, Paderborn 2009, darin: Sergio Silva, Theologiegeschichte Lateinamerikas seit 1945, 29–58; José Oscar Beozzo, O Vaticano II e a Igreja Latinoamericana, São Paulo 1985.

mehr. Auf der anderen Seite hat die Theologie gelitten, weil sie nicht genährt wurde aus dem Evangelisierungsauftrag."[242] Der am 7. August 2012 verstorbene argentinische Theologe Lucio Gera hat in seinem Geleitwort für die Gesamtausgabe seiner Schriften, die sein Schülerkreis Virginia Azcuy, José Carlos Caamaño und Carlos Galli, Professoren der theologischen Fakultät der Pontificia Universidad Católica Santa María de los Buenos Aires verantwortet, die neuen Wege der Theologie in Lateinamerika im Aufbruch des 2. Vatikanischen Konzils verankert, Wege, die das neuscholastisch geprägte theologische und philosophische Arbeiten in Lateinamerika aufgebrochen und zu einer auf die verschiedenen Kontexte des Glaubenslebens – dem Dienst der Evangelisierung, der Spiritualität und Pastoral – bezogenen Theologie geführt haben und diesen Kontexten dadurch eine neue theologische Qualität gegeben haben. Die ekklesiologischen Impulse des Konzils, vor allem der Volk Gottes-Gedanke der Kirchenkonstitution „Lumen Gentium" (vgl. z. B. LG 9) und die neue Verhältnisbestimmung von Kirche und Welt, wie sie die Pastoralkonstitution „Gaudium et Spes" grundgelegt hat (v. a. GS 40)[243], sind von den lateinamerikanischen Bischöfen auf ihrer 2. Generalversammlung in Medellín (1968) in kreativer Weise umgesetzt worden. Paul VI. hatte noch vor Konzilsende am 23. 11. 1965 in der Begegnung mit dem CELAM die Bischöfe angeregt, einen gesamtkontinentalen pastoralen Arbeitsplan zu entwerfen. Die Impulse, die Bischöfe wie Dom Hélder Câmara aus Recife (1909–1999), Don Manuel Larraín aus Talca (1900–1966), Don Samuel Ruíz aus San Cristóbal de las Casas (1924–2011) oder Don Leonidas Proaño (1910–88) aus Riobamba auf dem Konzil erhalten haben und die sich in der bereits auf dem Konzil ausgesprochenen „Option für die Armen" geäußert hat – Câmara und Ruíz zählten z. B. zur Gruppe „Kirche der Armen" und mit Câmara auch viele andere brasilianische Bischöfe zu den Unterzeichnern des „Katakombenpaktes"[244], einer

[242] Virginia R. Azcuy/Carlos M. Galli/Marcelo González (Hg.), Escritos teológico-pastorales de Lucio Gera, Bd. 1: Del Preconcilio a la Conferencia de Puebla (1956–1981), Buenos Aires 2006, Prólogo, Palabras del autor (Übersetzung aus dem Spanischen: M. E.); zitiert nach: www.uca.edu.ar/index.php/site/index/es/universidad/facultades/buenos-aires/teologia/publicaciones/serie-ensayo-y-estudios/escritos-teologicos-pastorales-de-lucio-gera/ (letzter Aufruf: 17. 09. 2012).

[243] GS 40: „So geht den diese Kirche, zugleich ‚sichtbare Versammlung und geistliche Gemeinschaft' (zitiert wird LG 8), den Weg mit der ganzen Menschheit gemeinsam und erfährt das gleiche irdische Geschick mit der Welt und ist gewissermaßen der Sauerteig und die Seele der in Christus zu erneuernden und in die Familie Gottes umzugestaltenden menschlichen Gesellschaft."

[244] Vgl. Giuseppe Alberigo, Die Kirche der Armen. Von Johannes XXIII. zum Zweiten Vatikanischen Konzil , in: Mariano Delgado (Hg.), Blutende Hoffnung. Gustavo Gutiérrez zu Ehren, Luzern 2000, 67–88, hier: 72; Albert Gelin, Il povero nella sacra Scrittura, Mailand 1956; Émile Poulat, La naissance des prêtres-ouvriers (1943–1947), Tournai 1965; Paul

Selbstverpflichtung von Bischöfen und anderen Kirchenvertretern, in den Spuren Jesu von Nazareth die Kirche der Armen auszuprägen – , führten in den verschiedenen Ortskirchen des Südens zu neuen pastoralen Aufbrüchen.

Die Konferenz von Medellín, von vielen als das „lateinamerikanische Konzil" bezeichnet, so dass sich gerade heute, 50 Jahre nach dem Konzil, die Rezeption des Konzils in Lateinamerika, wie die argentinische Theologin Virginia Azcuy schreibt, mit der Rezeption von Medellín kreuzt[245], hat sich für eine in die verschiedenen konfliktiven Realitäten des Kontinents inkarnierte Kirche ausgesprochen, eine Kirche, die die „Zeichen der Zeit", Armut, Gewalt, Menschenrechtsverletzungen, klar benennt und hier zu einem neuen „Profil" findet. Die Forderung von Medellín – so der brasilianische Kirchenhistoriker Oscar Beozzo – ist nicht nur die, die Kirche solle in Dialog mit der modernen Welt treten, sondern die, in dieser gespaltenen Welt Partei zu nehmen für die Unterdrückten und sich deren Kampf um Befreiung anzuschließen.[246] „Befreiung" und „Option für die Armen" werden zu Schlüsselbegriffen, die die neuen Wege der lateinamerikanischen Kirche begleiten werden. Die Aufforderung von „Gaudium et Spes", die „Zeichen der Zeit" zu bestimmen (GS 7; 11) und von dort ausgehend den Evangelisierungsauftrag zu formulieren, führte zu einer neuen pastoralen Methodik – verankert im Dreischritt des Sehens, Urteilens und Handelns der sozialen Erneuerungsbewegungen der ersten Hälfte des 20. Jahrhunderts –, die Glauben und Leben auf neue Weise verband und die Ansage des Evangeliums in den vielen, gerade auch konfliktiven und angefochtenen Realitäten des Menschen verankerte. Die Konferenz von Medellín hat sich in dieser kreativen Umsetzung[247] des Evangelisierungsauftrages des Konzils

---

Gauthier, Les pauvres, Jésus et l'Eglise, Paris 1962, [dt. Ausgabe: Jesus und die Kirche, Graz 1964]; Yves Marie Congar, Pour une Église servante et pauvre, Paris 1963; zum 2. Vatikanum: Denis Pelletier, Une marginalité engagée. Le groupe „Jésus, l 'Eglise et les Pauvres", in: Mathjis Lamberigt/Claude Soetens/Jan Grootaers (Hg.), Les Commissions Conciliaires à Vatican II, Leuven 1996, 63–89. – Ebenso: Margit Eckholt, Kirche der Armen. Die Rezeption des Zweiten Vatikanums in Lateinamerika, in: Herder-Korrespondenz Spezial. Das unerledigte Konzil. 40 Jahre Zweites Vatikanum, Oktober 2005, 50–55.

[245] Virginia R. Azcuy, El discernimiento teológico-pastoral de los signos de los tiempos en Medellín. Lectura interpretativa de los grandes temas de la II Conferencia, in: Teología 49 (2012) 125–150, mit vielen bibliographischen Referenzen.

[246] Vgl. José Oscar Beozzo, Das II. Vatikanum und der kulturelle Wandel in Lateinamerika. Medellín, Puebla, Santo Domingo und die 500-Jahrfeier, in: Peter Hünermann (Hg.), Das 2. Vatikanum. Christlicher Glaube im Horizont globaler Modernisierung. Einleitungsfragen, Paderborn u. a. 1998, 165–203, hier: 175.

[247] Zu dieser Fomulierung vgl. Segundo Galilea, Ejemplo de recepción selectiva y creativa del Concilio. América Latina en las Conferencias de Medellín y Puebla, in: Giuseppe Alberigo/

am Evangelium Jesu Christi orientiert, der Guten Nachricht vor allem für die Armen und Benachteiligten, sie hat die Forderung von „Gaudium et Spes" Nr. 40 ernst genommen, dass Weltgeschichte und Heilsgeschichte nicht zu trennen sind und so die Ansage Jesu Christi immer eine im Heute ist. „Wir haben gesehen, daß unsere dringendste Verpflichtung darin besteht, uns, das heißt alle Mitglieder und Institutionen der katholischen Kirche, im Geiste des Evangeliums zu läutern. Die Trennung von Glaube und Leben muß ein Ende haben, weil das einzige, was in Jesus Christus zählt, ‚der Glaube ist, der durch die Liebe wirksam ist'. Diese Verpflichtung fordert von uns, eine wahrhaft biblische Armut zu leben, die sich in echten Bekundungen und klaren Zeichen für unsere Völker ausdrücken soll. Nur eine solche Armut wird Christus, den Erlöser der Menschen, transparent machen und Christus, den Herrn der Geschichte, offenbaren."[248]

Dieses beeindruckende Wort der „Botschaft an die Völker Lateinamerikas" ist der Ausgangspunkt, von dem aus dann Fragen der menschlichen Entwicklung, der Verkündigung und des Glaubenswachstums, der Kirche und ihrer Strukturen in den Blick genommen werden. Die „Option für die Armen", die Theologen wie der peruanische Priester Gustavo Gutiérrez bereits im Vorfeld von Medellín in verschiedenen Versammlungen „eingespielt" und dann in systematisch-theologischer Perspektive als Leitmotiv für die Erneuerung der Christologie erschlossen haben[249], ist im Kapitel über die „Armut der Kirche" benannt, sicher auch eine direkte Resonanz des Konzils und des Katakombenpakts. „Christus, unser Erlöser, liebt nicht nur die Armen, sondern ‚er, der reich war, machte sich arm', lebte in Armut, konzentrierte seine Sendung darauf, daß er den Armen ihre Befreiung verkündete und gründete seine Kirche als Zeichen dieser Armut unter den Menschen."[250] Genau auf diesem Weg wird die Kirche zum Sakrament des Heils, wenn sie „diesen Geist der Armut in Gesten, Haltung und Normen" ausdrückt, „die sie zu einem leuchtenderen und echteren Zeichen ihres Herrn macht. Die Armut so vieler Brüder und Schwestern schreit nach Gerechtigkeit, Solidarität, Zeugnis, Engagement, Anstrengung und Über-

Jean-Pierre Jossua (Hg.), La recepción del Concilio Vaticano II, Madrid 1987, 86–101; Ronaldo Muñoz, Nueva conciencia de la Iglesia en América Latina, Salamanca 1974.

[248] Die Kirche in der gegenwärtigen Umwandlung Lateinamerikas im Lichte des Konzils. Botschaft an die Völker Lateinamerikas, in: Die Kirche Lateinamerikas. Dokumente der II. und III. Generalversammlung des Lateinamerikanischen Episkopates in Medellín und Puebla, hg. vom Sekretariat der Deutschen Bischofskonferenz, Bonn 1979, 11–133, hier: 16/17.

[249] Vgl. dazu: Azcuy, El discernimiento teológico-pastoral de los signos de los tiempos, 136/140; Juan Carlos Scannone, La teología de la liberación. Caracterización, corrientes y etapas, in: ders. (Hg.), Teología de la liberación y Doctrina Social de la Iglesia, Madrid/Buenos Aires 1987, 21–80.

[250] Medellín, 14. Armut der Kirche, Nr. 7 (DM 117).

windung für die volle Erfüllung des von Christus anvertrauten Heilsauftrages…"[251] Das war der „Startschuss" für eine neue, nicht mehr auf „Entwicklung", sondern „Befreiung" hin orientierte Pastoral der Kirche, die sich immer mehr als Sozialpastoral zu verstehen beginnt. „In der Heilsgeschichte ist das Werk Gottes eine Handlung der ganzheitlichen Befreiung und Förderung des Menschen in seiner vollen Dimension, die als einzigen Beweggrund die Liebe hat."[252]

Der Beitrag von Medellín und seiner Umsetzung in den verschiedenen lateinamerikanischen Ortskirchen – auf Ebene der Gemeinden, in den Ordensgemeinschaften, in den neuen Zentren einer „pastoral popular", in neu eingerichteten Seminaren, die die Priesterausbildung mit dem Dienst an den Armen verbanden – zur Entstehung einer neuen theologischen Reflexion, die bei der Praxis und den Herausforderungen der Gesellschaft – vor allem den vielen Formen von Gewalt und Unterdrückung – ansetzt, ist nicht zu unterschätzen. „Die Theologie der Befreiung", so der 1989 in San Salvador ermordete Jesuit Ignacio Ellacuría, „versteht sich selbst als vom Glauben ausgehende Reflexion über die Realität und das geschichtliche Handeln des Gottesvolkes, das mit der Ankündigung und Verwirklichung des Reiches dem Werk Jesu folgt. Sie versteht sich selbst als ein Handeln des Gottesvolkes in dieser Nachfolge Jesu und versucht, wie es bei Jesus selbst geschah, die Welt Gottes mit der Welt der Menschen in eine lebendig-gelebte Verbindung zu bringen."[253] Eine solche erneuerte Theologie versteht sich als „zweites Moment", das der „Praxis" den Vorrang gibt, und das als Reflexion auf diese Praxis der Befreiung in der Nachfolge Jesu und im Licht des Evangeliums auf Methodiken der Gesellschaftsanalyse zurückgreift und Kritik übt an abstrakten philosophischen – metaphysischen – Vermittlungsformen der Theologie.[254] Die Entstehungsgeschichte der Theologie der Befreiung ist von immer größer werdenden Konflikten um diese Methodiken, um die Auseinandersetzung mit dem Befreiungsbegriff, mit der Positionierung der Kirche in den politischen und gesellschaftlichen Konfliktsituationen geprägt.

Auch auf römischen Druck hin nehmen die lateinamerikanischen Bischöfe in ihrer 3. Generalversammlung in Puebla (1979) Distanz von der

---

[251] Medellín, 14. Armut der Kirche, Nr. 7 (DM 117).

[252] Medellín, 1. Gerechtigkeit, Nr. 4 (DM 23).

[253] Ignacio Ellacuría, Die Kirche der Armen, geschichtliches Befreiungssakrament, in: Ignacio Ellacuría/Jon Sobrino (Hg.), Mysterium Liberationis. Grundbegriffe der Theologie der Befreiung, Bd. 2, Luzern 1996, 761–787, hier: 761.

[254] Zur Methodik vgl. den Beitrag von Clodovis Boff, Wissenschaftstheorie und Methode der Theologie der Befreiung, in: Ignacio Ellacuría/Jon Sobrino (Hg.), Mysterium liberationis. Grundbegriffe der Theologie der Befreiung, Bd. 1, Luzern 1995, 63–97, mit weiteren Literaturangaben.

Sozialanalyse und greifen in ihren neuen – sicher die „vorrangige Option für die Armen" bestärkenden – pastoralen Leitlinien auf die Impulse von Paul VI. in der Enzyklika „Evangelii Nuntiandi" (1975) zurück und werden die Herausforderungen der Evangelisierung in den vielfältigen kulturellen Kontexten Lateinamerikas auf den weiteren Wegen – über die Konferenzen von Santo Domingo (1992), die in Rom durchgeführte Amerika-Synode (1997) und die Konferenz von Aparecida (2007) – zum Leitmotiv wählen. Die „Verkündigung Christi" und die in und mit ihm sich ereignende „Erneuerung der Menschheit" (EN 17; 18) stehen im Zentrum der Stellungnahmen der lateinamerikanischen Ortskirchen in den letzten Jahren.[255] Jesus Christus ist, wie auch Puebla es im Anschluss an Medellín formuliert, der „Befreier" (DP 1153). „Gott", so heißt es in der „Botschaft an die Völker", „ist im Herzen Lateinamerikas durch Jesus Christus, den Befreier, gegenwärtig und lebendig".[256] Es gilt, so das Dokument von Santo Domingo, auf den Wegen der Nachfolge Jesus Christus vor allem in den vielen Gesichtern der Armen – ob Landarbeiter, Frauen, Indígenas usw. – zu entdecken (SD 178); Evangelisierung hat immer mit „menschlicher Förderung" und mit „Inkulturation" zu tun (SD 159).[257] Aber erst mit der letzten Konferenz in Aparecida werden die entscheidenden neuen Wegweisungen von Medellín wieder stärker in Erinnerung gerufen.

„Entschlossen machen wir uns erneut", so das Dokument von Aparecida, „die Option für die Armen zu Eigen und erklären, dass jeder Evan-

[255] Vgl. zur Rezeption von „Evangelii Nuntiandi" in Lateinamerika vor allem die Arbeiten des argentinischen Theologen Lucio Gera; eine Übersicht bietet: Carlos Galli/Luis Scherz (Hg.), Identidad cultural y modernización, Buenos Aires 1991. – Auch Missionskonferenzen und verschiedene Dokumente der regionalen Bischofskonferenzen stellen die Verkündigung Jesu Christi in das Zentrum: Vgl. z.B. den 6. Missionskongress in Lateinamerika zum Thema: Jesucristo, Vida y esperanza para todos los pueblos, in: Misiones extranjeras 171 (1999) 251–266; oder auch das Dokument der argentinischen Bischofskonferenz aus dem Jahr 2000 zum Thema „Jesucristo, Señor de la historia"; vgl. dazu: Carlos Schickendantz, Jesucristo, Señor de la historia. Preparación previa, estructura y contenido del documento, in: Proyecto 38 (2001) 148–157. – Die Dokumente der lateinamerikanischen Bischofskonferenz werden folgendermaßen abgekürzt: Dokument von Puebla (DP), Dokument von Medellín (DM), Dokument von Aparecida (DA).

[256] Die Evangelisierung Lateinamerikas in Gegenwart und Zukunft, Botschaft an die Völker Lateinamerikas, Nr. 9, in: Die Kirche Lateinamerikas. hg. vom Sekretariat der Deutschen Bischofskonferenz, 135–356, hier: 147. – Die christologische Fundierung der Option für die Armen wird in den Nummern DP 1140–1143 weiter entfaltet. Auf Jesus Christus, den Befreier, wird eingegangen in DP 1153; von integraler Befreiung ist die Rede in DP 189; 1183.

[257] Dokument von Santo Domingo: Neue Evangelisierung, Förderung des Menschen, Christliche Kultur. Schlußdokument der 4. Generalversammlung der lateinamerikanischen Bischöfe in Santo Domingo, hg. vom Sekretariat der Deutschen Bischofskonferenz, Bonn 1992. Das Leitmotiv von Santo Domingo ist das Hebr-Zitat 13,8 „Jesus Christus gestern, heute und immer"; die Christozentrik wird z. B. deutlich in: SD 1–3; 287–289; 303.

gelisierungsprozess die Förderung des Menschen und seine authentische Befreiung zum Inhalt hat, ‚ohne die eine gerechte Ordnung in der Gesellschaft nicht möglich ist' (Benedikt XVI., Eröffnungsansprache 4). Wir sind außerdem davon überzeugt, dass die wahre Förderung des Menschen nicht auf Teilaspekte reduziert werden darf: ‚Wahre Entwicklung muss umfassend sein, sie muss jeden Menschen und den ganzen Menschen im Auge haben' (Populorum Progressio 14). Das neue Leben in Christus formt den Menschen so um, dass er ‚Subjekt seiner eigenen Entwicklung wird' (Medellín 4,8; Puebla 485). Für die Kirche ist der Liebesdienst ebenso wie die Verkündigung von Gottes Wort und die Feier der Sakramente ‚unverzichtbarer Wesensausdruck ihrer selbst' (Deus caritas est 25)." (DA 399) Interessant ist, dass in diesem zentralen Text der Konferenz von Aparecida neben Medellín auch die Entwicklungsenzyklika „Populorum Progressio" von Paul VI., die Antrittsenzyklika „Deus Caritas est" von Benedikt XVI. und dessen Eröffnungsansprache in Aparecida zitiert werden. In dieser Ansprache hat der Papst die vorrangige Option für die Armen im „christologischen Glauben an Gott" verankert. „Im Glauben rufen wir aus: ‚Jesus Christus ist … menschliches Antlitz Gottes und göttliches Antlitz des Menschen.' Deshalb ‚ist die bevorzugte Option für die Armen im christologischen Glauben an jenen Gott implizit enthalten, der für uns arm geworden ist, um uns durch seine Armut reich zu machen.' Diese Option hat ihren Ursprung in unserem Glauben an Jesus Christus, den Mensch gewordenen Gott, der unser Bruder wurde (vgl. Hebr 2,11–12). Sie ist weder ausschließlich noch schließt sie aus." (DA 392)[258] Nachfolge, Praxis und Befreiung sind in dieser Option impliziert: „Wenn diese Option implizit im christologischen Glauben enthalten ist, müssen wir Christen als Jünger und Missionare in den Leidensantlitzen unserer Geschwister das Antlitz Christi anschauen, der uns auffordert, ihm in ihnen zu dienen: ‚Die Leidensantlitze der Armen sind Leidensantlitze Christi.' Sie stellen kirchliches Handeln und kirchliche Pastoral sowie unser Verhalten als Christen zutiefst in Frage. Alles, was mit Christus zu tun hat, hat mit den Armen zu tun, und alles, was mit den Armen zu tun hat, ruft nach Jesus Christus…" (DA 393) Eine solche Option für die Armen „soll uns dahin bringen, Freundinnen und Freunde der Armen zu werden… Im Licht des Evangeliums erkennen wir, dass sie eine unendliche Würde und eine heilige Größe in den Augen Christi besitzen, der arm und ausgeschlossen war wie sie. Mit dieser im Glauben gewonnenen Erfahrung stehen wir ihnen bei der Verteidigung ihrer Rechte zur Seite." (DA 398)

[258] Dokument von Aparecida: Aparecida 2007. Schlußdokument der 5. Generalversammlung des Episkopats von Lateinamerika und der Karibik, 13.–31. Mai 2007, hg. vom Sekretariat der Deutschen Bischofskonferenz, Bonn 2007.

Die Bedeutung der Konferenz von Aparecida liegt darin, dass sie das große Leitmotiv des Wegs der lateinamerikanischen Konzilskirche bestätigt, die „Option für Armen“ und die „authentische christliche Befreiung“, und es in christologischer Perspektive zuspitzt: „Jesus Christus in den Armen zu begegnen, gehört zum Kern unseres Glaubens an Jesus Christus, Indem wir sein Leidensantlitz auf dem ihren wieder erkennen und ihm in den Bedrückten und Ausgegrenzten begegnen, deren unendliche Würde er selbst uns offenbart, entwickelt sich unsere Option für die Armen. Die Nachfolge Jesu Christi lässt uns Freundschaft mit den Armen schließen und macht uns mit ihrem Schicksal solidarisch.“ (DA 257)[259] Die explizite christologische Zuspitzung des Evangelisierungsauftrags der Kirche und seine Orientierung an der Option für die Armen hat zu verschiedenen neuen christologischen Studien in Lateinamerika geführt, gerade auch unter der jüngeren Generation, an theologischen Fakultäten wie in Bogotá, in San Salvador, in Buenos Aires oder Santiago de Chile.[260] Der chilenische Jesuit Cristián del Campo, ein junger, die Sozialpastoral von „Un Techo para Chile“ und „Un Techo para mi País“ begleitender Theologe, weist in seiner vom Centro Manuel Larraín herausgegebenen Publikation zur Option für die Armen im Ausgang von der Konferenz von Aparecida darauf hin, dass die in Aparecida aufgegriffene Option für die Armen eine „pastorale und soziale Option“ der Kirche sei, jedoch keine „theologische Option“[261], und genau hier zeige sich die seit den 70er Jahren aufgebrochene und nicht gelöste Spannung zwischen Pastoral und Dogma, der ungelöste Konflikt um die Christologie der Befreiung: „... die theologischen Inhalte und die Glaubensinhalte nähren sich aus der konkreten Realität, von woher ein Wort über Gott gesagt werden soll, und ebenso aus der Praxis der Veränderung dieser Realität; und wenn die Inhalte nicht erhellt werden aus dem *Ort* und der *Praxis*, die die Option

[259] Vgl. dazu auch: DA 26, 146, 399. In seiner Eröffnungsrede der Konferenz hat Benedikt XVI. eindrücklich auf den Zusammenhang von Evangelisierung und „authentischer christlicher Befreiung und menschlicher Förderung“ hingewiesen: Eröffnungsansprache von Papst Benedikt XVI. zu Beginn der 5. Generalversammlung am 13. Mai 2007, in: Aparecida 2007, 320–342. – Zur Christologie des Dokuments von Aparecida vgl.: Alvaro Cadavid Duque, La cristología en el documento de Aparecida. Un camino desde Medellín a Aparecida, in: Cuestiones teológicas 34 (2007) 309–331.

[260] Vgl. die Arbeit des Kolumbianers José Arlés Gómez Arévalo, Hacia una cristología de la vida, Bogotá (Universidad Santo Tomás, Lemoine Editores) 2012; die fundierte Studie des Argentiniers Carlos María Galli, Jesucristo. Camino a la dignidad y la comunión. La cristología pastoral en el horizonte del Bicentenario. De Líneas Pastorales a Navega mar adentro, Buenos Aires 2010; die Überlegungen des chilenischen Theologen Jorge Costadoat zur Rezeption von Aparecida: Jorge Costadoat, Trazos de Cristo en América Latina. Ensayos teológicos, Santiago de Chile 2010, 59–86.

[261] Cristián del Campo, Dios opta por los pobres. Reflexión teológica a partir de Aparecida, Santiago de Chile 2010, 122.

für die Armen mit sich bringt, können der Blick auf die Realität und das Handeln, das sich auf sie bezieht, nur schwer im Ausgang von wahrhaft lebendigen Glaubenswahrheiten beurteilt werden. Das ist der theologische hermeneutische Zirkel, den die Option für die Armen ermöglicht und dynamisiert, und den Aparecida in diesem Sinne nicht erfaßt."[262] Damit trifft er sich mit einem der großen „Altmeister" der lateinamerikanischen Befreiungstheologie, José Comblin, dem 2011 in Brasilien verstorbenen belgischen Priester und Wegbereiter eines neuen theologischen Denkens gerade im Kontext der stetig wachsenden Großstädte – der Metropolen und Mega-Cities – Lateinamerikas. Bei aller Würdigung des Dokuments von Aparecida im Blick auf das Ernstnehmen der gegenwärtigen Zeichen der Zeit und der damit verbundenen neuen Herausforderungen für die Evangelisierungsarbeit in Lateinamerika sei dieses Dokument im Blick auf die Christologie schwach und zeige gerade darin die sich weiterhin abzeichnenden Spannungen in Theologie und Kirche Lateinamerikas, eine Spannung zwischen „Dogma" und „Pastoral", und damit auch den Streit um die Auslegung der Pastoralkonstitution „Gaudium et Spes" und ihrer lateinamerikanischen Rezeption in Gestalt der Konferenz und des Dokuments von Medellín. „Wir befinden uns also in einem Konflikt zwischen zwei Christologien, einer bürgerlichen und einer aus der Sicht der Armen. Diesen Konflikt gibt es in der Kirche von Anfang an."[263]

Worin gründen nun genau diese Spannungen? Warum ist gerade die christologische Reflexion in Lateinamerika zu einem Zeichen geworden, an dem sich bis heute die Wege der Kirche, ihrer Pastoral und vor allem ihrer Theologie scheiden?

---

[262] Del Campo, Dios opta por los pobres, 122 (Übersetzung aus dem Span. M. E.); ebenso 124: „De la lectura de Aparecida no queda duda de que la Iglesia latinoamericana reafirma la opción por los pobres; pero, al mismo tiempo, queda la sensación de que ese ‚optar' no se hace teología. Ese es quizás el modo, el talante, el ‚espíritu' de Medellín que muchos añoran: no solo que la teología hable de la vida que los cristianos están invitados a vivir, sino que la vida misma que se vive hable de Dios."

[263] Joseph Comblin, Das Projekt von Aparecida, in: Missionszentrale der Franziskaner, Berichte, Dokumente, Kommentare 102 (2007) 35–47, hier: 46. – Zur Einschätzung der jüngeren Entwicklungen in der lateinamerikanischen Theologie vgl. Amerindia (Hg.), Aparecida. Renacer de una esperanza, Bogotá 2007; Benedito Ferraro, Visão cristológica de Aparecida desafia o agir dos discípulos missionaries, in: REB 70 (2010) 849–866.

Jesus Christus, der Befreier – neue christologische Akzente in lateinamerikanischer Perspektive[264]

Eine Nachfolgechristologie in den Kontexten von Armut und Unterdrückung:

Die internationale theologische Kommission von EATWOT, der Vereinigung der Theologen und Theologinnen der „Dritten Welt", hat im April 2007, unmittelbar nach der Veröffentlichung der römischen Notifikation zur Christologie des spanischen Jesuiten Jon Sobrino, der seit 1974 an der katholischen Zentralamerikanischen Universität José Simeón Cañas in San Salvador arbeitet, eine digitale Publikation vorgelegt unter dem Titel „Bajar de la cruz a los pobres".[265] Bedeutende Vertreter der Theologie der Befreiung wie Leonardo Boff, João Bautista Libânio, Carlos Mesters, José Comblin, Ivone Gebara, Pablo Suess oder Faustino Teixeira aus Brasilien, Víctor Codina aus Bolivien, Diego Irarrazaval und Ronaldo Muñoz aus Chile, José María Vigil aus Panamá haben in ihren verschiedenen Beiträgen zur Christologie eine Wertschätzung der Christologie von Sobrino und der neuen Wege befreiungstheologisch orientierten christologischen Denkens ausgedrückt. Damit ist dieses Buch ein wichtiges aktuelles Kompendium befreiungstheologischer Christologie. Leonardo Boff hat das Anliegen in seinem Vorwort zusammengefasst: „... den Glauben an Christus im Kontext der gekreuzigten Völker denken. Dies war schon immer unsere ‚Christologie der Befreiung', dies ist sie und dies wird sie auch so bleiben, eine Theologie, die wir alle schreiben, tun und leben: ja, eine engagierte Theologie, die darum kämpft, ‚die Armen von ihren Kreuzen zu nehmen'..."[266] Boff hat in dieser sehr dezidierten und zugespitzten Formulierung klar herausgestellt, was die Theologie der Befreiung auszeichnet und was letztlich auch – ohne die im

[264] Ausführliche bibliographische Angaben zur Entwicklung der Theologie in Lateinamerika sind zu finden im Übersichtsbeitrag von Sergio Silva, Theologiegeschichte Lateinamerikas seit 1945, in: Meier/Straßner (Hg.), Kirche und Katholizismus seit 1945, Bd. 6, 29–58. – Vgl. auch: Giancarlo Collet (Hg.), Theologien der Dritten Welt. EATWOT als Herausforderung westlicher Theologie und Kirche, Immensee 1990. – Eine wichtige Übersicht über die zentralen theologischen Themenfelder der Theologie der Befreiung stellt immer noch das „Mysterium liberationis" dar: Ellacuría/Sobrino (Hg.), Mysterium Liberationis, Bd. 2; ebenso: Juan-José Tamayo/Juan Bosch (Hg.), Panorama de la teología latinoamericana, Estella 2001. – Eine Bibliographie zur Christologie in Lateinamerika ist von Jorge Costadoat in der chilenischen Zeitschrift „Teología y Vida" veröffentlicht worden: Cristología latinoamericana. Bibliografía (1968–2000), in: Teología y Vida 44 (2013) 18–61.

[265] José María Vigil (Hg.), Bajar de la cruz a los pobres. Cristología de la liberación, 2007, online-Publikation, verfügbar über: http://www.servicioskoinonia.org/LibrosDigitales/LDK/ASETTBajarDeLaCruz2.pdf (letzter Aufruf: 14.07.2015).

[266] Leonardo Boff, Prólogo. Bajar de la cruz a los pobres. Cristología de la liberación, in: Vigil (Hg.), Bajar de la cruz a los pobres., 11–12, hier: 11.

Folgenden darzustellenden christologischen Herausforderungen und Debatten zu nivellieren – in der Tiefe des Konfliktes um die Christologie von Jon Sobrino und die Theologie der Befreiung angelegt ist: Die Theologie der Befreiung versteht sich als eine „engagierte" Theologie; die „Option für die Armen", die Ausgangspunkt ihres neuen Zugangs zur Christologie ist, ist keine „akademische" Option, sondern sie ist verankert, wie es auch Julio Lois in seiner präzisen Übersicht zur Christologie in der Theologie der Befreiung in der von Jon Sobrino und seinem 1989 ermordeten Mitbruder Ignacio Ellacuría herausgegebenen „Summe" der Theologie der Befreiung schreibt[267], in einem ganz konkreten gesellschaftlichen Ort, der auch den kirchlichen Ort nicht unbeeinflusst lassen kann, dem „solidarischen Engagement mit den Unterdrückten und ihrem Kampf für ganzheitliche Befreiung"; das ist der „hermeneutische Ort, das ‚Wovonher', das die Profilierung eines neuen, befreienden Christusbildes ermöglicht"[268].

Sobrino und Ellacuría sprechen von der „Kirche der Armen"[269]; das ist – in Fortschreibung der Impulse der Pastoralkonstitution des 2. Vatikanischen Konzils – die Kirche Jesu Christi, die Kirche als Volk Gottes, wie es sich in der Nachfolge Jesu Christi in der konfliktiven Realität Lateinamerikas ausprägt in den Armutskontexten auf dem Land und in den sich immer weiter ausbreitenden Randzonen der Großstädte, angesichts von Menschenrechtsverletzungen durch diktatorische Regimes, durch auf den unterschiedlichen Ebenen menschlichen Lebens in Gesellschaft, Wirtschaft oder Politik, aber auch in den Bereichen des Privaten erfahrene Gewalt. Was glauben heißt und sich auf die Wege des Glaubens zu machen, eine Christusbeziehung auszuprägen, das geschieht nicht losgelöst von diesen Kontexten, und genau dies zeichnet den neuen hermeneutischen Ansatz bzw. „epistemologischen" Bruch[270] der Theologie der Befreiung in aller Vielschichtigkeit ihrer Ausprägungen aus. Das hat mit „Bekehrung" zu tun, mit einer Positionierung in der Welt der Armen, an der Seite der Armen, und auf genau diesem Hintergrund kommt es zu einer Relecture der biblischen Texten und der Tradition der Kirche, um auf diesen Wegen Jesus Christus nahe zu kommen. Bei aller Vielschichtigkeit der sich in der Nachkonzilszeit in Lateinamerika ausprägenden theologischen Ansätze, die unter dem neuen Begriff der Be-

[267] Vgl. Julio Lois, Christologie in der Theologie der Befreiung, in: Ignacio Ellacuría/Jon Sobrino (Hg.), Mysterium liberationis. Grundbegriffe der Theologie der Befreiung, Bd. 1, Luzern 1995, 213–241.

[268] Lois, Christologie, 216.

[269] Lois, Christologie, 217; Jon Sobrino, Christologie der Befreiung, Mainz 1998, 51–53.

[270] Lois, Christologie, 218. – Vgl. dazu vor allem die Arbeiten von Clodovis Boff, Theologie und Praxis. Die erkenntnistheoretischen Grundlagen der Theologie der Befreiung, München/ Mainz 1983.

freiungstheologie gesammelt werden, so verbindet sie genau diese in die Praxis eingebundene – und damit Leben und Glauben auf neue Weise aufeinander beziehende – Bestimmung dessen, was Glauben ist. Der peruanische Priester und Theologe Gustavo Gutiérrez hatte bereits im Vorfeld der Konferenz von Medellín das Stichwort der Befreiung eingespielt; mit Blick auf die konkrete politische, soziale und kulturelle Situation Lateinamerikas geht es nicht um „Entwicklung" der Völker, wie es noch die Sozialenzyklika „Populorum Progressio" von Paul VI. aufgegriffen hat, sondern es geht im lateinamerikanischen Kontext um „Befreiung" aus den verschiedenen Unrechts- und Unterdrückungssituationen. Medellín hatte sich dieses Stichwort zu eigen gemacht; das war der Beginn eines neuen theologischen Aufbruchs in Lateinamerika, zu dem neben Gustavo Gutiérrez Juan Luis Segundo, José Comblin, Ronaldo Muñoz, Juan Carlos Scannone, Lucio Gera, die Brüder Leonardo und Clodovis Boff, die Jesuiten Ignacio Ellacuría und Jon Sobrino, seit den 80er Jahren auch Theologinnen wie Ivone Gebara und María Pilar Aquino und aus dem indianischen Kontext hervorgehende Theologen wie Eleazar López beigetragen haben.

Die theologische Reflexion auf die Grundfragen des Glaubens – nach dem Gott des Lebens, nach Jesus Christus und dem sich in Kreuz und Auferstehung ereignenden Erlösungsgeschehen und einem Leben aus dem Geist in der Gemeinschaft der Glaubenden – ist nicht „abstrakt" zu klären: „An Christus glauben heißt vor allem *Jesus nachfolgen.*" „Jesus erkennen heißt Jesus nachfolgen", so Jon Sobrino.[271] Nachfolge ist eine „erkenntnisrelevante Kategorie", sie ist „inneres Moment im Prozess der christologischen Reflexion"[272], und diese Nachfolge gestaltet sich den unterschiedlichen Kontexten und gesellschaftlichen Orten entsprechend aus. Auch wenn die kontextuellen Ausgestaltungen im afrikanischen oder asiatischen Kontext andere sind, so sind von Lateinamerika und dieser neuen Hermeneutik ausgehend die Impulse für die Entstehung – auch über Lateinamerika hinausreichender – kontextueller theologischer Ansätze ausgegangen.

[271] Lois, Christologie, 219; Sobrino, Christologie der Befreiung, 59: „Die Welt der Armen verlangt daher von der Theologie und befähigt sie auch dazu, ihr Selbstverständnis zu ändern und sich vor allem als *intellectus amoris* zu verstehen. … so muß sich auch die Christologie als *Christopraxis* sehen, nicht um den *Logos* auszuschalten, sondern damit er die Wahrheit über Christus erhellt, ausgehend von dem, was Christus angeregt hat, damit die Befreiung Wirklichkeit werde." Vgl. auch Sobrino, Cristología desde América Latina. Esbozo a partir del seguimiento del Jesús histórico, Mexiko [2]1976, 45 f; 191–194.

[272] Lois, Christologie, 219.

Ein neuer christologischer Titel - Jesus Christus, „Liberador“:
Für die theologische Reflexion auf das Christusereignis bedeutet dies, die Frage nach der „Identität“ Jesu Christi, nach seiner „Person“ als der „Offenbarung des Geheimnisses Gottes und des Geheimnisses des Menschseins“[273], wie sie in den spekulativen christologischen Ansätzen in der Auseinandersetzung mit der patristischen Konzilienchristologie, vor allem der Bestimmung der „hypostatischen Union“ – der Einung von menschlicher und göttlicher Natur in der einen Person Jesu Christi – erfolgt ist, in gewisser Weise zu „relativieren“, bzw. auf eine neue Weise ernst zu nehmen, dass jede Christologie „vor einem Geheimnis steht“[274]: Jesus Christus hat nicht sich selbst ins Zentrum gestellt hat, sondern ihm ging es um nichts anderes als das Erschließen des „Geheimnisses“ Gottes für die Menschen, und so steht darum in der christologischen Reflexion auch nicht die „Person“ Jesu Christi im Zentrum. Die Rückfrage nach Jesus Christus stellt vor Augen, wer Gott für die Menschen ist, ein Für-Sein, das Befreiung, Heil und Erlösung bedeutet. Darum wollten und wollen, wie auch Julio Lois in seiner Übersicht schreibt, die lateinamerikanischen Theologen und Theologinnen keine „dogmatische Christologie“ im klassischen Sinne vorlegen, sondern „einige grundlegende Aspekte des Jesusereignisses, wobei sie besonders seine erlösend-befreiende Dimension für die lateinamerikanischen Völker betonen, die heute in Armut und Unterdrückung leben“[275]. Für die lateinamerikanischen Theologen hat dies in der Erarbeitung ihrer neuen theologischen Wege bedeutet, beim historischen Jesus anzusetzen, sich mit den gegenwärtigen exegetischen Ansätzen auseinanderzusetzen und die Ansage des Reiches Gottes als Botschaft für die Armen in das Zentrum zu stellen. Von dort ausgehend wird die christologische Frage nach Jesus von Nazareth als dem Christus auf neuen – die biblischen und gegenwärtigen Kontexte Lateinamerikas verbindenden – Wegen beantwortet. Jesus von Nazareth, der Christus, wird als „Befreier“ erfahren, als der, der die gekreuzigten Völker von den Kreuzen nimmt; das war Erfahrung von Menschen, die Jesus begegnet sind, das ist Erfahrung von Christen und Christinnen in Lateinamerika in der Geschichte und heute. Die lateinamerikanische Christologie wird diesen Christustitel darum in das Zentrum stellen, so hat es bereits 1976 der uruguayische Jesuit und Theologe Eduardo Rodríguez Antuñano formuliert: „*Jesucristo como el Liberador* sería la *fórmula más breve del credo*

[273] Sobrino, Christologie, 14.
[274] Sobrino, Christologie, 15.
[275] Lois, Christologie, 213.

latinoamericano actual. Jesus Christus als der Befreier, das ist die Kurzformel des gegenwärtigen lateinamerikanischen Credos."[276]

Das führt nun nicht zu einer „funktionalen" Christologie[277], wie Eduardo Rodríguez in seiner beeindruckenden – aber erst 2008 im Editorial der Universidad Católica de Córdoba veröffentlichten – Zusammenschau der verschiedenen bis zur Mitte der 70er Jahre vorgelegten neuen lateinamerikanischen theologischen Entwürfe – vor allem der Arbeiten von Gutiérrez, Boff, Assmann, Segundo und Scannone – aufzeigt. Auf dem Hintergrund des lateinamerikanischen kirchlichen und gesellschaftlichen Kontextes hat sich eine Gestalt christologischen Denkens herauskristallisiert, deren Bedeutsamkeit auch in ihren Herausforderungen an die europäische christologische Tradition liegt: „Die lateinamerikanische Theologie drückt *eine hermeneutische Herausforderung* aus, das heißt, sie will eine *radikale Provokation* sein, die bis zu den Wurzeln der theologischen Arbeit reicht, denn die Lage des Kontinents *erfordert mehr als die bloße Anwendung* der traditionellen christologischen Inhalte auf eine konkrete Situation; sie fordert eine wahrhafte Neuformulierung der christologischen Formulierungen, ein unbestreitbares Erbe der vorausgehenden hermeneutischen Bemühungen, in einem Kontext, in dem das Glaubensbekenntnis zu Jesus von Nazareth als dem Christus, dem Erlöser Gottes, seine Universalität bewahrheiten muss, die Universalität eines soteriologischen Gehaltes inmitten von Folter, Ungerechtigkeit und fester und tiefer Hoffnung auf konkrete Freiheiten. Es geht vor allem darum *konkret zu werden*, es zu wagen versuchen, der in Christus geschehenen Erlösung *einen Namen* zu geben. In diesem Bestreben um Konkretion geht es nicht um bloße Anwendung, sondern es geht auch um einen neuen, spezifisch lateinamerikanischen Inhalt, der darin nicht wenig universal ist."[278] Rodríguez hat die Herausforderungen benannt, auch die

---

[276] Eduardo Rodríguez Antuñano, El problema cristológico en la actual búsqueda teológica latinoamericana. Tesis doctoral en Teología presentada por Eduardo Rodríguez Antuñano en la Facultad de Teología Católica de la Universidad de Münster en Westfalia (Alemania) 1976, Córdoba 2008, 48. – Leonardo Boff, Rettung in Jesus Christus und Befreiungsprozeß, in: Concilium 10 (1974) 419; ders., Jesus Christus, der Befreier, Freiburg i.Br. 1986 [orig.: Jesu Cristo Libertador, Petropolis 1972]; Juan Luis Segundo, El hombre de hoy ante Jesús de Nazaret. Historia y actualidad. Sinópticos y Pablo, Bd. 2/1, Madrid 1982; ders., El Hombre de Hoy ante Jesús de Nazareth. Historia y Actualidad. Las Cristologías en la Espiritualidad, Bd. 2/2, Madrid 1982. – Einen Überblick über christologische Entwicklungen in Lateinamerika hat Giancarlo Collet 1988 vorgelegt: Giancarlo Collet (Hg.), Der Christus der Armen. Das Christuszeugnis der lateinamerikanischen Befreiungstheologen, Freiburg/Basel/Wien 1988.

[277] Rodríguez Antuñano, El problema cristológico, 39/40: „… la interpretación de Jesucristo como Lierador no puede usarse como ‚comodín' o ‚legitimación' a cualquier nivel de lucha ideológica, sea ésta cultural o intraeclesial…"

[278] Rodríguez Antuñano, El problema cristológico, 40. (Übersetzung aus dem Spanischen: M. E.)

Notwendigkeit einer weiteren systematischen Durchdringung der Christologie in lateinamerikanischer Perspektive. Das ist dann das große Verdienst der Arbeiten von Jon Sobrino, vor allem seiner beiden – auch auf deutsch publizierten – Bände zur Christologie, die „Christologie der Befreiung" (span. 1991, dt. 1998) und „Der Glaube an Jesus Christus" (span. 2007, dt. 2008), in denen Sobrino Jesus Christus, den Befreier, als den „universalen Mittler des Reiches Gottes" erschließt.[279]

Eine Neu-Interpretation des erlösenden Ereignisses von Kreuz und Auferstehung - die gekreuzigten Völker von den Kreuzen nehmen:
Wenn Lois in seinem 1995 veröffentlichten Aufsatz von einer gewissen Zurückhaltung der lateinamerikanischen Theologie im Blick auf die Entfaltung einer „dogmatischen Christologie" sprach, so kann den fundierten Ausführungen von Jon Sobrino gerade nicht der Status einer neuen systematisch-theologischen Reflexion zur „dogmatischen Christologie" abgesprochen werden – eben in kontextueller, lateinamerikanischer Perspektive. Sicher setzt er wie Boff, Assmann oder Segundo beim „historischen Jesus" an[280], bei der Reich-Gottes-Botschaft und den Seligpreisungen als befreiender Botschaft Gottes vor allem für die Armen; es geht darum, und hier bezieht er sich auf Ignacio Ellacuría, die „historische Wirklichkeit Jesu"[281] zu bedenken, gerade aus einem fundierten Gespräch mit der zeitgenössischen Exegese. Historisch-kritische Ansätze sind von Bedeutung, die den sozialen Kontext, die Zeit Jesu analysieren, die deutlich machen, dass die „Gestalt des historischen Jesus" eine „Einladung" ist, „ihm in bevorzugter Weise im Antlitz der Armen dieser Erde zu begegnen und alles zu verlassen und ihm

[279] Spanische Edition: Jon Sobrino, Jesús en América Latina. Su significado para la fe y la cristología, Santander 1985; Zur Diskussion der Christologie von Jon Sobrino vgl. Juan Manuel Torres Serrano, La dimension histórica y relacional de la cristología latinoamericana. Una mirada desde la cristología de Jon Sobrino, in: Revista Iberoamericana de teología 4 (2008) 7–36; Robert Lassalle-Klein, Jesus of Galilee and the crucified people. The contextual Christology of Jon Sobrino and Ignacio Ellacuría, in: Theological Studies 70 (2009) 347–376.

[280] Die „Rückkehr zum historischen Jesus" (Sobrino, Christologie der Befreiung, 74) charakterisiert die verschiedenen christologischen Ansätze, die in Lateinamerika in der Nachkonzilszeit entstanden sind.

[281] Sobrino (Christologie der Befreiung, 74/75) zitiert Ignacio Ellacuría, Teología política, San Salvador 1973, 13: „Diese neue Christologie muß der Offenbarung des leiblichen Jesus, seiner Geschichte, die größte Bedeutung beimessen. Es ist heute so absurd wie niemals zuvor, eine Christologie schaffen zu wollen, in der die historische Wirklichkeit Jesu nicht entscheidend bedacht wird. Das, was früher – und heute nicht viel weniger – in den ‚Geheimnissen des Lebens Jesu' als nebensächlich und asketisch abgehandelt wurde, muß seine volle Bedeutung erhalten. Klar ist, daß dies nur unter der Bedingung geschehen kann, daß das Leben Jesu, so wie es wirklich war, einer gründlichen exegetisch-historischen Lektüre unterzogen wird."

nachzufolgen“[282]. Aber die exegetischen Arbeiten haben auch – wie der brasilianische Exeget João Evangelista Martins Terra[283] deutlich gemacht hat – die Brücke zwischen exegetischen und systematisch-theologischen Arbeiten geschlagen und in der Frage des Kerygmas – hier hat Sobrino die Arbeiten von Rudolf Bultmann und Rudolf Schnackenburg rezipiert – immer auch das Offenbarwerden der Göttlichkeit Jesu im Offenbarwerden der wahren Menschlichkeit thematisiert.

Diese Brücke gestaltet Sobrino in systematisch-theologischer Perspektive weiter aus, in einem ersten Schritt in einem differenzierten Zugang zur Verkündigung des Reiches Gottes. Jesus ist der „absolute Mittler des Reiches Gottes“[284], und seine „Praxis im Dienst des Reiches ist seine Antwort auf den Willen seines Gottes“[285]. So macht seine Praxis den Gott des Lebens offenbar und deckt die „Götzen des Todes“[286] auf, wobei sich diese „offenbare Kraft des historischen Jesus“[287] am Kreuz und in der Auferstehung erfüllt. Der Gekreuzigte ist der Auferstandene; allein darin ist die alle Gewalt und Armut, alle Schuld und Sünde aufdeckende Kraft und Macht Gottes begründet. Die „Götzen des Todes“, das ist alles, was den Menschen unterdrückt, das sind auch Gottesbilder, die zu „Idolen“ werden, wenn sie – wie in manchen gerade auch die Missionsgeschichte in Lateinamerika prägenden Formen einer Kreuzesmystik und Volksfrömmigkeit – das Kreuz und den Schmerz des Menschen zu positiv sehen und dabei die kritische, prophetische und Schuld und Sünde, die Mächte des Todes aufdeckende Kraft des Kreuzes unterbelichten. So führt der Weg Sobrinos über einen differenzierten Zugang zur Verkündigung des Reiches Gottes und eine präzise Verhältnisbestimmung zwischen Jesus und Gott, seinem Vater, zu einer soteriologi-

282 Lois, Christologie, 222.

283 João Evangelista Martins Terra, O Jesus historico e o Cristo querigmático, São Paulo ²1978. – Sobrino hat sich mit den zentralen exegetischen Ansätzen zur historischen Rückfrage nach Jesus Christus auseinandergesetzt (O. Cullmann, F. Hahn, M. Hengel, A. Vögtle, R. Schnackenburg u. a.). Eine differenzierte Auseinandersetzung mit dieser Rezeption ist hier nicht möglich. – Die Akzentuierung des „historischen“ Jesus hat im Blick auf die Befreiungschristologie zum Vorwurf der Übernahme antijudaistischer Klischees geführt. Dieser Streit wird im Augenblick um die Christologie der „latino-theology“ in den USA geführt, vor allem in Auseinandersetzung mit Virgilio Elizondos Werk Galilean Journey. The Mexican-American Promise, Maryknoll ²2000; vgl. dazu: Michael E. Lee, Galilean Journey revisited. Mestizaje, Anti-Judaism, and the dynamics of exlusion, in: Theological Studies 70 (2009) 377–400.

284 Vgl. Jon Sobrino, Systematische Christologie. Jesus Christus, der absolute Mittler des Reiches Gottes, in: Ellacuría/Sobrino (Hg.), Mysterium liberationis, Bd. 1, 567–591. Vgl. auch: Antonio González, Reinado de Dios e Imperio. Ensayo de teología social, Santander 2003.

285 Lois, Christologie, 228/229.

286 Sobrino, Christologie der Befreiung, 2. Exkurs: Die Frage nach Gott: Der Gott des Lebens und die Götzen des Todes, 251–267.

287 Lois, Christologie, 229.

schen Interpretation des Todes Jesu, in dem Gottes Leiden und Liebe offenbar werden.[288] Hier steht Sobrinos Christologie in einer Reihe mit den großen europäischen Erneuerungen der Christologie, die auf diesem Weg einer neuen Zusammenschau von Christologie und Soteriologie über eine Neu-Interpretation des erlösenden Ereignisses von Tod und Auferstehung auch neue Pisten auslegen, das Dogma von Chalcedon der Einung von Menschheit und Gottheit in der einen Person Jesu Christi auf eine neue geschichtliche Weise zu erschließen. Die Zuspitzung Sobrinos liegt im Ausgang von der Offenbarung des Göttlichen im Menschlichen, in der Bestimmung der „Transzendenz" Gottes gerade aus dem die Mächte des Todes aufdeckenden „Nicht-Ort" des Todes. Die Inkarnation wird nicht deszendenztheologisch, sondern aus dem Grundvollzug der Kenosis[289] und der „Passion für die Realität"[290] heraus gedacht, der als solcher Grundvollzug zu einer befreienden, die Armen und Bedrängten von ihren Kreuzen nehmenden Praxis führt. Damit sind neue Zugänge für ein Erschließen der Konzilienchristologie gegeben – und genau hier setzte die Kritik der Glaubenskongregation an Sobrinos Ansatz an.

Im Aufgreifen und Weiterdenken der europäischen Erlösungstheologien und Interpretationen des Todes Jesu radikalisiert Sobrino diese. „Das Kreuz offenbart nicht Macht, sondern Ohnmacht. Gott triumphiert im Kreuz nicht über die Macht des Bösen, sondern unterliegt ihr. ... Wenn man aber direkt auf das Kreuz schaut, zeigt sich darin der Sieg der Götzen des Todes über den Gott des Lebens. Daß in diesem Kampf der Götter der wahre Gott verliert und sich in dieser Niederlage noch als der wahre Gott erweist, fordert dazu heraus, seine Transzendenz neu zu bedenken. ... Indem er der große Gott ist, macht er sich zum geringen Gott. Und dieses Vorhaben, zum Geringsten zu werden, macht ihn paradoxerweise für die Menschen zu einem noch größeren Geheimnis, zu einer neuartigen und größeren Transzendenz."[291] Am Kreuz werden auf diese – paradoxe – Weise Gottes Gottsein und Liebe offenbar; das „pro nobis", die Stellvertretung Jesu am Kreuz, lässt den

[288] Vgl. dazu: Stephen J. Pope (Hg.), Hope and Solidarity. Jon Sobrino's Challenge to Christian Theology, Maryknoll 2008, bes. 77–152.

[289] Vgl. dazu Jon Sobrino, Der Glaube an Jesus Christus, Ostfildern 2008, Kapitel 18 Gott in der Geschichte, Kapitel 19 Chalkedon: formale und doxologische Lektüre, 437–492, z. B. 476: „Die Menschheit Christi ist jene geschaffene Wirklichkeit, die der Logos wird, indem er sich selbst entäußert, aus sich selbst herausgeht. Und diese menschliche Natur bleibt für immer Symbol des Logos, auch in der *visio beatifica.*"

[290] José María Vigil, Believe as Jesus did. The spirituality of the kingdom, in: LADOC 28 (1998) 98/122–98/125, hier: 98/123; vgl. auch: Carlos Bravo Gallardo, Jesús, hombre en conflicto, Santander 1986; José Comblin, Jesús de Nazaret. Meditación sobre la vida y acción humana de Jesús, Santander 1977.

[291] Sobrino, Christologie der Befreiung, 339.

wahren Menschen zum Vorschein kommen. „Der bis zum Kreuz treu gebliebene Jesus ist mindestens in diesem Sinn Erlösung: Er ist die Offenbarung des *homo verus*, des wahren und vollkommenen Menschen. Das ist mehr als ein *vere homo*, d. h. ein Mensch, der daraus entstehen würde, daß sich in ihm faktisch die Wesenszüge der realen menschlichen Natur vollenden. Diesen *homo verus* präsentiert das Neue Testament als denjenigen, der ‚das Gute tut', der ‚ehrlich und barmherzig' ist, der gekommen ist, ‚nicht, um sich bedienen zu lassen, sondern um zu dienen'."[292] So ist das Kreuz „End- und Höhepunkt" des Lebens Jesu, es ist erlösend. Und auf dem Hintergrund des hermeneutischen Ausgangspunktes bei Umkehr und Nachfolge kann Sobrino dann schreiben: „Entsprechend kann das Kreuz Jesu, insofern es End- und Höhepunkt seines ganzen Lebens ist, als erlösend verstanden werden. Die erlösende Wirksamkeit zeigt sich eher in der Beispielhaftigkeit als in der Wirksamkeit, was aber nicht heißt, daß sie nicht wirksam wäre: Jesus, der bis zum Ende Getreue und Barmherzige, lädt die Menschen ein und ermutigt sie, den *homo verus*, die wahre Menschlichkeit, nachzuvollziehen."[293] Das ist kein Moralismus, wie die römische Notifikation Sobrino vorgeworfen hat[294], der die theologische und ontologische Bedeutsamkeit des Erlösungsgeschehens für den Menschen nivelliert, sondern das „wahre Menschsein" und das, was Erlösung ist, ist in Jesus von Nazareth am Kreuz offenbar geworden und zeigt sich auf den vielen Wegen der Nachfolge, zeigt sich vor allem in der Lebenshingabe derer, die dazu beitragen, dass die gekreuzigten Völker von ihren Kreuzen genommen werden. „Das Kreuz Jesu ist Ausdruck der Liebe Gottes. Das Neue und Unverhoffte dieser Feststellung dient besser als alles andere dazu, die Initiative und die Glaubwürdigkeit der Liebe Gottes hervorzuheben. … In Leben und Kreuz Jesu findet die Liebe Gottes zu den Menschen ihren Ausdruck und ihre größtmögliche Realisierung."[295] Dabei gilt aber: „Es gibt kein Rezept, um Gott am Kreuz zu erkennen. Im ersten Augenblick gibt es am Kreuz nur Schweigen und Ärgernis. Wenn man im Glauben aber an-

---

[292] Sobrino, Christologie der Befreiung, 315. – Diese Interpretationen werden auch vorgelegt von: Carlos Palacio, La „salvación en Jesucristo" en la reflexión teológica latinoamericana, in: Misiones extranjeras 182 (2001) 133–159; Juan Manuel Torres Serrano, La pro-existencia. Un modo de ser y de hablar de Dios en el contexto latinoamericano, in: Revista Iberoamericana de Teología 6 (2010) 25–48. – Vgl. auch die soteriologischen Zugänge zur Christologie in: Luis G. Pedraja, Teología. An Introduction to Hispanic Theology, Nashville 2003.

[293] Sobrino, Christologie der Befreiung, 315.

[294] Kongregation für die Glaubenslehre, Notifikation zu den Werken von P. Jon Sobrino SJ, in: Wenzel (Hg.), Die Freiheit der Theologie, 18; dazu die Replik von Peter Hünermann, Moderne Qualitätssicherung? Der Fall Jon Sobrino ist eine Anfrage an die Arbeit der Glaubenskongregation, in: Wenzel (Hg.), Die Freiheit der Theologie, 51–58.

[295] Sobrino, Christologie der Befreiung, 316/317.

erkennt, daß Gott dort ist, dann ist man bereit für die große Überraschung, daß Gott nicht so ist, wie wir denken... Und man muß dazu bereit sein, sich am Fuß des Kreuzes zu inkarnieren und die Gekreuzigten von ihren Kreuzen zu nehmen."[296] So ist – wie in europäischen theologischen Ansätzen – die Stellvertretung und ihre Interpretation ein Schlüssel für den Zugang zum Geheimnis Gottes und Jesu Christi, wobei die von Sobrino rezipierten europäischen theologischen Ansätze im Sinne der befreiungstheologischen Nachfolge-Christologie fortgeschrieben werden. Das Leben Jesu ist ein „Leben für", eine Pro-Existenz, die auf dem Hintergrund des befreiungstheologischen Ansatzes eine weitere gesellschaftliche und politische Dimension hat: Es geht um das Aufdecken der Mächte des Todes und um ganz konkreten Einsatz für die Armen und Bedrängten.

Das Ringen um die Konzilienchristologie – plurale Christologien in interkultureller Perspektive:
„Treue gegenüber Gott bis zum Ende, bis zum Äußersten, Dienst für die Menschen bis zum Ende, bis zum Äußersten: dies ist die Weise, wie Jesus lebt, dem Tod entgegengeht und stirbt. Damit aber kommt im Leben und Sterben Jesu Christi ‚lo humano verdadero', der wahre, der tiefste, ja abgründige Sinn von Menschlichkeit zum Vorschein, und diese vollendete Menschlichkeit ist der Ort der Präsenz Gottes. Die Liebe Gottes ist im Kreuz real und präsent in ihrer ganzen Abgründigkeit..."[297] Wenn an einer solchen – wie hier in der Erwiderung Peter Hünermanns auf die Notifikation zur Christologie Sobrinos zusammengefassten – Interpretation des Todes Jesu Kritik geübt werde, dann sitzt nicht nur Sobrino auf der Anklagebank, sondern, so Peter Hünermann, „die angesehendsten Exegeten und systematischen Theologen – katholische wie evangelische..."[298] Hier ist Peter Hünermann sicher zuzustimmen. Die Kritik bedeutet nicht nur eine Kritik an einer neuen kontextuellen Gestalt der Christologie, sondern eine Kritik des Weges der nachkonziliaren Christologie. Mit der Kritik am hermeneutischen Ort der „Kirche der Armen"[299] werden dabei auch Kritiken fortgeführt, die seit den 70er Jahren geäußert wurden und die sich Mitte der 80er Jahre in den beiden Instruktionen gegen die Theologie der Befreiung zu-

[296] Sobrino, Christologie der Befreiung, 343.
[297] Hünermann, Moderne Qualitätssicherung, 55/56.
[298] Hünermann, Moderne Qualitätssicherung, 56. Die Kritik an der Notifikation spitzt Hünermann folgendermaßen zu: „Die Notifikation setzt gegen seinen Entwurf eine Christologie, in der die Aussagen der Konzilientheologie in Identität bereits in den neutestamentlichen Texten gefunden werden sollen." (56)
[299] Kongregation für die Glaubenslehre, Notifikation, 10/11.

spitzten.[300] Auch die Befreiungschristologie Jon Sobrinos ist – um eine pointierte Formulierung von Leonardo Boff aufzugreifen – eine „militante" Theologie; sie vollzieht sich auf den Wegen der Nachfolge, ist „intellectus amoris"[301], und die Zentralität des Reiches Gottes, die Umkehr und Bekehrung fordert, hat Konsequenzen für das Kirchenverständnis. In den Debatten um die Befreiungstheologie – und auch die Befreiungschristologie – geht es um die Wege einer Weltkirche im Dialog mit der Moderne, mit Fragen von Partizipation, Freiheit und Demokratie, mit modernen Gesellschaftskonzepten. Kirchenverständnis und Christologie sind aufs engste miteinander verzahnt, und so sind gerade auch die Auseinandersetzungen um die Befreiungschristologie ein Zeichen für die spannungsvollen Wege der Kirche in der Rezeption der Pastoralkonstitution „Gaudium et Spes" und für eine neue Zusammenschau von „Dogma" und „Pastoral", die auch die Methodik der Theologie nicht unverändert lassen kann.[302]

Was die theologische Tragweite der Kritik an Jon Sobrino betrifft, so hat sie nicht bloß kontextuelle Bedeutung, sondern betrifft auch die Such-

---

300 Vgl. Instruktion der Kongregation für die Glaubenslehre über einige Aspekte der „Theologie der Befreiung", hg. vom Sekretariat der Deutschen Bischofskonferenz, Bonn 1984; Instruktion der Kongregation für die Glaubenslehre über die christliche Freiheit und die Befreiung, hg. vom Sekretariat der Deutschen Bischofskonferenz, Bonn 1985.

301 Sobrino hat diese Formulierung an verschiedenen Stellen seines Werkes aufgegriffen: z. B. Der Glaube an Jesus Christus, 504; ders., Theologie der Bereiung als *intellectus amoris*, in: Otto König/Gerhard Larcher (Hg.), Theologie der gekreuzigten Völker. Jon Sobrino im Disput, Graz 1992, 10–21. Vgl. auch: Giancarlo Collet, Nachfolge und Erkenntnis. Der lateinamerikanische Beitrag für eine Hermeneutik der Christologie, in: Eberhard Schockenhoff/Peter Walter (Hg.), Dogma und Glaube. Bausteine für eine theologische Erkenntnislehre. FS Bischof Walter Kasper, Mainz 1993, 279–293.

302 Das wird auch deutlich in den Kritiken, die nicht nur Jon Sobrino gegenüber, sondern auch gegenüber der jüngeren Generation der lateinamerikanischen Befreiungstheologen formuliert wird. Rodrigo Polanco bezieht sich auf die christologischen Studien von Jorge Costadoat. Hier wird ein „Nestorianismus" vermutet, die Gefahr einer Trennung der Natur des inkarnierten Wortes und des „Christus für uns", und eine „adäquate" Interpretation der frühchristlichen Dogmen eingefordert. Vgl. die sehr genaue und detailreiche Zusammenschau der christologischen Beiträge, die in der chilenischen Zeitschrift „Teología y Vida" veröffentlicht worden sind: Rodrigo Polanco Fermandois, Panorama de la cristología en 40 años der Teología y Vida, in: Teología y Vida 41 (2000) 426–474, hier 456. – Es werden immer noch Lehrbücher zur Christologie in Lateinamerika vorgelegt, die der lateinamerikanischen theologischen Reflexion einen geringen Stellenwert zumessen. Der argentinische Theologe Alberto Espezel skizziert in seiner „Cristología. Vida, Pascua y Salvación" (Buenos Aires 2008) die gegenwärtigen christologischen Ansätze in einem letzten Kapitel als „Exkurs" (291–322). Jon Sobrinos Christologie wird kurz dargestellt, dann aber dann in der abschließenden Auswertung der gegenwärtigen christologischen Ansätze – Espezel spricht von Christologien des Reiches, des Kreuzes und der Auferstehung – nicht mehr erwähnt. Auch hier wird eine Grenze zwischen „Dogma" und „Pastoral" gezogen, die der theologischen Erneuerung des II. Vatikanums und vor allem der Pastoralkonstitution nicht mehr entspricht.

bewegungen in anderen weltkirchlichen Kontexten. Auch wenn das Konzil von Chalcedon und mit ihm die Formulierung der „hypostatischen Union" bleibender Referenzpunkt christologischen Arbeitens ist, so stellt sich doch die Frage, wie ernst die Geschichtlichkeit des Ereignisses der Selbstoffenbarung Gottes genommen wird und wie im Aufbrechen der westlichen metaphysischen Denkformen kontextuell geprägte neue theologische Ansätze, die Menschlichkeit und Göttlichkeit auf eine neue Weise aufeinander beziehen, zum Tragen kommen können. So ist es wichtig, die verschiedenen neuen kontextuellen christologischen Ansätze in ein Gespräch zu bringen und im und für den Dialog mit nordatlantischen – europäischen – Ansätzen in einer interkulturellen Perspektive zu erschließen. Der uruguayische Jesuit Eduardo Rodríguez Antuñano hatte bereits Mitte der 70er Jahre für die lateinamerikanische Befreiungschristologie die Notwendigkeit eines Dialogs mit den verschiedenen Gestalten der europäischen Theologie angemahnt. „… die Zukunft (der lateinamerikanischen Christologie) liegt nicht in einem Bruch mit ihrer europäischen Schwester, sondern unter anderem im Dialog, der zwischen beiden entstehen kann und der sich Tag für Tag als bereichender herausstellen wird für die Sinnsuche des Menschen heute."[303] Das ist ein Dialog, der nicht nur zwischen Nord und Süd zu führen ist, sondern vor allem auch an den theologischen Fakultäten in Lateinamerika selbst. Denktraditionen europäischer Theologie und Philosophie sind dort immer vertreten gewesen, das Aufbrechen der Neuscholastik und des Thomismus als philosophischer Vermittlung der Theologie ist in der Nachkonzilszeit ein mühsamer, aber nicht unmöglicher Prozess gewesen. Es ist gerade an den theologischen Fakultäten in Buenos Aires und in Santiago de Chile zu einer fundierten Weiterentwicklung der theologischen Reflexion gekommen, einerseits unabhängig von einem befreiungstheologischen Ansatz, vor allem durch die Rezeption europäischer christologischer Denktraditionen in den Schulen von Rahner, Balthasar, Tillich oder Pannenberg oder auch auf dem Hintergrund fundierter exegetischer und patristischer Studien;[304] andererseits ist mehr oder weniger, sicher bedingt durch die gesellschaftliche und kirchliche Situation – in Zeiten der Diktaturen in Chile und Argentinien konnten befreiungstheologische Ansätze keine Heimat an den auch vom Militär beeinflussten Fakultäten finden –, ein Gespräch mit befreiungs-

[303] Rodríguez Antuñano, El problema cristológico, 59.

[304] Vgl. die zitierte Übersicht zur Christologie von Rodrigo Polanco, Panorama de la cristología. – Zur Rezeption christologischer Studien aus dem nordatlantischen Raum haben in Santiago de Chile u. a. Fernando Berríos (zu Rahner), Carlos Casale (zu Hans Urs von Balthasar und Wolfhart Pannenberg) und Juan Noemi (zu Tillich) beigetragen, in Buenos Aires und Córdoba Alberto Espezel (zu Balthasar), Alejandro Mingo (zu Pannenberg), Guillermo Rosolino (zu Bruno Forte) und Carlos Schickendantz (zu Karl Rahner).

theologischen Denkansätzen geführt worden. Dieses Gespräch neu aufzunehmen wird Aufgabe der jüngeren Generation von Theologen und Theologinnen in Lateinamerika sein. Ein neuer Rezeptionsprozess der lateinamerikanischen Christologie der Befreiung ist in den letzten Jahren in Gang gekommen; Jorge Costadoat und Kreti Sanhueza in Santiago de Chile, Raúl Zegarra in Lima, Marcelo González in Buenos Aires, Faustino Teixeira in Juiz de Fora haben z. B. wichtige Studien vorgelegt.[305] Die Rezeption des Konzils in Lateinamerika sei, so Kreti Sanhueza, über das für Lateinamerika zentrale christologische Konzept des „historischen Jesus" gelaufen.[306] Zu diesen neuen christologischen Entwicklungen zählen auch die Studien, die in den letzten Jahren zum Abschlussdokument der Konferenz von Aparecida erschienen sind. Der argentinische Priester und Theologie Carlos Galli legt in diesem Zusammenhang eine „pastorale Christologie" vor; die christologische Reflexion steht im Dienst des Evangelisierungsauftrages der Kirche.[307]

In christologischen Arbeiten der jüngeren Generation kristallisieren sich zwei Felder gegenwärtigen und auch zukünftigen christologischen Denkens heraus. Einmal wird es wichtig sein, das interdisziplinäre Gespräch mit der Exegese fortzusetzen, auf der anderen Seite geht es um ein weiteres – dem lateinamerikanischen Kontext entsprechendes – Ausgestalten des Offenbarungsdenkens, wie es in den 70er Jahren bereits von lateinamerikanischen Vertretern der Religionsphilosophie wie Juan Carlos Scannone, Ricardo Ferrara oder Eduardo Briancesco angestoßen worden ist. Im Gespräch mit neuen exegetischen Überlegungen[308] werden die in der Christologie von Jon Sobrino genannten Fährten weiter entfaltet. Die kolumbianischen Theolo-

[305] Raúl Zegarra, Hacia una teología místico-profética. Gustavo Gutiérrez, David Tracy y el Vaticano II, in: Revista Páginas 226 (2012) 30–39; Faustino Teixeira, Teología de las religiones, Quito 2005; Marcelo Gónzalez, Misterio trinitario y existencia cristológica. Tres dinámicas articuladoras en la teología contemporánea, in: Ángel Codovilla Pérez/José Manuel Sánchez Caro/Santiago Del Cura Elena (Hg.), Dios y el hombre en Cristo. Homenaje a Olegario González de Cardedal, Salamanca 2006, 273–295.

[306] Kreti Sanhueza, El ‚Jesús histórico' como concepto cristológico latinoamericano de recepción del Concilio Vaticano II, Beitrag für das „Seminario interno" der Facultad de teología der PUC Santiago de Chile, 2012, 12.

[307] Carlos María Galli, Jesucristo. Camino a la dignidad y la comunión. La cristología pastoral en el horizonte del Bicentenario. De Líneas Pastorales a Navega mar adentro, Buenos Aires 2010, z. B. 240. – In eine ähnliche Richtung gehen die Überlegungen von Pablo Sudar, La persona de Jesús el Cristo, cristología histórica, Buenos Aires 2009.

[308] An den theologischen Fakultäten in Santiago de Chile und Buenos Aires sind seit den 70er Jahren qualifizierte exegetische Arbeiten vorgelegt worden; als Hinweis auf jüngere Studien zur Christologie seien genannt: Horacio Lona, Jesús según el anuncio de los cuatro evangelios, Buenos Aires, Claretiana, 2009; Armand Puig, Jesús. Una biografía (Un perfil biográfico), Buenos Aires, Edhasa, 2007; Samuel Fernández Eyzaguirre, Jesús. Los orígenes históricos del cristianismo. Desde el ano 28 al 48 d.C., Santiago de Chile 2007.

ginnen Olga Consuelo Vélez Caro und Amparo Novoa Palacios setzen sich z. B. mit dem Messiastitel auseinander; Exegeten wie Rudolf Schnackenburg haben darauf hingewiesen, dass in den Titeln bereits „implizierte Wesensaussagen" zu finden sind; so ist das Vertiefen des Titels des Messias – im Sinne des Befreiers – ein wichtiger Beitrag für die Fortschreibung des befreiungschristologischen Ansatzes, wie ihn Sobrino vorgelegt hat.[309] Gleichzeitig entkräftet ein solches Vorgehen Vorwürfe, die in befreiungschristologischen Ansätzen antijudaistische Tendenzen vermuteten und vermuten – wie im Falle der Auseinandersetzung um die Christologie von Virgilio Elizondo in der Community der „hispanics" bzw. „latinos/latinas" in den USA.[310] Ein anderes von Jon Sobrino angestoßenes Thema ist die neue Zusammenschau von Inkarnation und Kenosis; der chilenische Jesuit Jorge Costadoat legt wichtige Interpretationslinien zu einem befreiungstheologischen Zugang zur Freiheit Jesu und der Praxis in seiner Nachfolge über diesen Blick auf die Kenosis aus.[311]

In den Spuren der großen lateinamerikanischen religionsphilosophischen Studien der 70er und 80er Jahre geht der argentinische Priester und Theologe Gerardo Söding, dessen an der Gregoriana in Rom erstellte Promotion, die von dem Benediktiner Elmar Salmann und dem früh verstorbenen Jesuiten Donath Hercsik begleitet wurde, 2012 in Buenos Aires unter dem Titel „La Novedad de Jesús. Realidad y lenguaje en proceso pascual" erschienen ist.[312] Nicht die Kategorie der „Umkehr" leitet seinen Weg, sondern die des „Neuen"; mit Jesus von Nazareth hat sich „Neues" in der Geschichte ereignet, und diese „novedad", die „Neuheit" Jesu und die „Neuheit" des Christ-Werdens, erschließt Söding – in phänomenlogischer Schulung und im Gespräch mit der Texthermeneutik – über ein Denken der

[309] Olga Consuelo Vélez Caro/Amparo Novoa Palacios, Jesús el Mesías (Masiah). Una lectura desde la perspective de género, in: Cuestiones teológicas 37 (2010) 83–117.

[310] Vgl. die Diskussionen um das Werk von Virgilio Elizondo: Virgilio Elizondo, Jesus the Galilean jew in Mestizo theology, in: Theological Studies 70 (2009) 262–280; dazu: Jeffrey S. Siker, Historicizing a racialized Jesus. Case studies in the „Black Christ", the „Mestizo Christi", and White Critique, in: Biblical Interpretation 15 (2007) 26–53; Michael E. Lee, Galilean Journey revisited. Zur Christologie der Hispanic Community vgl. auch: Harold J. Recinos/Hugo Magallanes (Hg.), Jesus in the Hispanic Community. Images of Christ from Theology to Popular Religion, Louisville/Kentucky 2009;

[311] Vgl. Jorge Costadoat, Trazos de Cristo en América Latina. Ensayos teológicos, Santiago de Chile 2010; ders., Características y alcances de la humanidad de Jesucristo, in: Teología y Vida 38 (1997) 163–174.

[312] Der argentinische Priester und Theologe Gerado José Söding wurde 1959 geboren; er hat – was für die Entwicklung seines systematisch-theologischen Beitrages von Bedeutung ist – auch eine Lizentiatur am Biblicum in Rom erworben.

Gabe.[313] In einer kreativen Weise werden die biblischen Texte zum Ausgangspunkt einer systematisch-theologischen Christologie gewählt und das Ereignis des Offenbarwerdens Gottes in Jesus von Nazareth bedacht. Ausgangspunkt sind die Texte, sie haben „Offenbarungsqualität", „der neutestamentliche Text definiert sich genau durch die Möglichkeit *an-kommen* zu lassen, was sich zwischen Jesus und den Personen ereignet; er ist eine *Schrift*, die vollständig im Dienst dieser *Parusie* steht. Sie ermöglicht es, noch mehr die Fähigkeit des Meisters zu schätzen, mit der einzigartigen interpretativen und expressiven Fähigkeit seiner Begleiter zu rechnen, und mit dem Wagnis, von nun an genau dieser ausgeliefert zu sein".[314] Jesus allein ist „Zeuge", der einem „Anderen" Raum gibt, dessen ganzes Sein von einer „Gastfreundschaft" dem Anderen gegenüber geprägt ist und der die „Neuheit" dieses Anderen seinen Jüngern vermittelt. „... dieser Gesandte, der ermöglicht, dass dies sich ereignet, Jesus, *hat nichts geschrieben.* Seine Begegnungen mit einzelnen Menschen, mit Gruppen und Volksmengen sind *in der Tat* undenkbar ohne seine tatsächliche Gegenwart *hic et nunc*, ohne seine Stimme, ohne seinen Blick. In dem Lebensraum, den seine gastbereite Heiligkeit schafft, können die anderen, indem sie ihn nennen und identifizieren, sich in ihrer spezifischen Einzigkeit ‚identifizieren'. Die Identität Jesu kann ‚sich ihnen mitteilen und auf sie übergehen'."[315] Seine Gleichnisse, seine Taten, sein ganzes Leben haben der „Neuheit" des Reiches Gottes Raum gegeben, die zur Ausprägung eines neuen „Lebensstils" führt, und genau diese „Neuheit" ist das Zeichen für das „Offenbarwerden" Gottes.[316]

Der befreiungstheologischen Christologie entsprechend steht das christologische Denken im Dienst der Gemeinschaft. Dabei ist dieses „Offenbarwerden" – und hier ist Söding dem Ricoeurschen Ansatz verpflichtet – nicht „unvermittelt", es bleibt in der Geschichte eine „ambigue Gabe"; die in der „Neuheit" Jesu geschenkte Versöhnung ist über die vielfältige und komplexe Geschichte der Gemeinschaft vermittelt. Über den text-hermeneutischen und phänomenologischen Zugang stehen „Gottheit" und

313 Vgl. so die drei Kapitel der Studie La Novedad de Jesús. Realidad y lenguaje en proceso pascual, Rom 2009: Lo nuevo del Nuevo Testamento; La novedad de Jesús „en proceso" con las parábolas; El „acontecer" de la novedad Cristiana. Söding hat seinen Ansatz in Rezeption der hermeneutischen Philosophie von Paul Ricœur entfaltet. Das „Denken der Gabe" in der Schule von Jean-Luc Marion wird zur Zeit an den Fakultäten in Buenos Aires und Santiago de Chile rezipiert; vgl. z. B. Sociedad Argentina de Teología (SAT) (Hg.), Gratuidad, justicia y reciprocidad. Dimensiones de una teología del don, Buenos Aires 2005.

314 Söding, La Novedad de Jesús, 383 (Übersetzung aus dem Spanischen: M. E.).

315 Söding, La Novedad de Jesús, 383 (Übersetzung aus dem Spanischen: M. E.).

316 Söding, La Novedad de Jesús, 382: Söding greift hier auf Impulse von Christoph Theobald zurück: Il cristianesimo como stile. Fare teologia nella posmodernità, in: Teologia 32 (2007) 280–303.

„Menschheit" nicht in Konkurrenz; Jesus, der Christus, ist von Beginn an „Gabe", und als solche „hospitalidad" („Gastfreundschaft"), in der der Andere, Gott, der Vater, sich schenkt. So erfüllt sich in ihm das Menschsein, weil es von Anfang an von einem Anderen erfüllt wird. Vielleicht sind hier Wege eröffnet, das Desiderat zu bedenken, das die chilenische Theologin Kreti Sanhueza in ihrem Beitrag zur lateinamerikanischen Christologie benennt: „Noch offen ist die Aufgabe, in welcher Weise dieses Wiedergewinnen der Menschheit Jesu, das von der lateinamerikanischen Christologie geleistet wird, eine Beziehung zum Sinn dessen ausdrückt, was das 2. Vatikanische Konzil so ausgedrückt hat: ‚Das Wort Gottes, durch das alles geworden ist, ist selbst Fleisch geworden und ist, auf der Erde der Menschen wohnend, als wirklicher Mensch in die Geschichte der Welt eingetreten, hat sie sich zu eigen gemacht und in sich zusammengefaßt (GS 38)'."[317]

„In der Geschichte gehen"[318] – mit Jesus Christus

Die lateinamerikanische Kirche hat mit dem 2. Vatikanischen Konzil und vor allem auf ihrem „lateinamerikanischen Konzil", der Konferenz von Medellín, zu einer eigenen ortskirchlichen Identität gefunden, die sich an der biblischen Option für die Armen und dem Verständnis von Erlösung als Befreiung orientiert. Die lateinamerikanische Kirche und Theologie haben immer wieder neu Jesus Christus in das Zentrum gestellt. In Zeiten der Gottes- und der Kirchenkrise erinnern sie – gerade auch die anderen Ortskirchen – an den, der in der Krise begleitet, der Zeuge ist von dem Gott, der Geheimnis ist und bleibt, und der dem Gehen in der Geschichte Orientierung gibt. Jesus Christus, der Befreier, ist zum Leitmotiv der kontextuellen christologischen Ansätze in Lateinamerika geworden; hier sind die neuen Wege der Christologie, die mit der Konzilskonstitution „Gaudium et Spes" bereitet worden sind[319], in einer ganz spezifischen Form „konkreti-

[317] Kreti Sanhueza, El ‚Jesús histórico' como concepto cristológico latinoamericano de recepción del Concilio Vaticano II, 13 (Übersetzung aus dem Spanischen: M. E.). Der Beitrag wurde von Carlos Schickendantz, Santiago de Chile, zur Verfügung gestellt. Die Doktorarbeit von Kreti Sanhueza trägt den Titel: Jesús de Nazareth como el Cristo liberador de América Latina. Algunos rasgos de la Cristología de Juan Luis Segundo y de Jon Sobrino, Belo Horizonte 2011. – Vgl. zu dieser Argumentation auch: Andrés Torres Queiruga, Das Geheimnis von Jesus dem Christus: Gottheit „in" der Menschheit, in: Concilium 44 (2008) 282–292.

[318] Vgl. so den Titel des Schlusskapitels der Christologie von Jon Sobrino, Der Glaube an Jesus Christus, 504–506.

[319] Vgl. dazu: Thomas Gertler, Jesus Christus. Die Antwort der Kirche auf die Frage nach dem Menschsein. Eine Untersuchung zu Funktion und Inhalt der Christologie im Ersten Teil der Pastoralkonstitution „Gaudium et Spes" des Zweiten Vatikanischen Konzils, Leipzig 1986.

siert" worden, erwachsen aus den gesellschaftlichen und kirchlichen Kontexten an der Seite der Armen, um sie – mit Sobrino gesprochen – „von ihren Kreuzen zu nehmen". Die Kritik, die von dieser Option ausgehend europäischen theologischen Ansätzen gegenüber formuliert worden ist, war hart, und gerade Jon Sobrino hat in seiner „Christologie der Befreiung" auch den christologischen Ansatz von Walter Kasper und seine Interpretation des Reiches Gottes davon nicht ausgenommen.[320] Sicher kann Sobrino hier vorgeworfen werden, die Kontextualität seines Ansatzes in einer Weise zu universalisieren, die anderen Kontexten nicht gerecht wird. Theologie, in Europa, in den USA, in Lateinamerika usw., wird noch mehr lernen müssen, dass jeder Entwurf „kontextuell" ist – sei es die Christologie von Walter Kasper, die in den europäischen philosophischen Kontext der Debatten der 70er Jahre des letzten Jahrhunderts um den neuzeitlichen Atheismus einbezogen ist, sei es die lateinamerikanische Christologie, die Jesus Christus als Befreier vorstellt.

Theologie ist als Glaubensreflexion nicht ohne die je neue Umkehrbewegung zum Reich Gottes zu verstehen, das hat die lateinamerikanische Kirche und Theologie in Erinnerung gerufen; Theologie ist als „intellectus fidei" „intellectus amoris", ein Denken „auf dem Weg", offen für die, die diesen Weg mitgehen, die ihn begleiten, die ihn kreuzen, aber auch die vielen, die am Rande stehen. In ihrer Orientierung an Jesus von Nazareth, dem Christus, der auf diesem Weg sich immer wieder neu meldet, in den vielen Begegnungen, vor allem im Dienst an denen, die aus dem Weg „geräumt" werden, die am Rand stehen, die um Hilfe schreien, in deren Gesichtern die Not, Gewalt und Ausgrenzung der Welt aufscheinen, kann christliche Theologie nicht „exklusiv" werden. Sie ist Dienst einer Kirche, die sich zur Anwältin des Menschen macht, in all seinen Freuden und Leiden (GS 1). Gerade die Erinnerung an Ihn, das „Licht der Völker", an den „armen Jesus", hat das Konzil zu neuen ekklesiologischen Grundlagen geführt, die Ökumene, Religionsfreiheit, Dialog der Religionen neu buchstabieren. Das sind Wege, die in Lateinamerika in den letzten Jahren auch immer mehr aufgebrochen sind und aufbrechen, wenn indianische christliche Theologen nach dem Erbe und der Anerkennung der einheimischen Kulturen und Religionen fragen[321], wenn Theologinnen Kritik üben an einer „exklusiven" Option

[320] Sobrino, Christologie der Befreiung, 171/172; 252–256: Kritisiert werden „Abstraktion" und „Verallgemeinerung" der Reich-Gottes-Botschaft; die Kritik wird im Blick auf Kaspers Analyse des neuzeitlichen Atheismus wiederholt; der Götzendienst sei nichts anderes als die Kehrseite des Atheismus (255), die konkrete gesellschaftliche Realität der Armen werde nicht in den Blick genommen.

[321] Auf die neuen theologischen Impulse der „teología india", die aus dem Gespräch mit den indigenen Kulturen und Religionen die lateinamerikanische Theologie auf Fragen des reli-

für die Armen[322], wenn das Wachsen der Pfingstbewegung in Lateinamerika die Ökumene mit den protestantischen Kirchen und den neu entstehenden christlichen Gemeinschaften zu einem neuen Thema macht.[323]

Die Christologie der Befreiung mit ihrer Erinnerung an das Reich Gottes und die Seligpreisungen, die vor allem den vielen Armen gelten, gehört hinein in die Geschichte der Rezeption des 2. Vatikanischen Konzils in Lateinamerika und des lateinamerikanischen „Konzils" in Medellín. Vielleicht kann diese Rezeption helfen, die in den Konflikten um die Theologie und Christologie der Befreiung sich zugespitzten „Polaritäten" in der lateinamerikanischen Kirche auszugleichen und der Theologie der Befreiung auch einen Ort an „klassischen" theologischen Ausbildungszentren in Lateinamerika zu eröffnen. Der Konflikt um die Theologie und Christologie der Befreiung macht deutlich, dass Christologie und Kirchenbild zusammengehören und wie spannungsreich der Weg der Rezeption der Impulse des 2. Vatikanischen Konzils ist. Die Christologie der Befreiung ist eine kontextuelle Gestalt der Ausdifferenzierung des mit der Pastoralkonstitution „Gaudium et Spes" vorgelegten christologischen Denkens einer Kirche „in" Welt. Hier werden – dem neuen dogmatischen Stellenwert der Pastoralkonstitution entsprechend – Dogma und Pastoral auf eine neue Weise aufeinander bezogen. Eine Welt-Kirche kann nur eine „pluralitätsfähige" Kirche sein, und dazu gehört das Gespräch der vielen, dazu gehört die Bereitschaft, miteinander zu wachsen. Die Theologie der Befreiung wird sich im Gespräch mit den theologischen Ansätzen anderer Weltkontexte weiter entwickeln können, genau wie sich nordatlantische Theologien im Gespräch

giösen Pluralismus und des interreligiösen Dialogs öffnen, kann an dieser Stelle nicht weiter eingegangen werden; ebensowenig auf die neuen Studien zur Volksreligiosität und ihren befreienden Quellen. Hier liegt ein neues Potential einer Fortschreibung der Befreiungschristologie: vgl. dazu: Diego Irarrazaval, Latin American Images of Christ, in: Journal of Reformed Theology 1 (2007) 50–71; Manuel M. Marzal, Visión cultural de Cristo en el Perú, in: Revista teológica limense 32 (1998) 299–310; Stefan Silber, Theologie der Befreiung im Religionsdialog. Eine neue Entwicklung in Lateinamerika, in: Stimmen der Zeit 223 (2005) 484–488.

[322] Margit Eckholt, „Mit Passion und Compassion" – Impulse interkultureller Theologie aus dem Dialog mit lateinamerikanischen Theologinnen, in: MarianoDelgado/Michael Sievernich (Hg.). Mission und Prophetie in Zeiten der Interkulturalität. Festschrift zum hundertjährigen Bestehen des Internationalen Instituts für missionswissenschaftlichen Forschungen 1911–2011, St. Ottilien 2011, 116–129, mit weiteren Literaturangaben. – In christologischer Perspektive interessant ist der Beitrag von Virginia R. Azcuy, Christologischer Glaube und Würde der Frauen. Vorschläge zu einem Weg der Ent-hüllung und der „partnership", in: Virginia R. Azcuy/Margit Eckholt (Hg.), Citizenship – Biographien – Institutionen. Perspektiven lateinamerikanischer und deutscher Theologinnen auf Kirche und Gesellschaft, Zürich/Berlin 2009, 167–178.

[323] Vgl. z. B. Margit Eckholt, Pentekostalismus. Eine neue „Grundform" des Christseins, in: Tobias Keßler/Albert-Peter Rethmann (Hg.), Pentekostalismus. Die Pfingstbewegung als Anfrage an Theologie und Kirche, Regensburg 2012, 202–225.

mit den Befreiungstheologien ihrer Kontextualität bewusst werden und im interkulturellen Gespräch in eine neue Weite wachsen können. Walter Kasper hat in seiner Christologie eine wichtige Orientierung gegeben: „Es kann festgehalten werden, daß die Herrschaft Christi in und durch die sichtbare Kirche geschieht und daß sie doch weiter und umfassender als die Kirche ist; sie ist in der Kirche wie in der Welt zeichenhaft sichtbar und verborgen zugleich. Die Kirche kann ihren Auftrag darum nur erfüllen in Korrespondenz zu den ‚Zeichen der Zeit', die sie einerseits aus dem Glauben heraus deuten kann, durch die sie andererseits aber auch tiefer in den Sinn des Glaubens eingeführt wird."[324] Die Befreiung in Jesus Christus wird die Kirche immer neu aufbrechen und weiten, auf das Reich Gottes hin, und sie kann sich immer nur „konkret" ereignen und in der Nachfolge Jesu Spuren dieses Reiches Gottes auslegen, vor allem in der Begegnung mit den Armen. In diesem Dienst steht die Christologie, das war und ist der Beitrag der Christologie der Befreiung im interkulturellen Gespräch der vielen Theologien der Welt: zu erinnern an Den, der gekommen ist, „den Armen eine gute Nachricht zu bringen, den Gefangenen die Entlassung zu verkünden und den Blinden das Augenlicht, die Zerschlagenen in Freiheit zu setzen und ein Gnadenjahr des Herrn auszurufen" (vgl. LK 4,18–19).

[324] Kasper, Jesus der Christus, 319.

„Compassion“ und „Passion“: Lateinamerikanische Theologie in der Nachfolge Jesu Christi

„Mitleid“ und „Compassion“ – ein interkulturelles Gespräch

Seit den 90er Jahren sind – auch unter dem Schirm der Deutschen Bischofskonferenz – in verschiedenen deutschen Bistümern an katholischen Schulen Projekte entwickelt worden zur „Entwicklung und Stärkung sozialverpflichteter Haltungen unter Schülerinnen und Schülern“. Anliegen der Initiatoren des Projektes, darunter der Religionspädagoge Lothar Kuld, ist, dass die katholischen Schulen auch gesellschaftspolitische Aufgaben übernehmen sollten, „da die Individualisierung der Lebensentwürfe und Lebenseinstellungen die Entsolidarisierung der Gesellschaft befördere und Prosozialität und altruistische Haltungen verdränge ... Die Schule könne und müsse auch nicht eine Reparaturwerkstätte gesellschaftlicher Konflikte sein. Sie könne jedoch zur Entwicklung ‚sozialer Sensibilität‘ beitragen.“[325] Dem Projekt ist bewusst der Name „Compassion“ – die latinisierte bzw. englische Version des alten deutschen Begriffes „Mitleid“ – gegeben worden, um stark gefühlsbetonte individualistische Konnotationen, die mit dem deutschen Wort „Mitleid“ verbunden sind, zu umgehen. „Compassion“, so Kuld, „ist ... ein Projekt der Solidaritätsschöpfung, das aus den Schulen heraus für die Gesellschaft entwickelt wurde und auf die ‚moralische Atmosphäre‘ (Kohlberg) an den Schule zu konkreter Mitmenschlichkeit hin zurückwirkt.“[326] Angesichts der „Sorge um den bedrohten Zusammenhalt des Gemeinwesens“ ist es auch Aufgabe der Schule, die Werte von Solidarität und Mitmenschlichkeit zu bilden; wenn Schüler und Schülerinnen an Projekttagen oder -wochen Besuche in Altenheimen unternehmen, sich in Umweltprojekten engagieren, behinderte Menschen begleiten oder in Kontakt zu einer Partnerschule in einem afrikanischen oder lateinameri-

[325] Vgl. Lothar Kuld/Stefan Gönnheimer, Compassion. Sozialverpflichtetes Lernen und Handeln, Stuttgart/Berlin/Köln 2000, 7; vgl. auch: Manfred Riegger, Sozialverpflichtetes Lernen und Handeln. Das Compassion-Projekt an staatlichen Schulen als kritisch-konstruktiver Beitrag zur Bildung verantwortlicher Heranwachsender, in: Klaus Arntz/Johann Hafner/Thomas Hausmanninger (Hg.), Mittendrin statt nur dabei. Christentum in pluraler Gesellschaft, Regensburg 2003, 166–186. – Vgl. zu den folgenden Ausführungen: Margit Eckholt, „Compassion“ und „Passion“ – lateinamerikanische Theologie in der Nachfolge Jesu Christi, in: Jahrbuch für biblische Theologie 2016 (im Erscheinen).

[326] Lothar Kuld, Compassion. Ein Projekt sozialen Lernens an Schulen, in: Achim Battke/Thilo Fitzner/Rainer Isak/Ullrich Lochmann (Hg.), Schulentwicklung – Religion – Religionsunterricht. Profil und Chance von Religion in der Schule der Zukunft, Freiburg/Basel/Wien 2002, 276–280, hier 280.

kanischen Land kommen, so trägt dies dazu bei, dass sie lernen, soziale Verantwortung zu übernehmen.[327]

Zwanzig Jahre nach Gründung des Projektes, in Zeiten der Aufwertung einer eher individualistischen Tugendethik und neuer Debatten um die Wertebildung im schulischen Kontext[328], ist es angesagt, den Begriff des Mitleids neu in den Blick zu nehmen und auf dem Hintergrund der Quellen, die den „eingedeutschten" Begriff der „Compassion" tragen, zu lesen. Wenn junge Menschen auf Schulhof oder Spielplatz das Schimpfwort „Du Opfer" aussprechen, so wird darin deutlich, dass für sie eine Haltung des Mitleids verpönt ist; Opfer sein und Mitleid erfahren oder mitleiden und sich der Opfer annehmen, will (oder kann?) scheinbar niemand. „Opfer", das ist hier jemand, auf den herabgeschaut wird, der Anerkennung verloren hat oder scheinbar keiner Anerkennung wert ist; in die „starke" neue Welt der „Helden" und „Kämpfer" – und seien es auch nur die der virtuellen Welt der Computerspiele – fügt sich das nicht, Mitleid ist hier nicht angesagt.[329] Aber damit geht verloren, was den Menschen zum Menschen macht, damit wird eine Selbstbezüglichkeit und scheinbare Autarkie insinuiert, eine Welt, in der es keine Opfer zu geben hat, wenn der Mensch sich an die Regeln des „Machens" hält. Die deutsche Gesellschaft für Pastoralpsychologie hat auf einer Tagung im Jahr 2012 in einer interdisziplinären und interreligiösen Perspektive bewusst die „Spiritualität des Samariters" in den Blick genommen und diese mit „Compassion" bezeichnet; es ging ihr darum, „Facetten der Hoffnung in einer verstörenden Welt" aufzuzeigen.[330] Mitleid wird hier – im Sinne einer Übersetzung des französischen Begriffs der „compassion" – mit dem Philosophen André Comte-Sponville, einem Vertreter der neuen Tugendethik, als „Haltung der engagierten Mitmenschlichkeit"[331] verstanden. Mitleid ist „mehr als ein Gefühl. Es ist die Haltung, daß ich Leiden, welcher Art und aus welchen Gründen auch immer, nicht einfach indifferent hinnehme"[332]. „Compassion" hat auch hier mehr als individualistische Konnotationen, es geht um „Engagement", „Mitmenschlichkeit", eine po-

---

[327] Kuld/Gönnheimer, Compassion, 9.

[328] Vgl. z. B. Elisabeth Naurath/Martina Blasberg-Kuhnke/Eva Gläser/Reinhold Mokrosch/Susanne Müller-Using (Hg.), Wie sich Werte bilden. Fachübergreifende und fachspezifische Werte-Bildung, Gütersloh 2013.

[329] Vgl. Konrad Hilpert, Art. Mitleid, Mitleidsethik, in: LThK[3], Bd.7, 134–137.

[330] Vgl. Klaus Kießling, Compassion. Facetten der Hoffnung in einer verstörenden Welt. Prozessbeobachtungen zum 40. Jahreskongress der Deutschen Gesellschaft für Pastoralpsychologie 2012, in: Wege zum Menschen. Zeitschrift für Seelsorge und Beratung, heilendes und soziales Handeln 65 (2013) 99–107.

[331] Kuld/Gönnheimer, Compassion, 8; vgl. André Comte-Sponville, Ermutigung zum unzeitgemäßen Leben. Ein kleines Brevier der Tugenden und Werte, Reinbek 1996.

[332] Kuld/Gönnheimer, Compassion, 8.

litische Dimension ist intendiert, und gerade darum ist es notwendig, in Zeiten zunehmender sozialer und politischer Gewalt, von Unruhen, Bürger- und Völkerkriegen den Begriff des Mitleids bzw. der Compassion im Kontext einer friedensethisch ausgerichteten Wertebildung neu zu beleuchten.

Interessant ist, dass diese friedenspolitische Dimension bereits in einer 1999 vom lateinamerikanischen Theologen Leonardo Boff herausgegebenen und eingeleiteten Textsammlung zum „Prinzip Mitgefühl" benannt worden ist.[333] Die Begriffe „Mitgefühl" und „Mitleid" werden oft unterschiedslos verwendet; die Wortwahl „Mitgefühl" für den Titel der Anthologie ist wohl angesichts des belasteten deutschen Begriffs des Mitleids gewählt worden, auch als direkte Übersetzung der griechischen „sympathia" bzw. der lateinischen „compassio", die im internationalen Kontext im Englischen und Spanischen als „compassion" bzw. „compasión" bezeichnet werden. „Mitgefühl", so Boff, ist einer der „fundamentalsten Werte", „ein Wert, der in Verbindung mit anderen in der Lage sein wird, das neue Paradigma des Zusammenlebens zu bereichern und eine Allianz dauerhaften Friedens mit der Erde entstehen zu lassen."[334] Im Vorwort benennt er die Aktualität des Themas „Mitgefühl" bzw. „Mitleid": „Drei Gründe vor allem machen Mitgefühl zu einem brennend aktuellen Thema – und sind damit Anlaß für dieses Buch: Der gnadenlose Wettstreit im heute den Zwängen der Globalisierung unterworfenen Markt fordert Millionen von Opfern. Die Armut wächst – weltweit werden immer mehr Menschen aus den sozialen Gefügen ausgeschlossen. Und darüber hinaus ist das Ende der systematischen Zerstörung des ‚Systems Erde' noch nicht abzusehen, so daß die Zukunft unserer Biosphäre zunehmend gefährdet ist. Wir stehen an einem wirklichen Kreuzweg von planetarischen Ausmaßen. Heute erleben wir eine generelle Verschlechterung der Lebensqualität. Eine ethisch motivierte Entrüstung und das Gefühl des Mit-Leids für alle, die leiden, sind die Folge."[335]

Wenn Leonardo Boff Begriffstraditionen des „Mitgefühls" – und damit auch des „Mitleids" bzw. der „Compassion" – in Vergangenheit und Gegenwart zusammenstellt und es ihm darum geht, den Begriff in einem universalen, Religionen, Kulturen und politische Systeme verbindenden Zusammenhang zu erschließen, so steht dies im Zusammenhang der programmatischen Überlegungen, die der Münsteraner Fundamentaltheologie Johann Baptist Metz zur „Compassion" als „Weltprogramm des Christen-

[333] Leonardo Boff (Hg.), Das Prinzip Mitgefühl, Freiburg/Basel/Wien 1999.

[334] Boff (Hg.), Das Prinzip Mitgefühl, 17.

[335] Boff (Hg.), Das Prinzip Mitgefühl, 13. – Die negativen Konnotationen von Mitleid werden deutlich in der letzten Kapitelüberschrift: „So seid mir gewarnt vor dem Mitleiden" (11).

tums im Zeitalter des Pluralismus der Religionen und Kulturen“[336] vorgelegt hat. „Das Prinzip Mitgefühl“, so knüpft Boff die Verbindung zu Metz, „kann eine neue Haltung der Menschen begründen, eine Haltung von mehr Wohlwollen und Solidarität. Der Leidende hat, wie es Johann B. Metz zu recht unterstreicht, eine nicht hinterfragbare Autorität. Denn er spricht das tiefste Innere eines jeden Menschen an, er berührt jene Instanzen, in denen das Wesen der Menschen als *Pathos*, Sorge und Mitgefühl wirkt. Menschliches Mitgefühl angesichts von fremdem Leid ist eine Haltung, die sich dadurch auszeichnet, daß sie aufs vortrefflichste alle Religionen, Kulturen und politischen Systeme miteinander verbindet, so unterschiedlich sie auch sein mögen. Alle sind dazu aufgerufen, aus ihrem eigenen Kreis herauszutreten und sich im Dienste des Leidenden und der Erde, die blutet, zu treffen.“[337] Johann B. Metz versucht, über den Begriff der „Compassion“ das Programm einer universalen Ethik aus christlicher Perspektive zu begründen, darin dem Projekt zum „Weltethos“ eines Hans Küng vergleichbar, aber anders als Küng – worauf auch die Ethikern Hille Haker hinweist –, ein Programm, das nicht auf einem „ethischen Minimalkonsens“[338] aufbaut, sondern „Compassion“ durchbuchstabiert im Sinne des „Gedächtnisses an alle Leidenden“ und als „die biblische Mitgift für ein sittliches Weltprogramm in diesem Zeitalter der Globalisierung“[339]. Im Gottesgedächtnis der biblischen Tradition, „soweit es sich als Leidensgedächtnis der Menschen formuliert“, ist für Metz „der Universalismus, gewissermaßen das Weltprogramm des Christentums im Zeitalter des konstitutionellen Pluralismus verankert“[340]. Das ist dann kein „‚Mitgefühl‘ von oben oder von außen“, sondern „teilnehmende Wahrnehmung fremden Leids“, so Metz in einem 2006 veröffentlichten Aufsatz zu „Passion und Passionen“.[341] „Compassion“ ist für Metz das angemessene Wort, um „Jesu neue Lebensart, seine elementare Empfindlichkeit für fremdes Leid, genau und unmißverständlich

---

[336] Johann Baptist Metz, Compassion. Zu einem Weltprogramm des Christentums im Zeitalter des Pluralismus der Religionen und Kulturen, in: Johann Baptist Metz/Lothar Kuld/Adolf Weisbrod (Hg.), Compassion. Weltprogramm des Christentums. Soziale Verantwortung lernen, Freiburg/Basel/Wien 2000, 9–18, 13: „Diese gerechtigkeitssuchende Compassion ist das Schlüsselwort für das Weltprogramm des Christentums im Zeitalter der Globalisierung. Sie ist in meinen Augen die biblische Mitgift für den europäischen Geist, so wie die theoretische Neugierde die griechische Mitgift und das Rechtsdenken die römische Mitgift für Europa ist.“

[337] Boff (Hg.), Das Prinzip Mitgefühl, 28/29.

[338] Hille Haker, „Compassion“ als Weltprogramm des Christentums?, in: Concilium 27 (2001) 436–459, hier 436.

[339] Metz, Compassion, 15.

[340] Metz, Compassion, 9/10.

[341] Johann Baptist Metz, Passion und Passionen, in: ders., Armut im Geiste. Passion und Passionen, Münster 2007, 63–78.

zum Ausdruck" zu bringen.[342] Damit entfaltet er seinen Ansatz einer politischen Theologie weiter, die angesichts der Shoa, von Auschwitz und des immensen Leids des jüdischen Volkes und angesichts der von Adorno und vielen anderen gestellten Frage, wie hier von Gott gesprochen werden kann, eine „leidempfindliche" Gottesrede vorlegt und im Ausgang von der Gerichtsrede Jesu (Mt 25,31–46) die Autorität der Leidenden als Maß für die Gottesrede nimmt. Christliche Gottesrede könne sich „über die Leidensfrage, über die memoria passionis, über das Eingedenken des Leids, des Leids der anderen – bis hin zum Leid der Feinde – universalisieren... Universal, also für alle Menschen bedeutsam, kann die Gottesrede nur sein, wenn sie in ihrem Kern eine für fremdes Leid empfindliche Gottesrede ist."[343] Der Universalismus von „Compassion" als Weltprogramm des Christentums wurzelt „in der unbedingten Anerkennung einer Autorität, die freilich auch in den großen Religionen und Kulturen der Menschheit angerufen werden kann: In der Anerkennung der Autorität der Leidenden..."[344] Die Liebe Gottes, die in Jesus „offenbar" geworden ist, ist eine „Gottesleidenschaft als Mitleidenschaft, als Mystik der Mitleidenschaft"[345].

Gerade darum ist „Compassion", wie Hille Haker es skizziert, „erstens Bestand einer *Friedenspolitik*, die neben dem eigenen Leiden das Leiden des anderen, des Konfliktpartners, gelten lässt, es wahr-nimmt und in die geschichtliche Erinnerung integriert. Zum zweiten kann der Compassion-Gedanke zu einer neuen *Politik der Anerkennung* inspirieren, insofern er der symmetrischen Anerkennung von Vertragspartnern die asymmetrische Anerkennung zur Seite stellt. Kein emphatischer Politikbegriff ist damit impliziert, so Metz, wohl aber die notwendige Verbindung von Moral und Politik. Drittens aber vermag Compassion, der kulturellen Amnesie das kulturelle und politische *Gedächtnis* gegenüberzustellen, ein Gedächtnis, das ‚nach Gerechtigkeit schreit' und sich der politischen und kulturellen Vergesslichkeit entgegenstellt."[346] Trotz dieser Einwürfe aus ethischer Perspektive ist es interessant, dass das Projekt „Compassion" im Unterschied zum Weltethos-Projekt bislang noch nicht auf eine vergleichbare Weise im säkularen Kontext rezipiert worden ist. Selbst Lothar Kuld, der Initiator des Projektes, stellt die Anfrage nach der Übertragbarkeit des Projektes auf andere Schulen als die katholischen, gerade angesichts der – wie er schreibt – „Zumutung" der religiösen Sinngebung.[347] Religionen und ihre normativen

[342] Metz, Passion und Passionen, 69.
[343] Metz, Compassion, 11.
[344] Metz, Compassion, 15.
[345] Metz, Passion und Passionen, 68.
[346] Haker, „Compassion", 437.
[347] Kuld/Gönnheimer, Compassion, 10.

Ansprüche sind heute aber auf eine neue Weise auch im säkularen Kontext – und damit auch im schulischen Kontext – präsent. Im Blick auf die Zunahme von Gewalt weltweit, der immer größeren Verletzlichkeit und Verwundbarkeit des Menschen wird das Verhältnis von Religion und Gewalt angefragt und es tut eine Auseinandersetzung mit den normativen Ansprüchen der Religionen not.

„Compassion" erschließt den Kern christlichen Glaubens und legt, so die These von Metz, über den Ausgangspunkt bei der Autorität der Leidenden den Ansatz einer universalen Ethik vor. Der Lateinamerikaner Leonardo Boff hat in seiner Textsammlung zum „Mitgefühl" neben philosophischen Quellen biblische und theologisch-spirituelle Traditionen des Begriffs vorgestellt; die biblischen Traditionen bilden die Grundlage für ein weiteres Erschließen dessen, was im Mitleid, verstanden als „Compassion", als „Mitgefühl", wie Leonardo Boff es nennt, transportiert wird. „Mit-leiden" ist für den Moraltheologen Dietmar Mieth das „zentrale Thema des Evangeliums"[348], in der „Compassion" wird die Vernetzung des Leidens in den Blick genommen; es können, so Mieth, vier christliche Motive unterschieden werden: „Die Barmherzigkeit des Vaters, wie sie sich in dem lukanischen Gleichnis vom verlorenen Sohn ausdrückt; die Leidens- und Todessolidarität des Sohnes, das Erbarmen des Samariters und die ‚compassio fraterna', die brüderliche Leidensgemeinschaft mit ihrer Aufgipfelung an der in der Mystik berühmten Stelle Röm 9,3: ‚Ich möchte von Christus getrennt sein um meiner Brüder willen.'"[349] „Compassion" führt in den mystischen Kern des Christentums.

Gerade dieser „mystische" Kern ist in der lateinamerikanischen Theologie, vor allem der in und nach den Zeiten des Bürgerkriegs in El Salvador gewachsenen Kreuzestheologie Jon Sobrinos, durchbuchstabiert worden. Es ist kein geringerer als Papst Franziskus, der in seinem Apostolischen Schreiben „Evangelii Gaudium" das Thema des Mitleids und des Mitleidens zu einem roten Faden macht.[350] „Es ist unglaublich", so notiert der Papst in

[348] Dietmar Mieth, Mitleid, in: Metz/Kuld/Weisbrod (Hg.), Compassion. Weltprogramm des Christentums, 21–26, hier: 21: „Vernetzung des Leidens im Mit-leiden ist zentrales Thema des Evangeliums. Biblisches Mitleid… hat nichts zu tun mit Vorstellungen wie ‚aus Mitleid lieben oder töten'. Paulus verdeutlicht der Kirche, dass sie vom Leiden eines jeden in Mitleidenschaft gezogen wird: Wenn ‚ein Glied leidet, leiden alle Glieder mit' (1 Kor 12,26)." – Zum biblischen Begriff des Mitleids vgl. Jürgen Ebach, „Compassion"? Ein beziehungsreiches Wort im Kontext biblischer Erinnerungen und Impressionen, in: Wege zum Menschen. Zeitschrift Seelsorge und Beratung, heilendes und soziales Handeln 65 (2013) 108–126.

[349] Mieth, Mitleid, 21–25.

[350] Papst Franziskus, Apostolisches Schreiben *Evangelii Gaudium*, hg. vom Sekretariat der Deutschen Bischofskonferenz, Bonn 2013. Das Dokument wird im Folgenden im Text mit der Abkürzung EG zitiert.

seiner Analyse der „Herausforderungen der Welt von heute“, „dass es kein Aufsehen erregt, wenn ein alter Mann, der gezwungen ist, auf der Straße zu leben, erfriert, während eine Baisse um zwei Punkte in der Börse Schlagzeilen macht. Das ist Ausschließung.“ (EG 53) Papst Franziskus spricht in diesem Zusammenhang von einer „Globalisierung der Gleichgültigkeit“, die zu einem neuen „Lebensstil“ für viele geworden ist, und die genau dazu führt, dass Mitleid nicht mehr empfunden werden kann: „Um einen Lebensstil vertreten zu können, der die anderen ausschließt, oder um sich für dieses egoistische Ideal begeistern zu können, hat sich eine Globalisierung der Gleichgültigkeit entwickelt. Fast ohne es zu merken, werden wir unfähig, Mitleid zu empfinden gegenüber dem schmerzvollen Aufschrei der anderen, wir weinen nicht mehr angesichts des Dramas der anderen, noch sind wir daran interessiert, uns um sie zu kümmern, als sei all das eine uns fern liegende Verantwortung, die uns nichts angeht.“ (EG 54) Gerade darum ist in der globalisierten Welt des beginnenden 21. Jahrhunderts die Verkündigung des Evangeliums von Bedeutung, erinnert es doch an das, was den Menschen Mensch sein lässt: „Die Verkündigung des Evangeliums wird eine Grundlage sein, um in diesen Zusammenhängen (M. E. die neuen Kulturen, die Ambivalenz des Lebens in den Großstädten) die Würde des menschlichen Lebens wiederherzustellen, denn Jesus möchte in den Städten Leben in Fülle verbreiten. … Doch das Menschliche bis zum Grunde zu leben und als ein Ferment des Zeugnisses ins Innerste der Herausforderungen einzudringen, in jeder beliebigen Kultur, in jeder beliebigen Stadt, lässt den Christen besser werden und befruchtet die Stadt.“ (EG 75)

„Compassion“ – die Barmherzigkeit, das Mitleiden – ist ein Leitmotiv in „Evangelii Gaudium“; hier verdichtet sich die Grundaussage christlichen Glaubens, die „gute Nachricht“, die sich auf dem Weg Jesu Christi als Offenbarung der „unendlichen“ und „unerschütterlichen“ Liebe Gottes (EG 3) erschließt, eine „gute Nachricht“ mit universaler Bedeutung, geht es in ihr doch um nichts anderes als darum, „das Menschliche bis in den Grund zu leben“. Papst Franziskus spielt damit die religiöse Sinndimension der „Compassion“ in den öffentlichen – nicht nur innerchristlichen – Diskurs ein, als „Evangelium“, als Friedensbotschaft, die den sozialen Zusammenhalt fördert und ein neues Band des Miteinanders schafft. In Jesus Christus, in dem das Erbarmen, die Barmherzigkeit Gottes konkret wird, wird dem Menschen eine unendliche Würde zugesprochen: „Ein ums andere Mal lädt er uns wieder auf seine Schultern. Niemand kann uns die Würde nehmen, die diese unendliche und unerschütterliche Liebe uns verleiht.“ (EG 3) Wenn Papst Franziskus von Evangelisierung spricht, von „Mission“, so heißt dies, in der Nachfolge Jesu „anderen Leben zu geben“, wie es auch die lateinamerikanischen Bischöfe im Dokument der Generalversammlung von

Aparecida (2007) formuliert haben: „In der Tat, die größte Freude am Leben erfahren jene, die sich nicht um jeden Preis absichern, sondern sich vielmehr leidenschaftlich dazu gesandt wissen, anderen Leben zu geben.... Hier entdecken wir ein weiteres Grundgesetz der Wirklichkeit: Das Leben wird reifer und reicher, je mehr man es hingibt, um anderen Leben zu geben. Darin besteht letztendlich die Mission." (EG 10, DA 360)[351] Christsein heißt, sich „in das Alltagsleben der anderen" zu stellen, „durch Werke und Gesten", und hier „mit dem leidenden Leib Christi in Berührung" zu kommen. (EG 24) Das Evangelium lädt „uns immer ein, das Risiko der Begegnung mit dem Angesicht des anderen einzugehen, mit seiner physischen Gegenwart, die uns anfragt, mit seinem Schmerz und seinen Bitten, mit seiner ansteckenden Freude in einem ständigen unmittelbar physischen Kontakt. Der echte Glaube an den Mensch gewordenen Sohn Gottes ist untrennbar von der Selbsthingabe, von der Zugehörigkeit zur Gemeinschaft, vom Dienst, von der Versöhnung mit dem Leib der anderen. Der Sohn Gottes hat uns in seiner Inkarnation zur Revolution der zärtlichen Liebe eingeladen." (EG 83) Christ-Sein heißt, wirklich Mensch werden und zur Menschwerdung der anderen beizutragen; das ist Mitleid, Mitleiden, „Compassion", eine alle Grenzen sprengende „gute Nachricht". In seinen Überlegungen zur Katechese und zur geistlichen Begleitung spricht Papst Franziskus von einem „heilsamen Rhythmus der Zuwendung", „einem achtungsvollen Blick voll des Mitleids, der aber zugleich heilt, befreit und zum Reifen im christlichen Leben ermuntert" (EG 169). Er bezieht in diesen Sprachformen die Traditionen der lateinamerikanischen Theologie ein und macht deutlich, dass „Compassion" ein in der Tiefe christlicher Tradition verankerter Begriff und ein Leitmotiv ist, das in das Gespräch von Kultur, Gesellschaft und Religionen eingebracht werden muss. Über seine Überlegungen erhält zudem die spezifisch lateinamerikanische Prägung des Zugangs zur „Compassion" – ihre Erschließung über die „Option für die Armen"– eine universale weltkirchliche Bedeutung.

Wie ist dieses Motiv nun in der Kreuzestheologie in El Salvador buchstabiert worden? Welche Bedeutung hat dieser interkulturelle Blick für ein neues Erschließen der „Compassion" bzw. des „Mit-Leids" und „Mit-Leidens" im deutschsprachigen Kontext? Der lateinamerikanische Zugang zur „Compassion" wird dabei deutlich machen, dass „Compassion" sich letztlich nur „auf dem Weg" erschließt, wenn sich auf dem Weg die Augen für die Realität öffnen, vor allem für die Notleidenden, Armen, für das „gekreuzigte" Volk, wie es die Jesuiten Ignacio Ellacuría und Jon Sobrino formuliert

[351] Zitiert wird: 5. Generalversammlung der Bischöfe von Lateinamerika und der Karibik, Dokument von Aparecida (29. Juni 2007), 360.

haben. Ein solches Erkennen ist ein „intellectus amoris“, der aus dem Mit-Leiden und darin der Anteilnahme am Leiden Jesu Christi, in dem die göttliche Barmherzigkeit aufleuchtet, erwächst.

Compassion – in der lateinamerikanischen Befreiungstheologie

Eine neue Methodik - Theologie an der Seite der Armen und das Gedächtnis der Opfer:
„Ich möchte besonders an die Männer der Streitkräfte und konkret an die Basis der Nationalgarde, der Polizei und der Kasernen appellieren: Brüder! Ihr seid Teil unseres Volkes. Ihr tötet in den Campesinos eure eigenen Brüder und Schwestern! Aber über jedem Tötungsbefehl, den ein Mensch erteilen kann, steht das Gesetz Gottes, welches da lautet: Du sollst nicht töten! Kein Soldat ist gezwungen, einem Befehl zu gehorchen, der dem göttlichen Gesetz widerspricht. Niemand muss ein unmoralisches Gesetz erfüllen. Es ist an der Zeit, dass ihr eurem Gewissen folgt und nicht sündigen Befehlen! Die Kirche als Verteidigerin der Rechte Gottes, des göttlichen Gesetzes, der menschlichen Würde und der Person kann angesichts solcher Gräuel nicht schweigen. Wir wünschen, dass die Regierung ernstlich begreift, dass Reformen wertlos sind, wenn sie mit so viel Blut befleckt wurden! Im Namen Gottes und im Namen dieses leidenden Volkes, dessen Klageschreie Tag für Tag lauter zum Himmel steigen, bitte ich euch, flehe ich euch an, befehle ich euch: Beendet die Unterdrückung!“[352]

Erzbischof Oscar Arnulfo Romero, 1970 zum Bischof geweiht, seit 1977 Erzbischof in San Salvador hat in seiner letzten Predigt in der Kathedrale von San Salvador, einen Tag vor seiner Ermordung am 24. März 1980, ausgedrückt, was neuer Weg der Kirche in El Salvador geworden ist: eine Kirche an der Seite der Armen, die ihre Stimme erhebt angesichts der Verletzung der Menschenrechte und des Tods vieler Unschuldiger. Angesichts der Repressionen der Militärs brach 1980 der Bürgerkrieg aus, eine Zeit von Gräueltaten, von Massakern an unschuldigen Menschen, Campesinos, Studenten, Männern und Frauen; die Massaker von El Mozote und am Rio Sumpul (1980) standen am Beginn der zunehmenden politischen Gewalt, die erst 1992 mit den Friedensverhandlungen befriedet werden konnte; aber andere Formen von Gewalt und Leid begleiten das Land – wie auch die anderen mittelamerikanischen Länder – bis heute. Gerade in El Salvador, Honduras und Guatemala hat sich die organisierte Kriminalität festgesetzt,

[352] Zitiert nach: http://www.ci-romero.de/ueberuns_oscarromero_biografie/?no_cache=1&print=1 (letzter Aufruf: 16.08.2014).

Drogen, Menschenhandel, Gewalt, die gerade Jugendliche – Mädchen und Jungen – durch die ganze Stadtviertel prägende Jugendbanden erfahren und die sie zur Flucht in den Norden veranlassen. Das Observatorio de la Violencia der Universidad Nacional Autónoma de Honduras hat für die erste Jahreshälfte 2014 aufgewiesen, dass die Todesrate unter Jugendlichen pro Monat von durchschnittlich 90 auf 102 gewachsen ist; 40 Massaker an Jugendlichen werden pro Jahr verübt. „Die Bevölkerung sieht nicht, dass Gewalt und Armut geringer werden. Sie verliert die Hoffnung und macht sich in einer massiven Weise auf die Flucht. Es ist ein Exodus. Wir gehen davon aus, dass täglich zwischen 200 und 300 Personen von Honduras abwandern", so der Direktor der Casa Alianza Honduras.[353] Was Erzbischof Romero gefordert hat, Schutz und Anerkennung der Würde der Armen, vor allem der am meisten Verletzlichen, gilt heute nach wie vor. Diese „Option für die Armen" schreibt sich ein in den neuen Weg der lateinamerikanischen Kirche, der vor allem durch die 2. Generalversammlung des lateinamerikanischen Episkopats in Medellín (1968) angestoßen worden ist und der durch die in diesen Jahren entstandene Befreiungstheologie begleitet worden ist.

Auf dem Hintergrund einer Analyse der „Zeichen der Zeit" – einer Welt von Armut, Gewalt, Menschenrechtsverletzungen – kam es in den theologischen Ansätzen eines Gustavo Gutiérrez, Juan Luis Segundo, Lucio Gera, Ronaldo Muñoz, Clodovis und Leonardo Boff, Ignacio Ellacuría und Jon Sobrino zu einer neuen Lektüre der Frohen Botschaft, der Erinnerung an den Gott des Exodus, an die Befreiungswege Israels und das befreiende Handeln Jesu, an seine Ansage des Reiches Gottes, die Leben vor allem für die Armen bedeutet. Nach der 3. Generalversammlung in Puebla (1979) und vor allem im Vorfeld der 4. Generalversammlung in Santo Domingo (1992) hat die Erinnerung an die Geschichte von Eroberung und „des-encuentro" (Verdeckung) das Leid, das den Indígenas widerfahren ist – und in neuer Gestalt durch ökonomische, soziale und kulturelle Ausschließung auch heute widerfährt – aus der Vergessenheit geholt. Erinnert wurden auch „Voices of compassion" – so der Titel eines Aufsatzes zur Erinnerung an den Dominikaner Antonio de Montesinos und seine für den Bekehrungsprozess von Bartolomé de las Casas entscheidende Predigt am vierten Adventssonntag 1511[354], in der er das Leid anklagt, das den Indígenas durch die

[353] Zitiert nach: https://honduprensa.wordpress.com/tag/casa-alianza/ (letzter Aufruf: 16.08. 2014).

[354] Vgl. Alfonso Esponera Cerdán, La compassion dominicana se hace grito por los indios, „Rostros sufrientes de Cristo", a lo largo de la historia de América, in: Ciencia Tomista 139 (2012) 169–179; vgl. auch: Justo L. González, Voices of Compassion, Missiology, in: An

Conquistadoren widerfahren ist und von der angesichts ihrer Deutlichkeit eine direkte Brücke zur zitierten Predigt von Erzbischof Oscar Romero geschlagen werden kann: „Sie verkünden, daß ihr alle in todsünde lebt und darin sterben werdet wegen der Grausamkeit und Tyrannei, die ihr diesen Unschuldigen gegenüber anwendet, Sagt, mit welcher Berechtigung und mit welchem Recht haltet ihr diese Indios in so grausamer und schrecklicher Sklaverei? Was ermächtigt euch, so verabscheuungswürdige Kriege gegen diese Menschen zu führen, die freidlich und ruhig in ihrem eigenen Lande lebten, Kriege, in denen ihr unendlich viele von ihnen mit nie gehörtem Mord und Zerstörung vernichtet habt? Warum haltet ihr sie so unterdrückt und erschöpft, ohne ihnen etwas zu essen zu geben noch ihre Krankheiten zu heilen, die sie wegen des Übermaßes an Arbeit befallen, das ihr ihnen auferlegt; und sie sterben euch weg, oder besser, ihr tötet sie, nur um jeden Tag Gold herauszupressen und zu erhalten? Und was kümmert euch, wer sie im Glauben unterweist, damit sie ihren Gott kennenlernen, getauft werden und die Messe hören, die Feiertage und die Sonntage einhalten? Sind sie keine Menschen? Haben sie keine vernunftbegabten Seelen? Seid ihr nicht verpflichtet, sie zu lieben wie euch selbst? Versteht ihr dies nicht? Fühlt ihr dies nicht? Wie könnt ihr in so tiefem Schlaf befangen sein?“[355]

Die „Compassion“, die Antonio de Montesinos, Bartolomé de Las Casas oder Erzbischof Romero antreibt, orientiert sich an der befreienden Botschaft und Praxis Jesu von Nazareth, an seiner Option für die Armen, und sie ist als Mitleiden mit den geschundenen Menschen ein Mittragen, das eine Option für die Gerechtigkeit impliziert. „Diese befreiende Haltung Jesu“, so der Jesuit Victor Codina in einem Rückblick auf den Weg der Theologie der Befreiung, „impliziert notwendigerweise auch eine prophetische Kritik an allem, was dem Reich Gottes entgegensteht, eine Kritik an den Reichen, die die armen Lazarusse gesellschaftlich marginalisieren… Die Option für die Gerechtigkeit und für all jene, die aus der Gesellschaft ausgeschlossen sind, für diejenigen, die arm gemacht worden sind und die als unbedeutend betrachtet werden, gehört unzertrennlich zum Glauben und zur Evangelisierung dazu.“[356]

International Review 20 (1992) 163–173, zitiert nach: http://mis.sagepub.com/content/20/2/163.refs?patientinform-links=yes&legid=spmis;20/2/163 (letzter Aufruf: 16.08.2014).

[355] Vgl. die Predigt von Antonio de Montesinos, zitiert nach: Batolomé de las Casas, Die Adventspredigt von Antonio de Montesinos (1511), in: Mariano Delgado (Hg.), Gott in Lateinamerika. Texte aus fünf Jahrhunderten. Ein Lesebuch zur Geschichte, 146–150, hier: 147.

[356] Victor Codina, Theologie der Befreiung. Überblick und Herausforderungen, in: Bernardeth Caero Bustillos/Franz Gmainer-Pranzl/Birgit Weiler (Hg.), Theologie der Befreiung, Salzburg 2015 (in Vorbereitung).

Dieser Neuaufbruch der Theologie impliziert eine neue theologische Methodik, die Gustavo Gutiérrez als Theologie im Dienst einer Praxis an der Seite der Armen bezeichnet, eine neue Methodik, die „Theologie und Leben sowie Theorie und Praxis miteinander verbindet und die sich vornehmlich von den Armen als dem bevorzugten theologischen Ort her entwickelt“[357]. Nach dem Konflikt um die Theologie der Befreiung Mitte der 80er Jahre und dem Fall der Mauer 1989 schien die Theologie der Befreiung in einer globalen und weltkirchlichen Perspektive in den Hintergrund zu treten, aber mit dem Pontifikat von Franziskus und angesichts seiner nüchternen Sicht auf die globalisierte Welt und die verheerenden Auswirkungen eines rein ökonomischen Denkens wird deutlich, dass die neuen Wege der Befreiungstheologie, der Ansatz bei einer Analyse der „Zeichen der Zeit“, bei einer Lektüre der Gründungstexte des Christentums im Ausgang von der Realität der Armut und die lebendige Erinnerung an die heilende und befreiende Botschaft des Reiches Gottes nach wie vor ihre Geltung haben. Franziskus spricht in „Evangelii Gaudium“ vom „bevorzugten Platz der Armen im Volk Gottes“ (EG 197). „Für die Kirche ist die Option für die Armen in erster Linie eine theologische Kategorie und erst an zweiter Stelle eine kulturelle, soziologische, politische oder philosophische Frage. Gott gewährt ihnen (M. E. und hier zitiert er Johannes Paul II.) ‚seine erste Barmherzigkeit‘.“ (EG 198) Unter Rückbezug auf die Eröffnungsansprache von Papst Benedikt XVI. bei der Generalkonferenz in Aparecida am 13. Mai 2007 spricht er von der „Option für die Armen“. Diese Option, so Benedikt, ist „im christologischen Glauben an jenen Gott implizit enthalten, der für uns arm geworden ist, um uns durch seine Armut reich zu machen.“ (EG 198, Zitat Benedikt)[358] Und dann fällt der viel kommentierte Satz des Papstes: „Aus diesem Grund wünsche ich mir eine arme Kirche für die Armen. Sie haben uns vieles zu lehren. Sie haben nicht nur Teil am *sensus fidei*, sondern kennen außerdem dank ihrer eigenen Leiden den leidenden Christus. Es ist nötig, dass wir alle uns von ihnen evangelisieren lassen. … Wir sind aufgerufen, Christus in ihnen zu entdecken, uns zu Wortführern ihrer Interessen zu machen, aber auch ihre Freunde zu sein, sie anzuhören, sie zu verstehen und die geheimnisvolle Weisheit anzunehmen, die Gott uns durch sie mitteilen will.“ (EG 198)[359]

[357] Codina, Theologie der Befreiung (in Vorbereitung).

[358] Zitiert wird: Benedikt XVI., Ansprache zur Eröffnung der Arbeiten der 5. Generalversammlung der Bischöfe von Lateinamerika und der Karibik (13. Mai 2007), 3: AAS 99 (2007) 450.

[359] Vgl. auch EG 210, wo Papst Franziskus sich auf verschiedene Formen der Armut bezieht, die Obdachlosen, Drogenabhängigen, Migranten usw.: „Wir sind berufen, in ihnen den leidenden Christus zu erkennen und ihm nahe zu sein, auch wenn uns das augenscheinlich

Die Worte und Gesten von Franziskus machen die methodische Revolution der Befreiungstheologie deutlich, den Zugang zur Gotteserkenntnis auf den Wegen der Praxis. In ihrem Beitrag zur lateinamerikanischen Befreiungstheologie verweist die an der Jesuitenuniversität in San Salvador tätige Fundamentaltheologin Martha Zechmeister auf das Wort des Jeremia „Den Schwachen und Armen verhalf er zum Recht. Heißt nicht das, mich wirklich erkennen? – Spruch Gottes des Herrn" (Jer 22,16) und kommentiert ihn folgendermaßen: „Der Satz des Jeremia bedeutet vielmehr zugespitzt: ‚Allein im Tun, in der Praxis der Gerechtigkeit, eröffnet sich der Zugang zur Gotteserkenntnis, zur Erfahrung des lebendigen Gottes. Wenn du Gott in den Mund nimmst, ohne um das Recht für die Rechtlosen zu kämpfen, hast du keine Ahnung, von wem du sprichst'."[360] Der lateinamerikanische Zugang zur „Compassion" gründet in diesen neuen theologischen Wegen, einem „intellectus amoris"[361], wie Jon Sobrino unter Rückbezug auf das Denken seines Lehrers und Freundes, des 1989 in den Wirren des Bürgerkrieges zusammen mit fünf Mitbrüdern und zwei Hausangestellten ermordeten Philosophen und Theologen Ignacio Ellacuría, die Kurzformel zur Bestimmung der theologischen Arbeit benannt hat.

„Mit Romero ist Gott durch El Salvador gegangen" (Ignacio Ellacuría) – eine Theologie des Mitleidens und der Gerechtigkeit[362]:
Im März 1990, wenige Monate nach der Ermordung von Ignacio Ellacuría, ist im Verlag Trotta (5 Jahre später dann in der Edition Exodus Luzern) das

---

keine greifbaren und unmittelbaren Vorteile bringt." – Vgl. dazu die Publikation: Jorge Gallegos Sánchez/Markus Luber (Hg.), Eine arme Kirche für die Armen. Theologische Bedeutung und praktische Konsequenzen, Regensburg 2015.

360 Martha Zechmeister, Du sollst nicht trennen, was Gott verbunden hat. Glaube und Gerechtigkeit. Zwei inkompatible theologische Welten, in: Gunter Prüller-Jagenteufel/Hans Schelkshorn/Franz Helm/Christian Taucher (Hg.), Theologie der Befreiung im Wandel. Revisionen – Ansätze – Zukunftsperspektiven, Aachen 2010, 94–106, hier 95.

361 Jon Sobrino, Theologie der Bereiung als *intellectus amoris*, in: Otto König/Gerhard Larcher (Hg.), Theologie der gekreuzigten Völker. Jon Sobrino im Disput, Graz 1992, 10–21.

362 Die folgenden Überlegungen beziehen sich auf folgende Texte von Jon Sobrino: Fuera de los pobres no hay salvación. Pequeños ensayos utópico-proféticos, Madrid 2007; ders., Monseñor Romero, San Salvador [9]2013; ders., El principio misericordia. Bajar de la cruz a los pueblos crucificados, San Salvador [2]2012; ders., Jesús de Galilea desde el context salvadoreño. Compasión, esperanza y seguimiento a la luz de la cruz, Revista Latinoamericana de Teología 25 (2008) 313–333, [engl. Ausgabe: Jesus of Galilee from the Salvadoran context. Compassion, Hope, and Following. The Light of the Cross, Theological Studies 70 (2009) 437–460]. – Zum Werk Sobrinos vgl. Stephen Pope (Hg.), Hope and solidarity. Jon Sobrino's Challenge to Christian Theology, Maryknoll/N.Y. 2008. Auf den Konflikt um die Christologie von Jon Sobrino wird in diesem Beitrag nicht eingegangen, vgl. dazu: Peter Hünermann, Sobrinos Schriften verurteilt. Ist dies das Pontifikat Benedikts XVI.?, in: Herder Korrespondenz 61 (2007) 184–187; Knut Wenzel (Hg.), Die Freiheit der Theologie. Die Debatte

von Jon Sobrino und Ignacio Ellacuría herausgegebene zweibändige „Mysterium liberationis" erschienen. In seinem Vorwort weist Jon Sobrino auf den „Sitz im Leben" und „Sitz im Tod" der Befreiungstheologie hin: „Diese österliche Realität – Nacht der Tötung und Licht des Martyriums, Kreuz des Todes und Auferstehung des Lebens – ist der wahre ‚Sitz im Leben' und auch … ‚Sitz im Tode' der Befreiungstheologie; sie ist der radikalste hermeneutische Ort für das Verständnis der folgenden Seiten. Darum lade ich den Leser und die Leserin noch einmal ein, daß sie diese so lesen, wie man die Evangelien, die Ostererzählungen liest, die zugleich Aufruf und gute Nachricht sind."[363] In diese österliche Spannung des Glaubens ist die von Jon Sobrino vorgelegte theologische Durchdringung der „Compassion" eingebettet. Sie erwächst auf dem Hintergrund des neuen Weges der Theologie der Befreiung, ihres Selbstverständnisses als „Theorie einer historischen und kirchlichen Praxis" (Ignacio Ellacuría), „als *intellectus amoris, misericordiae, iustitiae*"[364], und das bedeutet, dieser Zugang ist nicht ein begrifflich-abstrakter, sondern setzt an bei der konkreten Realität eines verwundeten Landes, von Menschen, die in den Wirren des Bürgerkriegs zu Opfern geworden sind, die das „gekreuzigte Volk" sind, wie Ignacio Ellacuría diese Realität benannte, Menschen, die auf der einen Seite den Gewalt- und Armutskontext erleiden und auf der anderen Seite sich – wie Erzbischof Romero oder Ignacio Ellacuría – mit ihrem ganzen Leben einsetzen, damit in der Realität des Todes Leben wird. Das ist der „Kontext", in dem es zu einer neuen Interpretation des Textes des Evangeliums kommt, und der dazu führt, in diesem Hier und Heute – der Welt der vielen Kreuze – Jesus Christus zu entdecken und aus der daraus resultierenden Hoffnung auf die Auferstehung selbst diesen Weg der Nachfolge zu gehen und Gerechtigkeit zu üben. Wie „Compassion" zu verstehen ist, ergibt sich aus dieser Lektüre des Textes des Evangeliums im Kontext von El Salvador, der „dritten Welt".[365]

Der erste Schritt dieses Erkenntnisprozesses ist darum, die „Welt des Mitleides" wahrzunehmen, so Sobrino in einem Aufsatz für die Zeitschrift „Concilium" (2003), das sind die 1,3 Milliarden „Ausgeschlossenen" in einer globalisierten Welt, von Armut, Gewalt und Krieg betroffene Menschen.

---

um die Notifikation gegen Jon Sobrino, Ostfildern 2008; Martin Maier, Nachlese zur Notifikation gegen Jon Sobrino, in: Prüller-Jagenteufel/Schelkshorn/Helm/Taucher (Hg.), Theologie der Befreiung im Wandel, 62–71. Martin Maier weist darauf hin, dass Jon Sobrino als „Theologe des Mitleidens und der Gerechtigkeit" bezeichnet wird (63).

[363] Jon Sobrino, Vorwort, in: Ignacio Ellacuría/Jon Sobrino (Hg.), Mysterium liberationis. Grundbegriffe der Theologie der Befreiung, Bd. 1, Luzern 1995, 13–16, hier: 13.

[364] Sobrino, Vorwort, 15.

[365] Jon Sobrino, Unsere Welt – Grausamkeit und Mitleid, in: Concilium 39 (2003) 6–14.

Mitleid, das ist die Anteilnahme am Leben der anderen, es bedeutet, die Augen für die „Realität“ der Gewalt öffnen. Zur „Welt des Mitleids“ gehören aber auch die „Personen, die angesichts der Opfer reagieren und sie auf unterschiedliche Art verteidigen (in Solidaritätsbewegungen, Menschenrechtsbewegungen oder in der Bewegung ‚Eine andere Welt ist möglich‘) … Das Mitleid mündet schließlich in der höchsten Form von Liebe. Manchmal ist der Tod die Folge, wenn man einem Zeugnis oder einer Liebe treu bleibt… Es gibt auch Menschen, die den Tod auf sich nehmen um der Sache der Befreiung willen, indem sie sich opfern…“[366]

Wenn Sobrino in diesem komplexen, „theologalen“ Sinn von der „Welt des Mitleids“ spricht, so nimmt er Bezug auf den von seinem 1989 ermordeten Mitbruder Ignacio Ellacuría eingeschlagenen Verstehensprozess, der vom Begriff der „Realität“ ausgeht, wie ihn der baskische Philosoph Xavier Zubiri vorgelegt hat. Es geht darum, „die Realität zu verstehen und sich mit ihr auseinander zu setzen“, und das geschieht in drei Dimensionen: a) „hacerse cargo de la realidad“: die Realität annehmen, ihr ins Auge schauen (erkenntnistheoretische Dimension), b) „cargar con la realidad“: die Realität auf sich nehmen, sich ihr stellen (ethische Dimension), c) „encargarse de la realidad“: die Realität auf sich laden, Verantwortung für sie übernehmen, mit dem ganzen Leben (praktische Dimension).[367]

Das ist dann, übertragen auf die Realität El Salvadors, a) der Blick auf die Realität der Leidenden, b) der Blick auf die Realität derer, die diese Situation aushalten, in deren Leben sich die Passion Jesu, das Kreuz, im konkreten Jetzt ereignet, und c) der Blick auf die Realität derer, die diese Situation anklagen, die sie auf sich nehmen, Verantwortung übernehmen, ein Einsatz, der sie selbst in den Tod führen kann. Die „Welt des Mitleids“ ist diese ganze Realität, die Sobrino in Anlehnung an Ignacio Ellacuría mit dem bildhaften Wort bezeichnet: „mit Romero ist Gott durch El Salvador gegangen“. Sobrino nennt dabei aus theologischer Perspektive noch ein weiteres, viertes Moment: „dejarse cargar por la realidad“, sich von der Realität „aufladen“ lassen; das ist die umgreifende „theologale“ Dimension der Gnade, als Anerkennung der Anwesenheit Gottes in dieser „Welt des Mitleids“, eine Dimension der Hoffnung, die aus der „Realität“ der Auferstehung Jesu wächst, deren „Text“ im „Kontext“ El Salvadors in dem Sinne „gelesen“ wird, dass es Menschen gibt, die aus der Hoffnung der Auferstehung leben und in ihrem „cargar con la realidad“ bzw. „encargarse de la realidad“ die Lebensspur der Auferstehung der konkreten Realität von Armut und Gewalt einprägen.

[366] Sobrino, Unsere Welt, 7.
[367] Jon Sobrino, Fuera de los pobres no hay salvación, San Salvador 2009, 16.

Mitleid – im Sinne der „Compassion" – wird über diese theologische Lektüre aus seinen biblischen und theologischen Wurzeln erschlossen und wird über den Begriff des „gekreuzigten Volkes", mit dem Ignacio Ellacuría diese Realität in theologaler Hinsicht benennt, mit dem soteriologischen Begriff des „Opfers" und des „Martyriums" verbunden. Es kommt, worauf auch Karl Rahner 1983 in seinen Überlegungen zum „Martyrium" aufmerksam gemacht hat[368], auf dem Hintergrund der Realität von Gewalt und Armut in den lateinamerikanischen Ländern zu einer neuen Bestimmung des Begriffs des „Martyriums". Er erwächst aus einer neuen Interpretation des Kreuzestodes Jesu als Opfer. Jesus ist der leidende Gottesknecht[369], der „unschuldig ist und Leiden, die er trägt, eigentlich andere tragen müßten. Darin aber wird er zur Erlösung für andere."[370] Sobrino bezeichnet in diesem Sinne Jesus als den „homo verus", den „wahren und vollkommenen Menschen". „Diesen *homo verus* präsentiert das Neue Testament als denjenigen, der ‚das Gute tut', der ‚ehrlich und barmherzig' ist, der gekommen ist, ‚nicht, um sich bedienen zu lassen, sondern um zu dienen'."[371] Dieser Text des Evangeliums wird jedoch immer in und aus einem Kontext heraus interpretiert, Verstehen ist mit dem „hacerse cargo de la realidad" verbunden, und das bedeutet: Das Kreuz Jesu kann in den Opfern von Gewalt und Armut erkannt werden, in den Leidenden, die das „gekreuzigte Volk" bilden. Ein Märtyrer, so Jon Sobrino, ist ein Mensch, der wie Jesus stirbt, um der Sache Jesu willen, treu gegenüber dem Auftrag Jesu.[372] „Beim Martyrium in diesem Sinne kommt es auf die *Ähnlichkeit* mit Leben und Tod Jesu an."[373] Jesus selbst ist Zeuge der Wahrheit, er ist „Märtyrer" der ungeschuldeten und parteiischen Liebe Gottes zu den Armen, und die jesuanischen Märtyrer sind wie Jesus Anwälte der Armen.[374] Die Ursache des Martyriums ist nicht das *„odium fidei*, sondern das *odium justitiae* und in tieferem und weiterem Sinne das *odium misericordiae*"[375]. „Barmherzigkeit", so Jon Sobrino, „bezeichnet die Wirklichkeit Jesu und Gottes auf tiefere Weise, so wie sie Lukas mit seinem Ausdruck ‚von Mitleid bewegt' beschreibt. Es ist das Martyrium im johanneischen Sinne von der ‚größten Liebe'."[376]

[368] Karl Rahner, Dimensionen des Martyriums. Plädoyer für die Erweiterung eines klassischen Begriffs, in: Concilium 19 (1983) 174–176.
[369] Jon Sobrino, Christologie der Befreiung, Bd. 1, Mainz 1998, 309.
[370] Sobrino, Christologie der Befreiung, 311.
[371] Sobrino, Christologie der Befreiung, 315.
[372] Sobrino, Unsere Welt, 10.
[373] Sobrino, Unsere Welt, 10.
[374] Sobrino, Unsere Welt, 10.
[375] Sobrino, Unsere Welt, 11.
[376] Sobrino, Unsere Welt, 11.

Sobrino ist sich bewusst, dass er damit eine neue Interpretation des Martyriums vorlegt. Traditionell sind diejenigen Märtyrer, die aufgrund des „odium fidei“ sterben; ihr Glaube an den Gott Jesu Christi wird abgelehnt, im Kontext El Salvadors wird ihr Einsatz für den Nächsten und das Durchleiden der Gewalt zum Grund des Martyriums. „Doch den massenhaften Opfern der Barbarei gesteht man keine solchen Titel zu, sie bleiben gewöhnlich namenlos.“[377] Und genau ihnen – den „Mehrheiten, die dahinvegetieren und im Elend sterben, bei Massakern und in Flüchtlingslagern umkommen, keine Mittel haben, um AIDS zu bekämpfen, die missgebildet und verachtet sind“[378] – gibt Sobrino einen Namen; sie sind – unter Rückbezug auf Ignacio Ellacuría – der „leidende Gottesknecht“: „Dieses gekreuzigte Volk ist die historische Fortsetzung des Gottesknechtes, dem die Sünde der Welt jede menschliche Gestalt nimmt, dem die Mächtigen dieser Welt alles wegnehmen, dem sie das Leben, vor allem das Leben entreißen.“[379] Und diese „Bevölkerungsmehrheiten als ‚gekreuzigtes Volk‘ und ‚leidender Gottesknecht‘ zu bezeichnen ist ein Akt der Wiedergutmachung, der schon längst fällig gewesen wäre. Und es ist auch ein Glaubensakt. Es bedeutet nicht nur, den Toten ihre ‚Würde‘ zurückzugeben, sondern ihnen auch eine Heilsfunktion zuzusprechen. Sie rufen zur Umkehr auf, sie bringen Licht und Heil…“[380] Sie sind in ihrer Schutzlosigkeit und ihrem Ausgeliefertsein Märtyrer, sie „ergänzen in ihrem Fleisch, was am Leiden Christi noch fehlt“; und auch diejenigen sind Märtyrer, die die Gerechtigkeit verteidigen wie Bischof Romero und Gewalt erleiden, sie sind „der vorübergehende Christus“[381], Menschen, die sterben „aufgrund ihres konsequent durchgehaltenen Mitleids“: „Viele Menschen haben einen gewaltsamen Tod erlitten, nicht um des Glaubenszeugnisses willen, sondern aufgrund ihres konsequent durchgehaltenen Mitleids. In der Kirche waren die Bischöfe ebenso wie die Ordensfrauen, Katecheten, im Dienst der Verkündigung Stehende; in der Gesellschaft insgesamt betraf es Bauern und Indígenas, Studenten, Rechtsanwälte, Journalisten… Auf die eine oder andere Weise haben sie die Lüge, hinter der sich der Tod der Armen verbirgt, entlarvt und gegen die Ungerechtigkeit gekämpft. Sie waren Leute des Mitleids im Gegensatz zur herrschenden Grausamkeit.“[382] Diese Märtyrer sind Menschen, die wie Jesus, in „analoger“ Weise, die Realität annehmen, sich ganz mit ihr „aufla-

[377] Sobrino, Unsere Welt, 8.
[378] Sobrino, Unsere Welt, 11/12.
[379] Sobrino, Unsere Welt, 9.
[380] Sobrino, Unsere Welt, 12/13.
[381] Sobrino, Unsere Welt, 9.
[382] Sobrino, Unsere Welt, 8.

den", darin mit-leiden und in ihrem Mit-leiden die Passion und Compassion Jesu durchsichtig werden lassen.

Was die Märtyrer, das „gekreuzigte Volk" und die „Leute des Mitleids" dabei aufdecken, ist die Sünde, die Lüge, alles, was sich hinter dem „Tod der Armen" verbirgt. In diesem Aufdecken bricht das Reich Gottes an, wird eine Erfahrung von Auferstehung gemacht. „Compassion", Mitleid, ist ein aktives Mitleiden und darin Erfahrung von Leben. Wenn Erzbischof Oscar Romero vom Volk bereits lange vor seiner offiziellen Seligsprechung durch Papst Franziskus am 23. Mai 2015 „heiliggesprochen" ist, der „San Romero de las Américas", dann drückt sich darin genau diese Hoffnung der Auferstehung auf, das Leben, das in aller Gewalt und durch den Tod hindurch durchbricht und das Miteinander, Gemeinschaft, möglich macht. „Mit Romero ist Gott durch El Salvador gegangen."

Die in El Salvador gewachsene Befreiungstheologie vertieft die biblischen Zugänge zum Begriff des Mitleids und die „Spiritualität des Samariters" auf dem Hintergrund einer neuen Interpretation der Kreuzestheologie. „Compassion" ist kein Gefühl, nichts Individualistisches, ist in den Prozess des „Erkennens" der Realität eingebettet, ein Erkennen, das mit einem „Annehmen" und „Tragen" der Realität verbunden ist, das zur Lebensform werden kann. „Compassion" bedeutet in diesem Sinne, auch mit Papst Franziskus, Menschwerdung, aus sich herauszugehen, um sich anderen zu verbinden[383], um „Gerechter" zu werden, wie Martha Zechmeister auf dem Hintergrund von Anstößen Meister Eckharts die Christologie von Jon Sobrino interpretiert, gerade angesichts der Anfragen, die die Glaubenskongregation am 15. März 2007 in ihrer Notifikation gestellt hat.[384] „Wenn Sobrino davon spricht, dass der Kreuzestod Jesu unsere Erlösung im Sinne einer ‚exemplarischen Ursache' wirkt, dann tut man ihm schwer unrecht, wenn man ihm unterstellt, er würde damit das Mysterium der Erlösung auf ‚Moralismus' reduzieren. Denn genau an diesem Punkt ist seine Theologie m. E. genau wie die Meister Eckharts wahrhaft ‚mystische Theologie'. Es geht ihm nicht um ein ‚moralisches Exempel', das uns Jesus geben würde, sondern darum, dass wir nur darin Anteil am Erlösungsmysterium gewinnen, indem wir die Praxis Jesu riskieren. In diesem Tun vollzieht sich der ‚mystische Prozess', dass wir dem Sohn gleich gestaltet werden – in dem das wirklich wird, was Gott will, nämlich dass wir zu Söhnen und zu Töchtern im Sohn werden. Im Tun dessen, was Jesus getan hat, werden wir in das

[383] EG 187: „Jeder Christ und jede Gemeinschaft ist berufen, Werkzeug Gottes für die Befreiung und die Förderung der Armen zu sein, so dass sie sich vollkommen in die Gesellschaft einfügen können."

[384] Zechmeister, Du sollst nicht trennen, 106: „‚Der Gerechte werden' macht uns nach Eckhart zu Söhnen und Töchtern im Sohn, es wandelt uns in die Gestalt Christi…"

Erlösungsmysterium hineingezogen und darin selbst zum österlichen Menschen."[385]

Es geht um Mensch-Werdung, um das Gerecht-Werden, „Compassion" ist nicht einfach gegeben, sondern ist als Lebensgestalt „Geschehen", ist in eine Weggestalt eingebettet. Der zweite auf deutsch veröffentlichte Band der Christologie von Jon Sobrino „Der Glaube an Jesus Christus" buchstabiert den Weg der Nachfolge und das Christus-Bekenntnis, das daraus erwächst. Nachfolge hat mit konkreter Hoffnung zu tun, aus dem Glauben an die Auferstehung zu leben, der sich in einer Praxis der Gerechtigkeit ausdrückt. Jon Sobrino beschließt seine Überlegungen mit einem Blick auf dieses „Gehen": „Wenn das Christentum in etwas Experte ist, dann in dem Wissen darum, wie man durch die Geschichte geht, wie man ohne Unterlass und trotz allen Hindernissen geht und wie man so geht, dass man andere, sich und die Opfer vermenschlicht, humanisiert. Dabei begleiten uns Jesus aus Nazareth als älterer Bruder und die vielen Zeugen der Geschichte…, eine große Zahl von Zeugen, von Märtyrern, die nicht nur Zeugnis von Christus ablegen, sondern das Leben und das Geschick Jesu erneuernd nachvollziehen… Wenn man sich auf diesem Weg durch die Geschichte nicht verliert, sondern sich in die Geschichte hinein inkarniert und vertieft, dann kann es geschehen, dass die Wirklichkeit mehr von sich hergibt und die Überzeugung wächst (oder schwindet), dass dieses Gehen einen Ursprung, einen letzten Grund hat, aus dem die Initiative für alles Gute (die Protologie) entspringt, und dass dieses Gehen ein letztes Ziel der Vollendung hat (die Eschatologie). Dies ist aber kein historisches, sondern ein transzendentes Glaubenswissen: Das Gehen ist verwoben in das Geheimnis des Ursprungs und des Endes, ein Geheimnis, das uns vorausliegt, von dem wir herkommen, das uns bewegt, Gutes zu tun, und das uns ermutigt, das endgültige Leben zu erhoffen. Dieses Geheimnis ist Gnade, und die Opfer dieser Welt, die gekreuzigten Völker, können unserer Meinung nach diese Gnade vermitteln. Von den Opfern geht eine Kraft aus, ein quasi-physischer Anstoß für eine Praxis des Gehens unter dem Kreuz dieser gekreuzigten Völker, ein Anstoß, den man ‚nicht verhindern kann'."[386]

Dieses Gehen ereignet sich in der Gemeinschaft mit vielen anderen, mit Menschen, die zur Gemeinschaft der Kirche gehören, aber auch weit dar-

[385] Zechmeister, Du sollst nicht trennen, 106.

[386] Jon Sobrino, Der Glaube an Jesus Christus. Eine Christologie aus der Perspektive der Opfer, Ostfildern 2008, 505/506. – Martha Zechmeister spricht von der „erkenntnistheoretischen Dignität der Nachfolge": Du sollst nicht trennen, 95: „Christus erkennen, das geht gar nicht anders, als im Gehen des Weges, der er selbst ist. Es gibt keine Christologie, die nichts als Christo-logie ist. Alles Erkennen Christi wurzelt in der Christo-Praxis, in der Nachfolge Jesu, und sie weist wiederum in diese ein."

über hinaus. Die „gekreuzigten Völker" sind alle, deren Not und Klage zum Himmel schreit, und es sind spannende und sicher noch wenig erschlossene Wege, diese „Compassion" mit Gläubigen anderer Religionen in den Blick zu nehmen. Wenn Sobrino in den „gekreuzigten Völkern" aus seiner christlichen Perspektive eine analoge Ausdrucksgestalt des Kreuzes Jesu Christi in unserer Zeit entdeckt, so ist darin eine universale Bedeutung eingeborgen, die – mit Metz gesprochen – aus der „Autorität der Leidenden" erwächst.[387] „Martyrium" – und damit „Compassion" – ist ein Begriff, der auch im Dialog der Kulturen und Religionen Sinn erschließt.[388] „Das Mitleid", so Sobrino, „zeichnet den Menschen als solchen aus, und deshalb kann es konsequent innerhalb und außerhalb der Kirche gelebt werden... Die jesuanischen Märtyrer sind Märtyrer der Menschheit."[389]

Universale Relevanz gewinnt die „Compassion" auf dem Weg, aber auch darin, dass die Menschen, die an das Kreuz geschlagen werden, das aufdecken, was „Sünde" ist, eine Welt, deren ungerechte Strukturen auch in anderen Räumen Menschen schuldig werden lassen am Opfer der Unschuldigen. Die Märtyrer El Salvadors oder anderer Länder veranlassen auch uns in Europa, „über unsere Welt neu nachzudenken und uns zu fragen, ob der Schrei des gekreuzigten Volkes zu uns gedrungen ist und ob uns die jesuanischen Märtyrer zum Mitleid ermutigen..."[390]

Compassion im Plural[391] – Räume der Compassion in Frauenperspektive

Bereits Ende der 70 Jahre haben sich die Stimmen von Frauen gemeldet – zehn Jahre später dann die der Indígenas – und die Befreiungstheologien an

[387] Sobrino, Unsere Welt, 13: „Gott war nicht nur einmal am Kreuz Jesu gegenwärtig, um die Welt mit sich zu versöhnen, sondern er bleibt weiterhin gegenwärtig in den Kreuzen im Lauf der Geschichte..." – Anfragen an die Universalität sind formuliert in: Peter Lüning, Der Mensch im Angesicht des Gekreuzigten. Untersuchungen zum Kreuzesverständnis von Erich Przywara, Karl Rahner, Jon Sobrino und Hans Urs von Balthasar, Münster 2007; Georg von Lengerke, Die Begegnung mit Christus im Armen; würzburg 2007.

[388] Vgl. auch: Johann Baptist Metz, Für eine Ökumene der Compassion. Christentum im Zeitalter der Globalisierung, in: Christian Gremmels/Wolfgang Huber (Hg.), Religion im Erbe. Dietrich Bonhoeffer und die Zukunftsfähigkeit des Christentums, Gütersloh 2002, 242–251; vgl. dazu auch die Publikation: Jürgen Werbick (Hg.), Sühne, Martyrium und Erlösung? Opfergedanke und Glaubensgewissheit in Judentum, Christentum und Islam, Paderborn u. a. 2013.

[389] Sobrino, Unsere Welt, 11.

[390] Sobrino, Unsere Welt, 14

[391] Vgl. dazu: Margit Eckholt, „Mit Passion und Compassion" – Impulse interkultureller Theologie aus dem Dialog mit lateinamerikanischen Theologinnen, in: Mariano Delgado/Michael Siever-

die Vielfalt von Unterdrückungskontexten erinnert und die Erarbeitung spezifischer, in die konkrete Realität von Frauen und Indígenas eingeschriebener theologischer Ansätze gefordert. „Die Frage der Gerechtigkeit", so Martha Zechmeister, „ist, über das Ökonomische hinaus, eine Frage von Respekt, Würde und Anerkennung. Sie erlaubt nicht, alle über den eigenen Kamm zu scheren, sondern fordert die Anerkennung von Differenz und Alterität. Dies bedeutet als Anerkennung fremder kultureller Identitäten in Lateinamerika vor allem den Respekt vor der Würde der indigenen und der afrikanischen Traditionen. Und es bedeutet sich der Frage der Gerechtigkeit zwischen den Geschlechtern zu stellen."[392] Die mexikanische, in den USA lehrende Theologin María Pilar Aquino spricht dabei im Blick auf die Solidarität mit den Notleidenden von der „compasión" und der „pasión por el otro" (der „Compassion" und der „Passion für den anderen"): „Diese Haltung (die Solidarität, die durch die Eingeweide geht) versteht sich nicht bloß als eine objektive Disposition, um den Schmerz und das Leiden der anderen zu lindern, sondern als eine genuin mitleidende Hinneigung zu denen, denen das konkrete Leben genommen wird, zu ihrem eigenen Schmerz, und sie nimmt deren Schicksal und Last auf sich. Sie verbindet die Tat – die Erleichterung der Not – mit der Quelle, aus der die Haltung des Mitleids entspringt: den Eingeweiden, und es werden in einen einzigen Akt die Realität und die Quelle, die Tat und die Nachfolge, die Compassion und die Passion für den anderen miteinander verbunden."[393] Bereits in ihrer 1992 veröffentlichten Doktorarbeit „Nuestro clamor por la vida. Teología latinoamericana desde la perspectiva de la mujer" hat sie dazu den Grund gelegt. Die auf Gerechtigkeit zielende „Compassion", wie Sobrino sie entwirft, ist ein Mitleiden und eine „Leidempfindlichkeit", die mit der Leidenschaft für den bzw. die andere verbunden ist. Gerade durch diese Aufeinanderbezogenheit von „Compassion" und „Passion" haben Frauen den Gedanken der „Compassion" weiterentwickelt und eine wichtige neue Facette der „Compassion" erschlossen, die „Mit-Leidenschaftlichkeit", die den Blick auf die „Leidempfindlichkeit" des Christentums, den Johann Baptist Metz geschärft und Jon Sobrino auf dem Hintergrund des Kontextes von El Salvador entfaltet hat, einbettet in einen weiteren Horizont: die „Option für das Leben" – als der vorrangigen Gottes-Option. Der lebendige Gott ist es, der in seiner Leidenschaft für den Menschen und für die Welt Leiden und

nich (Hg.), Mission und Prophetie in Zeiten der Interkulturalität. Festschrift zum hundertjährigen Bestehen des Internationalen Instituts für missionswissenschaftlichen Forschungen 1911–2011, St. Ottilien 2011, 116–129.

[392] Zechmeister, Du sollst nicht trennen, 101.

[393] Maria Pilar Aquino, Nuestro clamor por la vida. Teología latinoamericana desde la perspectiva de la mujer, San José, Costa Rica 1992, 183/184.

Leben auf eine einzigartige Weise miteinander verknüpft. María Pilar Aquino entfaltet in ihren sozialethisch fokussierten Beiträgen diese Aufeinanderbezogenheit im Dienst einer Einforderung von Gender-Gerechtigkeit, vor allem für Migrantinnen und Frauen in den vielen „Zwischenräumen" der US-amerikanischen Gesellschaft. Die argentinische Theologin Virginia Azcuy fordert – auf dem Hintergrund einer frauenspezifischen Entfaltung der argentinischen „teología del pueblo" („Theologie des Volkes") – die Ausbildung eines „ethos compasivo" und knüpft an die von Ignacio Ellacuría und Jon Sobrino gelegten Grundlagen einer Theologie der „Compassion" an.[394] Es geht darum, die Frauen, die unter verschiedensten Situationen von Gewalt leiden, „von ihren Kreuzen zu nehmen". Sie blickt auf die Situationen der Ungerechtigkeit und der Ungleichheit der Geschlechter in der argentinischen Gesellschaft. Die aus der „Compassion" erwachsene Kritik daran ist mit der „Passion", der Leidenschaft für den bzw. die andere verbunden, die den Lebenshorizont nicht vergisst. „Passion" ist verbunden mit der Suche nach konstruktiven Schritten, die Quellen des Lebens gerade auch in Situationen der äußersten Gewalt zu entdecken und von ihnen ausgehend neue Formen der Gemeinschaft und eines neuen, befreiten Miteinanders von Mann und Frau zu suchen. „Compassion" und die „Passion" für den bzw. die andere gehören zusammen. Indem auf dem Weg der „compassio" die Ungerechtigkeiten, die „Sünde der Welt" aufgedeckt werden, kann sich Neues ereignen, wird an Quellen des Lebens gerührt, und diese sind es wiederum, die dieses Aufdecken ermöglichen. An der Seite der Leidenden stehen, „compassio", sie von den Kreuzen nehmen, und „passio", die lebenschaffende Leidenschaft für die anderen, die Quelle, aus der die „compassio" sich speist, sind aufeinander bezogen und ineinander verquickt. Wenn die Quelle des Lebens nicht entdeckt und erschlossen ist, kann die Sünde der Welt nicht aufgedeckt werden. Das Schöpfungs-Ja und die Nicht-Liebe des Kreuzes werden auf den Denkwegen der lateinamerikanischen Theologinnen ineinander gewoben.

Wenn Virginia Azcuy die „inequidad de género" („Gender-Ungerechtigkeit" als „iniquidad" („Bedrohung") theologisch qualifiziert, hat sie die Gestaltung der Beziehungen in der Gesellschaft im Blick: Ungerechtigkeit und Ungleichheit in bezug auf die Geschlechterbeziehungen beeinträchtigen

[394] Virginia R. Azcuy, Teología e inequidad de género. Diálogo, interpretación y ética en elcruce de disciplinas, in: Nancy Bedford/Mercedes García Bachmann/Marisa Strizzi (Hg.), Puntos de encuentro, Foro sobre Teología y Género, Instituto Universitario ISEDET, Buenos Aires 2005, 37–63, hier: 42; dies., Teología y género. Un diálogo al servicio de la fe y la promoción de la justicia, in: Stromata 60 (2004) 1–15; dies., Theologie vor den Herausforderungen der Armut. Eine lateinamerikanische Perspektive aus der Sicht der Frauen, in: Zeitschrift für Missionswissenschaft und Religionswissenschaft 87 (2003) 264–281.

die volle Entfaltung der menschlichen Entwicklung, vor allem von Frauen, dabei steht aber auch die Würde der Männer auf dem Spiel. Frauen sind nicht einfach nur „Opfer", sie sind – gerade weil es in den Gender-Beziehungen um interpersonale Beziehungen geht – auch Mittäterinnen. Das „Gemengelage" von Opfer- und Täterperspektive gerade im Blick auf die Bestimmung dessen, was „soziale Sünde" ist, wird aus einer solchen Frauenperspektive schärfer herausgearbeitet, und mehr als in anderen Ansätzen wird die Gefahr von Dualismen, die die Geschichte des Christentums begleitet, vermieden. Gerade auch angesichts der ökonomischen, sozialen, ethnischen usw. Differenzen zwischen Frauen gewinnt die Gemengelage von Opfer- und Täterperspektive noch einmal mehr an Brisanz; nicht alle Frauen werden bzw. sind „Opfer", viele – vor allem wir Frauen der Nordhalbkugel, Frauen mit Ausbildung, Arbeitsplätzen, sozialer Sicherung – sind eingewoben in vielfältige Netze struktureller, sozialer Sünde. So wird ein neues Licht auf die „Ohnmacht der Opfer" und die „Macht der Täter(innen)" geworfen.

„Compassio" ist ein Schritt der „Bekehrung", an der Seite der Gekreuzigten zu stehen, ihren Schrei zu hören, Ungerechtigkeiten und Gewalt anzuklagen. In der „Passio" weitet sich der Horizont, das Licht der Auferstehung setzt das Schöpfungs-Ja neu frei, auch in Situationen von Gewalt, von Tod, von Hoffnungslosigkeit. Über die Anklage hinaus geht es so um mehr, um Leben, um die Möglichkeiten und Träume von Freiheit als „transformación emancipatoria" („emanzipatorische Umformung"), wie es Theologinnen wie Elsa Támez, Rebecca Chopp und Virginia Azcuy formulieren,[395] um den Blick auf das, was Leben ermöglicht. Die von Jon Sobrino vorgelegte Theologie der „Compassion" wird von lateinamerikanischen Theologinnen in einen weiteren Schöpfungshorizont gestellt. „Passion", das ist nicht nur die Erinnerung an das Kreuz Jesu Christi, sondern das ist, in einer anderen Wortbedeutung, die Leidenschaft, mit der Gott ein Liebhaber des Lebens ist und Menschen zu einer ebensolchen Leidenschaft und damit zu wahrem Leben befähigt. Der Blick auf die Realität zeigt: Licht und Dunkel wechseln sich ab, Nähe und Ferne, Verlust und Lust; in den vielen „Toden" des Lebens können aber Auferstehungserfahrungen gemacht werden. Das Aufblitzen des Lebensmomentes, auch angesichts des Todes, rührt an die Lebensquellen, erinnert an die Schöpfungsmacht Gottes und öffnet einen Raum für die Verheißung der Auferstehung der Toten. „Wir sind zum Leben berufen, und die Hartnäckigkeit, mit der wir es verteidigen, wird Früchte bringen. Der Schrei der Opfer jeglicher Gewalt bringt

[395] Azcuy, Teología e inequidad de género, 14.

zum Ausdruck, daß der Tod nicht das letzte Wort haben wird"[396] – so der mexikanische indianische Theologe Eleazar López. In der indianischen Theologie Lateinamerikas und in ökofeministisch-theologischen Ansätzen wie denen Ivone Gebaras berühren sich der Schrei der Opfer mit dem Jubel der Befreiten, das Staunen über die Schönheit der Auferstehungserfahrungen, auch der alltäglichsten, und das Erstarren angesichts der tagtäglichen, nicht abbrechenden Gewalt, vor allem im Leben der Frauen, der Kinder und Jugendlichen, der Arbeiter, Campesinos und Indígenas. Auch in einer Landschaft aus Schreien, auch angesichts der gebrochenen Körper kann sich die „Leidenschaft" für das Leben, für den und die andere immer wieder ihre Bahn brechen: Es gibt ein „Können" in den Tiefenschichten menschlicher Identität, in das sich die Spur des Schöpfers eingeschrieben hat und das im befreienden und zärtlichen Miteinander aufgedeckt werden kann.

In der argentinischen „Volkstheologie aus Perspektive der Frauen" haben Theologinnen im Rahmen eines Forschungsprojektes zur Großstadtpastoral in verschiedenen pastoralen Projekten die Identitäts- und Partizipationsprozesse von Frauen begleitet und gefragt, wie die Kräfte der Resilienz in den Frauen gestärkt werden können, die unter verschiedenen Gewalterfahrungen gelitten haben, z. B. durch den Verlust ihrer Kinder, durch Bandenkriminalität, durch Polizei, durch Drogen usw.. Der Weg einer Begleitung – in „Compassion" und „Passion" – hat zur Gründung einer Organisation, der „Madres del Dolor" geführt, die Gerechtigkeit fordert, die Aufklärung der Verbrechen, dabei aber auch, in der Wegbegleitung in „Compassion", die „Passion" der Frauen neu angestoßen hat. Die Mütter, die ihre Kinder verloren haben, werden selbst zu Begleiterinnen anderer Frauen, denen Ähnliches widerfahren ist.[397] Dabei kommt es in der sich auf Ergebnisse empirischer Studien beziehenden theologischen Arbeit zu einer Relektüre der biblischen Texte und der kirchlichen Tradition. „Compassion" – das ist nicht nur die Erinnerung an Jesus von Nazareth, an der Seite der Armen, sondern auch Erinnerung an Maria und ihren Schmerz (Lk 2,27–39) und den Schmerz und die Freude vieler anderer Frauen, denen Jesus be-

[396] Eleazar López, Versöhnung und Vergebung in der Welt der Indígenas, in: Concilium 39 (2003) 557–560, hier: 560.

[397] Caroline Bacher, Spirituelle Sinngebungen und Praktiken im Wirken der Vereinigung Madres del Dolor, in: Margit Eckholt/Stefan Silber (Hg.), Glauben in Mega-Citys. Transformationsprozesse in lateinamerikanischen Großstädten und ihre Auswirkungen auf die Pastoral, Ostfildern 2014, 354–374; vgl. auch: Ana Lourdes Suárez/Gabriela Zengarini, Durch ihr Vorbild und das Mit-ihnen-Gehen… Eine sozio-anthropologische und theologische Interpretation der Lebensgeschichte von Frauen in Marginalsiedlungen, in: Eckholt/Silber (Hg.), Glauben und Mega-Citys, 375–408. – Zur argentinischen Volkstheologie aus Frauenperspektive: Azcuy, Theologie vor den Herausforderungen der Armut, 270.

gegnet ist. Carolina Bacher, praktische Theologin in Buenos Aires, weist auf die Wichtigkeit hin, die „Präsenz Marias als Sinnstifterin für die Erfahrung (zu) erkennen und eine zweifache Dimension in diese Erfahrung (zu) interpretieren: eine prophetisch und eine österliche. … Der Gemeinschaftssinn konkretisiert sich in gesellschaftlicher und politischer Mütterlichkeit anhand der Praxis, das Leben der Mütter selbst zu begleiten und auch das anderer Angehöriger von Kindern, die ähnliche *Kreuzigungen* erleben, in denen *Christus gegenwärtig* ist."[398] Eine an Maria sich orientierende „Compassion" stärkt die Lebenskräfte und lässt unterschiedliche Räume der Compassion entstehen, in Kirchengemeinden, Ordensgemeinschaften, aber auch säkularen Vereinigungen, vor allem auch an Orten, so ein pastorales Projekt mit vertriebenen und vielfältigster Gewalt ausgelieferten Frauen, das von Theologinnen der Jesuitenuniversität Javeriana in Bogotá begleitet wurde, die von kirchlicher Seite nicht erreicht werden, also an den von Papst Franziskus genannten „Peripherien".[399]

Compassion – Lernen auf dem Weg

Der lateinamerikanische Blick auf „Compassion" macht deutlich, dass Mitleid im Sinne von „Compassion" mehr als ein Gefühl ist, nicht individualistisch, nicht paternalistisch verstanden werden kann. „Compassion" erwächst auf dem Weg, in dem Sich-der-Realität-aussetzen, in der Begegnung, dem Öffnen der Augen für den anderen, in Mitleidenschaft und Passion für das Leben. „Compassion" ist das, was den Menschen Mensch werden lässt, so Papst Franziskus. Er bringt in „Evangelii Gaudium" diese „Compassion" auf den Punkt: „Heute, da die Netze und die Mittel menschlicher Kommunikation unglaubliche Entwicklungen erreicht haben, spüren wir die Herausforderung, die ‚Mystik' zu entdecken und weiterzugeben, die darin liegt, zusammen zu leben, uns unter die anderen zu mischen, einander zu begegnen, uns in den Armen zu halten, uns anzulehnen, teilzuhaben an dieser etwas chaotischen Menschheit, die sich in eine wahre Erfahrung von Brüderlichkeit verwandeln kann, in eine solidarische Karawane, in eine heilige Wallfahrt. … Aus sich selbst herausgehen, um sich mit den anderen zusammenzuschließen, tut gut." (EG 87)

Elf Osnabrücker Studierende der katholischen Theologie und zwei Begleitende hatten sich im wörtlichen Sinne einer solchen „Wallfahrt" ange-

[398] Bacher, Spirituelle Sinngebungen, 372.

[399] Vgl. z. B. Susana Becerra Melo, Die Pastoral der Barmherzigkeit im Dienste der Großstadt, in: Eckholt/Silber (Hg.), Glauben in Mega-Citys, 409–419.

schlossen, auf einer „Exposure-Reise" nach El Salvador.[400] Die Reise über Düsseldorf und Madrid in die „neue Welt" hat den Raum der norddeutschen Provinz für die jungen Menschen aufgebrochen, hat Perspektiven auf die Welt verschoben, hat Theorie an Praxis geknüpft. Die Fragen eines Seminars im Wintersemester 2013/14 zu „Glaube, Kirche und Politik in Mittelamerika", zu den Entstehungsprozessen einer Kirche an der Seite der Armen, den neuen Wegen der Befreiungstheologie und der Gestalt des Martyriums sind in der Begegnung mit der „Realität" konkret geworden. Das Sich-auf-den-Weg-Machen und das Ankommen in einer anderen Welt, in einem sozialen und politischen Kontext, der von Anfang an durch die sichtbare Gewalt unter die Haut ging, hat die Verwundbarkeit und Verletzbarkeit menschlichen Lebens konkret werden lassen. Die Gruppe hatte an der Prozession und Eucharistiefeier anlässlich des Todestages von Erzbischof Romero teilgenommen. Es war, als ob die Gruppe Teil der Kirche des Volkes wurde, der Kirche, die seit vielen Jahren unterwegs ist, auf den Spuren des armen Jesus, eine Kirche, die erinnert an den Einsatz für Menschenrechte, eine Kirche der Bauern, Arbeiter, Männer und Frauen, Priester, Ordensleute und Laien, die wie damals zusammen mit Bischof Romero das Evangelium erinnert. Vierundreißig Jahre später wurde die Gruppe der jungen Menschen aus Deutschland hineingenommen in die Erinnerung an dieses Glaubenszeugnis, sie wurde hineingewoben in einen Augenblick der Geschichte, in dem Gott seine Spuren hinterlassen hat. Hier konnte etwas entstehen, was Keimzelle von „Compassion" ist. In der Erinnerung an die Präsenz Jesu Christi in der Geschichte des Volkes erhielt die Gruppe Anteil an dieser Gegenwart, eine Gegenwart Jesu Christi auch im Heute, in den Geschichten anderer junger Menschen, die keine Berufs- und Aufstiegsperspektiven haben, die sich in die Macht von Schleppern auf dem beschwerlichen Weg in den Norden begeben, die der Gewalt in ihren Vierteln zum Opfer fallen. Die Erfahrungs- und Lebensräume wurden geöffnet auf diese anderen, fremden Geschichten, das ist Erfahrung von Auferstehung: „Compassion" und „Passion". Es geht darum, so Papst Franziskus, aus sich selbst herauszugehen und sich mit anderen zusammenzuschließen (vgl. EG 87), das ist Ausgangspunkt der „Compassion", und darin liegt die universale Bedeutung des ethischen Ansatzes der „Compassion". Das „Aus-sich-Herausgehen auf den Mitmenschen zu" ist eines der Hauptgebote, die jede sittliche Norm begründen. Es begründet die Anerkennung des anderen, eine Anerkennung, die das Leiden der anderen ernst nimmt und darin hilft, eine „Spiritualität des Samariters" auszubilden.

[400] Vgl. Margit Eckholt, Wegbegleiter El Salvador 2014, in: http://www.kath-theologie.uni-osnabrueck.de/fileadmin/PDF/Wegbegleiter_Kurzversion.pdf (letzter Aufruf: 14.07.2015).

Mitleid, Mitleiden, das Leiden der anderen erkennen und darin die „Sünde“ aufdecken – Gewalt und Unrecht, Verachtung und Missgunst –, und dabei leben, die Hoffnung erlernen, das sind Dimensionen des Mitleids, die die lateinamerikanische Prägung der „Compassion“ entdecken lässt. Es ist ein Erkennen, das sich „auf dem Weg“ ereignet zu einer „mystischen, kontemplativen Brüderlichkeit“, „die die heilige Größe des Nächsten zu… sehen weiß“ (EG 92) und darin dann Gott „erkennt“: „Jedes Mal wenn wir einem Menschen in Liebe begegnen, werden wir fähig, etwas Neues von Gott zu entdecken. Jedes Mal wenn wir unsere Augen öffnen, um den anderen zu erkennen, wird unser Glaube weiter erleuchtet, um Gott zu erkennen. Infolgedessen können wir, wenn wir im geistlichen Leben wachsen wollen, nicht darauf verzichten, missionarisch zu sein.“ (EG 272)

Wenn Exposure-Reisen diese religiöse Sinngebung der „Compassion“ entdecken helfen, dann wird es Sinn machen, sie in Schul- oder Studienprojekte zu integrieren. Was hier entdeckt wird ist das, was den Menschen Mensch sein lässt; die Wege der Menschwerdung, aus einem spezifischen Kontext, dem christlichen, erwachsen, begrenzen nicht die Universalität des ethischen Anspruchs, sondern öffnen gerade den immer partikularen Kontext auf eine Universalität hin; es wäre sicher spannend, sich auf diese Wege auch mit Menschen anderer Religionen zu machen.

Ein Papst des Volkes: Die lateinamerikanische Prägung von Papst Franziskus

Eine „Kirche im Aufbruch" auf dem Weg „an die Peripherien" – der Option für die Armen verpflichtet

Gerade in den Basisbewegungen und der Befreiungstheologie nahestehenden Kreisen in Lateinamerika ist die Wahl von Kardinal Jorge Mario Bergoglio zum Papst mit besonderer Freude aufgenommen worden: „vuelve a renacer una primavera eclesial" („der Frühling in der Kirche ist zurückgekehrt") schreibt der Jesuit und in Bolivien ansässige Befreiungstheologe Victor Codina[401], eine Formulierung, die auf eine von „Amerindia", einer Vereinigung lateinamerikanischer Theologen und Theologinnen, vorgelegte Publikation „La primavera interrumpida"[402] („Der unterbrochene Frühling") anspielt, einen Band zur Erinnerung an den Weg der lateinamerikanischen „Kirche der Armen" nach dem 2. Vatikanischen Konzil, dessen Aufbruch bereits in den 70er Jahren in Zeiten der Militärdiktaturen in verschiedenen lateinamerikanischen Ländern und dann Mitte der 80er Jahre auf dem Höhepunkt des innerkirchlichen Konfliktes um die Befreiungstheologie mehrfach unterbrochen worden ist. Leonardo Boff, 1991 von Papst Johannes Paul II. wegen seines Buches „Kirche – Macht und Charisma" gemaßregelt, 1992 dann aus dem Priesteramt und Franziskanerorden ausgeschieden, gehört in Lateinamerika zu den ersten, die Publikationen zum neuen Pontifikat von Franziskus vorlegen.[403] Ein großes Aufatmen ist spürbar – in Lateinamerika, aber auch weltweit – seit den ersten Worten und Gesten des neuen Papstes: „Ihr wisst, es war die Aufgabe des Konklaves, Rom einen Bischof zu geben. Es scheint, meine Mitbrüder, die Kardinäle, sind fast bis ans Ende der Welt gegangen, um ihn zu holen… Aber wir sind hier. … Und jetzt beginnen wir diesen Weg – Bischof und Volk… Einen Weg der Brüderlichkeit, der Liebe, des gegenseitigen Vertrauens. Beten wir immer

[401] Victor Codina, Los gestos simbólicos del Papa Francisco (10.4.2014), in: http://blog.cristianismeijusticia.net/?p=10856&lang=es (letzter Aufruf: 28.08.2014); vgl. auch: Eduardo de la Serna, Un año de Francisco, in: http://blogeduopp.blogspot.de/2014/03/un-ano-de-francisco.html (letzter Aufruf: 28.8.2014). – Folgende Überlegungen beziehen sich auf: Margit Eckholt, Ein Papst des Volkes. Die lateinamerikanische Prägung von Papst Franziskus, in: Theologisch-praktische Quartalschrift 163 (2015) 4–19.

[402] Vgl. Alberto da Silva Moreira/Michael Ramminger/Afonso Maria Ligorio Soares (Hg.), A primavera interrompida. O projeto Vaticano II num impasse, Bd. 2, 2006, in: http://www.servicioskoinonia.org/LibrosDigitales/LDK/LDK2.pdf (letzter Aufruf: 30.07.2014).

[403] Vgl. Leonardo Boff, Franziskus von Assisi und Franziskus von Rom, in: Concilium 49 (2013) 360–364.

füreinander. Beten wir für die ganze Welt, damit ein großes Miteinander herrsche!“[404]

Der Papst „vom Ende der Welt“ ruft fünfzig Jahre nach dem 2. Vatikanischen Konzil den Geist des Konzils und den Aufbruch der Konzilskirche in Erinnerung, wenn er die Kirche als „Volk Gottes“ in das Zentrum rückt, in der der Papst als Bischof von Rom und das Volk Gottes gemeinsam beten, um Brüderlichkeit, Liebe und Vertrauen, und wenn er der Kirche genau das wieder ins Herz schreibt, was das 2. Vatikanische Konzil als Grundauftrag der Kirche benannt hat: Jesus Christus ins Zentrum zu rücken und im Dienste der Christusbegegnung aufzubrechen, an alle „Peripherien“ der Welt, geographische, ökonomische und existentielle. Das erste umfangreiche Apostolische Schreiben „Evangelii Gaudium“ ist eine Programmschrift, in der der „Pastoralista“ Jorge Mario Bergoglio – so ein lateinamerikanischer Ausdruck für einen auf die Pastoral ausgerichteten Priester, Bischof und Theologen – das „pastorale Konzil“ und seine Erneuerung der Kirche auf den konkreten Wegen der Evangelisierung würdigt und als Maß für den notwendigen „Aufbruch der Kirche“ (EG 20–23) herausstellt.[405]

Genau damit öffnet er dem lateinamerikanischen Weg der Konzilskirche eine – in den letzten Jahren in den Hintergrund getretene – weltkirchliche Bedeutung, ein Weg, der besonders auf der Generalversammlung des lateinamerikanischen Episkopats in Medellín (1968), dem „lateinamerikanischen Konzil“, ausgeprägt worden ist, und dessen „roter Faden“, die „Option für die Armen“ und „Inkulturation“ des Evangeliums in den lateinamerikanischen Kulturen, sich auf unterschiedliche Weise auf den Konferenzen in Puebla (1979), Santo Domingo (1992) und zuletzt in Aparecida (2007) ausfaltete.[406] Jorge Mario Bergoglio ist Kind dieser bewegten Jahrzehnte, seine Studienjahre in Philosophie und Theologie waren in die Umbrüche des 2. Vatikanischen Konzils eingeschrieben, die neuen

[404] Erster Gruß des Heiligen Vaters Franziskus, Segen „Urbi et Orbi“ vom 13. März 2013, in: http://w2.vatican.va/content/francesco/de/speeches/2013/march/documents/papa-francesco_20130313_benedizione-urbi-et-orbi.html (letzter Aufruf: 28.08.2014).

[405] Papst Franziskus, Apostolisches Schreiben *Evangelii Gaudium,* hg. vom Sekretariat der Deutschen Bischofskonferenz, Bonn 2013 (im Folgenden zitiert: EG).

[406] Vgl. die Dokumentation der Konferenzen durch den CELAM, Las cinco conferencias generales del Episcopado latinoamericano. Río de Janeiro, Medellín, Puebla, Santo Domingo, Aparecida, Bogotá 2014; unter der Vielzahl der Analysen des Weges der lateinamerikanischen Kirche vgl. Johannes Meier/Veit Straßner, Entwicklungslinien im 20. Jahrhundert. Eine Einführung, in: Johannes Meier/Veit Straßner (Hg.), Kirche und Katholizismus seit 1945, Bd. 6 Lateinamerika und Karibik, Paderborn u.a. 2009, 1–28; Sergio Silva, Theologiegeschichte Lateinamerikas seit 1945, in: Meier/Straßner (Hg.), Kirche und Katholizismus seit 1945, Bd. 6, 29–58; Enrique Dussel, Die lateinamerikanische Kirche von Medellín bis Puebla (1968–1979), in: Hans-Jürgen Prien (Hg.), Lateinamerika. Gesellschaft – Kirche – Theologie, Bd. 1: Aufbruch und Auseinandersetzung, Göttingen 1981, 71–113.

Optionen der lateinamerikanischen – vor allem argentinischen – Kirche und ihre spannungsreiche Umsetzung prägten die Jahre, in denen er als Jesuitenprovinzial, dann als Weihbischof und Erzbischof von Buenos Aires für die Kirche Verantwortung übernommen hatte, und er selbst hat wiederum durch seine Entscheidungen auf den Weg der argentinischen und lateinamerikanischen Kirche Einfluss genommen. Ein Höhepunkt stellt die 5. Generalversammlung des lateinamerikanischen Episkopats in Aparecida (2007) dar, bei der er von den versammelten Bischöfen zum Vorsitzenden der Redaktionskommission für die Abfassung des Schlussdokumentes gewählt wurde. Der neue missionarische Impuls dieses Dokumentes knüpft an die wegweisende Enzyklika von Paul VI. „Evangelii Nuntiandi" (1975) an, erinnert an den zentralen Auftrag der Konzilskirche, Räume für die Begegnung mit dem Evangelium zu öffnen, und die von der lateinamerikanischen Kirche getroffene „Option für die Armen": Inkulturation des Glaubens und Befreiung des Menschen, Kritik an Strukturen, die Menschenrechte und Menschenwürde verletzen, gehören zusammen, das sind die Wege, auf denen Jesus Christus begegnet werden kann. Dabei ist jeder Christ, ist jede Christin zur Verantwortung gerufen, auf diesen Wegen zu entdecken, was es heißt, Jünger und Missionarin zu sein, und das heißt, „unsere fixen Vorstellungen von ‚draußen' und ‚drinnen' aufzubrechen, mit allen Menschen guten Willens auf Augenhöhe in Dialog zu treten, –letztendlich aufzubrechen, um dem oder der Anderen zu begegnen: ‚Wir müssen Hoffnung säen, wir müssen auf die Straße hinausgehen! Wir müssen uns auf die Suche machen!'"[407]

So hat Erzbischof Bergoglio diese neue missionarische Dynamik auf einem Treffen mit pastoralen Mitarbeitern und Katechetinnen in Buenos Aires ausgedrückt, Ausdruck für ein neues missionarisches Bewusstsein der lateinamerikanischen Kirche, wie es die Konferenz von Aparecida formuliert und dem Papst Franziskus in „Evangelii Gaudium" einen weiteren Ausdruck geben wird. Christsein heißt, sich immer wieder neu auf den Weg zu machen, aufzubrechen, weil nur dort, in der steten Suche, Jesus Christus, dem Auferstandenen, begegnet werden kann; und diese Begegnung bedeutet, zum Zeugen der Hoffnung zu werden. Das ist Auftrag der Kirche, dem ist das Amt des Papstes verpflichtet, und darum geht ein Aufatmen durch die Kirche, weltweit, darum ist von der Rückkehr des Frühlings die

[407] Nancy Raimondo, Franziskus, der Papst vom Ende der Welt für die Welt. Zwei Pinselstriche seines Denkens und seiner Pastoral in Argentinien, in: Magdalena Holztrattner (Hg.), Innovation Armut. Wohin führt Papst Franziskus die Kirche?, Innsbruck/Wien 2013, 29–40, hier: 32; Raimondo zitiert aus einer Predigt von Erzbischof Bergoglio: Conviértanse y crean en la buena noticia. Homilía a los catequistas, EAC, marzo 2000, in: Jorge Mario Bergoglio, El verdadero poder es el servicio, Buenos Aires 2007, 11.

Rede, weil das der Quellgrund für jeden wahren Aufbruch und jede wirkliche Erneuerung ist. Wenn von einer lateinamerikanischen Prägung von Papst Franziskus gesprochen werden kann, so ist es dieser neue missionarische Geist, verwurzelt in einer Kirche, die es gelernt hat, die „Zeichen der Zeit" zu interpretieren, den Weg der Inkarnation in die vielen Lebensfelder des Menschen zu gehen und sich dabei an einem Kriterium und einer Option zu orientieren: dem Weg zu den Armen. P. Victor Manuel Fernández, Rektor der Päpstlichen Universität Santa María de los Buenos Aires und kurz nach seinem Amtsantritt von Papst Franziskus zum Titularerzbischof von Tiburnia ernannt, hat in seiner Analyse der missionarischen Jüngerschaft von Aparecida gerade diese, an der Option für die Armen orientierte „pastorale Umkehr" herausgearbeitet[408], und das hat Franziskus von Beginn seines Pontifikats in das Zentrum gestellt: „Ach, wie möchte ich eine arme Kirche für die Armen"[409].

Wenn im Folgenden die lateinamerikanische Prägung seines Pontifikats herausgearbeitet werden soll, so orientiert sie sich an diesem Leitmotiv, über das die lateinamerikanische Kirche seit Medellín ihren eigenen Weg aus dem Geist des 2. Vatikanischen Konzils gefunden hat und darin auch ein Vorbild für andere Ortskirchen geworden ist. Damit hat sie auch die Impulse der Gruppe der Bischöfe in die Mitte gestellt, die sich während des Konzils auf Initiative des charismatischen brasilianischen Bischofs Dom Hélder Câmara in der Domus Mariae versammelt hat und angeregt von den Überlegungen von Paul Gauthier zur Kirche der Armen im Austausch über die drängenden Probleme ihrer eigenen Ortskirchen und Kulturen – Armut, Unterentwicklung, Gewalt, fehlende Bildung usw. – zu einem neuen Bewusstsein als lokale Kirchen gefunden haben und die am Konzilsende den „Katakombenpakt"[410] abgeschlossen haben, eine Selbstverpflichtung, in den Spuren

[408] Vgl. Aparecida 2007. Schlußdokument der 5. Generalversammlung des Episkopats von Lateinamerika und der Karibik, 13.–31. Mai 2007, hg. vom Sekretariat der Deutschen Bischofskonferenz, Bonn 2007; dazu: Victor Manuel Fernández, Conversión pastoral y nuevas estructuras. Lo tomamos en serio?, Buenos Aires 2010, 96: „No cabe duda de que, tanto ‚conversión pastoral' como ‚estructuras caducas', en Aparecida hacen referencia a una transformación que nos vuelva mucho más misioneros en la pastoral ordinaria."

[409] Papst Franziskus, Audienz für die Vertreter der sozialen Kommunikationsmittel, Ansprache von Papst Franziskus am 16. März 2013 in der Aula Paul VI., zitiert nach: Raimondo, Franziskus, der Papst vom Ende der Welt für die Welt, 38; vgl. auch: EG 198.

[410] Zum Katakombenpakt: Thomas Fornet-Ponse, Für eine arme Kirche! Der Katakombenpakt von 1965 als Beispiel der Entweltlichung, in: Stimmen der Zeit 230 (2012) 651–661; Norbert Arntz, „Für eine dienende und arme Kirche". Der Katakombenpakt als subversives Vermächtnis des II. Vaticanums, in: Gottfried Bitter u. a. (Hg.), Religion und Bildung in Kirche und Gesellschaft (FS Norbert Mette), Würzburg 2011, 297–307; Kurt Appel/Sebastian Pittl, Das Konzil am Grab. Das Grabmal Pauls VI. und der „Pakt der Katakomben" als Verständnishilfen für den ästhetischen Perspektivenwechsel des Konzils, in: Jan-Heiner Tück

des armen Jesus als arme Kirche Zeugnis von der Hoffnung zu geben. So ist die Wahl von Papst Franziskus fünfzig Jahre nach dem 2. Vatikanischen Konzil ein „Ereignis des Geistes". Mit dem Papst aus Lateinamerika meldet sich die Konzilskirche und ihr Geist der Erneuerung im Dienst des Evangeliums. „Verlasst eure Sakristeien, eure Pfarrbüros, euren VIP-Bereich! Geht hinaus!"[411] – um den Auferstandenen zu entdecken, in Freude und Leid, im Schmerz und in den Wunden des Alltags. Hier ist die Kraft zur Erneuerung zu finden, und sie wächst der katholischen Kirche in Zeiten der Globalität gerade aus dieser weltkirchlichen Perspektive zu, von einem der vielen „Enden" der Welt.

„... ponerse la patria al hombro" – „... sich das Vaterland auf die Schultern laden"[412]– Unterscheidung der Geister in spannungsreichen Zeiten in Argentinien[413]

Die lateinamerikanische Prägung erwächst bei Papst Franziskus aus dem spezifischen Kontext Argentiniens – einer gerade in den Jahren zwischen den Konferenzen von Medellín und Puebla zutiefst angespannten Kirche. Wenn Erzbischof Bergoglio einem 1999 veröffentlichten Band von Predigten den Titel gibt: „Sich das Vaterland auf die Schultern laden", so steht dies

(Hg.), Erinnerung an die Zukunft. Das Zweite Vatikanische Konzil, Freiburg/Basel/Wien 2012, 303–316.

411 Papst Franziskus, Después subió a la montaña y llamó a su lado a los que quiso. Ellos fueron hacia El. Homilía a los catequistas, EAC, marzo 2005, in: Bergoglio, Er verdadero poder es el servicio, 79, zitiert nach: Raimondo, Franziskus, der Papst vom Ende der Welt für die Welt, 33; zur Bedeutung des neuen „missionarischen Bewusstseins" bei Papst Franziskus vgl. auch: Mariano Delgado, Die Kirche als „fruchtbare Mutter". Wie Papst Franziskus „die Freude der Evangelisierung" wiedergewinnen möchte, in: εὐangel. Magazin für missionarische pastoral 2 (2014), in: http://www.euangel.de/ausgabe-2–2014/veraenderung-in-der-organisation-kirche-und-die-freude-des-evangeliums/die-kirche-als-fruchtbare-mutter/ (letzter Aufruf: 28.08.2014).

412 Jorge Mario Bergoglio, Ponerse la patria al hombro. Memoria y camino de esperanza, Buenos Aires 2005.

413 Zur (jüngeren) Geschichte der Kirche in Argentinien: Fortunato Mallimaci/Verónica Giménez Béliveau, Argentinien, in: Meier/Straßner, Kirche und Katholizismus Bd. 6, 409–432. – Mittlerweile liegen eine Vielzahl an Publikationen zu Papst Franziskus vor; im folgenden wird Bezug genommen auf: Jürgen Ebacher, Papst Franziskus. Aufbruch und Neuanfang. Mit Eindrücken deutschsprachiger Konklave-Kardinäle, München 2013; Heiko Haupt, Franziskus. Der Papst der Armen, München 2013; sowie aus lateinamerikanischer Perspektive: Marcelo Larraquy, Recen por él. La historia jamás contada del hombre que desafía los secretos del Vaticano. La puja interna de la Curia romana ante el fenómeno llamado Francisco, Buenos Aires 2013; Elisabetta Piqué, Francisco. Vida y revolución, Buenos Aires [4]2014; Mariano de Vedia, Francisco. El Papa del pueblo. La primera biografía del hombre que quiere cambiar la Iglesia, Buenos Aires 2014.

auch für die besondere Nähe zwischen argentinischer Kirche bzw. Episkopat und der „patria“, dem Vaterland bzw. Mutterland. In Argentinien, so hat es der Politologe Veit Straßner formuliert, „der *Nación Católica*, hat der Katholizismus eine zentrale und identitätsbildende Funktion“.[414] Genau diese stand in den Jahren, in denen Jorge Mario Bergoglio mit jungen Jahren 1973 Verantwortung als Provinzial übernommen hat, auf dem Prüfstand. 1973 kam Perón wieder an die Macht, 1976 putschten die Militärs und ein blutiges Militärregime herrschte bis 1983, eine Zeit, in der 30.000 Menschen verschwanden und vom Regime gefoltert und umgebracht wurden – eine Zeit massivster Spannungen in einem sozial und politisch gespaltenen Land. Die gesellschaftlichen und politischen Polarisierungen reichten hinein in die Provinz der Jesuiten und den argentinischen Episkopat. Immer wieder hat Erzbischof Bergoglio gefordert, „das soziale und politische Band zwischen den ArgentinierInnen zu erneuern“[415], und auch in „Evangelii Gaudium“ betont er die Wichtigkeit eines Ringens um die Einheit, die „Verpflichtung gegenüber den anderen“ (EG 177) und die Bedeutung der „gesellschaftlichen Eingliederung der Armen“ (EG 185).[416] Dahinter stehen die Erfahrungen eines Mannes, der als Verantwortlicher für den Orden – und dann ab 1992 nach seiner Bischofsweihe für die argentinische Kirche – den schwierigen Weg einer neuen Positionierung der katholischen Kirche Argentiniens und ihres Aufbruches aus den jahrhundertealten kolonialen Strukturen einer „cristiandad“ gerade in Zeiten des gesellschaftlichen und politischen Konfliktes mitgetragen hat.

Die 2. Generalversammlung des lateinamerikanischen Episkopats in Medellín (1968), die der chilenische Bischof Manuel Larraín bereits einen Monat vor Beginn der vierten Sitzungsperiode des 2. Vatikanischen Konzils angeregt hat und die Paul VI. den lateinamerikanischen Bischöfen in einer Audienz am 23. November 1965 empfohlen hatte, hat mehr als Zeichen für diese neue Positionierung gesetzt. Das Dokument der Konferenz ist eine Charta für eine Kirche, die sich den in „Gaudium et Spes“ aufgegriffenen Dreischritt des „Sehens – Urteilens – Handelns“ zur Analyse der lateinamerikanischen Realität zu eigen macht, die ungerechte soziale, ökonomische und politische Strukturen anprangert und eine neue Pastoral entwirft,

[414] Veit Straßner, Der argentinische Papst. Zur Ambivalenz von Kirche und Macht in Lateinamerika, in: Blätter für deutsche und internationale Politik 58 (2013) 103–112, hier: 105.

[415] Papst Franziskus, Dejar la nostalgia y el pesimismo y dar lugar a la sed de encuentro. Homilía en la Catedral de Buenos Aires 25 de mayo de 1999, in: Bergoglio, Ponerse la patria al hombre, 20; zitiert in: Raimondo, Franziskus, der Papst vom Ende der Welt für die Welt, 34.

[416] Juan Carlos Scannone weist darauf hin, dass für Kardinal Bergoglio das „Gemeinwohl“ immer ein Anliegen war, was bedeutet, dem „Ganzen“ einen Vorrang zu geben gegenüber den Teilen, der „Einheit“ gegenüber dem „Konflikt“: El papa Francisco y la teología del pueblo, in: Mensaje 63 (2014) 14–21.

die „eine signifikante ‚acción social' für die jeweiligen Regionen beinhalten solle".[417] Paul VI. hatte bei der Eröffnung der Generalversammlung in Medellín und vor allem seiner Rede vor Campesinos und Landarbeitern in San José de Mosquera, 25 km von Bogotá entfernt, den christologischen Grund für die „Option für die Armen" gelegt; die lateinamerikanischen Bischöfe betteten diese theologische Grundoption dann im Abschlussdokument der Konferenz in eine beeindruckende Analyse der „Zeichen der Zeit" ein. „Ihr seid ein Zeichen, ein Abbild, ein Mysterium der Präsenz Christi…, ein heiliges Abbild des Herrn in der Welt."… „Ihr hört uns jetzt schweigend zu, aber Wir hören den Schrei, der aus euren Leiden emporsteigt"[418] – so der Papst. Die auf diesem Hintergrund sich ausbildende Theologie der Befreiung formulierte den „intellectus fidei" – wie Jon Sobrino es später ausdrücken wird – als „intellectus amoris", als Reflexion auf die Praxis an der Seite der Armen, eine in den Schrei der Armen eingebettete Gott-Rede, die auf die Analysen der Sozialwissenschaften zur Beurteilung der lateinamerikanischen Realität zurückgreift.[419]

Die in Medellín versammelten Bischöfe hatten die Gewalt und Ausgrenzungen, unter denen der Großteil der lateinamerikanischen Bevölkerung litt, beim Namen genannt. Bei vielen Kirchenmitgliedern, so die Historikerin und Lateinamerika-Expertin Silke Hensel, führten „die Reformdebatten und die Hinwendung zu den Armen durchaus zu einer Neubewertung gesellschaftlicher Verhältnisse …, die nun die Bedingungen, die viele Menschen zu einem Leben in Armut zwangen, als den Ursprung von Gewalt bewerteten."[420] Es waren Jahre, in denen Priester, Ordensleute und Laienmissionare begannen, mit den Armen zu leben, neue Formen der Pastoral begründeten; zu den „curas villeros", den Priestern, die in den Armenvierteln lebten, gehörten viele Jesuiten, für die Jorge Mario Bergoglio als Provinzial Verantwortung trug. 1967 wurde in Argentinien auf das im Anschluss an die Enzyklika „Populorum Progressio" von Paul VI. veröf-

[417] Johannes Meier, Justitia et Pax. Beispiele aus der Menschenrechts- und Friedensarbeit der Katholischen Kirche in Lateinamerika seit dem Zweiten Vatikanischen Konzil, in: Silke Hensel/Hubert Wolf (Hg.), Die katholische Kirche und Gewalt. Europa und Lateinamerika im 20. Jahrhundert, Köln/Weimar/Wien 2013, 327–338, hier: 330.

[418] Bernhard Bleyer, Das Sakrament Christi: die Armen. Die Predigt Pauls VI. in San José de Mosquera (23. August 1968), in: Gunter Prüller-Jagenteufel/Hans Horn/Franz Helm/Christian Tauchner (Hg.), Theologie der Befreiung im Wandel. Revisionen – Ansätze – Zukunftsperspektiven, Aachen 2010, 205–217, hier: 211 f.

[419] Vgl. Jon Sobrino, Teología en un mundo sufriente. La teología de la liberación como „intellectus amoris", in: ders. (Hg.), El principio misericordia. Bajar de la cruz a los pueblos crucificados, San Salvador [2]2012, 47–80.

[420] Hensel/Wolf, Einleitung: Die katholische Kirche und Gewalt in Europa und Lateinamerika im 20. Jahrhundert, in: Hensel/Wolf (Hg.), Die katholische Kirche und Gewalt, 11–28, hier: 28.

fentlichte „Manifiesto de Obispos del Tercer Mundo“ hin die Bewegung der Priester für die Dritte Welt (Movimiento de Sacerdotes para el Tercer Mundo) gegründet; 1968 gab es bereits über 500 Unterstützer, und zeitweilig waren 10 % der argentinischen Priester dieser – auch den Arbeiterpriestern nahestehenden – Vereinigung verbunden. Das brachte für eine konservative Kirche wie die argentinische immense Herausforderungen mit sich. Bereits 1973 kam es – vor allem angesichts der Positionierung der Bewegung zur Gewalt – zur Spaltung, 1974 bzw. 1976 zur ihrer Auflösung. Carlos Mugica, eine der Leitfiguren der „Sacerdotes del tercer mundo“, wurde 1974 in dem sich zuspitzenden Klima der Gewalt ermordet. Die „inserción“ in die Welt der Armen hat in der politisch radikalisierten Situation der 70er Jahre zu massiven Polarisierungen in der Kirche geführt. Während die einen sich – auch in gewaltfreier Form – der revolutionären Bewegung anschlossen, verurteilten die anderen diese als Verrat an der Nation. Dabei rechtfertigten diese durch ihr Schweigen nach dem Putsch 1976 die von den Militärs ausgeübte Gewalt, die sich auch gegen für die Rechte der Armen kämpfende Ordensleute, Laien, Priester und Bischöfe richtete. Die französische Ordensfrau Alice Domon zählt zu den Verschwundenen und Ermordeten[421]; am 4. August 1976 kam aus über Jahrzehnte nicht geklärten Gründen der Bischof von La Rioja Enrique Angelelli bei einem – fingierten – Autounfall ums Leben. Am 4. Juli 2014 wurden in einem Gerichtsverfahren die noch lebenden Verantwortlichen zur Rechenschaft gezogen und zu einer lebenslangen Gefängnisstrafe verurteilt.[422] Erwartet wird von vielen immer noch eine weitere und klare Stellungnahme der argentinischen Bischöfe zur von den Militärs ausgeübten Gewalt; sicher hatten die Bischöfe 1981 ein viel beachtetes Dokument zur „Kirche und nationalen Gemeinschaft“ („Iglesia y Comunidad Nacional“) veröffentlicht, das die Gewalt in jeder Hinsicht anprangert und angesichts der Zerrissenheit des Landes für Versöhnung plädiert. Gerade weil Militär und Kirche als Säulen der Gesellschaft angesehen wurden, übte aber, so der Politologe und Theologe Veit Straßner, „die Mehrheit des Episkopats keine öffentliche Kritik an der Militärregierung“[423]; angesichts der Verquickung von Nation und katholischer Kirche hatten sie,

[421] Vgl. dazu die Studie von Diana Viñoles, Las Religiosas francesas desaparecidas. Biografía de Alice Domon (1937–1977), Buenos Aires 2014.

[422] Vgl. die Nachricht in:http://accionsocialenaccion.blogspot.de/2014/07/enrique-angelelli-la-justicia-llego.html (letzter Aufruf: 30.07.2014).

[423] Straßner, Der argentinische Papst, 105.

so die Historikerin Silke Hensel, die Militärdiktatur und deren Menschenrechtsverbrechen „legitimiert".[424]

Es waren „bleierne Jahre", Leidensjahre, in denen Jorge Mario Bergoglio Verantwortung im Orden übernommen hatte, in denen „Unterscheidung der Geister" unter höchster Anspannung stand. Wenn der lateinamerikanischen Prägung von Papst Franziskus nachgespürt wird, so sind diese Jahre zu erinnern und die Gewalt, die alle Nischen der Gesellschaft besetzt hatte. Verantwortung zu tragen für eine Gemeinschaft in einer solchen Zeit, bedeutet, jeden Tag neu Entscheidungen zu treffen, abzuwägen, Kompromisse einzugehen, zu verhandeln im Dienste des Schutzes von Leben, dabei doch eingewoben zu sein in die Schuld, die auf der ganzen Gesellschaft lag, und gerade darum ganz auf die Barmherzigkeit und Gerechtigkeit Gottes zu vertrauen.[425] Wir können es nicht unterlassen, ständig füreinander zu beten. Das war eines der ersten Worte des neu gewählten Papstes: „Betet für mich."

Der argentinische Friedensnobelpreisträger Adolfo Pérez Esquivel war einer der ersten, der nach Amtsantritt Papst Franziskus vor falschen Beschuldigungen in Schutz genommen hat, vom römischen Sitz von Serpaj, dem Servicio Paz y Justicia, sagte er: „Franziskus hatte nichts zu tun mit der Diktatur und er war kein Komplize. Vielleicht hat er es vorgezogen, eine stille Diplomatie auszuüben, um für die Gefangenen und Verschwundenen zu bitten."[426] „Es war eine Zeit sehr großer Spannungen, in der man bei allem, was man tat, auf der Hut sein musste", so Pater Juan Carlos Scannone, damals als Theologe am Colegio Máximo in San Miguel und als Priester in einem der armen Vororte von Buenos Aires tätig. „Während des Schmutzigen Krieges zeigte er Bergoglio häufig seine Artikel zur Befreiungstheologie, bevor sie publiziert wurden, ‚um mich vor unguten Interpretationen zu schützen'. Bergoglio bat ihn, sie von einer anderen Adresse aus abzuschicken, weil er das Militär verdächtigte, die Post der Jesuiten zu durchleuchten. Aber er hat keinen Versuch gemacht, Scannones Schreiben zu zensieren. Und er riet dem Theologen ebenso wie anderen Geistlichen,

[424] Silke Hensel, Religion, Politik und Gewalt in Argentinien und Chile. Die Organisationen „Priesterbewegung für die Dritte Welt" und „Christen für den Sozialismus", in: Hensel/Wolf (Hg.), Die katholische Kirche und Gewalt, 277–295, hier: 294/295.

[425] Auf die breite Diskussion zum Verhältnis von P. Bergoglio zur Militärdiktatur kann an dieser Stelle nicht eingegangen werden. Sicher sind Positionen wie die von Fortunato Mallimaci, der sich auf die am 11. und 18. April 2010 in der argentinischen Zeitung „Página" veröffentlichten Beiträge des Journalisten Horacio Verbitsky bezieht, zu relativieren (Horacio Mallimaci, Katholizismen und Militarismus. Die Gewalt und das Heilige in dem vom Staatsterror regierten Argentinien, in: Hensel/Wolf (Hg.), Die katholische Kirche und Gewalt, 123–144, hier: 135). In den zitierten Biographien von Elisabetta Piqué, Marcelo Larraquy und Mariano de Vedia wird ein differenziertes Bild vertreten.

[426] Zitiert in: de Vedia, Francisco. El Papa del pueblo, 77.

die in den Armenvierteln arbeiteten, davon ab, nach Einbruch der Dunkelheit allein zurückzureisen, weil sie sonst den Verschleppungstrupps der Regierung in die Hände fallen könnten."[427] Papst Franziskus war einer der ersten, der der Vorsitzenden der Vereinigung Abuelas de Plaza de Mayo, Estela de Carlotto, gratulierte, als sie nach 36 Jahren ihren Enkel in die Arme schließen konnte, den Sohn ihrer Tochter, die in den Folterkammern der Militärs 1978 umgekommen war. „Ich weiß, dass es eine Freude ist für die Großmutter, die einen langen Weg des Leidens durchschritten ist. Ein Leiden, das sie nicht gelähmt hat, sondern das sie im Kampf stark gemacht hat. Und heute, angesichts dieser Beharrlichkeit im Kampf, ist es nicht nur ihr Enkel, der sie begleitet, sondern auch die anderen 114, die ihre Identität wiedergefunden haben."[428]

„An der Seite des Volkes" – die implizite Theologie des Papstes

Papst Franziskus war und ist kein Wissenschaftler – im Unterschied zu Papst Benedikt –, auch wenn er 1980–1986 Rektor der Jesuitenhochschule Colegio Máximo San José in San Miguel/Buenos Aires war und 1986 mit dem Projekt einer möglichen Promotion nach Frankfurt an die Jesuitenhochschule St. Georgen aufgebrochen war. Und doch ist er ein faszinierender Theologe, seine Ansprachen und Predigten sind von einer impliziten Theologie geprägt, die aus dem spezifisch argentinischen Weg der Rezeption der Impulse des 2. Vatikanischen Konzils erwächst und die der von den „curas villeros" gelebten „Option für die Armen" verbunden ist.

„Es war ganz natürlich, dass er mit uns zusammen gefeiert hat, und das bereits vom Vorabend an. Er nahm die Beichte ab, er trank Mate, er war einer von uns", so ein Jugendlicher aus der Villa 21 in Buenos Aires[429], die Erzbischof Bergoglio mehrfach aufsuchte, wie andere Armenviertel der Millionenstadt Buenos Aires, Viertel, die in den 90er Jahren weiter wuchsen und viele Migranten und Migrantinnen aus anderen lateinamerikanischen

[427] Zitiert nach: Paul Vallely, Jorge Mario Bergoglio – Helfer, nicht Heiliger. Zur Rolle des heutigen Papstes in der Zeit des argentinischen Terrorregimes, in: Evangelische Aspekte 24 (2014) 25–30, zitiert in: http://www.evangelische-aspekte.de/theologie/franziskus/jorge-maria-bergoglio-helfer-nicht-heiliger (letzter Aufruf: 29.08.2014).

[428] Vgl. den Brief von Papst Franziksus in: http://www.infobae.com/2014/08/13/1587400-el-papa-francisco-le-envio-una-carta-estela-carlotto-la-aparicion-guido (letzter Aufruf: 29.08.2014); Marina Juárez de Ortíz/Estela Carlotto, Prácticas ciudadanas. Identitda, despojo y restitución. En diálogo con Estela Barnes de Carlotto, in: Margit Eckholt/Gustavo Ortíz (Hg.), Ciudadanía y perspectiva de género. Reflexiones en vista a la conmemoración del Bicentenario de la Independencia, Bd. 2, Quito 2010, 229–238.

[429] De Vedia, Francisco. El Papa del pueblo, 137.

Ländern, vor allem aus Bolivien und Paraguay, anzogen. Als Erzbischof von Buenos Aires legte Jorge Mario Bergoglio einen großen Schwerpunkt auf die „pastoral de villas“ und hatte ein Gespür für die neuen Kulturen, die sich in den Großstädten ausbildeten, und wo es gilt, die neue Ansage christlichen Glaubens mit traditionellen Formen der Volksreligiosität zu verbinden, und wo die Verkündigung des Wortes Gottes den Finger in die Wunde einer Welt von Gewalt, Drogenkriminalität, fehlender Bildung, Diskriminierung von Frauen und Migranten legt.[430] Jorge Mario Bergoglio wurde am 17. 12. 1936 im Viertel Flores in Buenos Aires als Sohn einer italienischen Einwandererfamilie geboren, er war und blieb auch als Erzbischof ein „barriero“, seinem Viertel, den Menschen verbunden, einer, der es verstand, die Sprache des Volkes zu sprechen und der um dessen Freude und Leid wusste.

Diese Pastoral an der Seite des Volkes, den „curas villeros“ verbunden, ist von einem theologischen Aufbruch begleitet worden, der sich in die neuen Wege der mit der Generalversammlung von Medellín verbundenen Befreiungstheologie einschreibt und die – auf dem Hintergrund der politischen und kulturellen Konstellationen der 70er Jahre – in Argentinien eine spezifische Ausprägung erfahren hat. Der Jesuit, Philosoph und Theologe Juan Carlos Scannone, von Papst Franziskus in das Redaktionskomitee der italienischen Jesuitenzeitschrift „La Civiltà Cattolica“ berufen, spricht von unterschiedlichen Ausprägungen der Befreiungstheologie[431], den auf Vermittlungen der Sozialwissenschaften basierenden und einer auf Traditionen der Volksfrömmigkeit beruhenden und dem Weg der „curas villeros“ verbundenen Gestalt der Befreiungstheologie, die von Juan Luis Segundo zunächst in kritischer Absetzung von den anderen Gestalten als „teología del pueblo“ („Theologie des Volkes“) bezeichnet worden ist, eine Begriffsprägung, die dann von den argentinischen Theologen aufgegriffen wurde.[432]

[430] Erzbischof Bergoglio hat sich für die Entwicklung neuer Formen der Großstadtpastoral eingesetzt; vgl. seinen Beitrag bei einem Symposium in Buenos Aires: Jorge Mario Bergoglio, Dios vive en la ciudad, in: ders. u. a. (Hg.), Dios en la ciudad. Primer congreso pastoral urbana región Buenos Aires, Buenos Aires 2012, 9–22.

[431] Juan Carlos Scannone, La teología de la liberación. Características, corrientes, etapas, in: Stromata 48 (1982) 3–40; ders., Theologie der Befreiung – Charakterisierung, Strömungen, Etappen, in: Karl Heinz Neufeld (Hg.), Probleme und Perspektiven dogmatischer Theologie, Düsseldorf 1986, 401–439; ebenso: Carlos Galli, La teología latinoamericana de la cultura en las vísperas del Tercer Milenio, in: Luciano Mendes de Almeida/Juan Noemi u. a. (Hg.), El futuro de la reflexión teológica en América Latina, Bogotá 1996, 243–362.

[432] Zur argentinischen „Theologie des Volkes“ vgl. die Arbeiten von Schülern von Lucio Gera: Carlos Galli, El pueblo de Dios en los pueblos del mundo. Catolicidad, encarnación e intercambio en la eclesiología actual, Pontificia Universidad Católica Argentina, Buenos Aires 1993; Guillermo Fernández Beret, El pueblo en la teología de la liberación. Consecuencias de un concepto ambiguo para la eclesiología y la pastoral latinoamericanas, Frankfurt/Madrid

Juan Carlos Scannone selbst, Rafael Tello, Justino O'Farrell, Fernando Boasso und vor allem Lucio Gera, in den „bleiernen Jahren" in Argentinien Dekan der theologischen Fakultät der Pontificia Universidad Católica in Villa Devoto (1979–1985), gehören zu den Begründern und Vertretern dieser spezifisch argentinischen Form theologischer Reflexion. „Sie wollten eine Theologie formulieren", so die argentinische Theologin Nancy Raimondo, „die das Glaubensleben des lateinamerikanischen Volkes interpretieren und den pastoralen Handlungen Rüstzeug geben sollte mit dem Ziel, das gesamte Volk zu erreichen. Sie versuchten, die Idee aus *Lumen Gentium*, wo das *ganze* Volk Gottes als Subjekt der Evangelisierung bezeichnet wurde, in die Pastoral zu übersetzen."[433] In einem Interview am Beginn seiner neuen Tätigkeit in Rom hat Pater Juan Carlos Scannone die „teología del pueblo" folgendermaßen zusammengefasst: „Das Hauptmerkmal der Theologie des Volkes besteht darin, dass weder die Methode noch die marxistische Analysekategorie der Realität jemals angewandt wurde, unter Anerkennung der sozialen Wurzel jedoch eine historisch-kulturelle Analyse bevorzugt wurde. Der historisch-kulturelle Aspekt nimmt Überhand, wobei die Bedeutung des historisch-politischen jedoch nicht geschmälert wird. Ferner findet eine Revalorisierung der Volksfrömmigkeit statt und man spricht sogar von ‚Volksspiritualität und -mystik'. Im Apostolischen Schreiben ‚Evangelii Gaudium' räumt Papst Franziskus dem Thema der Volksspiritualität große Bedeutung ein und behandelt das Thema gleich zweimal aufgrund der Wichtigkeit der Inkulturation in der lateinamerikanischen Kultur. Die Volkskultur evangelisiert sich selbst und die künftigen Generationen."[434] Die Nähe zu den einfachen Menschen, zum „Volk" und ihrer gelebten Religiosität, ihrer spezifischen Ausprägung einer „Kultur der Armut", in der Freude und Leid, Fest und Kampf gegen Armut und Ungerechtigkeit, Musik, Gesang und die Wallfahrten zur „Virgen de Luján" oder zu einer der vielen anderen Marienwallfahrtsstätten eine unverwechselbare Verbindung eingingen, sind der Nährboden für die Entfaltung der spezifisch argentinischen Gestalt der Befreiungstheologie. Entscheidend war dabei nicht bloß die „Hinwendung" zu den Armen, zum Volk, sondern der Ausgangspunkt vom Volk, wie es das 1969 erschienene Dokument von San Miguel der argentinischen Bischöfe formuliert. Das „Handeln der Kirche darf nicht nur zum Volk hin orientiert sein, sondern auch und ganz wesentlich vom Volk selbst

1996; Marcelo Trejo, La Sabiduría del Pueblo como lugar teológico en la „Escuela Argentina" (1966–199), Rom 2000.

433 Raimondo, Franziskus, der Papst vom Ende der Welt für die Welt, 57.

434 Interview mit Juan Carlos Scannone vom 19. Juni 2014, im Internet verfügar unter: http://www.zenit.org/de/articles/papst-franziskus-aus-der-sicht-eines-seiner-ehemaligen-professoren (letzter Aufruf: 11.08.2015).

her."[435] Der Begriff des „Volkes" geht auf die Kirchenkonstitution des 2. Vatikanischen Konzils zurück und seine Rezeption und konkrete Entfaltung auf dem Hintergrund der argentinischen Realität durch die „Comisión Episcopal para la Pastoral" (COEPAL – Bischöfliche Kommission für die Pastoral). Im Hintergrund steht auch der Volksgedanke der argentinischen Kultur, wie ihn das große Epos Martín Fierro von José Hernández (1872/79) kultiviert hat und wie er in der Volksbewegung des Peronismus aufgegriffen worden ist. Von Entscheidung ist die Einsicht, dass Gott den Menschen nicht als einzelnen erlöst, sondern dass das Werk des Heils vor allem „darin besteht, ein Volk zu gründen".[436] Genau das steht hinter vielen Formulierungen von Papst Franziskus in seinen Ansprachen und im Apostolischen Schreiben „Evangelii Gaudium". Er bezieht sich auf das „vielseitige Gesicht" der Kultur (EG 116) und hat, so Juan Carlos Scannone in seiner Annäherung an Papst Franziskus und die „Teología del pueblo", das Bild des „Polyeders" geprägt, um „die plurale Einheit der unhintergehbaren Differenzen" im Herzen des Volkes zu bestimmen.[437] In seinen Meditationen für Ordensleute prägte Bergoglio den Satz: „Wenn du wissen möchtest, *was* die Kirche glaubt, geh' zum Lehramt; aber wenn du wissen möchtest, *wie* die Kirche glaubt, geh' zum gläubigen Volk."[438]

Im Lateinamerika der 70er Jahre war der Rekurs auf die Volksreligiosität nicht unumstritten, in befreiungstheologischen Strömungen in Brasilien, Chile oder Peru wurde sie eher ausgeblendet, weil ihre Formen mit den Strukturen des Volkskatholizismus der Zeiten der „cristiandad" in Verbindung gebracht wurden. Sozialanalyse und Volksfrömmigkeit stehen jedoch nicht im Widerspruch, und hier liegt gerade die wegweisende Bedeutung der argentinischen Gestalt der Befreiungstheologie. Über den Rückgriff auf kulturtheoretische Analysekategorien werden mehr als in den anderen Gestalten der Befreiungstheologie, die auf Sozial- und Wirtschaftskritik der europäischen Sozialwissenschaften zurückgriffen, Grundlagen für eine in die Pluralität der lateinamerikanischen Kulturen inkulturierte Theologie

---

[435] Dokument der argentinischen Bischöfe von San Miguel Nr. VI 4 und 5, zitiert nach: Juan Carlos Scannone, Los aportes de Lucio Gera a la Teología en perspectiva latinoamericana, in: Virginia R. Azcuy/Carlos M. Galli/Marcelo González (Hg.), Escritos Teológico-Pastorales de Lucio Gera, Bd. 1: Del Preconcilio a la Conferencia de Puebla (1956–1981), Buenos Aires 2006, 455–460, hier: 457/458.

[436] Scannone, Los aportes de Lucio Gera, 457 (Scannone zitiert Juan Carlos Maccarone: „Popular se nutre de un concepto estrictamente teológico que asume el Vaticano II para definir la Iglesia. Parte del dato de fe de que Dios no salva aisladamente, sino construyendo un pueblo.").

[437] Scannone, El papa Francisco y la teología del pueblo, 17.

[438] Jorge Mario Bergoglio, Meditaciones para religiosos, San Miguel 1982, zitiert nach: Scannone, El papa Francisco y la teología del pueblo, 17.

gelegt. Evangelisierung ist immer in Lebensformen eingebettet und erfolgt aus ihnen heraus, wertschätzend und herausfordernd, wie es die Ansage des Reiches Gottes immer ist. Erzbischof Bergoglio hat in seinen Ansprachen immer wieder Korruption und Gewalt kritisiert und gleichzeitig die konkreten Formen der Kultur des Volkes gewürdigt, die sich in den unterschiedlichen Praktiken der Volksreligiosität ausdrücken. Das hat er als Leiter der Redaktionskommission des Dokumentes von Aparecida aufgegriffen, und es wird dann zu einem roten Faden seines Apostolischen Schreibens „Evangelii Gaudium“ werden. „Die Volksfrömmigkeit ist eine legitime Art, den Glauben zu leben, eine Weise, sich zur Kirche zugehörig zu fühlen, und eine Form, missionarisch zu sein, die die tiefsten Schwingungen des unergründlichen Amerikas aufnimmt. Sie ist Teil der ‚historisch-kulturellen Originalität‘ der Armen dieses Kontinents und entsteht als ‚eine Synthese zwischen ihren Kulturen und dem christlichen Glauben‘.“ (DA 264)

Wenn Papst Franziskus von Volk, von Gemeinschaft und dem Band in der Gesellschaft spricht und dies mit der Option für die Armen verbindet, so erwächst dies seiner Prägung durch den neuen „Stil“ von Pastoral und kirchlicher Praxis in der argentinischen Ortskirche der 80er und 90er Jahre letzten Jahrhunderts, für die das Dokument der 3. Generalversammlung des lateinamerikanischen Episkopats in Puebla (1979) und das Leitmotiv der „Evangelisierung der Kultur“ von Bedeutung geworden sind. Für die zunehmend individualisierten europäischen Kulturen und gerade auch den deutschen Kontext klingt das Wort „Volk“ fremd, aber es könnte ein spannender Lernprozess sein, den Sinn von Gemeinschaft in einem interkulturellen Entdeckungszusammenhang neu zu erkennen. Lucio Gera, der „maestro en teología“, wie Erzbischof Bergoglio ihn gewürdigt hat, hat gerade die Bezogenheit auf andere und das „Bedürfen“ der anderen als ein Charakteristikum dieses Verständnisses von „Volk“ herausgearbeitet. „Die erste Bedingung zu einem Volk zu gehören, ist das Bewusstsein, anderer zu bedürfen, und das ist für den Armen eine lebendige und verwundete Erfahrung. Deshalb ist er eher fähig, solidarisch zu sein – indem er anderen gibt und umgekehrt von ihnen etwas erwartet –, er ist eher fähig, ein *Volk* zu bilden. Denn ‚Volk‘ ist letztendlich eine ethische Realität, die ein tiefes moralisches Handeln erfordert. Deshalb nennen wir auf zweifellos vorrangige Weise die Menge der Armen *Volk*“.[439] Volk, so verstanden, ist eine

[439] Gera, Pueblo, Religión del pueblo e Iglesia, in: Azcuy/Galli/Gonzáles (Hg.), Escritos Teológico-Pastorales de Lucio Gera, Bd. 1, 717–744, hier: 724 ; vgl. dazu: Margit Eckholt, „… bei mir erwächst die Theologie aus der Pastoral“. Lucio Gera – ein „Lehrer in Theologie“ von Papst Franziskus, in: Stimmen der Zeit 232 (2014) 157–172; Carlos M. Galli, Interpretación, valoración y actualización del pensamiento teológico de Lucio Gera en „Del Preconcilio a la

theologische Kategorie, ein Raum, der Begegnung mit Jesus Christus ermöglichen kann, und nichts anderes versucht Papst Franziskus in seinen Worten und Gesten anzustoßen. Zum Glauben an Jesus Christus einzuladen und das Feld dafür zu bereiten, hat mit Gemeinschaft zu tun, mit Anteilgabe des eigenen Lebens und Anteilnehmen am Leben der anderen. „Die Armen teilen" – diese lapidare Aussage einer Ordensfrau auf einer Exposure-Reise mit Studierenden nach El Salvador fasst das zusammen, was auch Erfahrung von Papst Franziskus ist.[440] Es kann für den deutschsprachigen Kontext hilfreich sein, die noch wenig bekannte Theologie eines Lucio Gera oder eines Rafael Tello zu entdecken. Rafael Tello hat zu den „curas villeros" gehört; er hat sich in Zeiten der Diktatur nach einem Konflikt um seinen Einsatz um die ganzheitliche Befreiung des Volkes zurückgezogen und – eher abgeschieden – im Dienst einer „pastoral popular" und „teología del pueblo" gearbeitet; nach seinem Tod 2002 hat er ein großes, noch unveröffentlichtes Werk hinterlassen. Eine erste Studie zu Rafael Tello ist von Enrique C. Bianchi, einem jungen argentinischen Theologen vorgelegt worden; Erzbischof Bergoglio hat das Buch bei seiner Präsentation gewürdigt und das Vorwort geschrieben. Tellos Theologie, so Bergoglio, „weist prophetisch auf unsere geringsten Geschwister. Sie erinnert uns daran, dass sie in der Herzensmitte Gottes sind, so sehr, dass Christus selbst sich arm machte. Tellos Theologie spornt uns an, uns zu fragen, ob wir den Armen den Ort geben, den sie verdienen. Er lädt uns ein, die Kirche in ein Haus für die Armen zu verwandeln."[441] Wenn Papst Franziskus von der „armen Kirche" spricht, so stehen genau diese Traditionen im Hintergrund.

Conferencia de Puebla" (1956–1981), in: Azcuy/Galli/Gonzáles (Hg.), Escritos Teológico-Pastorales de Lucio Gera, Bd. 1, 867–924.

[440] Vgl. Margit Eckholt, Wegbegleiter El Salvador 2014, in: http://www.kath-theologie.uni-osnabrueck.de/fileadmin/PDF/Wegbegleiter_Kurzversion.pdf (letzter Aufruf: 14.07.2015).

[441] Jorge Mario Bergoglio, Prefacio, in: Enrique C. Bianchi, Pobres en este mundo, ricos en la fe. La fe de los pobres de América Latina según Rafael Tello, Buenos Aires 2012, 11, zitiert in: Enrique C. Bianchi, Der Geist weht vom Süden her und drängt die Kirche hin zu den Armen, in: Holztrattner (Hg.), Innovation Armut, 63–72, hier: 61. – Die wegweisenden theologischen, pastoralen und geistlichen Impulse, die Rafael Tello gegeben hat, werden erst in letzter Zeit aufgearbeitet. Víctor Manuel Fernández hat dessen Werk in mehreren Aufsätzen vorgestellt: V.M. Fernández, El Padre Tello: una interpelación todavía no escuchada (en línea), in: Vida Pastoral 236 (2002) http://www.san-pablo.com.ar/vidapastoral/index.php?seccion=articulos&id=29 (letzter Aufruf: 14.07.2015); ders., Con los pobres hasta el fondo. El pensamiento teológico de Rafael Tello, in: Virginia R. Azcuy (Hg.), Semillas del siglo XX, in: Proyecto 36 (2000) 187–205, hier: 187; vgl. auch: Omar César Albado, La pastoral popular en el pensamiento del Padre Rafael Tello. Una contribución desde Argentina a la teología latinoamericana, in: http://www.scielo.org.co/pdf/frcn/v55n160/v55n160a09.pdf (letzter Aufruf: 30.7.2014).

Als Großkanzler der Päpstlichen Universität von Buenos Aires hat Erzbischof Bergoglio großen Wert auf das soziale Profil der Universität gelegt; er hat das 2002 begonnene, breit angelegte, interdisziplinäre Forschungsprojekt zur „deuda social" („soziale Schuld") unterstützt, das einen Fokus auf die Armuts- und Gewaltkontexte legt, unter denen ein Großteil der argentinischen Bevölkerung leidet, vor allem in den weiten Randzonen der Metropolen und der Mega-Stadt Buenos Aires, ein Projekt, an dem Wissenschaftler unterschiedlicher Fachrichtungen beteiligt waren und sind[442]; und an der katholisch-theologischen Fakultät in Villa Devoto hat er – den Impulsen des von ihm hoch geschätzten Lucio Gera entsprechend – großen Wert auf die Verbindung von Theologie, Pastoral und Spiritualität gelegt. Die mittlere und jüngere Generation der an der Fakultät tätigen Theologen gehört zum Schülerkreis von Lucio Gera, darunter auch die ersten an der theologischen Fakultät lehrenden Frauen. Virginia Azcuy, Marcela Mazzini, Nancy Raimondo und Carolina Bacher Martínez, die die Theologinnenvereinigung Teologanda aufgebaut haben, sind in ihrem Anliegen, eine in die Lebensrealitäten der Frauen eingebettete Theologie zu entwerfen, von Erzbischof Jorge Mario Bergoglio von Beginn an unterstützt worden.[443]

„Franziskus hat uns alle umgekrempelt" (Mariano Puga) – von Aparecida zu „Evangelii Gaudium"[444]

Die implizite Theologie Jorge Mario Bergoglios hat einen expliziten Ausdruck im Abschlussdokument der Konferenz der letzten Generalversammlung des lateinamerikanischen Episkopats in Aparecida (2007) erhalten, von dem sich der rote Faden hinein in das apostolische Schreiben „Evangelii Gaudium" zieht. Unterstützt von den meisten Bischöfen im Leitungsteam des CELAM, aber auch seinen theologischen Beratern aus Buenos Aires, Carlos María Galli und Victor Manuel Fernández, hat Erzbischof Jorge Mario Bergoglio entscheidend dazu beigetragen, dass die Konferenz von Aparecida einen neuen, beeindruckenden – und zuvor in dieser Weise von niemandem erwarteten – Beitrag zur „kirchlichen Ver-

[442] Vgl. z. B. Virginia R. Azcuy, Theologie vor der Herausforderung der Armut. Eine lateinamerikanische Perspektive aus der Sicht der Frauen, in: Zeitschrift für Missionswissenschaft und Religionswissenschaft 87 (2003) 264–281.

[443] Zur Theologinnenvereinigung „Teologanda" vgl. Virginia Azcuy, Andares teológicos de Teologanda (2003–2013). Una lectura desde las prácticas, in: Proyecto 25 (2013) 113–137.

[444] Vgl. Mariano Puga, „Este Papa ha descolocado a todos", in: http://www.lasegunda.com/Noticias/Nacional/2014/06/940180/este-papa-ha-descolocado-a-todos (letzter Aufruf: 28.08.2014).

messung Lateinamerikas" vorlegen konnte, wie Peter Hünermann in seiner Analyse von Konferenz und Dokument im Anklang an den Roman von Daniel Kehlmann zur „Vermessung der Welt"[445] geschrieben hat. Die „neuen Zeiten" in Lateinamerika sind benannt worden: zunehmende Säkularisierung und religiöse Pluralisierung, die massiven Schrumpfungsprozesse der katholischen Kirche und die zurückgehenden Zahlen von Priester- und Ordensberufungen (zwischen 1974 und 2004 hat sich die Zahl der Priester im Vergleich zur Gesamtbevölkerung halbiert), die Herausforderung der neuen kulturellen Kontexte, die sich vor allem in den Metropolen und Mega-Cities des Kontinents abzeichnen, und zum ersten Mal spricht eine lateinamerikanische Konferenz das Thema der Mission an, spricht von einer „kontinentalen Mission" (DA 551), von notwendigen missionarischen Impulsen und einer neuen Subjektwerdung der Glaubenden, von einer „Jüngerschaft" des ganzen Volkes Gottes im Dienste der Christusverkündigung (u. a. DA 213; DA 548). Der Beitrag der Laien, gerade auch der Frauen im Dienst dieser neuen Mission wird benannt, von „conversión pastoral" („pastoraler Umkehr") und neuen pastoralen Strukturen ist die Rede (DA 25; vgl. die Aufnahme in EG 27), und das ist mehr als eine bloße „Neuausrichtung" der Pastoral, so die Übersetzung des Wortes „conversión" in der deutschen Textausgabe.[446] Als Vorsitzender der Redaktionskommission hat Erzbischof Jorge Mario Bergoglio über Argentinien hinaus Bedeutung erhalten, er hat dem Text die entscheidende missionarische Ausrichtung gegeben und mit der Betonung der „Option für die Armen" an den Weg der lateinamerikanischen Konzilskirche angeknüpft.[447]

Die Konferenz wurde von vielen wider Erwarten als „Ereignis" verstanden, das an den roten Faden des pastoralen Lehramtes der lateinamerikanischen Bischöfe anknüpft, die „Option für die Armen" und die Einsicht, neue Wege der Inkulturation des Glaubens gerade in die sich neu ausbildenden Kulturen – vor allem der Großstädte – einschlagen zu müssen. „Evangelii Gaudium" atmet in vielem diesen Geist von Aparecida und trägt darin genau zu seiner über den lateinamerikanischen Kontext hinausgehenden Rezeption bei.[448] Interessant ist dabei, dass „Evangelii Gaudium" die

[445] Peter Hünermann, Kirchliche Vermessung Lateinamerikas. Theologische Reflexionen auf das Dokument von Aparecida, in: Theologische Quartalschrift 188 (2008) 15–30; vgl. ebenso: Christoph Krauß/Gerhard Kruip, In Selbstblockaden verstrickt. Römische Korrekturen am Schlussdokument von Aparecida, in: Herder Korrespondenz 61 (2007) 450–453; Gerhard Kruip, „Die Befreiung und die Förderung der Armen" (EG 187). Zum lateinamerikanischen Hintergrund von Papst Franziskus, Köln 2014.

[446] Vgl. dazu: Delgado, Die Kirche als „fruchtbare Mutter", 5.

[447] Vgl. auch: Larraquy, Recen por él, 202/203.

[448] Vgl. Hünermann, Kirchliche Vermessung Lateinamerikas, 30: „Man darf dieses Dokument als Zeichen einer erneuernden Kraft in der Kirche sehen und kann sich nur wünschen, dass es

Momente aufgreift und herausstellt, die durch die römische Redaktion der Textvorlage in der approbierten Version des Dokuments von Aparecida nicht aufgenommen wurden. Entfernt wurde so z. B. die Formulierung, dass die Kirche gekennzeichnet sei durch die „Abwesenheit eines selbstkritischen Sinnes", oder die Formulierung: „Wir beklagen einen gewissen Klerikalismus."[449] Wenn Papst Franziskus in „Evangelii Gaudium" einen neuen Blick auf die Ortskirchen wirft und den Priester an der Seite der Herde sieht, wenn er die „Brüderlichkeit" in der Kirche herausstellt, so gibt er dem Petrusdienst und dem Amt einen neuen Akzent, der aus seinen Erfahrungen erwächst, an der Seite der Menschen, bei Gottesdiensten und Wallfahrten, im Bus die Beichte abnehmend, interessiert am Leben der einzelnen, erwachsen aus einer „Diakonie des Zuhörens und einer Pastoral der Begegnung", wie die Theologin Nancy Raimondo schreibt.[450] In Christus – so eine weitere von der römischen Redaktion gestrichene Passage – „sind wir alle Söhne des gleichen Vaters und Brüder untereinander, auch die Presbyter. Der Presbyter ist zuerst Bruder und dann erst Padre. Diese brüderliche Dimension muss in der Ausübung der Pastoral transparent sein und die Versuchung zum Autoritarismus überwinden, die den Presbyter von der Gemeinschaft und der Zusammenarbeit mit den übrigen Gliedern der Kirche isoliert...."[451]

Die römische Redaktion hatte ebenso die Passagen über die „Diskriminierung der Frau" gestrichen[452]; Papst Franziskus benennt in „Evangelii Gaudium" (vgl. EG 103 und 104) die Diskriminierung und fordert eine stärkere Beteiligung der Frau in Führungsaufgaben der Kirche; er würdigt die Arbeit von Ordensfrauen und Laienkatechetinnen, er sieht die zentrale Bedeutung von Theologinnen in der Aufgabe, Bildungsprozesse im Volk Gottes anzustoßen, so dass eine Partizipation aller, den jeweiligen Charismen entsprechend, möglich wird. Dazu wird es sicher auch gehören, wie die Theologin Virginia Azcuy schreibt, die in der Pastoral „implizite Theologie

als Initialzündung rezipiert wird. Damit es wirklich zu einer Zündung kommt, ist die Rezeption in den Ländern Lateinamerikas und der Karibik selbst vonnöten... Die Rezeption in diesem Kontinent wird nicht unwesentlich durch die Aufnahme und die stimulierende Kraft dieses Dokuments in den Kirchen der anderen Kontinente, insbesondere Europas, konditioniert werden."

449 Hünermann, Kirchliche Vermessung Lateinamerikas, 22. – Vgl. dazu auch: Norbert Arntz, Pastorale Umkehr. Das Programm des Franziskus-Pontifikats, hg. von der KirchenVolksBewegung *Wir sind Kirche*, München 2014. Franziskus greift die „Versuchung" des „Klerikalismus" mehrfach auf, so bei seiner Ansprache vor dem CELAM in Rio de Janeiro am 28. Juli 2013 (Arntz, Pastorale Umkehr, 22).

450 Raimondo, Franziskus, der Papst vom Ende der Welt für die Welt, 32.

451 Hünermann, Kirchliche Vermessung Lateinamerikas, 24/25.

452 Hünermann, Kirchliche Vermessung Lateinamerikas, 24.

der Frau“ kritisch zu reflektieren und weiterzuentwickeln.[453] Es gibt auf der einen Seiten den „Einfluss marianischer Frömmigkeit ausgehend von Theologien und Modellen der Pastoral, die ihre anthropologischen Voraussetzungen keiner kritischen Revision unterzogen haben“[454], auf der anderen Seite ist gerade der „marianische Stil in der evangelisatorischen Aktivität der Kirche“, wie ihn Erzbischof Bergoglio und Papst Franziskus auszeichnet, so Virginia Azcuy, ein Ausgangspunkt für eine stärkere Beteiligung von Frauen in der Kirche. Papst Franziskus spricht nicht nur von einem „marianischen Prinzip der Kirche“, sondern von der „Kirche als Frau“[455], und das bedeutet ein neues Sichtbarwerden der konkreten Frauen in der Kirche. Papst Franziskus spricht davon, dass die Frauen „eine besondere Sensibilität für die Sachen Gottes (bewahren), vor allem wenn sie helfen, die Barmherzigkeit, Zärtlichkeit und Liebe Gottes uns gegenüber zu verstehen“[456]. „In der Tat“, so Virginia Azucy, „ist es schwierig, sich eine ‚Bekehrung hin zum Weiblichen‘ in der Kirche vorzustellen, ohne eine *nachdrücklichere* Präsenz der Frauen…; gerade darum hat die Kirche in diesem Punkt eine wichtige Aufgabe, auch wenn sie bereits den Weg einer Pastoral der Nähe und des Erbarmens geht.“[457]

Das Volk Gottes ist neu „in Bewegung“ gekommen, geht auf neuen Wegen, hinaus an die vielfältigen Peripherien der Welt und des Menschen. „Ha descolocado a todo el mundo“ („Er hat uns alle umgekrempelt“), so benennt der chilenische Arbeiterpriester Mariano Puga (geb. 1930) in einem Interview für „Amerindia“ diesen Aufbruch. Und das Wichtigste, „dieser Papst setzt den Akzent auf die wahrhaftige Botschaft Jesu“.[458] Die lateinamerikanische Kirche der Nachkonzilszeit hat sich, in aller Vielfalt, auf diesen Weg gemacht, sie erinnert an den Gott, der in Jesus von Nazareth Mensch geworden ist und dem dort begegnet werden kann, wo Menschen sich in seinen Spuren dafür einsetzen, dass sich in einer Welt von Unfrieden und Gewalt Menschwerdung ereignen kann. Wo beginnt Menschwerdung? Wo „die Armen teilen“, wo Menschen aneinander Anteil haben und Anteil

[453] Vgl. Virginia R. Azcuy, Christliche Kirchen am Scheideweg. Theologische Überlegungen aus Argentinien, in: Concilium 42 (2006) 301–308.

[454] Azcuy, Christliche Kirchen am Scheideweg, 302.

[455] Virginia R. Azcuy, „Evangelización con espíritu“ (EG 261). La unidad de la teología, la espiritualidad y la pastoral al servicio del anuncio del Evangelio. Una lectura de la Exhortación Pastoral *Evangelii Gaudium* desde la Teología Espiritual, in: Teología 114 (2014) 73–93.

[456] Azcuy, „Evangelización con espíritu“, 89.

[457] Azcuy, „Evangelización con espíritu“, 89.

[458] Mariano Puga, „Este Papa ha descolocado a todos“, in: http://www.lasegunda.com/Noticias/Nacional/2014/06/940180/este-papa-ha-descolocado-a-todos (letzter Aufruf: 28.08.2014): „Este Papa está poniendo el acento en el verdadero mensaje de Jesús, y eso es lo importante.“

geben von sich selbst, das ist die Antwort einer Ordensfrau in San Salvador, das ist auch eine Antwort von Papst Franziskus, keine genuin lateinamerikanische Antwort, aber eine, die die lateinamerikanische Prägung von Papst Franziskus sichtbar macht.

„... bei mir erwächst die Theologie aus der Pastoral" (Lucio Gera): Der „Lehrer" von Papst Franziskus

Mit der Wahl von Papst Franziskus sind Kirche und Theologie in Lateinamerika wieder neu in den Fokus der Aufmerksamkeit gerückt. Die Wahl des Namens ist Programm, Zeichen und Gesten, die der neue Papst von Anfang an gesetzt hat, das gemeinschaftliche Leben im Gästehaus Santa Marta, seine Nähe zu und die vielen Begegnungen mit einfachen Menschen, die Feier des Gründonnerstags im Jugendgefängnis in Rom, der neue, das Evangelium auf klare Weise zum Klingen bringende Ton der Predigten und seiner Apostolischen Exhortation „Evangelii Gaudium" sind ohne seinen lateinamerikanischen Hintergrund nicht zu verstehen. Nach dem Theologen-Papst Benedikt XVI., der als Präfekt der Glaubenskongregation Mitte der 80er Jahre letzten Jahrhunderts die lateinamerikanische Theologie der Befreiung zu Fall gebracht hat und disziplinäre Maßnahmen gegen Theologen wie Leonardo Boff, Jon Sobrino und Gustavo Gutiérrez eingeleitet hat, nun ein Papst aus Lateinamerika, der die Theologie der Befreiung rehabilitiert? Gerade die ersten Reaktionen nach der Papstwahl von Theologen und Theologinnen, die Basisbewegungen und der Befreiungstheologie verbunden sind, sprachen von der Rückkehr des lange unterbrochenen Frühlings, und der peruanische Theologe Gustavo Gutiérrez hatte, vermittelt durch den Präfekten der Glaubenskongregation, Kardinal Müller, einen Gesprächstermin mit dem Papst, der in einigen lateinamerikanischen Medien in diesem Sinne einer Rehabilitation der Theologie der Befreiung interpretiert worden ist.[459]

Mit der Wahl von Papst Franziskus wird bei einem näheren Blick gerade die Pluralität von Ansätzen in der Theologie der Befreiung deutlich, und es rückt die spezifische Ausprägung der argentinischen Theologie ins Blickfeld, die in der deutschsprachigen Öffentlichkeit von wenigen Ausnahmen abgesehen kaum rezipiert worden ist. Die argentinische Theologin Virginia Azcuy weist darauf hin, dass man häufig der Auffassung ist, „die lateinamerikanische Theologie sei mit der ‚Theologie der Befreiung' identisch... Doch die Strömungen der Befreiungstheologie umfassen – trotz ihrer Bedeutsamkeit und weiten Verbreitung – keineswegs die volle Pluralität und den Reichtum an Formen, die von einzelnen Autorinnen und Autoren von

[459] Vgl. z.B. http://amerika21.de/2013/09/88889/papst-befreiungstheologe (letzer Aufruf: 09. 12.2013). – Folgende Überlegungen beziehen sich auf: Margit Eckholt, „... bei mir erwächst die Theologie aus der Pastoral". Lucio Gera – ein „Lehrer in Theologie" von Papst Franziskus, in: Stimmen der Zeit 232 (2014) 157–172.

unterschiedlichen kulturellen Kontexten ausgehend entwickelt wurden. Ebenso wenig werden so die verschiedenen Phasen lateinamerikanischer Thelogie und die je eigenen Spezifika, die sich von den verschiedenen wissenschaftlichen Ansätzen herleiten, in den Blick genommen. Paradigmatisch ließe sich hier Argentinien als ein Land anführen, das eine gänzlich eigenständige Ausrichtung theologischen Denkens entwickelt hat"[460]. Das bedeutet nun jedoch nicht, dass die argentinische Theologie, dessen prominenter Vertreter der am 7. August 2012 verstorbene Priester Lucio Gera war, Lehrer und Freund von Kardinal Jorge Mario Bergoglio, mehrfach Dekan der theologischen Fakultät der Pontificia Universidad Santa María de los Buenos Aires, der (Nach-)Konzilsgeneration zugehörig wie Joseph Ratzinger, Karl Lehmann, Peter Hünermann und Walter Kasper, nicht zur Theologie der Befreiung zu zählen ist. Der Philosoph und Theologe Juan Carlos Scannone SJ, Weggefährte des Papstes und Kollege von Lucio Gera, oder Marcelo González, der Schülergeneration von Lucio Gera zugehörig, haben in ihren Studien zur jüngeren Geschichte der argentinischen Theologie auf den gemeinsamen Ursprung der lateinamerikanischen Theologien in der befreienden Dynamik des 2. Vatikanischen Konzils und der 2. Generalversammlung des lateinamerikanischen Episkopats in Medellín (1968) aufmerksam gemacht und Lucio Gera zur ersten Generation der Befreiungstheologie zugerechnet.[461] Auf dem Hintergrund der im Folgenden kurz zu skizzierenden spezifisch argentinischen kulturellen, sozialen und politischen Situation hat sich dort die Befreiungstheologie als eine „teología del pueblo" – eine „Theologie des Volkes" – ausgeprägt, die weniger auf Instrumente der Sozialanalyse, oftmals marxistischen Sozialtheorien nahe, zurückgegriffen hat als auf Kulturanalysen, die Volksreligiosität, Literatur und Kunst verbunden waren. Wenn Papst Franziskus in seinem Interview für die Civiltà Cattolicà das große argentinische Nationalepos „Martín Fierro" von José Hernández erwähnt, die Poesie von Nino Costa, „Il grande esodo" von Luigi Orsenigo, den großen Buenos-Aires-Roman „Adan Buenosayres" von Leopoldo Marechal, dann sind dies Quellen, die in diese

[460] Virginia R. Azcuy, Theologie vor der Herausforderung der Armut. Eine lateinamerikanische Perspektive aus der Sicht der Frauen, in: Zeitschrift für Missionswissenschaft und Religionswissenschaft 87 (2003) 264–281, hier: 264.

[461] Vgl. Juan Carlos Scannone, Theologie der Befreiung – Charakterisierung, Strömungen, Etappen, in: Karl Heinz Neufeld (Hg.), Probleme und Perspektiven dogmatischer Theologie, Düsseldorf 1986, 401–439; ebenso: Carlos Galli, La teología latinoamericana de la cultura en las vísperas del Tercer Milenio, in: Lucianp Mendes de Almeida/Juan Noemi u. a. (Hg.), El futuro de la reflexión teológica en América Latina, Bogotá, 1996, 243–362.

Ausprägung einer lateinamerikanischen Philosophie und Theologie argentinischer Ausprägung eingeflossen sind.[462]

Lucio Gera ist der bedeutendste Vertreter dieser Gestalt der Befreiungstheologie, verkannt im nordatlantischen Raum, der das Augenmerk auf Theologen wie die Brüder Leonardo und Clodovis Boff, Gustavo Gutiérrez und Jon Sobrino richtete, aber die Theologie des La-Plata-Deltas vergessen hat. Mit Papst Franziskus kann darum ein Theologe erinnert werden, der von Kardinal Jorge Mario Bergoglio hoch verehrt wurde, was in besonderer Weise zum Ausdruck kam, dass Gera in der Kathedrale von Buenos Aires, der Grablege der argentinischen Bischöfe, am 8. August 2012 bestattet worden ist. Erinnert wird so ein Theologe der Konzilsgeneration, der mit anderen jungen Kollegen in den 60er Jahren nach Rom reiste, um an einigen Generalversammlungen des 2. Vatikanums teilnehmen zu können, der an den großen lateinamerikanischen Konferenzen von Medellín (1968) und Puebla (1979) beteiligt war und vor allem die theologisch höchst spannende Phase zwischen Veröffentlichung der Enzyklika „Evangelii Nuntiandi" von Paul VI. (1975) und der Konferenz von Puebla maßgeblich mit gestaltet hat. Der Impuls einer wahrhaften, die Wurzeln treffenden und von ihnen ausgehenden Evangelisierung der Kultur, den das neue Pontifikat von Franziskus durchweht, gründet in dieser Gestalt der Theologie, wie sie in der Schaffensblüte von Lucio Gera im argentinischen Kontext entfaltet worden ist. Der Pastor auf dem Stuhl Petri nach dem Professor in diesem Amt schöpft aus der Gestalt einer „Theologie des Volkes", in der sich Theologie und Pastoral, Doktrin und Praxis auf eine neue Weise begegnet sind. In einem unveröffentlichten Interview am 12. März 1999 hat Lucio Gera formuliert: „Die Theologie beginnt, aus der Pastoral und der Predigt zu entspringen; die Frage ist: wie predigen, was predigen, wie sich bewegen, wie die pastoralen Herausforderungen auf die Tagesordnung setzen."[463] Das ist eine Problemanzeige, die heute nicht weniger brisant ist. Theologie und Pastoral sind nicht zwei divergierende Bereiche, doch hat sich gerade die systematische Theologie – vor allem, aber nicht nur in den Ländern des Nordens – noch viel zu wenig aus den Herausforderungen der Pastoral heraus weiter entwickelt. Lucio Geras Impulse können hier auch für die europäische

[462] Vgl. Antonio Spadaro, Das Interview mit Papst Franziskus, Teil 1, in: http://www.stimmen-der-zeit.de/zeitschrift/online_exklusiv/details_html?k_beitrag=3906412 (letzter Aufruf: 13. 12. 2013), Teil 2, in: http://www.stimmen-der-zeit.de/zeitschrift/online_exklusiv/details_-html?k_beitrag=3906433 (letzter Aufruf: 13. 12. 2013).

[463] Vgl. Virginia R. Azcuy, Una biografía teológica de Lucio Gera, in: Virginia R. Azcuy/Carlos M. Galli/Marcelo González (Hg.), Escritos Teológico-Pastorales de Lucio Gera, Bd. 1: Del Preconcilio a la Conferencia de Puebla (1956–1981), Buenos Aires 2006, 23–57, hier: 32: „La teología empieza a surgir de la pastoral y de la predicación; la cuestión es cómo predicar, qué predicar, cómo predicar, cómo moverse, cómo plantear los interrogantes pastorales."

Theologie wichtige Impulse geben und das Vertrauen wachsen lassen in den stets reformierenden und bekehrenden Geist des Evangeliums, der aus jeglicher Selbstzentrierung befreit und zum je neuen Aufbruch stärkt, wie es Franziskus in seiner Exhortation „Evangelii Gaudium“ schreibt.[464]

Lucio Gera – ein Theologe des „barrio“ Villa Devoto

Lucio Gera wurde am 16.1.1924 in Pasiano in der italienischen Provinz Udine geboren und wanderte 1927 mit den Eltern nach Buenos Aires aus. Er wurde im typischen Migrantenmilieu im Viertel La Paternal, dann in Villa Devoto groß, ein Umfeld, das von Armut, Arbeitslosigkeit und der Suche nach neuen Perspektiven geprägt war, ein Viertel, dem er sein Leben lang treu blieb. Ab 1936 konnte er im Seminario Conciliar Metropolitano de la Inmaculada Concepción die Schule besuchen und studieren; motiviert wurde er zum Theologiestudium vor allem durch die Literatur, die großen Romane Dostojewskis[465]; am 20.9.1947 wurde er zum Priester der Erzdiözese Buenos Aires geweiht. Nach einer pastoralen Tätigkeit 1948–1951 im Hafenviertel Chiclana und Boedo in Buenos Aires absolviert er in Rom am Angelicum ein Lizentiat in Theologie, das er 1953 abschließt; an der Universität Bonn arbeitet er dann unter Leitung des Dogmatikers Johann Auer an seiner 1956 vorgelegten Doktorarbeit über „Die geschichtliche Entwicklung der Transsubstantiationslehre von Thomas von Aquin zu Johannes Duns Scotus“, wobei er sich in dieser Zeit in Deutschland auch intensiv mit der Religionsphilosophie von Romano Guardini und Max Scheler und den neuen existentiellen und personalistischen Zugängen zum Glauben auseinandersetzt. Zurück in Buenos Aires nahm er 1957 die Lehrtätigkeit am Seminar und an der theologischen Fakultät auf – bis zu seiner Emeritierung wird er dort Professor für Ekklesiologie, Sakramente und Eschatologie sein –, war aber gleichzeitig in der Pastoral aktiv, an der Seite der Arbeiterjugend in Buenos Aires, für die er mehrfach – die Dynamik des Konzils vorausnehmende – Vorträge vorbereitet. In einem Beitrag für die „Notas de Pastoral jocista“ zum Thema Klerus und Laien formulierte er so bereits kurz nach seiner Rückkehr aus Rom: „Was bedeutet es für die *Kirche*, in den verschiedenen gesellschaftlichen Milieus präsent oder abwesend zu sein?

[464] Papst Franziskus, Apostolisches Schreiben *Evangelii Gaudium*, hg. vom Sekretariat der Deutschen Bischofskonferenz, Bonn 2013, z.B. EG 20/21.

[465] Vgl. Azcuy/Galli/Gonzáles (Hg.), Escritos Teológico-Pastorales de Lucio Gera, Bd. 1, 27, unveröffentlichtes Interview E 1999: „Entro a la teología por la literatura. … Al final de mi vida de seminario, leo a Dostoievski y eso despierta en mí el gusto de la teología y de entregarme a ella.“

Die Kirche ist dann präsent, wenn sie durch ihre Prinzipien Mentalität und Verhalten der Menschen prägt, die einem spezifischen gesellschaftlichen Sektor zugehören. Die Kirche ist präsent in einer Gruppe von Menschen, wenn dort eine christlich-kirchliche Inspiration präsent – und zwar aktiv präsent – ist."[466] Das sind Formulierungen, die in den Predigten von Papst Franziskus nachklingen, es geht um ein wirkliches Präsent-Sein der Kirche, damit sie ihrem Auftrag der Evangelisierung gerecht werden kann: „Wenn die Kirche in einem spezifischen Milieu präsent ist, bedeutet dies folglich, dass ihre pastoralen Instrumente der Evangelisierung dort präsent sind, dass ihre Mitarbeiter, ihre Institutionen, das Handeln dieser Mitarbeiter und Institutionen wirklich in einem bestimmten sozialen Milieu wirksam sind."[467] Dazu gehören dann auch kritische Rückfragen an die Kirche, ob wirklich alle gesellschaftlichen Schichten erreicht werden, und wer überhaupt am Leben der Kirche teilnimmt.[468]

Zur Zeit der Gründung der Katholischen Universität Santa María de los Buenos Aires im Jahr 1958 wird Lucio Gera Studienpräfekt und „Praeses" der an das Seminario Mayor der Erzdiözese Buenos Aires angegliederten Fakultät, die 1969 der Katholischen – bzw. nun Päpstlichen – Universität von Buenos Aires als Fakultät zugeordnet wird. Gera wird mehrfach zum Dekan der Fakultät ernannt, von 1965 bis 1969, von 1979 bis 1982 und nochmals von 1982 bis 1985 in den letzten Jahren der Militärdiktatur und den schwierigen Jahren des Übergangs zur demokratischen Regierung unter Raúl Alfonsín. Die Fakultät in Villa Devoto, seinem „barrio", die Calle José Cubas, bildet seinen Ankerpunkt, von dem aus er seine theologischen Akzente entwickelt und seine pastorale Arbeit in der geistlichen Begleitung vieler Seminaristen und Laientheologen entfalten wird. Joaquín Alliende, chilenischer Theologe und Weggefährte von Lucio Gera in der Aufbruchszeit der 60er Jahre, nennt ihn so einen „barriero" – einen Menschen, der seinem Wohnviertel verbunden ist, seinen alltäglichen Lebensrythmen, Freuden und Leiden.[469]

Zentraler kirchlicher und theologischer Ankerpunkt für sein Wirken bildet das 2. Vatikanische Konzil. Im unveröffentlichten Interview vom 12.03.1999 – im Auszug im Vorwort seiner Gesammelten Schriften abge-

---

466 Reflexión sobre Iglesia, burguesía y clase obrera, in: Azcuy/Galli/Gonzáles (Hg.), Escritos Teológico-Pastorales de Lucio Gera, Bd. 1, 103–112, hier: 105.

467 Azcuy/Galli/Gonzáles (Hg.), Escritos Teológico-Pastorales de Lucio Gera, Bd. 1, 105.

468 Azcuy/Galli/Gonzáles (Hg.), Escritos Teológico-Pastorales de Lucio Gera, Bd. 1, 107: „Llega de hecho la parroquia a todas las capas sociales?, qué tipo de gente asiste prevalentemente a nuestras Iglesias?"

469 Azcuy, Una biografía teológica, in: Azcuy/Galli/Gonzáles (Hg.), Escritos Teológico-Pastorales de Lucio Gera, Bd. 1, 30.

druckt – sagte Gera: „Ich glaube, dass das Konzil praktisch den Anstoß für Geburt und Entstehen der Theologie in ganz Lateinamerika bedeutet hat, nicht nur in Argentinien. Dennoch möchte ich sagen, dass die Bewegung wahrscheinlich früher begonnen hat, nach dem Krieg, in den 50er Jahren, mit dem Erscheinen der lateinamerikanischen Zeitschriften, die hier bereits neue Anfragen formuliert haben. Die Suchbewegung im Blick auf Theologie und Pastoral beginnt früher .... So können wir heutzutage aus der zeitlichen Distanz einige der Dinge der Zeitschrift ‚Notas de pastoral Jociasta' beurteilen. Das erste was ich selbst zu schreiben beginne, hat mit der Pastoral zu tun; bei mir tritt die Theologie aus der Pastoral hervor .... Ich glaube, dass meine Generation ein großes Auseinanderdriften von Theologie, Pastoral und Spiritualität geerbt hat .... Auf der einen Seite litt die Pastoral, weil sie als eine rein pragmatische Realität gesehen wurde, oder höchstens als eine Kunst oder Gesamtheit von Normen im Blick auf Zu Wissendes und das Handeln ist, aber als nichts weiteres. Aber auf der anderen Seite litt die Theologie, weil sie nicht von der evangelisatorischen Mission genährt wurde. Dasselbe galt für die Spiritualität. Die Theologie litt, weil sie nicht von der Spiritualität genährt wurde; aber ebenso litt die Frömmigkeit, weil sie so verstanden werden konnte, ein bloßes pragmatisches Nachbeten zu sein .... Darum haben wir angefangen, Teresa oder Johannes vom Kreuz zu lesen .... Aber muss man nicht noch einen Schritt weiter gehen? Was stand hinter diesem Auseinanderdriften? Ich glaube, dass der große Bruch in der Tiefe, der uns vermittelt worden ist, der zwischen dem Religiösen und dem Säkularen, zwischen Gott und Welt ist."[470] Gera hat hier sehr deutlich auf die Dissoziation zwischen Theologie und Pastoral, zwischen Frömmigkeit bzw. Spiritualität und Reflexion auf diesen Glaubensvollzug hingewiesen, ein

[470] Marcelo González, Prólogo, 13–22, in: Azcuy/Galli/Gonzáles (Hg.), Escritos Teológico-Pastorales de Lucio Gera, Bd. 1, 16. „Creo que es el Concilio el que determina prácticamente el nacimiento, el surgimiento de la teología en toda América Latina, no solo en Argentina. No obstante, digamos que el movimiento tal vez empiece antes, después de la Guerra, en el 50, con la apricíón de revistas latinoamericanas que y plantean inquietudes. La inquietud por la teología y por la pastoral empieza antes .... Así es como uno puede ver hoy día a distancia algunas de las cosas de la revista ‚Notas de pastoral Jocista'. Es que lo primero que yo escribo tiene que ver con lo pastoral; en mí, la teología brota de la pastoral ... Creo que mi generación hereda una gran disociación entre teología, pastoral y espiritualidad ... Por un lado, sufría la pastoral, ya que resultaba una realidad puramente pragmática o a lo sumo un arte o un conjunto de normas para saber cómo obrar, pero nada más. Pero por otro lado sufría la teología, que no estaba alimentada por la misión evangelizadora. Y lo mismo pasaba con la espiritualiad. Sufría la teología que no estaba alimentada por la espiritualidad; pero también sufría la piedad, porque podría llegar a ser un mero rezar pragmáticamente ... es entonces cuando se empezó a leer a Teresa, a Juan de la Cruz ... Pero hay que dar un paso más? qué había detrás de estas disociaciones? Yo creo que la gran disociación de fondo que recibimos es entre lo religioso y lo secular, entre Dios y el mundo."

Bruch, der für ihn zum Ausgangspunkt für seine Beiträge im Entstehungsprozess der lateinamerikanischen Theologie der Befreiung geworden ist und den spezifisch argentinischen Fokus dieser neuen Theologie angeleitet hat.

Bereits 1964 hat Gera an einem Treffen in Petrópolis/Brasilien mit Juan Luis Segundo und Joseph Comblin teilgenommen; weitere Treffen folgten, die zu den Gründungsmomenten der Theologie der Befreiung gehören. Er ist, so die Bemerkung von Juan Carlos Scannone, „der wichtigste Vertreter einer theologischen Richtung, die sich, zumindest in ihren Anfängen, rechtmäßig Theologie der Befreiung nennen konnte."[471] Es ist eine Theologie, die in der konkreten, konfliktiven Realität Lateinamerikas verankert ist, deren „Zeichen der Zeit" erschließt, wie es in beeindruckender Weise das Dokument der 2. Generalversammlung des lateinamerikanischen Episkopats in Medellín (1968) vorgelegt hat, die immer wieder neu den Wegen der Inkarnation des Wortes Gottes nachspürt und in der vorrangigen „Option für die Armen", in deren vielen Gesichtern das Gesicht Jesu Christi entdeckt wird, ein Schlüsselmotiv der neuen Theologie entdeckt. Lucio Gera wird in seine eigene Gestalt von Theologie aus dem lebendigen Dialog mit den Herausforderungen einer „Pastoral popular" finden und im „Über-Setzen" der neuen europäischen theologischen Impulse in seinen Arbeiten in Lehre und Forschung an der theologischen Fakultät in Buenos Aires. Viele Rezensionen, die Gera in den 70er Jahren veröffentlicht hat, gehen auf die Impulse Karl Rahners für die Pastoraltheologie ein und stellen die ekklesiologischen Arbeiten Yves Congars der argentinischen Theologie vor. Theologie versteht Lucio Gera als ein Zusammenspiel verschiedener Stimmen, als Arbeit in einer Equipe, in der er Lehrer, Seelsorger, Berater und Freund ist. Er nimmt seit Ende der 60er Jahre an den von der argentinischen Gesellschaft für Theologie organisierten pastoraltheologischen Treffen teil, er ist aktives Mitglied der Bewegung der Priester für die Dritte Welt, die 1967 in Argentinien entstanden ist; er ist Mitglied der theologisch-pastoralen Reflexionsgruppe des CELAM; von 1969 bis 1974 ist er in der internationalen Theologenkommission in einer von Karl Rahner geleiteten Arbeitsgruppe zur Theologie der Hoffnung tätig; er ist Berater für die Bischofssynoden 1969 und 1971 und, von seinem Freund und Weggefährten, dem argentinischen Kardinal Eugenio Pironio berufen, seit 1986 Mitglied im päpstlichen Rat für die Laien; 1986 bis 1993 ist er Mitglied der argentinischen Arbeitsgrupppe des deutsch-lateinamerikanischen Projektes zur Soziallehre der Kirche in Lateinamerika, ein Forschungsprojekt an der Universität Tübingen unter Leitung von Peter Hünermann, das in den Zeiten

[471] Scannone, Theologie der Befreiung, 422.

des Konfliktes um die Theologie der Befreiung die ideologischen Konfliktlinien zwischen Soziallehre und Befreiungstheologie entschärfen wollte.[472]

In Argentinien begleitet er die Pastoralkommission Coepal (Comisión episcopal de pastoral, 1966–73), die das Projekt einer „Pastoral popular" verfolgte, das angesichts der massiven Spannungen in der argentinischen Kirche und zunehmender politischer und sozialer Gewalt auf Ebene der Basisorganisationen vom argentinischen Episkopat unterbunden wurde. Gera wurde Mitglied der Bischöflichen Kommission für Glauben und Kultur, er erarbeitete die Vorlagen für zentrale kirchliche Dokumente wie die Declaración de San Miguel aus dem Jahr 1969, eine pastorale Positionierung der argentinischen Kirche in der Folge von Medellín, und dann in Zeiten der Diktatur die Vorlage für das Dokument „Iglesia y Comunidad Nacional" (1981), das die Gewalt der Militärdikatur anprangerte und auf theologisch-pastoraler Ebene Wege einer nationalen Versöhnung skizzierte.

Die Zeit zwischen Veröffentlichung der Enzyklika „Evangelii Nuntiandi" von Paul VI. und der 3. Generalversammlung des lateinamerikanischen Episkopats in Puebla (1979) war – so Beobachter der Theologie von Lucio Gera wie Juan Carlos Scannone, Sebastián Politi und Carlos María Galli –, die Blüte der Entfaltung seiner Theologie, in der er die – auch Jorge Mario Bergoglio prägenden – Grundlagen der argentinischen „teología del pueblo" legte. Diese Überlegungen gingen auch in viele der späteren Texte Geras zu Fragen und Herausforderungen der „neuen Evangelisierung" ein; die „Líneas pastorales para la Nueva Evangelización" (1990) der Kommission für Sozialpastoral des argentinischen Episkopats wurden von ihm entscheidend vorbereitet.

Gerade durch diese Vernetzung und sein Verständnis von Theologie als Arbeit in einer Equipe, durch seine verlässliche und konstante Präsenz in der theologischen Fakultät in Buenos Aires, hat Lucio Gera einen entscheidenden Einfluss auf die Generation der argentinischen Theologen und Theologinnen der Gegenwart. Das wird deutlich in der 1997 von Ricardo Ferrara und Carlos María Galli vorgelegten Festschrift anlässlich der 50-Jahr-Feier seiner Priesterweihe und der 40-Jahr-Feier seiner Präsenz an der Fakultät in Buenos Aires[473], vor allem in der Sammlung seiner theologisch-pastoralen Schriften, die von seinen Schülern Virginia Azcuy, Carlos María Galli, Marcelo González und Carlos Caamaño in zwei Bänden (926 Seiten und 1030 Seiten) herausgegeben, eingeleitet und kommentiert worden ist –

---

[472] Vgl. dazu: Juan Carlos Scannone/Peter Hünermann (Hg.), Lateinamerika und die Katholische Soziallehre, 3 Bde., Mainz 1993.

[473] Riccardo Ferrara/Carlos M. Galli (Hg.), Presente y futuro de la teología en Argentina. Homenaje a Lucio Gera, Buenos Aires 1997; vgl. auch: AAVV, Juntos en Su memoria. 50 años de sacerdocio con Lucio Gera (1947–2007), Victoria 1997.

ein wichtiges Werk zur in Deutschland eher unbekannten Geschichte der argentinischen Theologie. In dem in der Einführung in die verschiedenen Epochen der nachkonziliaren Kirche und Theologie in Argentinien sind auch zentrale Texte von Weggefährten und Freunden Lucio Geras aufgenommen unter dem Titel „voces argentinas" („argentinische Stimmen"):[474] von dem Religionsphilosophen Héctor Mandrioni, dem langjährigen Weggefährten an der theologischen Fakultät und dann Kardinal von Buenos Aires Eugenio Pironio, dem in der „Pastoral popular" verankerten Priester und Theologen Rafael Tello, dem Kollegen an der Fakultät in den 70er Jahren und dann Erzbischof von Resistencia Carmelo Giaquinta und dem Jesuiten und Philosophen Juan Carlos Scannone, oder auch von Glaubenszeugen der argentinischen Kirche wie Bischof Enrique Angelelli, der in Zeiten der Diktatur am 4. August 1976 bei einem fingierten und erst 2014 aufgeklärten Verkehrsunfall umgekommen ist. Kardinal Pironio hat anlässlich des 50-jährigen Priesterjubiläums von Lucio Gera 1997 von Rom aus, kurz vor seinem Tod, eine am Ende von Band 2 aufgenommene „Carta de amistad" (Freundschaftsbrief) für Lucio Gera verfasst, in der er Lucio Gera als „kontemplativen Theologen"[475] beschrieben hat. In seinem Arbeitszimmer im Karmel in Buenos Aires, bereits von seiner Krankheit geprägt, hat Lucio Gera die Korrekturen an den gesammelten Schriften vorgenommen und blickt in einem Schlusswort auf seinen Weg zurück – ein Vermächtnis, das Ausdruck dieser kontemplativen Haltung ist, seiner Demut und Bescheidenheit, und in dem er den Kreis seiner Schüler und Schülerinnen als seinen größten Schatz bezeichnet hat. „Ich glaube, dass ich ein guter Theologieprofessor gewesen bin, ohne dass ich so weit gekommen bin, ein wirklich origineller Theologe zu sein. Was mit der Bezeichnung ‚gesammelte Schriften' wohl gesagt werden soll, ist eher der von meiner Generation seit Mitte des letzten Jahrhunderts erfahrene Anspruch, Theologie und Pastoral nicht aufzuspalten, sondern die pastorale Aktion von einer theologischen Denkstruktur her zu orientieren und korrelativ dazu das theologische Denken in die konkreten geschichtlichen Kreuzungen hinein zu bringen. Genau von dieser inneren Notwendigkeit aus scheint in unserem

[474] Azcuy/Galli/Gonzáles (Hg.), Escritos Teológico-Pastorales de Lucio Gera, Bd. 1 (926 Seiten): Der Band gibt eine Übersicht über das theologische Denken in Argentinien in der Vorkonzilszeit 1956 bis 1962, der Konzilsperiode, der ersten Nachkonzilsphase bis 1968 und von 1968–81 von Medellín bis Puebla. Virginia R. Azcuy/Carlos M. Galli/Marcelo González (Hg.), Escritos Teológico-Pastorales de Lucio Gera, Bd. 2: De la Conferencia de Puebla a nuestros días (1982–2007), C. Caamaño, 2007 (1030 Seiten): Der Band skizziert zunächst die Phase von Puebla nach Santo Domingo (1992), dann von 1995–2007 die Vorbereitung auf das 3. Jahrtausend und sammelt verschiedene pastorale und geistliche Beiträge.

[475] Eduardo F. Card. Pironio, Carta de Amistad desde el corazón de la Iglesia, in: Azcuy/Galli/González (Hg.), Escritos Teológico-Pastorales de Lucio Gera, Bd. 2, 1009–1011, hier: 1011.

Land und in Lateinamerika eine eigenständige theologische Reflexion ihren Ausgang genommen zu haben, ohne Zweifel sehr anfanghaft, aber es war ein wirklicher Beginn, wie ein kleines Samenkorn, das in kurzer Zeit vom Ereignis des Zweiten Vatikanischen Konzils befruchtet worden ist."[476] „Aber ich sehe, dass ich auch etwas schuldig geblieben bin, nämlich nicht ein theologisches Werk von großer Bedeutung verfasst zu haben, wie es einem Professor entsprochen hätte, der über vierzig Jahre Theologie doziert hat. Ich habe dennoch die Genugtuung, dazu beigetragen zu haben, hinter mir eine Gruppe von jungen Theologen und Theologinnen zu lassen, die meine Schüler gewesen sind."[477] Die letzten Lebensjahre hat Lucio Gera im Karmel verbracht, als geistlicher Begleiter und Priester der Kommunität, aber auch immer noch offen und ganz Ohr für seine Gäste. Er ist am 7. August 2012 gestorben und ist in der Kathedrale von Buenos Aires bestattet worden, die letzte Ehre, die Erzbischof Jorge Mario Bergoglio – Papst Franziskus – ihm erwiesen hat.

Die „teología del pueblo" – Lucio Gera und die spezifisch argentinische Gestalt der Befreiungstheologie

In seinem in der Jesuitenzeitschrift „La Civiltà Cattolicà" veröffentlichten Interview hat Papst Franziskus im Blick auf die Kirche das Bild des „Volkes Gottes" in das Zentrum gerückt: „Das Bild der Kirche, das mir gefällt, ist das des heiligen Volkes Gottes. Die Definition, die ich oft verwende, ist die der Konzilserklärung ‚Lumen Gentium' in Nummer 12. Die Zugehörigkeit zu einem Volk hat einen großen theologischen Wert: Gott hat in der Heilsgeschichte ein Volk erlöst. Es gibt keine volle Identität ohne die Zugehörigkeit

[476] Palabras finales Lucio Gera, in: Azcuy/Galli/González (Hg.), Escritos Teológico-Pastorales de Lucio Gera, Bd. 2, 1005–1007, hier: 1005/1006: „Creo haber sido un buen profesor de teología, sin haber llegado a ser un teólogo original. Lo que se ha querido sugerir con el calificativo acoplado a mis escritos, es más bien la exigencia experimentada por mi generación, desde mediados del siglo pasado, de no dissociar teología y pastoral sino de orientar la acción pastoral desde una estructura teológica del pensamiento y, correlativamente, de hacer descender el pensar teológico a la concreta encrucijada histórica. Precisamente a partir de esta urgencia interior parecía despuntar en nuestro país y en América Latina el comienzo de una propia reflexión teológica, sin duda muy incipiente, pero comienzo real, como una pequeña semilla fecundada al poco tiempo por el acontecimiento del Concilio Vaticano II."

[477] Palabras finales Lucio Gera, in: Azcuy/Galli/González (Hg.), Escritos Teológico-Pastorales de Lucio Gera, Bd. 2, 1007: „Pero reconozco que quedo en deuda al no dejar escrita una obra teológica de envergadura, como hubiera correspondido a un profesor que ha dictado clases de teología a lo largo de cuarenta años. Tengo sin embargo la satisfacción de haber cooperado para dejar detrás de mí a un grupo de jóvenes teólogos y teólogas, a quienes he tenido como alumnos."

zu einem Volk. Niemand wird alleine gerettet, als isoliertes Individuum. Gott zieht uns an sich und betrachtet dabei die komplexen Gebilde der zwischenmenschlichen Beziehungen, die sich in der menschlichen Gesellschaft abspielen. Gott tritt in diese Volksdynamik ein." „Das Volk ist das Subjekt. Und die Kirche ist das Volk Gottes auf dem Weg der Geschichte – mit seinen Freuden und Leiden. Die Kirche ist die Ganzheit des Volkes Gottes. Ich sehe die Heiligkeit im Volk Gottes, seine tägliche Heiligkeit."[478] Ähnliche Überlegungen hat er in der Exhortatio „Evangelii Gaudium" getroffen. Wenn der Papst den Begriff des „Volkes" in den Vordergrund stellt, so klingen für ihn darin auch der spezifische Begriff des „pueblo" in der argentinischen Kirche mit und die theologischen und ekklesiologischen Impulse, wie sie die spezifisch argentinische Gestalt der Theologie der Befreiung ausgeprägt haben und die der Priester und Theologe Carlos María Galli als „argentinische Theologie des Volkes" – „teología del pueblo[479]" – bezeichnet. Juan Carlos Scannone versteht diese als eine Strömung mit eigenen Zügen innerhalb der Theologie der Befreiung[480], die aus der pastoralen und ekklesiologischen Erneuerung des 2. Vatikanischen Konzils und den neuen pastoralen Impulsen der argentinischen Kirche erwächst. Argentinische Theologen wie Jorge María Mejía und Eugenio Pironio waren theologische Berater beim Konzil; Lucio Gera, Carmelo Juan Giaquinta und andere Kollegen an der theologischen Fakultät in Buenos Aires haben zusammen mit ihnen in Argentinien zur Vermittlung des Konzils beigetragen: dass es „Argentinien angepasst wird und vor allem, dass wir Argentinien an das Konzil anpassen", so Lucio Gera.[481] Die theologische Umsetzung der Impulse des Konzils war in die neue pastorale Bewegung der „Pastoral popular" eingebettet, die Teil des Programms einer neuen „Pastoral de conjunto" der argentinischen Bischöfe war, koordiniert von der Pastoralkommission COEPAL, deren Be-

[478] Antonio Spadaro, Das Interview mit Papst Franziskus, Teil 1, in: http://www.stimmen-der-zeit.de/zeitschrift/online_exklusiv/details_html?k_beitrag=3906412 (letzter Aufruf: 13.12.2013).

[479] Vgl. Carlos M. Galli, La teología latinoamericana de la cultura en las vísperas del Tercer Milenio, in: Mendes de Almeida/Noemi u. a. (Hg.), El futuro de la reflexión teológica en América Latina, 243–362, hier: 249.

[480] Scannone, Theologie der Befreiung, 422. – Scannone unterscheidet zwischen der „Theologie der Befreiung von der historischen Praxis her" und der „Theologie von der Praxis der lateinamerikanischen Völker her", worunter die argentinische Schule oder „Theologie des Volkes" fällt.

[481] La Iglesia y el mundo, in: Azcuy/Galli/González (Hg.), Escritos Teológico-Pastorales de Lucio Gera, Bd. 1, 311–318, hier: 311: „No se trata pues, solamente, de repetir citas, sino de reproducir las actitudes conciliares. Este acto de *volver a producirlas* en lo íntimo de cada uno es un acto creador y original, mediante el cual lo rehacemos en nosotros mismos expandiéndolo hacia la realidad que nos circunda. De este modo adaptaremos el Concilio a la Argentina y, sobre todo, adaptaremos la Argentina al Concilio."

rater Lucio Gera bis zu ihrer Auflösung im Jahr 1973 war. Viele Priester und Ordensleute, Laien, Männer und Frauen, sind aus definierten Grenzen kirchlicher Sozialformen ausgebrochen, der Weg an die Peripherien und die „inserción“ in die Welt der Armen brachten neue Gestalten der Gemeindebildung, die Basisgemeinden und Hausgemeinschaften mit sich und die Ausprägung eines neuen Priesterbildes, des „cura villero“, des in den Armutsvierteln tätigen Priesters.

Hier verbanden sich tradierte Formen der Volksreligiosität und der Sozialpastoral auf eine neue Weise. Der 2002 in Luján verstorbene Priester und Theologe Rafael Tello[482] ist in der argentinischen Kirche der große, hochgeschätzte Protagonist dieser neuen Wege; Lucio Gera war ihm zutiefst verbunden; die Nähe zu den einfachen Menschen, zum „Volk“ und ihrer gelebten Religiosität, ihrer spezifischen Ausprägung einer „Kultur der Armut“, in der Freude und Leid, Fest und Kampf gegen Armut und Ungerechtigkeit, Musik, Gesang und die Wallfahrten zur „Virgen de Luján“ eine unverwechselbare Verbindung eingingen, sind der Nährboden für die Entfaltung der spezifisch argentinischen Gestalt der Befreiungstheologie, zu der Lucio Gera – und mit ihm seine Weggefährten in der Pastoral und Kollegen an der Fakultät – beitrugen. Entscheidend war dabei nicht bloß die „Hinwendung“ zu den Armen, zum Volk, sondern der Ausgangspunkt vom Volk, wie es das 1969 erschienene Dokument von San Miguel der argentinischen Bischöfe formuliert. Das „Handeln der Kirche darf nicht nur zum Volk hin orientiert sein, sondern auch und ganz wesentlich vom Volk selbst her.“[483] Der Begriff des „Volkes“ geht auf die Kirchenkonstitution des 2. Vatikanischen Konzils zurück, aber auch auf den Volksgedanken der argentinischen Kultur, wie ihn das große Volksepos Martín Fierro von José Hernández (1872/79) kultiviert hat und wie er in der Volksbewegung des Peronismus aufgegriffen worden ist. Von Entscheidung ist vor allem die Einsicht, dass

[482] Die wegweisenden theologischen, pastoralen und geistlichen Impulse, die Rafael Tello gegeben hat, werden erst in letzter Zeit aufgearbeitet. Víctor Manuel Fernández, Rektor der Katholischen Universität Santa María de los Buenos Aires, enger Vertrauter von Kardinal Bergoglio, von Papst Franziskus zum Erzbischof von Tiburnia geweiht, hat dessen Werk in mehreren Aufsätzen vorgestellt: Víctor Manuel Fernández, El Padre Tello. Una interpelación todavía no escuchada (en línea), in: Vida Pastoral 236 (2002), im Internet verfügbar unter: http://bibliotecadigital.uca.edu.ar/repositorio/rectorado/padre-rafael-tello-interpelacion-fernandez.pdf (letzter Aufruf: 14.07.2015); ders., Con los pobres hasta el fondo. El pensamiento teológico de Rafael Tello, in: Virginia R. Azcuy (Hg.), Semillas del siglo XX, in: Proyecto 36 (2000) 187–205, hier: 187.

[483] Dokument San Miguel Nr. 6, 4 und 5, zitiert nach: Juan Carlos Scannone, Los aportes de Lucio Gera a la Teología en perspectiva Latinoamericana, in: Azcuy/Galli/González (Hg.), Escritos Teológico-Pastorales de Lucio Gera, Bd. 1, 455–460, hier: 457/458.

Gott den Menschen nicht als einzelnen erlöst, sondern dass das Werk des Heils vor allem darin besteht, ein Volk zu gründen.[484]

Gemeinsam mit den anderen Entwicklungen der Befreiungstheologie in Lateinamerika ist die Analyse der Realität, die Orientierung am Dreischritt des Sehens, Urteilens, Handelns, die radikale, als Bekehrung zum Evangelium verstandene Option für die Armen. Die wirtschaftliche und soziale Realität der Armut wird analysiert, sie wird darüberhinaus, wie Gustavo Gutiérrez es in seinen wegweisenden Texten formuliert hat, als Solidariät und Protest verstanden, die ihre Grundlage in der Kenosis Jesu Christi besitzen, der mit uns solidarisch gewesen ist und uns mit seiner Armut reich gemacht hat (vgl. 2 Kor 8,9).[485] „Nur wenn die Kirche die Armut als solche zurückweist und arm wird, um gegen sie zu protestieren, wird sie in der Lage sein, das zu predigen, was ihr eigen ist, ‚geistige Armut' nämlich, d.h. die Offenheit von Mensch und Geschichte gegenüber der von Gott verheißenen Zukunft."[486] Diese „historische Kraft der Armen", so der Titel eines der zentralen Werke von Gutiérrez, verbindet die verschiedenen Entfaltungen der Befreiungstheologie. Lucio Gera und mit ihm andere wie Rafael Tello, Fernando Boasso, Gerardo Farrell und Juan Carlos Scanonne werden jedoch Kritik an der Fokussierung der Sozialanalyse üben, die bei Gutiérrez oder den Brüdern Boff aus dem Dialog mit europäischen Sozialwissenschaften erwächst. Die soziale und wirtschaftliche Realität der Armut wird nicht ausgeblendet, aber um den Blick auf die kulturelle Realität der Armen erweitert. Wer arm ist, ist Glied eines Volkes, ist – auch und trotz aller Armut – eingebettet in Erfahrungen einer Kultur, einer Geschichte, einer Religion.

Bereits Anfang der 70er Jahre brach der Streit um den Rekurs auf die Volksreligiosität aus, die in der Entfaltung der argentinischen Gestalt der Befreiungstheologie von zentraler Bedeutung war, während sie in diesen Jahren in den anderen befreiungstheologischen Strömungen in Brasilien, Chile oder Peru ausgeblendet wurde. Volksreligiosität ist für Lucio Gera die

---

[484] Juan Carlos Scannone (Los aportes de Lucio Gera a la Teología en perspectiva Latinoamericana, in: Azcuy/Galli/González (Hg.), Escritos Teológico-Pastorales de Lucio Gera, Bd. 1, 455–460, hier: 457) zitiert Juan Carlos Maccarone: „Popular se nutre de un concepto estrictamente teológico que asume el Vaticano II para definir la Iglesia. Parte del dato de fe de que Dios no salva aisladamente, sino construyendo un pueblo." – Zur argentinischen „Theologie des Volkes" vgl. auch die Arbeiten von Schülern von Lucio Gera: Carlos M. Galli, El pueblo de Dios en los pueblos del mundo. Catolicidad, encarnación e intercambio en la eclesiología actual, Buenos Aires 1993; Guillermo Fernández Beret, El pueblo en la teología de la liberación. Consecuencias de un concepto ambiguo para la eclesiología y la pastoral latinoamericanas, Frankfurt/Madrid 1996; Marcelo Trejo, La Sabiduría del Pueblo como lugar teológico en la „Escuela Argentina" (1966–199), Rom 2000.

[485] Vgl. dazu z.B.: Gustavo Gutiérrez, Nachfolge Jesu und Option für die Armen. Beiträge zur Theologie der Befreiung im Zeitalter der Globalisierung, Stuttgart 2009.

[486] Gustavo Gutiérrez, Theologie der Befreiung, München ^{6}1982, 285.

Religiosität, „die der einem Volk eigenen und charakteristischen Kultur entspricht. Die Religiosität ist eine typische Haltung der Armen, und die Armen bilden auf eine vorrangige Weise ein Volk. Die Armen bringen auf eine verdichtete und typische Weise die Religion eines Volkes zum Ausdruck."[487] Hier prägt sich der typisch argentinische Begriff des Volkes aus. Zum Volk gehören, so Lucio Gera, heißt Mitglied einer „Gemeinschaft von Menschen (sein), die auf der Grundlage der Teilhabe an derselben Kultur vereint sind, die in geschichtlicher Perspektive ihre Kultur durch eine bestimmte politische Willensbildung bzw. Entscheidung konkretisieren".[488] „Die erste Bedingung zu einem Volk zu gehören, ist das Bewusstsein, anderer zu bedürfen, und das ist für den Armen eine lebendige und verwundete Erfahrung. Deshalb ist er eher fähig, solidarisch zu sein – indem er anderen gibt und umgekehrt von ihnen etwas erwartet –, er ist eher fähig, ein *Volk* zu bilden. Denn ‚Volk' ist letztendlich eine ethische Realität, die ein tiefes moralisches Handeln erfordert. Deshalb nennen wir auf zweifellos vorrangige Weise die Menge der Armen *Volk*".[489] Die argentinischen Theologen Virginia Azcuy und Carlos Galli sehen den zentralen Beitrag des Denkens von Lucio Gera gerade darin, die Armen als Volk zu denken, als „kollektives Subjekt der Geschichte", und die ein spezifisches religiöses und kulturelles Ethos ausprägen.[490]

Von Bedeutung für die Entfaltung der argentinischen „Theologie des Volkes" war die wohl bedeutendste Enzyklika von Paul VI., „Evangelii Nuntiandi" (1975). Befreiung, Entwicklung und Evangelisierung der Kultur sind aufeinander zu beziehen, Kritik von ungerechten Strukturen ist angesagt, aber eine Kritik, die in den befreienden Impulsen des Evangeliums und de Nachfolge Jesu Christi gründet. Es ist sicher bezeichnend, dass das Apostolische Schreiben „Evangelii Gaudium" von Papst Franziskus sich immer wieder auf diese Enzyklika von Paul VI. bezieht; der Papst zieht damit Linien aus, die die lateinamerikanischen Bischöfe seit Mitte der 70er Jahre in ihren Wegweisungen aufgenommen haben und die dann die Konferenz von Puebla (1979), zu der Lucio Gera als theologischer Berater geladen wurde, prägen. Der Konflikt im Vorfeld und auf der Konferenz von Puebla war vor allem um die Ausrichtung am Kulturbegriff entbrannt; Sozial- und Kul-

[487] Gera, Pueblo, Religión del pueblo e Iglesia, in: Azcuy/Galli/González (Hg.), Escritos Teológico-Pastorales de Lucio Gera, Bd. 1, 717–744, hier: 731.

[488] Gera, Pueblo, Religión del pueble e Iglesia, 724.

[489] Gera, Pueblo, Religión del pueble e Iglesia, 724.

[490] Azcuy, Una biografía teológica, in: Azcuy/Galli/González (Hg.), Escritos Teológico-Pastorales de Lucio Gera, Bd. 1, 23–57; Carlos M. Galli, Interpretación, valoración y actualización del pensamiento teológico de Lucio Gera en „Del Preconcilio a la Conferencia de Puebla" (1956–1981), in: Azcuy/Galli/González (Hg.), Escritos Teológico-Pastorales de Lucio Gera, Bd. 1, 867–924.

turanalyse in den neuen Entfaltungen der lateinamerikanischen Theologie wurden gegeneinander ausgespielt, und es ist sicher auch der klaren Verankerung Lucio Geras in den befreienden Traditionen der Konferenz von Medellín zu verdanken, dass das Dokument von Puebla den Befreiungsbegriff und die „Option für die Armen" weitergeführt hat. Die Zeit vor und nach der Konferenz von Puebla gehört zur kreativsten Schaffensphase des Theologen Lucio Gera, die pastorale, kulturelle und weisheitliche Fokussierung seiner Theologie, aber auch ihre klare Verankerung in der Erneuerungsbewegung, die das 2. Vatikanische Konzil für Lateinamerika bedeutet hat, wird hier weiter entfaltet. Von Bedeutung war für ihn die „Reinterpretation" des Konzils aus den jeweiligen kulturellen Kontexten der Kirche, und damit hat er bereits in den 70er Jahren Entwicklungen vorbereitet, die den Fokus auf die Verbindung von Sozialpastoral und Evangelisierung der Kultur legen, wie er auch das Dokument der letzten Generalversammlung des lateinamerikanischen Episkopats in Aparecida (2007) prägt, das ganz deutlich die Handschrift von Kardinal Jorge Mario Bergoglio, Vorsitzender der Redaktionskonferenz, trägt.

Die Ausgestaltung der spezifisch argentinischen Gestalt der Befreiungstheologie ging nicht ohne Konflikte vonstatten, aber es ist falsch, Sozial- und Kulturanalyse gegeneinander auszuspielen. Lucio Gera – und mit ihm die „teología del pueblo" – hat den Befreiungsgedanken niemals verabschiedet. In anderen – marxistisch orientierten – Ansätzen der Befreiungstheologie, die sehr stark europäische sozialwissenschaftliche Ansätze rezipieren, sieht Gera die Gefahr, eine theoretische Basis für den Klassenkampf und die Spaltung der Einheit des Volkes zu liefern. Die „teología del pueblo" setzt nicht bei Oppositionen an, sondern geht von der – sicher auch immer zu suchenden – Einheit des Volkes aus, aber sie ist in gleicher Weise wie die anderen neuen lateinamerikanischen theologischen Ansätze auf eine Praxis der Befreiung bezogen. „Die Interpretation des Konzils geht notwendigerweise durch eine sozio-politisch-kulturelle Analyse, nicht nur des Kontinents, sondern jeden Landes, bis dahin, dass es entscheidend und drängend ist, eine *historisch-nationale* Lektüre des Konzils zu leisten und, in der Tiefe, des Evangeliums selbst. Das führt zu einem Engagement des Gläubigen, der ganzen Kirche, in der Politik der Befreiung und der deutlichen Absage an unterdrückerische Systeme, Strukturen und Gruppen."[491]

Der politische Hintergrund für die Entfaltung der „teología del pueblo" ist aus einer kirchlichen Perspektive noch weiter aufzuarbeiten. 1976 eta-

[491] Lucio Gera, Apuntes para una interpretación de la Iglesia argentina, in: Azcuy/Galli/González (Hg.), Escritos Teológico-Pastorales de Lucio Gera, Bd. 1, 501–565, hier: 513; vgl. auch Gera, Apuntes para una interpretación de la Iglesia argentina, 531.

blierte sich durch den Putsch gegen die peronistische Regierung von Isabel Martínez die Militärdiktatur, die erst 1983 durch die demokratische Regierung von Raúl Alfonsín abgelöst wurde. Zu den vielen Gefolterten, Verschwundenen, Ermordeten gehörten auch Bischöfe wie Enrique Angelelli, Ordensleute wie die französische Ordensfrau Alice Domon, aber es gab auch Militärgeistliche, die die Flugzeuge segneten, die die Leichen der Gefolterten und Ermordeten über dem Río de La Plata abwarfen. Lucio Gera war in diesen Jahren Berater der argentinischen Bischöfe und hat als solcher die Vorlage des Dokumentes „Iglesia y Comunidad Nacional" erarbeitet, das am 08.05.1981 veröffentlicht worden ist.[492] Die Bischöfe prangerten die Gewalt in jeder Hinsicht an, sie stellten angesichts der Zerrissenheit des Landes genau die Frage, wie die Einheit des Volkes wiederherzustellen ist, wie Aussöhnung möglich sein kann. Gerade unter dieser Perspektive des Versöhnungsgedankens ist die argentinische „Theologie des Volkes" sicher weiter zu beleuchten.

In den 70er Jahren schien – gerade in europäischer Perspektive – die Versöhnungstheologie das konservative Gegengewicht zur Befreiungstheologie zu sein. Eine aufmerksame Lektüre der Schriften Lucio Geras wird deutlich machen, dass Befreiung und Versöhnung zusammengehören, gerade vom Ansatz der „Einheit" des Volkes aus, der für Gera und Papst Franziskus von Bedeutung ist; das ist aber niemals eine idealistisch zu verstehende „Einheit", sondern ein Volk, dessen Einheit von unterschiedlichen Interessen und Konfliktlinien gezeichnet ist. Die Frage, wie Einheit möglich ist, ist gerade aus einer theologischen und ekklesiologischen Perspektive zu entfalten. Als Volk Gottes auf dem Weg durch die Zeit, als Volk unter den Völkern, das, so die Visionen des Jesaja, die Nationen einen kann, kommt der Kirche eine entscheidende Aufgabe in den – auch nationalen – Versöhnungsprozessen zu. Befreiung bedeutet vor allem auch, die Tiefenschichten der Kultur freizulegen, aus denen Hoffnung erwachsen kann, und genau hier kommt dem Glauben, der Volksreligiosität Bedeutung zu, neu Kräfte zu mobilisieren, die aus Unterdrückung von menschenunwürdigen Strukturen befreien können. Darin hat die argentische „teología del pueblo" Schule gemacht, auch wenn sich Lucio Gera in seiner für ihn typischen

---

[492] In den Escritos teológico-pastorales von Lucio Gera ist ein längerer Aufsatz von Lucio Gera zur „Reconciliación nacional" (Azcuy/Galli/González (Hg.), Escritos Teológico-Pastorales de Lucio Gera, Bd. 2, 133–166) aufgenommen worden; ebenso einige Auszüge aus dem Dokument „Iglesia y Comunidad Nacional" (Azcuy/Galli/González (Hg.), Escritos Teológico-Pastorales de Lucio Gera, Bd. 2, 89–104). Gera hat in den letzten Jahren der Militärdiktatur mehrere Beiträge zum Thema der „Versöhnung" veröffentlicht: La reconciliación. Aspectos doctrinales, in: Sedoi 64 (1982) 24–34; La reconciliación en el pensamiento cristiano, in: Empresa 63 (1983) 22–34.

Bescheidenheit gegen den Begriff der Schule wehrt, wie in einem unveröffentlichten Interview vom 12.3.1999: „Wir hatten niemals den Anspruch, eine Schule zu bilden. Mich überrascht es ein wenig, davon sprechen zu hören. Es war eine Gruppe, die dachte, niemals glaubten wir, dies sei eine Art theologische Schule oder dass dadurch eine Tradition begründet würde... Die Sorge um die theologische Tradition bestand..., aber niemals habe ich gedacht, dass wir eine solche begründen sollten... Sicher war diese Art von vager Sorge nicht gänzlich von uns ausgeschlossen, als Auftrag für die Zukunft; langsam würde dies eine Tradition dann begründen. Deshalb meine ich, dass das doch ein bißchen zu groß für uns ist, hier von einer theologischen Schule zu sprechen... Ja, ich bin mir bewusst, dass Argentinien etwas Eigenes zum lateinamerikanischen theologischen Denken beigetragen hat... Etwas, was sich von dem unterscheidet, was die Theologien der anderen Regionen entwickelt haben: Themen wie Kultur und Volksreligiosität zum Beispiel. Deshalb glaube ich, dass es Elemente gab, die das Denken in ein bestimmtes Flußbett gebracht haben. Ich meinerseits glaube, dass ich etwas beitragen wollte, was nicht auseinanderdriften lässt, sondern verbindet: Kirche und Welt, Pastoral und Theologie, Spiritualität und Theologie. Ich glaube, das dies mein besonderer Beitrag gewesen ist. Ich würde sagen, dass wir die Absicht hatten, bestimmte Reflexionslinien zu markieren, aber das ist keine vollendete theologische Schule.“[493]

Die Dissoziation von Theologie und Pastoral überwinden

Schülerinnen und Schüler haben beobachtet, dass Lucio Gera bereits in den 80er Jahren, nach der Diktatur, begonnen hat, den Stab an die jüngere

[493] Interview vom 12.03.1999, in: Marcelo González, Prólogo, in: Azcuy/Galli/González (Hg.), Escritos Teológico-Pastorales de Lucio Gera, Bd. 1, 16/17: „Nunca pretendimos hacer una escuela. A mí me toma un poco de sorpresa sentir hablar así. Era un grupo que pensaba, nunca creímos que era una especie de escuela de teología o que se fundaba una tradición ... La preocupación por la tradición teológica estaba... pero nunca se me ocurrió que podíamos fundarla nosotros ... No está del todo ausente esa especie de vaga preocupación, como de remission al future; lentamente esto iría creando una tradición. Entonces yo siento que nos queda un poquito grande lo de escuela de teología ... Sí soy consciente de que Argentina ha puesto algo característico en el pensar teológico latinoamericano ... Algo distinto que no han puesto las teologías de otras regions: temas como cultura y religiosidad popular, por ejemplo. Entonces creo que sí, que hubo elementos que iban poniendo un cierto cauce al pensar. Yo por mi parte creo que quise aportar algo que no disocie sino que asocie: Iglesia y mundo, pastoral y teología, espiritualiad y teología. Creo que éste ha sido mi esmero. Yo diría que es una intención por marcar ciertas líneas de reflexión, no es una escuela acabada.“

Theologengeneration weiterzugeben.[494] Gera wird die Linien der „teología del pueblo“ weiterverfolgen, er veröffentlicht viel zu Fragen der Evangelisierung der Kultur, zur Spiritualität, er ist präsent an der Fakultät in Villa Devoto, er ist beratend tätig für viele Bischöfen, für Mons. Karlic und vor allem für Erzbischof Bergoglio. Aber es scheint, als ob die Diktatur auch hier etwas gebrochen und „zugedeckt“ hat und nicht hat weiter wachsen lassen, wie Gera in einem Rückblick auf diese bleiernen Jahre formuliert hat.[495] „Wie nehme ich den Faden wieder auf, wenn die Periode des Schweigens vorbei ist? Wie überhaupt den Faden wieder aufnehmen? Ich persönlich greife wenig auf. Es beginnt bereits der Abschnitt, in dem mir meine Gesundheit einen Strich durch die Rechnung macht.“, so Lucio Gera in einem Interview aus dem Jahr 1999.[496] Sicher ist der Rückgriff auf spirituelle und weisheitliche Traditionen von Anfang an in seinem Denken präsent, aber es fällt auf, dass der zweite Band seiner theologisch-pastoralen Schriften vor allem diese Ausrichtung hat. Lucio Gera ist seit 1994 Spiritual im Karmel Theresia von Lisieux in Buenos Aires, ebenso auch bei den Benediktinerinnen der Heiligen Scholastika in Victoria, und die letzten Lebensjahre wird er im Karmel von Buenos Aires verbringen, an einem Ort, in der Tiefe des Gebets die Gebrochenheiten der Welt erinnert und in das befreiende und versöhnende Kreuzesleiden Jesu Christi gehalten werden. Das ist seine Weise, die „Aufgabe der Unterscheidung der Vergangenheit“ auch im Blick auf die Diktatur zu leisten, eine Aufgabe, die er gerade auch der jungen Generation ins Herz schreibt.[497] Es ging ihm darum, die „Option für die Befreiung und für die Armen immer mehr im Kern des Glaubens zu verankern“, im „evangelisierenden Kern“.[498] Lucio Gera hat aus diesem Impuls

[494] Virginia Azcuy verweist hier auf die Einführung von Gera zur „Teología del pueblo“ seines Schülers Sebastián Politi aus dem Jahr 1992, in der er deutlich macht, den Stab an die jüngere Generation weiterzugeben: Una biografía teológica de Lucio Gera, 39.

[495] Interview aus dem Jahr 1990, in: Azcuy, Una biografía teológica de Lucio Gera, 38: „La guerilla, la subversión, la tremenda repression, entre llos años '75 y ochenta y tantos, indudablemente han paralizado mucho y yo le atribuyo mucha importancia a esos hechos. Fue como echarle tierra encima a algo que estaba allí en lo superficial.“

[496] Azcuy, Una biografía teológica de Lucio Gera, 39: „Cómo retomo cuando acaba el período de silencio? Cómo se retoma? Yo personalmente retomo poco. Empieza ya el periodo donde mi salud me juega malas pasadas.“

[497] Azcuy zitiert aus der Vorstellung der Publikation „Teología del Pubelo“ von Sebastián Politi: Una biografía teológica de Lucio Gera, 43: „A ellos y a nosotros corresponde la tarea de un discernimiento del pasado.“

[498] Interview aus dem Jahr 1990, in: Azcuy, Una biografía teológica de Lucio Gera, 41: „En la evolución creo que la historia nos ha ido exigiendo cada vez más ir radicando la opciónpor la liberación y por los pobres en el núcleo de nuestra fe, para darle especificiad, para darle identidad, para poder también, a la vez que usar las mediaciones, poner elementos de crítica a las mediaciones y a las ideologías. Creo que en eso está la tarea. No disociar, sino radicar cada

heraus entscheidende Impulse für eine Verankerung der Theologie in den lebendigen Quellen des Glaubens und in den konkreten Anfordernissen der Pastoral gegeben, er hat darum – so erinnert sich die Verfasserin auch an ein letztes Gespräch mit Lucio Gera im Karmel in Buenos Aires, an einem kalten Winternachmittag Ende Juli 2011 – auf die gegenwärtige Gefahr einer Dissoziation von Theologie und Pastoral hingewiesen. Theologische Reflexion, pastorale Praxis und Spiritualität müssen unter Beachtung der jeweiligen „Zeichen der Zeit" immer wieder neu aufeinander bezogen werden, und das heißt für Gera dann auch, dass Theologie eine geistliche Praxis im weiten Sinne ist, im Dienst der Humanisierung und einer politischen Praxis im Sinne der „Option für die Armen".[499] Papst Franziskus schöpft aus diesen Impulsen – wünschen wir ihm die theologische Begleitung in den Spuren von Lucio Gera, die der Trennung von Lehre und Pastoral wehrt und der Lehre durch eine in der Tiefe des Evangeliums verankerte Theologie neue Horizonte eröffnet, die der Freude und Hoffnung, Trauer und Angst des „Volkes" entspricht.

---

vez más el tema del proyecto de liberación y opción por los pobres en el núcleo evangélico, en el núcleo evangelizador."

[499] Vgl. auch Interview aus dem Jahr 1990, in: Azcuy, Una biografía teológica de Lucio Gera, 51: „En mi juicio, hay que tratar de no hacer los temas alternativos, al contrario. El gran desafío es ver cómo los integramos en la *acción pastoral*, en la *reflexión* y en la *espiritualidad*. … apreciar, vivir espiritualmente, en la práctica pastoral y en la reflexión, cómo precisamente la fe en la trascendencia nos obliga al gran esfuerzo por la promoción humana, por hacer lo inmanente más humano, y por lo tanto cómo la misma fe en la trascendencia en la vida eterna, en la salvación nos lleva a la opción por el pobre, a la liberación, a la proyección política."

Teil III:
Neue interkulturelle Dynamiken. Wege an die Peripherien, Grenzüberschreitungen und ein neuer „Stil“ des Christlichen

Barocke Christentümer? Die Pluralisierung des Christentums in Lateinamerika

In seinem Roman „Todas las sangres“, 1964 in Peru erschienen, auf deutsch 1983 unter dem Titel „Trink mein Blut, trink meine Tränen“, bezieht sich der peruanische Autor José Maria Arguedas mehrfach auf Ritus und Liturgie katholischen Glaubens und Formen christlich-indianischer Religiosität, wie sie sich seit der Eroberung Perus durch die Spanier in den Dörfern der Anden entwickelt haben. Beim Sterben und der Beerdigung der Mutter der beiden verfeindeten Brüder, Don Bruno und Don Fermín de Aragón y Peralta, den Protagonisten des Romans, die beide auf ihre Weise für ein erneuertes Peru stehen wollen – der eine im Rückbezug auf die indianischen Traditionen, die alten Mythen, das Bewahren der traditionellen Kultur, der andere durch Investitionen in die Zukunft durch neue technische Möglichkeiten im Bergbau, aber auch durch angemessene Löhne, durch Bildungsprogramme für die Arbeiter –, spendet der katholische Priester die letzte Ölung; die Mitglieder der indianischen Gemeinden sind beim Begräbnis dabei, sie singen ihre Lieder. Arguedas schreibt:

„Die beiden Indios bedeckten nicht nur den Mund mit dem Poncho, wie es die Frauen tun, sondern den ganzen Kopf. Sie sangen mit hohen, fast gebrochenen Stimmen. Ein paar Indios, die weit weg vom Grab standen, begannen zu weinen…

Schwarzer Wurm, ach weh! Sohn der Welt, Fuß des Baums. Bring meine geliebte Mutter, die stumme schwarze Blüte, auf die andere Seite des Flusses. / Sie ist nicht mehr, ach weh! Sie ist nicht mehr. Nur du bist noch. Den Schatten, der nicht spricht, nimm ihn mit. Bring ihn auf die andere Seite des Flusses, auf die Seite, die niemand kennt.

… Die comuneros erlebten es zum erstenmal, daß zwei Männer, zwei alte Männer, das Abschiedslied für einen Toten sangen. Die beiden Alten erinnerten sich an die Zeit, in der sie k'ollanas waren, und sangen mit hohen Fistelstimmen. Der rote Apukintu wurde traurig und schwankte vor den mit Tränen gefüllten Augen der Männer hin und her.“[500]

[500] José Maria Arguedas, Trink mein Blut, trink meine Tränen, Köln 1983, 272. – Vgl. dazu: Diemo Landgraf, Kulturelle Hybridisierung bei José María Arguedas, Röhring 2008; Miguel Gutiérrez, Estructura e ideología en todas las sangres, Lima 2007; José Alberto Portugal, Las novelas de José María Arguedas. Una incursión en lo inarticulado, Lima 2007. – Vgl. zu den folgenden Überlegungen: Margit Eckholt, Barocke Christentümer? Die Pluralisierung des Christentums in Lateinamerika, in: Andreas Hölscher/Anja Middelbeck-Varwick/Markus Thurau (Hg.), Kirche in Welt, Christentum im Zeichen kultureller Vielfalt, Frankfurt a.M. 2013,103–125.

So werden die indianische und barocke spanische Tradition miteinander verwoben. José María Arguedas ist einer der von Gustavo Gutiérrez, einem der großen Begründer der Theologie der Befreiung in Lateinamerika, bevorzugten peruanischen Literaten. Arguedas hat in seinen großen Romanen, vor allem „Todas las sangres“, aber auch „Los rios profundos“, die Welt der Indígenas der peruanischen Anden in den Mittelpunkt gestellt und auf einfühlsame Weise ihre sich über Jahrhunderte – seit der Eroberung Perus durch die Spanier 1532 – entwickelnden und sich verwebenden Traditionen, das Mit- und Nebeneinander von spanisch-katholischer Barockkultur und indianischen Gebräuchen dargestellt, aber auch ihre Bedrohtheit durch die einbrechende Industrialisierung zu Beginn des 20. Jahrhunderts und die einsetzenden Säkularisierungsprozesse in einer zunehmend globalisierten Welt. Gustavo Gutiérrez hat 1990 eine Studie zum Werk von Arguedas veröffentlicht.[501] Mit der Rezeption von Arguedas oder auch anderer peruanischer und lateinamerikanischer Poeten und Literaten, so u.a. den peruanischen Dichter César Vallejo, hat er sich vor allem gegen den Vorwurf gewehrt, der neue Ansatz der Theologie der Befreiung sei zu stark an westlichen – europäischen – Methodiken der Sozialwissenschaften orientiert und nehme nicht das kulturelle Erbe Lateinamerikas in den Blick.

Die Geschichte des Romans spielt in der ersten Hälfte des 20. Jahrhunderts. Das Bild des Katholizismus, das hier vorgestellt wird, ist das der spanischen Barockzeit; sicher hat sich das Verhältnis zwischen Staat und Kirche seit der „Independencia“ geändert, de facto wirken aber Strukturen aus der Zeit eines Staatskirchentums nach, der Katholizismus ist weiterhin die mächtigste Religion, andere Konfessionen und Religionen haben zwar ein Existenzrecht, Macht und Aufstieg in der Gesellschaft ist an die katholische Konfession gebunden. Arguedas legt diese religiöse Struktur eines barock-katholischen Christentums gerade auch dadurch offen, dass er in einer faszinierenden Verbindung von anthropologischer Nüchternheit und poetischer Sensibilität die Bedeutung der alten indianischen Riten, Mythen und Lieder herausarbeitet, die sich in dieser Konstellation eines barocken Katholizismus weiter entfalten konnten, zwar nicht in unabhängigen und damit freien Autoritätsstrukturen. Die hybride, paradoxe und fragile Identitätsbildung der lateinamerikanischen Kulturen wird von Arguedas auf faszinierende Weise herausgearbeitet.

In den letzten Jahrzehnten des vergangenen Jahrhunderts, als Gustavo Gutiérrez an Arguedas und seine Romane erinnert, war das Interesse an den politischen und kirchlichen Entwicklungen in Lateinamerika groß. Aus sozialwissenschaftlicher und politologischer Perspektive, in kirchlicher und

[501] Gustavo Gutiérrez, Entre las calandrias. Un ensayo sobre José María Arguedas, Lima 1990.

theologischer Sicht galten die Länder Lateinamerikas als „Laboratorium" eines neuen sozialen und religiösen Aufbruchs, ein Kontinent der „Utopien", in denen die Träume der Befreiung der Armen und Geknechteten hoch fliegen. Es war die Zeit der Hochblüte des Aufbruchs der Befreiungstheologie, eines neuen Ansatzes in der Theologie: Er wurde gerade auch aus internationaler und säkularer sozialwissenschaftlicher Perspektive mit Interesse verfolgt, weil es hier aus zutiefst christlicher, „evangelischer" Motivation im Protest gegen Strukturen von politischer, sozialer, wirtschaftlicher Unterdrückung und Ungerechtigkeit und im Einsatz gegen Menschenrechtsverletzungen durch die Militärdiktaturen zu einer neuen gesellschaftlichen und religiösen Positionierung von Vertretern der katholischen Kirche kam. Mit ihrer „Option für die Armen" und ihren klaren Aussagen gegen die unterschiedlichsten Formen der Gewalt, so z. B. in den bis heute lesenswerten Texten der 2. Generalversammlung des lateinamerikanischen Episkopats in Medellín (1968), errang auch die Hierarchie der katholischen Kirche in Repräsentanz ihrer Bischöfe neues Ansehen und neue Glaubwürdigkeit. Die prophetische Kraft des Evangeliums, an die erinnert wurde, wurde für viele aber auch zur Provokation. Die Befreiungsbewegungen und mit ihnen auch die kirchlichen Vertreter der Befreiungstheologie wurden von den Geheimdiensten der USA beobachtet, der Vatikan sprach 1984/86 in den Instruktionen „Libertatis nuntius" und Libertatis conscientiae" die Verurteilungen der Theologie der Befreiung aus, es wurden der befreienden Pastoral gegenüber aufgeschlossene Bischöfe versetzt und Bischofsstühle mit Vertretern konservativer religiöser Bewegungen wie dem Opus Dei oder dem Sodalicium besetzt. Das Jahr 1989 – der Fall der Berliner Mauer – hat für die Wahrnehmung Lateinamerikas große Veränderungen bedeutet: In sozial- und politikwissenschaftlicher Perspektive ist Lateinamerika zunehmend aus dem Blick geraten, und das wirkt sich auch in weltkirchlicher und theologischer Perspektive aus.

Über fünfundzwanzig Jahre nach diesen Entwicklungen tun wir aber gut daran, im neuen globalen Kontext der ambivalenten „Rückkehr" der Religion den Blick wieder neu auf den lateinamerikanischen Kontinent zu richten. In diesem kurzen Zeitraum hat sich ein – sicher bereits früher angelegter – immenser Wandlungsprozess auf dem Feld des Religiösen in Lateinamerika vollzogen. Religionssoziologen sprechen von einer „Protestantisierung" Lateinamerikas, in Ländern wie Brasilien, Guatemala oder Mexiko ist die Zahl der Pfingstkirchen stetig gewachsen, aber auch innerhalb des Katholizismus ist eine immense Pluralisierung zu beobachten. Die politischen Veränderungen und weitergehenden Demokratisierungsprozesse, die Wahl eines Präsidenten indianischer Herkunft in Bolivien, wachsende Distanzierung der katholischen Kirche gegenüber, oder die

Präsidentschaftskandidaturen von Mitgliedern einer Pfingstkirche in Brasilien oder Mittelamerika tragen zu einer massiven Veränderung der Stellung der katholischen Kirche in Gesellschaft, Öffentlichkeit und Medien bei. Ein José María Arguedas würde seine Romane heute wahrscheinlich in den Randzonen der Großstädte spielen lassen, in Canto Grande oder einem der anderen „pueblos jóvenes" von Lima, in den Vierteln der Migranten und Migrantinnen aus den Dörfern der Sierra oder auch des Amazonas, es würden evangelikale Prediger und Heilerinnen auftreten, es würde von einem pfingstlichen Heilungsgottesdienst oder von einem der Massenkonzerte von Pater Marcelo Rossi berichtet, der als charismatischer katholischer Prediger und Popsänger Hunderttausende von Menschen zu seinen Gottesdiensten anzieht. Und es wären da die Frauen, die nach den großen Gottesdiensten am Straßenrand Kerzen vor der Statue der Virgen de Aparecida oder einer der vielen anderen Virgenes anzünden würden, ein Gebet zu einem der „santos" sprechen und sich am nächsten Tag in ihren Häusern zu einer charismatisch geprägten Bibelstunde treffen.

Die massive Pluralisierung und Fragmentierung des religiösen Feldes, die auf das rasche Anwachsen der Pfingstkirchen in Lateinamerika zurückzuführen ist, ist den Zeiten, die Arguedas schildert, fern und wiederum nah. Der brasilianische Theologe Luíz Carlos Susin spricht von den neuen „barocken Christentümern",[502] in denen sich – so wie in den Zeiten des Barock, in der sich europäische Moderne und indianische Tradition verbunden haben, sicher in aller Konfliktivität, gewaltbesetzt und unter der Dominanz des Westens – neue synkretistische Formen des Religiösen ausbilden, katholische, evangelikale, indianische und afrikanische Traditionen mit den neuen elektronischen Megakirchen mischen. Die folgenden Überlegungen werden sich – auf dem Hintergrund der religiösen Pluralisierung in Lateinamerika – mit dem Begriff der „barocken Christentümer" auseinandersetzen, auf dem Hintergrund der Erinnerung an den Weg der katholischen Kirche seit dem 2. Vatikanischen Konzil und an ihre neuen Optionen und die Debatten um diesen Weg, der in „postmodernen" Zeiten eingesetzt hat. Die lateinamerikanischen Theoretiker der Postmoderne haben mit dem Barock geliebäugelt und in gewisser Weise dabei die Errungenschaften der Aufklärung und der Moderne übersprungen – gerade darum werde ich das Fragezeichen des Titels verschärfen. Die Theologie der Befreiung und die neuen Optionen des lateinamerikanischen Episkopats in Medellín und auf den weiteren Konferenzen haben mit dem Ankommen der

502 Luiz Carlos Susin, Jesus. Ein „Ort", um zu leben, in: Arnd Bünker (Hg.), Gerechtigkeit und Pfingsten. Viele Christentümer und die Aufgabe einer Missionswissenschaft, Ostfildern 2010, 113–132.

lateinamerikanischen Kirche in der Moderne zu tun und mit einer Auseinandersetzung mit ihren Schattenseiten; um ein solches Ankommen geht es heute, in globalen Zeiten und angesichts sich verschärfender Anfragen an die Moderne aus postkolonialer Perspektive. Insofern sind die Impulse der Theologie der Befreiung in den gegenwärtigen Zeiten einer Pluralisierung des Christentums auf eine neue Weise zu erschließen.

Vom Barockkatholizismus zu einer Kirche des Volkes an der Seite der Armen?

Von großer Kreativität geprägt war die Entstehungszeit der Theologie der Befreiung. Die 60er und 70er Jahre waren eine Zeit der großen „Bewegungen", die ihren Ursprung vor allem im Jahr 1968 genommen haben, dem Geburtsjahr der Befreiungstheologie, das durch ein weltweites revolutionäres Klima geprägt war. 1968 brachen die Studentenrevolten in Paris und Berlin, in Berkeley und Tokio aus, die Protestbewegung gegen den Vietnamkrieg sammelte sich. Im Osten stand der – zwar rasch zunichte gemachte – „Prager Frühling" für einen Neuaufbruch, in den Ländern des Südens erreichten die politischen Befreiungsbewegungen ihren Höhepunkt, das Ende der Kolonialzeit war angebrochen. Ernesto „Che" Guevara war einer der „Ikonen" dieser revolutionären Bewegungen. Auch in kirchlichen Kreisen standen die Zeichen auf Erneuerung; das 2. Vatikanische Konzil wurde 1965 abgeschlossen; in Lateinamerika schlugen sich Priester wie Camillo Torres auf die Seite der Revolution und der Entmachtung der alten „Eliten".

Angestoßen von Impulsen des 2. Vatikanischen Konzils hat die lateinamerikanische Kirche in diesen Jahren einen ganz entscheidenden Perspektivenwechsel vollzogen und in der Interpretation der „Zeichen der Zeit" des lateinamerikanischen Kontinents zu einer neuen Identität als Kirche auf Seiten der Armen gefunden. Die Erinnerung von Papst Johannes XXIII. und Kardinal Lercaro von Bologna an die Kirche Jesu Christi, die „Kirche der Armen", und der Austausch der auf dem Konzil versammelten „3. Welt"-Bischöfe über ihre Ortskirchen und die politische und wirtschaftliche Situation ihrer Länder waren Beginn eines neuen Selbstverständnisses der Ortskirchen Lateinamerikas, Afrikas und Asiens. Aus Lateinamerika waren u.a. Don Manuel Larraín, Bischof von Talca/Chile, und der Weihbischof von Rio de Janeiro, Dom Hélder Câmara, auf dem Konzil vertreten. Dom Hélder Câmara hatte bereits 1952 die Gründung der gesamtbrasilianischen Bischofskonferenz angeregt; 1955 kam es in Rio de Janeiro zur Gründung des CELAM (Consejo Episcopal Latinoamericano); solche Zusammenschlüsse waren wichtig als

Foren für die Ausbildung eines lateinamerikanischen Bewusstseins. Dom Hélder Câmara und Don Manuel Larraín waren, vor allem nach der Wahl von Larraín zum Präsidenten des CELAM, federführend in der Einberufung der 2. Generalversammlung des lateinamerikanischen Episkopats in Medellín (1968). Medellín wurde zum „lateinamerikanischen" Konzil.[503] Aus dem von den Bischöfen verabschiedeten Abschlussdokument über die „Kirche in der gegenwärtigen Umwandlung Lateinamerikas im Lichte des Konzils" spricht sicher die „Entwicklungseuphorie" der 60er Jahre; im selben Jahr veröffentliche Paul VI. die Enzyklika „Populorum progressio". Zum Ausdruck kommt im Dokument der Konferenz von Medellín die Solidarität der Kirche mit den Armen und Entrechteten, es wird die in den Ländern Lateinamerikas „institutionalisierte Gewalt" kritisiert (DM 2, 6), in Form diktatorischer politischer Regime, aber auch menschenunwürdiger Lebensbedingungen angesichts von Armut, fehlender Bildung, ungerechter Landverteilung. Die Kirche versteht sich als Fürsprecherin der Rechte der Armen und Unterdrückten im Kampf um ihre Befreiung. Die weiteren Zusammenkünfte der Bischöfe, die 3. Generalversammlung des Episkopats in Puebla (1979), die 4. Generalversammlung in Santo Domingo (1992) und die jüngste Konferenz in Aparecida (2007) haben diesen Weg weiter entfaltet, auch wenn sich die Akzentuierung des Befreiungsdenkens und der Anklage von Gewalt und Ungerechtigkeit in der Schärfe der Formulierung, wie Medellín es ausgesprochen hat, verändert hat und die neuen Herausforderungen durch den kulturellen und religiösen Pluralismus in Lateinamerika ganz anderes Gewicht erhalten. Es bleibt aber, gerade auch in Aparecida, die „Option für die Armen" der Leitfaden des neuen Profils der Kirche in Lateinamerika: In den Armen kann Jesus Christus begegnet werden und aus dieser Christusbegegnung erneuert sich die Kirche.[504]

---

503 Zu Medellín: vgl. Gotthard Fuchs/Andreas Lienkamp (Hg.), Visionen des Konzils. 30 Jahre Pastoralkonstitution „Die Kirche in der Welt von heute", Münster 1997; Thomas Schreijäck, Werkstatt Zukunft. Bildung und Theologie im Horizont eschatologisch bestimmter Wirklichkeit, Freiburg i. Br. 2004.

504 Vgl. dazu: Dokument von Puebla: Die Kirche Lateinamerikas. Dokumente der II. und III. Generalversammlung des Lateinamerikanischen Episkopates in Medellín und Puebla, hg. vom Sekretariat der Deutschen Bischofskonferenz , Bonn 1979; Dokument von Santo Domingo: Neue Evangelisierung, Förderung des Menschen, Christliche Kultur. Schlußdokument der 4. Generalversammlung der lateinamerikanischen Bischöfe in Santo Domingo, hg. vom Sekretariat der Deutschen Bischofskonferenz, Bonn 1992; Dokument von Aparecida: Aparecida 2007. Schlußdokument der 5. Generalversammlung des Episkopats von Lateinamerika und der Karibik, 13.–31. Mai 2007, hg. vom Sekretariat der Deutschen Bischofskonferenz, Bonn 2007. Zwei Beispiele – aus dem Dokument von Puebla und dem Dokument von Aparecida – für diese Christusbegegnung: DP 1140: „Nicht alle haben wir uns in der Kirche Lateinamerikas in ausreichendem Maße für die Armen engagiert; nicht immer sorgen wir uns um sie und nicht immer sind wir solidarisch mit ihnen. Der Dienst an den Armen erfordert in der Tat eine ständige Umkehr und Läuterung aller Christen, damit eine immer

Im neuen kirchlichen Klima und auch in einem akademischen Umfeld, das von den revolutionären Impulsen der 60er Jahre, den politischen und gesellschaftlichen Befreiungsprozessen in den Ländern des Südens entscheidend geprägt war, hat Gustavo Gutiérrez 1968 zum ersten Mal von einer „Theologie der Befreiung" gesprochen. 1971 erschien seine „Teología de la liberación" als Buch. Neben Gutiérrez arbeiteten in gleicher Richtung Theologen wie Ronaldo Muñoz (Chile), Juan Luis Segundo (Uruguay), José Comblin, João Batista Libanio (Brasilien), Pablo Richard (Chile/Costa Rica). Die befreiungstheologischen Entwürfe in Lateinamerika buchstabieren den Weg des Konzils neu, indem sie, an den den sozialen Bewegungen der ersten Hälfte des 20. Jahrhunderts entstammenden methodischen Dreischritt des „Sehens, Urteilens und Handelns" anknüpfend, bei der konfliktiven Realität des lateinamerikanischen Kontinents – bei Gewalt, Menschenrechtsverletzungen und Armut – ansetzen und von dort her dem Glaubensgeheimnis neu auf der Spur sind. So kommt es auf diesem Weg zur „Entdeckung Lateinamerikas" durch Kirche und Theologie. Der Prozess dieser „Entdeckung Lateinamerikas" wird seit den Konferenzen von Puebla und Santo Domingo mit dem Stichwort der „Inkulturation" des Glaubens in die verschiedenen kulturellen Realitäten Lateinamerikas charakterisiert. Er führt zu einer neuen Lektüre der Geschichte, von „ihrer Kehrseite" her, wie die Befreiungstheologie formuliert hat, nicht aus Perspektive der Eroberer, sondern der eroberten Völker und Kulturen. In diesem – sicher schmerzlichen und auch bis heute nicht abgeschlossenen – Prozess entdeckt Lateinamerika sich als „multiethnischen und plurikulturellen Kontinent" (SD 226), es wird nicht mehr wie noch auf der Konferenz in Puebla (1979) auf dem „katholischen Substrat" des Subkontinents beharrt.[505] Puebla hatte – auch im Sinne einer Konfrontation

vollständigere Identifizierung mit Christus, der arm war, und mit den Armen verwirklicht wird." DA 398: „Nur wenn wir den Armen so nahe kommen, dass Freundschaft entstehen kann, werden wir wahrhaft schätzen lernen, was den Armen von heute wichtig ist, wonach sie sich legitim sehnen und wie sie selbst ihren Glauben leben. Die Option für die Armen soll uns dahin bringen, Freundinnen und Freunde der Armen zu werden... Im Licht des Evangeliums erkennen wir, dass sie eine unendliche Würde und eine heilige Größe in den Augen Christi besitzen, der arm und ausgeschlossen war wie sie. Mit dieser im Glauben gewonnenen Erfahrung stehen wir ihnen bei der Verteidigung ihrer Rechte zur Seite."

505 Die neue Präsenz unter den indianischen Völkern wurde auch von einzelnen Bischöfen vorgetragen: von Mons. Cazaldáliga, Mons. Proaño, Mons. Samuel Ruíz: „Man stand einem neuen Prozeß, nämlich der Renaissance der indigenen und afroamerikanischen Kulturen und ihrer reichen kulturellen und spirituellen Traditionen gegenüber. Und man stand im Angesicht eines Katholizismus, der sich in neuen kulturellen und religiösen Mustern auszudrücken versuchte." (zitiert in: José Oscar Beozzo, Das II. Vatikanum und der kulturelle Wandel in Lateinamerika. Medellín, Puebla, Santo Domingo und die 500-Jahrfeier, in: Peter Hünermann (Hg.), Das 2. Vatikanum. Christlicher Glaube im Horizont globaler Modernisierung. Einleitungsfragen, Paderborn 1998, 165–203, 180.)

mit dem Befreiungsdenken – Traditionen des Volkskatholizismus stark gemacht, die mit Formen indianischer Religiosität einen Synkretismus eingegangen sind und sich vor allem in den vielen Wallfahrten, im marianischen Glauben und in der Heiligenverehrung ausdrücken, damit in gewisser Weise an Formen des „Barockkatholizismus" angeknüpft und so die Spannung zwischen Barock und Moderne wieder in die Theologie hineingetragen. Sicher geht es nicht um falsche Polarisierungen: Die Soziologie der Modernisierung und Entwicklung ebenso wie die Dependenztheorie haben den Volkskatholizismus als Rest einer agrarischen, vormodernen und kolonialen Vergangenheit betrachtet, aber in Volkskatholizismus und Volksfrömmigkeit ist auch ein großes Widerstandspotential gesammelt, eine religiöse Kraft, ohne die das soziale und politische Engagement seine Wurzeln abschneidet. Der Volkskatholizismus ist, so wurde auf der Konferenz in Puebla formuliert, „Ausdruck der religiösen Identität eines Volkes" (DP 108). In diesem Sinne hat dann ein Gustavo Gutiérrez an Autoren wie José María Arguedas oder den großen Dominikaner des 16. Jahrhunderts, Bartolomé de Las Casas, angeknüpft. Gerade der Streit der Interpretationen um den großen „defensor de las Indias", den Verteidiger der Menschenrechte der eingeborenen Völker, macht deutlich, dass die Ambivalenzen und Konflikte, die in Zeiten eines globalisierten Christentums in verschärfter Form zutage treten, in genau dem Wurzelgrund der Moderne in Lateinamerika angelegt sind. Der Literaturwissenschaftlicher Walter Mignolo, einer der Vertreter der postkolonialen Perspektiven auf die Geschichte Lateinamerikas, thematisiert die „dunkle Seite" der Moderne.[506] Das sind Fragen und Konflikte, die nicht wirklich ausgetragen worden sind und durch die Verurteilungen der Befreiungstheologie von Seiten der Kirche ausgebremst worden sind.

Der brasilianische Historiker José Oscar Beozzo hatte zu Beginn der 90er Jahre eine positive Einschätzung der Inkulturationsthematik gegeben und sie mit dem Befreiungsgedanken in Verbindung gebracht: „Dies ist vielleicht das Neue am lateinamerikanischen Beitrag zur Diskussion der ‚Inkulturation': Die Inkulturation ist integraler Teil des Kampfes um Befreiung, die andere Seite der vorzugsweisen Option für die Armen, die ihrerseits durch die Einbeziehung der kulturellen Dimension, besonders der der unterdrückten Kulturen, qualitativ bereichert wird..."[507] Sicher sind viele neue, mit der Inkulturationsthematik verbundene Themen formuliert worden: der Blick auf Geschichte und Glauben in den indianischen Gemeinden, das Entdecken der indianischen Religiosität, ihrer Mythen, damit verbunden

[506] Walter Mignolo, Kolonialität: Die dunkle Seite der Moderne, in: Isabel Exner/Gudrun Rath (Hg.), Lateinamerikanische Kulturtheorien. Grundlagentexte, Konstanz 2015, 367–386

[507] Vgl. Beozzo, Das II. Vatikanum und der kulturelle Wandel, 200/201.

der Beginn des interreligiösen Dialogs, die stärkere Präsenz der Basisgemeinden in den Städten, die Mitarbeit der Frauen, die Entwicklung einer lateinamerikanischen feministischen Theologie. Aber verhandelt wurden und werden diese Themen eher in den „Vorhöfen" der großen Kirchen, sie sind zwar im Herzen einer „Kirche des Volkes" verankert, aber sie werden in offiziellen kirchlichen Diskursen wenig aufgegriffen. Insofern birgt gerade die Inkulturationsthematik ein zutiefst kritisches Potential, wie Befreiungstheologen wie der Brasilianer João Baptista Libanio bereits Anfang der 90er Jahre formuliert haben: „In der Frage der Kultur erscheint die Kirche unmittelbar als die unterdrückende Kraft. Sie selbst zeigt sich gezeichnet durch eine Kultur der Weißen, des Chauvinismus, des Eurozentrismus und hat, vor allem in ihren Machtzentren, Schwierigkeiten mit einer tiefgehenden Inkulturation des Glaubens, der Liturgie, des Kirchenrechts in die schwarze, die indianische und feministische Kultur. Daher der explosive Charakter des Themas."[508] Was von der Befreiungstheologie angemahnt worden ist, um die lateinamerikanische Kirche wirklich zu einer Kirche des Volkes weiter zu entfalten, ist auch heute noch Desiderat: eine Reform in der Kirche, wirklicher Dialog und Partizipation, die Ausbildung von Laien, Männern und Frauen als kirchliche Mitarbeiter und Mitarbeiterinnen. Viele Ausdrucksformen der lateinamerikanischen katholischen Kirche sind solche des Barockkatholizismus geblieben, die die Auseinandersetzung mit der Moderne, mit Menschenrechten, einem Freiheitsdenken im Außen und Innen der Kirche, mit einer pluralistischen Gesellschaft nicht wirklich an sich heranlassen. Die Zeiten eines Barockkatholizismus und einer „cristiandad" („Christenheit") sind aber vorbei; der lateinamerikanische Kulturkatholizismus ist in einer ganz massiven Weise im Einbruch begriffen. Es entstehen neue „barocke Christentümer", über die Grenzen der katholischen Kirche hinaus, vielleicht auch an der katholischen Kirche vorbei.

Vom Barockkatholizismus zu den barocken Christentümern? Die „Protestantisierung" des Christentums in Lateinamerika[509]

Die Globalisierungsprozesse auf Ebene von Ökonomie, Kapitalverkehr, Informationsmedien, Wissenschaft und Technik prägen auch die latein-

[508] Joao Baptista Libanio, VIII Encontro Intereclesial das CEBs (eventos no evento), in: Revista eclesiástica brasileira 52 (1992), zitiert in: Beozzo, Das II. Vatikanum und der kulturelle Wandel, 190.

[509] Vgl. dazu: David Stoll, Is Latin America Turning protestant? The Politics of Evangelical Growth, Berkeley 1990; Elisabeth Rohr, Die Zerstörung kultureller Symbolgefüge. Über den Einfluß protestantisch-fundamentalistischer Sekten in Lateinamerika und die Zukunft des

amerikanischen Gesellschaften zutiefst und in ihnen verschärfen sich die „Kehrseiten“ dieser Prozesse: eine immer größere Armutsschere in den Ländern bei wirtschaftlichen Fortschritten auf Ebene des gesamten volkswirtschaftlichen Einkommens: Chile oder Brasilien gehören sicher nicht mehr zu den sog. Ländern der „dritten Welt“, aber weisen die größten Differenzen in der Einkommensverteilung auf; eine immense Zunahme der ökologischen Probleme und ein seit den 70er Jahren stetig wachsender Prozess der Metropolisierung. So leben in Brasilien heute 80 % der Bevölkerung in den Städten, während es vor 40 Jahren nur 20 % waren. Massive Wanderungsbewegungen prägen den lateinamerikanischen Kontinent, Binnenmigration vom Land in die Stadt, Menschen auf der Suche nach Arbeit oder auf der Flucht vor Gewalt, so in Kolumbien oder in Peru vor allem in Zeiten des „Sendero luminoso“, aber auch innerlateinamerikanische Migrationsprozesse: Bolivianer z. B. siedeln sich in den Randzonen der großen Städte in Argentinien oder in Chile an, Menschen aus El Salvador oder Honduras in Costa Rica. Stetig wächst auch die Migration in die Länder des Nordens; aus Ecuador, den mittelamerikanischen Staaten und Mexiko kommend suchen Männer und Frauen – oft illegal – Arbeit und neue Lebensperspektiven in den USA oder Spanien. Die Grenze zwischen den USA und Mexiko ist zum Symbol für die gewaltbesetzte Migration zwischen den Räumen des Südens und des Nordens geworden. Länder wie Ecuador leben vom Transfer der Gelder der Emigrierten. Es sind gerade die innerlateinamerikanischen Migrationsprozesse, die zur Entstehung der Mega-Cities von São Paolo, Buenos Aires, Mexiko-Stadt, Lima oder Bogotá geführt haben. In den Randzonen der Städte konzentrieren sich Armut und Gewalt.[510]

Wie die Menschen, so ist auch der Glaube in den Fluss geraten, ist er auf der Suche nach neuen „Räumen“. In den großen Favelas der Mega-Cities wachsen die pentekostalen Gemeinden und machen bereits – so in Brasilien

---

indianischen Lebensentwurfes, München 1993; Hans J. Prien, Der Protestanismus in Lateinamerika (18.–20.Jh.), in: Anuario de historia de la iglesia 9 (2000) 171–195; Jean-Pierre Bastian, Minorités religieuses et confessionnalisation de la politique en Amérique Latine, in: Archives de sciences sociales des religions 42 (1997) 97–114, hier: 97: „protestantisation de l'Amérique latine“. Für Brasilien: Regina Reyes Novaes, Pentecotisme à la brésilienn. Des controversies en cours, in: Archives de sciences sociales des religions 44 (1999) 125–143; Arnd Bünker (Hg.), Gerechtigkeit und Pfingsten. Viele Christentümer und die Aufgabe einer Missionswissenschaft, Ostfildern 2010.

[510] Vgl. dazu: Margit Eckholt, Christsein an den Crossroads der Städte. Zwischen Nicht-Orten und neuen Räumen der Gnade, von Passagen, Schwellen und Rasthäusern, in: Michael Sievernich/Knut Wenzel (Hg.), Aufbruch in die Urbanität. Theologische Reflexion kirchlichen Handelns in der Stadt, Freiburg i. Br. 2013, 27–65; Andrea D. Marlins, The options for the poor and pentecostalism in Brazil, in: Voices from the Third World 25 (2002) 205–238, hier: 228: Über 80 % leben in Brasilien in den Städten, vor 40 Jahren waren es noch 20 %.

– über 40 % der Christen und Christinnen aus.[511] In Mittelamerika ist Ähnliches zu beobachten, aber auch in eher noch geschlossenen „katholischen" Milieus wie der argentinischen oder mexikanischen Kirche brechen die neuen christlichen Bewegungen in einer starken Weise ein. Aus religionssoziologischer Perspektive tritt Lateinamerika wieder in den Blick; es hat innerhalb kurzer Zeit ein massiver Prozess einer religiösen Pluralisierung eingesetzt, Religionssoziologen wie Jean-Pierre Bastian sprechen von einer „Protestantisierung" Lateinamerikas, der mit einem Rückgang der Bindung an die katholische Kirche überein geht. Gesucht werden neue religiöse „Zugehörigkeiten", neue Räume, den Glauben zu leben.[512]

Entscheidend für diese neue religiöse Pluralisierung ist der Kontext der Metropole und Mega-City; gerade hier haben die Pfingstkirchen, vor allem in ihrer Variante des „Neo-Pentekostalismus", den größten Zulauf. Sie sind neue Ausdrucksformen des Glaubens in den fragmentierten Prozessen der Modernisierung: „… the Pentecostal churches of the different denominations multiplied in the specifically urban context, constituting a popular

---

[511] Vgl. Susin, Jesus, ein „Ort", um zu leben, 113–131, 126: Susin nennt diese Zahl für Rio de Janeiro.

[512] Vgl. Roswith Gerloff, Vorreiter und Anfänge der Pfingstkirchen und charismatischen Bewegungen in Afrika, Asien und Lateinamerika, in: Ulrich van der Heyden/Holger Stoecker (Hg.), Mission und Macht im Wandel politischer Orientierungen, Stuttgart 2005, 525–545, hier: 532: Im Jahr 2001 waren 71 % der pentekostalen und charismatischen Christen nichtweiß, arm (87 %), familien- und gemeinschaftsorientiert und lebten in urbanen Großräumen. – Ein Punkt, der im Zusammenhang dieser Überlegungen nicht behandelt werden kann, ist die Zugehörigkeit von Frauen zur neuen Pfingstbewegung. Gerade sie finden hier Orte, in denen sie ihren Glauben so leben können, dass sie die Gemeinde aktiv mitgestalten können. Vgl. auch Renate Rott, Urbanisierung und Metropolisierung. Die Großstadt als sozialer Raum gesellschaftlicher Wandlungsprozesse. Zur Entstehung einer Soziologie der Stadt, in: Ibero-Amerikanisches Archiv 19 (1993) 95–105, hier: 103: „Und es sollte angemerkt werden, daß auch der Topos Stadt kein geschlechtsneutraler Gegenstand ist, daß Arbeits- wie Lebensperspektiven und die Nutzung des städtischen Raums in Vergangenheit wie Gegenwart durchaus unterschiedliche Ausprägungen entsprechend dem Geschlechterverhältnis erfahren haben. Frauen haben in weitaus größerem Ausmaß als Männer an den lokalen Bewegungen teilgenommen. Sie nutzten ihre familialen und anderen Netzwerkbeziehungen zur Formierung der ersten Gruppen in Zeiten der politischen Repression, als persönliches Vertrauen die erste und wichtigste Voraussetzung für die zunächst noch defensiven Artikulationsversuche war. Das Fehlen städtischer oder staatlicher Versorgungsleistungen führte unzählige Frauen auf der Ebene ihres Wohnviertels zusammen, die ihre Bittschriften bei den Behörden einbrachten und immer wieder mit großer Ausdauer ihre Forderungen wiederholten. Frauen fällt die primäre Verantwortung für die Versorgung ihrer Familienmitglieder zu, und ihr täglicher Kampf um das überleben, ihre Verantwortung für die alltägliche mühsame Reproduktionsarbeit ermöglichte diese Zusammenschlüsse auf der Basis des Wohnviertels, die Intensität und das Beharren." Vgl. hier auch die Publikation: Virginia R. Azcuy/Margit Eckholt (Hg.), Citizenship – Biographien – Institutionen. Perspektiven lateinamerikanischer und deutscher Theologinnen auf Kirche und Gesellschaft, Zürich/Berlin 2009.

urban religion in full coherence with the formation of modern society", so der Soziologe Andrea Marlin.[513] Pfingstgemeinden wachsen in den von den ambivalenten Modernisierungsprozessen, von Armut, Arbeitslosigkeit, mangelnder Bildung und den ökologischen Problemen am meisten betroffenen Kreisen der Migranten, unter Indígenas oder Menschen afrikanischer Abstammung, die in der Großstadt von Entwurzelung und Sehnsucht nach neuer Beheimatung am meisten betroffen sind. Charakteristisch ist die charismatisch geprägte Liturgie, die Herz und Seele anspricht, das Versprechen von Heilung und Bestehen der alltäglichen Existenzkämpfe im Dschungel der Großstadt. Die Gemeinden, die in den Armenvierteln entstehen, sind klein, anpassungsfähig, beziehen die Herkünfte und volkstümlichen religiösen Traditionen der Migranten und Migrantinnen ein. Christlicher Glaube durchläuft hier vielfältige Prozesse einer Inkulturation in die Lebenswelten der Menschen. Gefördert wird die Aktivierung vieler Mitglieder, die Partizipation der Laien, die Förderung ihrer Subjektwerdung, gerade auch der Frauen. Emanzipationsprozesse gehen dabei eine Verbindung mit konservativen Einstellungen zu Familie, Frauenbild und Partnerschaft ein. Erfolg haben die neuen Gemeinschaften vor allem auch über die intensive Nutzung der neuen Medien, Vernetzung läuft über Fernsehen und Internet und „mediengerechte", das heißt die Bedürfnisse der Menschen ansprechende Vermarktung der religiösen Botschaften. Im Mittelpunkt steht dabei eine enge Jesusbeziehung, die Heilung und Wohlstand verspricht; es sind nicht das Kreuz und der Blick auf Leid und Schuld, die anziehend sind, sondern ein weltlicher, unmittelbaren Erfolg versprechender Erlöser.

Die kulturellen Ausdrucksformen christlichen Glaubens in Lateinamerika sind in Fluss geraten. Religion wird, so der brasilianische Theologe Luíz Carlos Susin, „zu einer Angelegenheit der ‚Bekehrung', die auf das Verhältnis von Glaube und aktuellen Mitteln der Gesundheit baut"; dabei wird sie zur „Lebensgarantie" und zum „Schutz familiärer Beziehungen". Gefahr ist dabei, dass Religion in den Strudel der Marktgesetze hineingezogen wird, dass religiöse Gemeinschaften entstehen, „die Geld zum Sakrament gemacht haben und den Wohlstand zum Segen…"[514] Sicher kann im Blick auf diese

[513] Andrea D. Marlin, The options for the poor and Pentecostalism in Brazil, in: Voices from the Third World (2002) 205–238, 227.

[514] Susin, Jesus: ein „Ort", um zu leben, 112. – Zur Entwicklung der Pfingstkirchen vgl. Heinrich Schäfer, Homogenität – Transformation – Polarisierung. Religiosität in Lateinamerika, in: Religionsmonitor 2008, hg. von der Bertelsmann Stiftung, Gütersloh 2008, 186–198; Daniel Chiquete, Pentekostale Kirchen in der Metropole, in: Kirche in der Stadt. Die ökumenische Zukunft der Metropolen, Jahrbuch Mission 2001, Hamburg 2001, 147–157. – Interessant ist, dass die Stadt aus protestantischer Perspektive schon weitaus eher als ökumenischer und interreligiöser Lernort vorgestellt worden ist, z. B. Raymond Bakke/Jim Hart, Gott in der

neuen Entwicklungen nicht pauschal von einem grundsätzlichen Verrat der „Option für die Armen" gesprochen werden, die die lateinamerikanische Kirche seit den 70er Jahren des letzten Jahrhunderts getroffen hat; die Einschätzungen von Religionssoziologen differieren hier, aber sicher pluralisiert sich die Ausdrucksform der „Option für die Armen".[515]

Der Protestantismus in Lateinamerika hat eine längere Geschichte, ist aber wenig erforscht;[516] bereits nach der Reformation gab es vereinzelte Gründungen von protestantischen Gemeinden, etabliert hat sich der Protestantismus mit den europäischen Einwanderern in der zweiten Hälfte des 19. Jahrhunderts, protestantische Gemeinden entstanden in Südamerika, vor allem in den Ländern des Cono Sur, in Chile, Argentinien und in Brasilien. Neben dem dominanten Katholizismus sind sie jedoch kaum wahrgenommen worden; Ökumene war (und ist) in Theologie und Kirche kein Thema, unabhängig von der gelebten Ökumene an der Basis, je nach persönlichen Beziehungen zwischen den Menschen in den einzelnen Wohnvierteln.[517] Pfingstkirchen haben seit Anfang des 20. Jahrhunderts auch in Südamerika Fuß gefasst, 1909 in Chile, 1911 in Brasilien; in der zweiten Hälfte des letzten Jahrhunderts machen Religionssoziologen zwei weitere Schübe der Ausbreitung der Pfingstbewegung fest, in den 60er Jahren im Kontext der ersten Urbanisierungsprozesse, dann in den 80er Jahren bis in die Gegenwart im Zusammenhang mit den Migrationsbewegungen, der Entstehung von Migrantengemeinden in den urbanen Peripherien, aber

City. Die Herausforderung der modernen Stadt und die Antwort des Christentums, Lörrach 1990. – Aus migrationswissenschaftlicher Perspektive werden die Pfingstkirchen ebenfalls in den Blick genommen: Gertrud Hüwelmeier/Kristine Krause (Hg.), Traveling Spirits. Migrants, Markets and Mobilities, New York/London 2010.

[515] Untersuchungen zur Pfingstbewegung: vgl. Paul Freston, Pentecostalism in Latin America. Characteristics and Controversies, in: Social Compass 45 (1998) 335–358; Jean-Pierre Bastian, The New Religious Map of Latin America. Causes and Social Effects, in: Cross Currents 48 (1998), 330–346; Ana Langerak, The witness and influence of Pentecostal Christians in Latin America, in: International review of mission, 87 (1998) 175–187. – Andrea D. Marlin, The options for the poor, 236/7: „... we cannot say that there was a massive and direct migration of the members of the CEBs to Pentecostalism. The CEBs never were a mass movement, and the number of communities remains the same over the last few decades. On the other hand the appeal of Pentecostalism is directed to nominal Catholics, with little or no ecclesiastical connections and not tied to traditional Catholicism. The growth of Pentecostalism does not present an immediate relationship of cause and effect, with the option for the poor, as we have tried to demonstrate. Both, as religious options, are rooted amongst the poor, they represent diverse spaces in which the impoverished of Brazilian society construct their identity and their value as human beings."

[516] Vgl. z. B. Jean Pierre Bastian, Die Geschichte des Protestantismus in Lateinamerika, Luzern 1992.

[517] Vgl. Hans-Jürgen Prien, Zur Geschichte der Pfingstbewegung in Lateinamerika, Göttingen 1978.

auch mit dem vor allem auf charismatische Elemente setzenden Neopentekostalismus.[518] Die Pfingstkirchen bilden ca. 2/3 des lateinamerikanischen Protestantismus; ihr Anteil an der Gesamtbevölkerung beträgt ca. 10 %, das entspricht ca. 50 Millionen Menschen in Lateinamerika und der Karibik.[519] Sicher ist es nicht möglich, pauschale Einschätzungen über die Entwicklung der Pfingstbewegung zu geben, von Region zu Region unterscheiden sich die Charakteristiken; interessant ist, dass die größten Erfolge vor allem in Brasilien, Mittelamerika und Südmexiko zu verzeichnen sind. Der jüngste Schub der Pfingstbewegung hat dazu geführt, dass zwischen 1980 und 1991 4000 neue religiöse Denominationen entstanden sind. Mittlerweile werden in Brasilien über 15 % der Christen zu den neuen Kirchen gezählt, nur noch 73,9 % sind Katholiken im Vergleich zu 88 % im Jahr 1980; in Guatemala ist der Anteil der Pfingstgemeinden auf 35–40 % gewachsen.[520] Erst auf dem Hintergrund dieses letzten Schubs beginnt die katholische Kirche, die Pfingstbewegung wahr- und ernst zu nehmen. Noch auf der Konferenz des lateinamerikanischen Episkopats in Puebla (1979) wurden die Pfingstgemeinden und andere evangelische Gemeinschaften als „Sekten" bezeichnet; der in dieser Form gelebte christliche Glaube wurde nicht als rechtgläubig betrachtet. Das hat sich in den letzten Jahren – zum Glück – geändert; die jüngste Konferenz von Aparecida verwendet nicht mehr den Begriff der Sekte, aber die Aufarbeitung dieser Erfolgsgeschichte der „Protestantisierung" des lateinamerikanischen Kontinents und ihrer Herausforderungen für die katholische Kirche steht sicher noch aus.[521]

[518] Regina R. Novaes, Pentecotisme a la bresilienne: des controverses en cours, in: Archives de sciences sociales des religions 44 (1999) 125–143, hier: 134.

[519] Hans Spitzeck, Ökumene in Lateinamerika. Kirchen auf dem Weg zu einer Lerngemeinschaft?, in: Evangelische Diaspora. Jahrbuch des Gustav-Adolf-Werks 71 (2002) 56–72, hier: 62. – Die großen jüngsten Pfingst-Kirchen in Brasilien: Igreja Universal do Reino de Deus; Igreja Internacional da Graca de Deus.

[520] Vgl. Ana Langerak, Zeugnis und Einfluß der Pfingstbewegung in Lateinamerika und ihre ökumenischen Auswirkungen, in: Ökumenische Rundschau, 47 (1998), 315–328, hier: 317. – Gefahr ist die Kommerzialisierung des Religiösen: Die Universal Church of the Kingdom of God kauft für 45 Millionen Dollar einen brasilianischen Fernsehkanal, eine Wochenzeitschrift mit 800 000 Exemplaren. – Vgl. Verena Hanf/Michael Huhn, Abgrenzen oder von den anderen lernen? Pfingstbewegungen verunsichern die Kirche in Lateinamerika, in: Herder Korrespondenz 59 (2005) 300–304, hier: 301.

[521] Vgl. das Dokument von Puebla: Die Kirche Lateinamerikas. Dokumente der II. und III. Generalversammlung des Lateinamerikanischen Episkopates in Medellín und Puebla, hg. vom Sekretariat der Deutschen Bischofskonferenz, Bonn 1979: Hier ist noch von Sekten die Rede, oder auch von freien religiösen Bewegungen: 80, 262, 342, 366, 419, 469; 1102, 1109, 1122. – Dokument von Aparecida: Hier wird nicht mehr allein von Sekten gesprochen, sondern von Sekten und anderen religiösen Gruppen (185), es wird ein Dialog mit verschiedenen gesellschaftlichen und religiösen Akteuren angestrebt. – Die Einschätzungen der Gründe für das rasche Anwachsen der Pfingstbewegung sind vielschichtig. Vgl. dazu: Jean-

Dabei treffen die neuen Entwicklungen der religiösen Pluralisierung auch das Herz der katholischen Kirche. Interessant ist, dass nun Momente durchbrechen, die sich die katholische Kirche mit dem 2. Vatikanum ins Herz ihrer neuen „Verfassung“ geschrieben hat: als Volk Gottes „Sakrament der Völker“ zu sein, eine Kirche des Volkes an der Seite der Armen, die auf die Taufberufung und Heiligkeit aller Christen und Christinnen setzen wollte. In der Pfingstbewegung bildet sich heraus, was in den 70er Jahren unter anderen Konstellationen als „Kirche des Volkes“ bezeichnet worden ist. Es kommt – darauf weisen viele Soziologen hin – zu einer neuen Selbstorganisation und Gemeinschaftsbildung unter den Armen.[522] Eine neue Verbindung von Mystik und Politik ist auszumachen, wie es in den 70er und 80er Jahren des letzten Jahrhunderts in den Hochzeiten der katholischen Befreiungstheologie der Fall gewesen ist, sicher unter anderen politischen Konstellationen. Ein aus einer intensiven, an Jesus Christus orientierten Spiritualität lebender Glaube motiviert zum Engagement in sozialen Bewegungen, zum Kampf um sauberes Wasser, um Bildung usw.; darauf weist aus einer protestantischen Perspektive der lange Jahre in Lateinamerika tätige Religionssoziologe Stephen Armet hin.[523]

Sicher ist die Entstehung dieser neuen Gemeinden hochgradig ambivalent. Es gibt auf der einen Seite Gemeinden, die die „Option für die Armen“ leben und durchlässig sind zur Mittel- oder auch Oberschicht der Stadt und mit Nicht-Regierungsorganisationen zusammenarbeiten. Andererseits gibt es weitere Gruppierungen, die sich nach innen abschließen, aggressiv mit überzogenen Missionierungsansprüchen nach außen auftreten. Die religiöse Pluralisierung und Fragmentierung in Lateinamerika, die Prozesse der „Pentekostalisierung“ des Christentums, sind im Fluss. In die-

Pierre Bastian, Minorités religieuses et confessionnalisation de la politique en Amérique Latine, in: Archives de sciences sociales des religions 42 (1997), 97–114, hier: 100: „Les Communautés ecclésiales de bases surgirent d'abord dans le cadre d'une stratégie antipentecotiste. Après leur détournement par les secteurs catholiques radicaux, c'est le Renouveau charismatique catholique qui a pris la relève, pentecotisant le catholicisme latinoamerícain. A ces réactions de terrain, se sont ajoutées des pressions politiques afin de recatholiciser l'école ou de freiner la sécularisation de la société. La concurrence toujours plus marquée entre organizations religieuses et le recours constant de l'Eglise catholique à son lien privilegié avec l'Etat afin de combattre les sectes rivales, ount poussé les dirigeants pentecotistes et évangéliques à investier à leur tour la politique en capitalisant la croissance exponentielle de leurs fidèles.“

[522] Marlin, The options for the poor, 230 ff.

[523] Stephen Armet, Urban Realities amidst Social Complexities in Latin American Cities, in: Missiology. An international review 28 (2000) 459–470, hier: 465. – Aus katholischer Perspektive hat der brasilianische Jesuit Marcelo de C. Azevedo ein umfangreiches Werk zu den Basisgemeinden vorgelegt: Basic Ecclesial Communities in Brazil. The Challenge of a New Way of Being Church, Washington 1987.

ser Situation spricht Pater Luíz Carlos Susin von einem „barocken Christentum" in Analogie zum lateinamerikanischen Barockkatholizismus, der das religiöse Feld in Lateinamerika seit der Eroberung des Kontinents durch die Spanier bis weit in das 20. Jahrhundert geprägt hat. Susin verwendet den Begriff im Sinne einer phänomenologischen Beschreibung: Gott lebt in der Stadt, es kommt hier zu vielfältigen neuen Formen der Inkulturation christlichen Glaubens, oft fragil, synkretistisch, „liquide", wie das Leben in den dynamischen und unübersichtlichen Räumen der Großstadt.[524] Spiritualität bricht sich in einer großen Pluralität die Bahn, wobei die Grenzen der institutionellen Verfasstheit christlichen Glaubens aufgesprengt werden. Formen indianischer Religiosität treffen auf barocke Formen des Katholizismus, die kubanische Santería und der brasilianische Candomblé werden intensiv gelebt, und am Sonntagmorgen gehört die Eucharistiefeier bzw. das Abendmahl selbstverständlich zum Tagesritual. Auch die pentekostalen Kirchen greifen auf diese Vielfalt an Formen zurück; Luíz Carlos Susin vergleicht die pentekostalen Kirchen an der Peripherie mit einer „aus Bauresten kreativ konstruierten Hütte"; sie suchen „ihren Namen, ihre Kulte, ihre Symbole etc. aus den im Gewässer der Urbanität schwimmenden Überresten der großen christlichen Tradition" zusammen. „Der koloniale barocke Katholizismus in aktuellem Zustand wird zu einem *modernisierten barocken Christianismus* jenseits des institutionellen Raumes der historischen Kirchen, mit einer Prise Autonomie und Subjektivität, aber doch synkretistisch, *schamanistisch* und Widersprüche in sich verbindend."[525] Eine solche postmoderne Variante des barocken Christentums ist auch in der katholisch-charismatischen Bewegung Brasiliens um Padre Marcelo Rossi[526] zu finden, die Elemente der neuen elektronischen Kirchen aufgreift, den professionellen Umgang mit den neuen Medien, die Vermarktung der Kirchen, die Nähe zur Popkultur und zur Welt „religiösen Designs". Kann dies jedoch eine Vision für die Zukunft des Christentums sein?

Die Unumgänglichkeit eines Ankommens in der Moderne: Kirche als Volk Gottes an der Seite der Armen

Mit dem Barockkatholizismus wird die Epoche charakterisiert, die zu der neuen Kultursynthese geführt hat, die sich in Lateinamerika nach Eroberung

[524] Vgl. dazu die Publikation des Forschungsprojektes: Margit Eckholt/Stefan Silber (Hg.), Glauben in Mega-Cities. Transformationsprozesse in lateinamerikanischen Großstädten und ihre Auswirkungen auf die Pastoral, Ostfildern 2014.

[525] Susin, Jesus: ein „Ort", um zu leben, 17.

[526] Siehe dazu: www.padremarcelorossi.com.br (letzter Aufruf: 13.07.2015).

des Kontinents durch die Spanier herausgebildet hat. Die geschilderte Szene aus dem Roman von José María Arguedas steht beispielhaft für die Fähigkeit des Barock, synkretische Kulturformen auszubilden, katholischen Ritus und indianischen Gesang zu verbinden, Parallelstrukturen de facto zu dulden, auch wenn de jure kein Raum für sie ist, eine kakophone Gleichzeitigkeit des Ungleichzeitigen. Kann heute in ähnlicher Weise von barocken Christentümern die Rede sein? Der Blick in die konkrete Realität urbaner Peripherien in Lateinamerika scheint dies zu verifizieren, die Ambivalenz des Barocken und die ambigue Vielfalt der Formen scheinen das Merkmal der neuen Epoche zu sein, eine Ökonomisierung und Stilisierung religiöser Formen, verbunden oftmals mit der bewussten Abgrenzung nach Außen; gerade der eigene Ritus, die ausgewählte Musik, die besonderen Gewänder usw. scheinen der jeweiligen Kirche ihre „corporate identity" zu geben.

Das Interesse am Barock ist in der sozialwissenschaftlichen Literatur vor allem in den Auseinandersetzungen um die Geschichtsinterpretation anlässlich der 500 Jahre „Entdeckung" bzw. „Eroberung" Lateinamerikas in den 90 er Jahren gewachsen.[527] Hier wurden auch bewusst Gegenthesen zu Entwicklungen in der Theologie der Befreiung formuliert. Während die Theologie der Befreiung den Versuch darstellt, Lateinamerika auf die Moderne hin zu öffnen, also ein aufklärerisches Denken beinhaltet, das Demokratie, Menschenrechte, Religionsfreiheit in den Blick nimmt, haben lateinamerikanische postmoderne Autoren mit der Erinnerung an den Barock versucht, eine eigene – lateinamerikanische – Moderne auszuprägen.[528] Die Moderne mit ihrem universalen Anspruch wird „von der Kehrseite der Geschichte" als die partikulare Errungenschaft eines europäischen Logos griechisch-mittelalterlichen Erbes verstanden, in deren Projekt das „Andere" der Moderne vergessen bzw. mehr als vergessen: mit Gewalt erobert und be-

[527] Juan Noemi, Postmodernismo y postmodernidad en teología, in: Stromata 51 (1995) 287–299. Dazu: Margit Eckholt, Schwierige Identitätssuche. Die lateinamerikanische Diskussion über Moderne und Postmoderne, in: Herder-Korrespondenz 48 (1994) 358–363. Der Begriff „ethos barroco" wird vor allem von Pedro Morandé in seinen Arbeiten verwendet. Pedro Morandé, Cultura y modernización en América Latina, Santiago de Chile 1984; ders., La formación del ethos barroco como núcleo de la identidad cultural iberoamericana, in: Carlos Galli/Luis Scherz (Hg.), Identidad cultural y modernización, Buenos Aires 1991, 91–120.

[528] Während in der nordatlantischen soziologischen Literatur der Akzent doch stark auf den Individualisierungsprozess gelegt wird, werden vom Süden aus die Momente von Solidarität, von Gemeinschaft stärker betont. So kann es hier zu einer Korrektur kommen. Dies wird z. B. in den lateinamerikanischen Studien deutlich; es wird hier oftmals auf ein „ethos comunitario" verwiesen: Cristián Parker/Ricardo Salas (Hg.), Cristianismo y culturas latinoamericanas, Santiago de Chile 1992; Juan Carlos Scannone, La irrupción del pobre y la lógica de la gratuidad, in: Juan Carlos Scannone/Marcelo Perine (Hg.), Irrupción del pobre y quehacer filosófico. Hacia una nueva racionalidad, Buenos Aires 1993, 213–239; CELAM (Hg.), El futuro de la reflexión teológica en América Latina, Bogotá 1996.

wusst ausgeschlossen worden ist. Diese Kritik wurde und wird auch in postkolonialen Diskursen gegenüber der Theologie der Befreiung und sozialwissenschaftlichen Modernisierungstheorien formuliert. In der Postmoderne-Debatte in Lateinamerika bündeln sich die Diskussionen, die anlässlich der Erinnerung an die fünfhundert Jahre der Präsenz „Europas“ auf dem Kontinent angestoßen wurden: Der Blick „von der anderen Seite“ der Geschichte macht diese als eine Geschichte der europäischen Expansion deutlich, deren universaler Anspruch in der Relecture dieser Geschichte aus der Perspektive der eingeborenen Völker infragegestellt wird. Lateinamerikanische Postmoderne ist die neue Erfahrung einer Moderne im Plural, in Differenz und Alterität, einer „Radikalmoderne“, die die Differenz in der eigenen Geschichte aufdeckt und sich dabei gleichzeitig als Alterität und darin Herausforderung der europäisch-nordamerikanischen Moderne behauptet. Vor allem auf den Ebenen der Kunst, der Literatur, der Poesie sei eine lateinamerikanische Moderne im Entstehen begriffen, die Anleihen bei den Formen eines „ethos barocco“ nehme. Traditionen der eingeborenen Kulturen, unterschiedliche Gestalten der Volksreligiosität und der Volkskulturen, ihre Ansätze einer Ethik der Gemeinschaft und Gegenseitigkeit, des Austausches, der Liebe zum Leben, die vor allem in der gemeinschaftsstiftenden Kraft des Festes zum Ausdruck kommen, werden als eine kulturelle Matrix erarbeitet, die wert- und sinnstiftend ist und die lebensnotwendigen Utopien in sich trägt, die ein geschichtliches Kontinuum gewähren.[529] „Todas las sangres“ von José María Arguedas kann in vielen Punkten sicher als Beispiel herangezogen werden.

Es kann hier nicht um eine erschöpfende Darstellung dieses „Barockethos“ gehen, das die Jahrhunderte des lateinamerikanischen Barockkatholizismus geprägt hat. Vorsicht im Blick auf die Charakterisierung der gegenwärtigen kulturellen und religiösen Entwicklungen mit dem Begriff der „barocken Christentümer“ ist jedoch angesagt: Es gibt in kirchlichen Kreisen eine Faszination für den Barock und ein „Tändeln“ mit der Postmoderne. Die Modernisierung der Kirche, die hier angestrebt wird, baut eine Brücke zwischen dem Barockkatholizismus und der Postmoderne und überspringt dabei die Moderne – und vor allem den mit ihr verbundenen Freiheitsgedanken und damit die Fragen von Demokratie, Menschenrechten, Religionsfreiheit, Partizipation und Reform von Strukturen und Institutionen. Was sich ereignet, wenn die Kirche von einem Kulturkatholizismus barocker Prägung in einen postmodernen Katholizismus übergeht,

529 Vgl. z. B. Juan Noemi Callejas, La fe en busca de inteligencia. Ensayos teológicos, Santiago de Chile 1993, 67; Juan Carlos Scannone, Teología de la liberación y doctrina social de la Iglesia, Madrid/Buenos Aires 1987, Kap. 5: Poesía popular y teología. Contribución del „Martín Fierro“ a una teología de la liberación, 133–144; ders., Evangelización, cultura y teología, Buenos Aires 1990; Diego Irarrázaval, Rito y pensar cristiano, Lima 1993.

wird an vielen Stellen in Lateinamerika – aber sicher auch weltweit – deutlich: Es werden weiterhin autoritäre Strukturen forciert, es ist Abschluss nach außen und die Entfaltung des eigenen „barocken" „corporate design" angesagt, und gerade ein solcher – letztlich oberflächlich bleibender – Katholizismus führt zur Zunahme von pfingstlerischen Bewegungen. Das 2. Vatikanische Konzil steht für ein Ankommen der Kirche in der Moderne, das war das Anliegen der Befreiungstheologie, das – sicher unter verändertem weltpolitischen Vorzeichen – heute noch genauso angesagt ist wie vor 50 Jahren. Von barocken Christentümern zu sprechen, ist eine zutreffende Phänomenbeschreibung, aber nicht die Zukunftsperspektive für das Christentum in Lateinamerika. Und es darf auch nicht übersehen werden, dass viele der neuen christlichen Gemeinschaften, die sich ausgebildet haben und weiter ausbilden, für ein Ankommen in der Moderne stehen, wenn sie Demokratie und Partizipation, neuen Formen eines Miteinanders von Klerus und Laien, Männern und Frauen, neuen Vernetzungen mit der Gesellschaft im Kampf gegen Armut usw. einen Raum geben.

Auf diesem Hintergrund möchte ich – eher zusammenfassend und ausblickend – ein paar Desiderate formulieren für die katholische Kirche: Letztlich geht es um nichts anderes als um eine Überprüfung ihrer Wege der Inkulturation christlichen Glaubens, die sie seit dem Konzil gegangen hat. Die Texte des Konzils und die Dokumente des lateinamerikanischen Episkopates beinhalten auch heute entscheidende Visionen, in denen sich die Kirche als Kirche des Volkes Gottes, als „Sakrament für die Völker", als Kirche an der Seite der Armen definiert hat. Wie sieht es in der Realität aus? Hat sich diese „Kirche des Volkes" gefestigt und entsprechende Strukturen ausgebildet? Oder haben die neuen religiösen Bewegungen außerhalb des Raumes der Kirche eingeholt, was der Kirche in ihr Herz geschrieben ist?

Für die katholische Kirche stellen die religiöse Pluralisierung und Fragmentarisierung in Lateinamerika insofern eine große Herausforderung dar im Blick auf ihre eigene Reform und ihre pastoralen Projekte, vor allem in den neuen Kulturen, die sich in den großen Städten ausbilden und die, wie Papst Franziskus in „Evangelii Gaudium" schreibt (EG 37), Sinn- und Lebensmodelle vor Augen halten, ganz unabhängig von religiösen Orientierungen, die jedoch, bedingt durch den „bewegten Raum" der Stadt, höchst fragil, ambivalent und von Macht, Gewalt und Armut geprägt sind. Die Kirche wird langfristig auf dem lateinamerikanischen Kontinent nur Zukunft haben, wenn sie sich der religiösen Pluralisierung gegenüber öffnet, sonst entsteht die Gefahr, dass sie sich in die Milieus der Mittel- und Oberschicht abschließt und den weiten Horizont der Reich-Gottes-Perspektive aus den Augen verliert. Sie hatte über lange Jahrhunderte diese Fähigkeit; der Volkskatholizismus hat es verstanden, sich dem Anderen und Fremden gegenüber zu öffnen, und diese Öffnung mss nun auch den neuen Bewegungen des Pentekostalismus gegenüber gelten. Entscheidendes Merkmal der Kirche des Konzils ist es, „Sakrament der Völker“ zu sein und die Wege zur Gemeinschaft und Gastfreundschaft des Reiches Gottes zu bahnen. Angesagt ist ein neues Bewusstwerden dieser ihrer „ökumenischen“ Aufgabe[530], und darum hat sie einen neuen Ort in den Großstädten, Metropolen und Mega-Cities, vor allem in den urbanen Peripherien zu finden. „Die gelebte Ökumene der Stadt“, so schreibt der Hamburger Theologe Wolfgang Grünberg, „entprivatisiert das Christentum und bleibt ein Hoffnungssignal für die eine Welt, deren Struktur, wenn überhaupt in den Großstädten entwickelt und ausprobiert werden muss.“[531] Spiritualität und Subjekthaftigkeit des Glaubens sind „Zeichen der Zeit“, die gerade in den Großstädten angesichts der neuen pentekostalen und charismatischen Bewegungen auf neue – und die traditionellen kirchlichen Strukturen „durcheinanderwirbelnde“ – Weise aufbrechen. Die vielen neuen christlichen Gemeinden – oft pentekostalen Ursprungs – setzen in den Ländern des Südens auf diese Verantwortung, die alle Christen und Christinnen für das Volk Gottes übernehmen. Die katholische Kirche tut darum gut daran, an die vergangenen fünfzig Jahre ihres Prozesses der Inkulturation christlichen Glaubens in die kulturellen Realitäten Lateinamerikas zu erinnern, vor allem auch an die Impulse, die in den verschiedenen befreiungstheologischen Ansätzen gegeben worden sind. Die Wunden, die die Ausbremsung dieses Weges geschlagen haben, brechen heute erneut auf: Die „Jüngerschaft“ und „pastoral de acogida“ („einladende Pastoral“), zu der die Konferenz von Aparecida aufgefordert hat, muss als „Bekehrung zur Stadt“ gelebt werden, und das heißt, die „citizenship“ aller Christen und Christinnen zu fördern, den Geist von Gemeinschaft und Partizipation, Einsatz für ein menschenwürdiges Miteinander und Protest gegen Armut und Gewalt in den unterschiedlichsten Ausprägungen. Das wird dann die „Bekehrung der Stadt zu Gott“ sein, wenn die Kirche das vollziehen und leben wird, was Gott in Jesus Christus in ihr Herz geschrieben hat: „Sakrament der Völker“ zu sein, eine Kirche des Volkes, gerade an der Seite der Armen und Schwachen, die Hoffnungs- und Zukunftsperspektiven eröffnet in utopiefernen Zeiten.[532]

[530] Zur Ökumene in Lateinamerika: Hans Spitzeck, Ökumene in Lateinamerika. Kirchen auf dem Weg zu einer Lerngemeinschaft?, in: Die evangelische Diaspora. Jahrbuch des Gustav-Adolf-Werks 71 (2002) 56–72, hier: 65; 71: Ökumenische Aufbrüche gibt es vor allem in Brasilien.

[531] Wolfgang Grünberg, Christliche Identität und ökumenische Vielfalt in der Stadt, in: Kirche in der Stadt. Die ökumenische Zukunft der Metropolen, Jahrbuch Mission 2001, Hamburg 2001, 12–24, hier: 24.

[532] Zur Weiterentwicklung der Theologie der Befreiung: Antony Kalliath, Revisión de la teología de la liberación en un mundo neoliberal, in: Misiones extranjeras 228 (2009) 59–83.

El Dorado: Neomythen in der lateinamerikanischen Kultur

Der gekreuzigte „El Dorado" auf den Straßen der Stadt – eine Spurensuche nach dem die lateinamerikanischen Kulturen prägenden Mythos[533]

Das Museo del Oro („Gold-Museum") in Bogotá, 1939 von der kolumbianischen Staatsbank begründet, birgt die größte Sammlung präkolumbianischer Goldfunde (35.000 Objekte), darunter das berühmte Goldfloß, das ca. 600–1600 n.Chr. für die Zeremonie des El Dorado aus filigranem Gold gefertigt worden ist. Das Museum ist ein moderner Bau, in Quaderform gebaut, im „alten" Zentrum von Bogotá, gegenüber der Franziskanerkirche und dem alten kolonialen Konvent, umgeben von funktionalen Hochhäusern, in einem Viertel, in dem sich Altes und Neues mischen, Büros, Wohnungen, kleine Geschäfte, auf den Straßen das für die lateinamerikanischen Großstädte und ihre „alten" Kerne typische Bild: Straßenhändler und -händlerinnen, die Süßigkeiten, Früchte, Getränke, Essbares verkaufen, Luftballons für die Kinder, alltägliche kleine Gebrauchsgüter, die auf die kleinen Wagen passen, die von den Menschen am Abend in ihre armseligen Behausungen irgendwo am „Rand" der Stadt transportiert werden. Das Viertel selbst, auch wenn es zum „alten" Kern gehört, ist wie andere Viertel „heruntergekommen", die Straßen schmutzig, nicht gepflegt, ein Gefühl von Unsicherheit verlässt die Besucherin auch am Tag nicht, im Gewirr der Menschen sind Leben und Tod nahe, die Armut ist greifbar, sie springt an und sie liegt vor den Füßen, Menschen auf der Straße, noch am Leben, doch fast tot, vielleicht vollgepumpt mit Drogen oder einen anderen Rausch ausschlafend, der sie in eine andere Welt entführt, wenigstens in diesen Stunden.

Das Gold-Museum ragt hier heraus, ein moderner „Tempel", der am Sonntagmorgen bereits früh öffnet, ein Tag, an dem der Staat den Eintritt finanziert, Menschen strömen, ganz unterschiedlicher Herkunft, es mischen sich Kulturen und Welten, die Touristen aus den USA, aus Europa und anderen lateinamerikanischen Ländern, Wissenschaftler, viele Schüler und Schülerinnen, aber auch die Menschen von der Straße, die hier gemeinsam

533 Folgende Überlegungen beziehen sich auf: Margit Eckholt, „El Dorado" – „El lugar donde estuvo el paraíso". Neomythen in der lateinamerikanischen Kultur, in: Franz-Josef Bäumer/Christa Georg-Zöller/Thomas Menges/Michael Novian (Hg.), Selbsterlösung – Neomythen als Signatur des Zeitgeistes. FS Linus Hauser, Paderborn 2015 (in Vorbereitung).

eintauchen in eine andere Welt, im abgeschlossenen Raum der Ausstellungsräume, die auf verschiedene Etagen verteilt sind. Im Hell-Dunkel der kleinen Abteilungen werden die Besucher auf die Reise in die Vergangenheiten verschiedener präkolumbianischer Kulturen mitgenommen, die sich in den verschiedenen Regionen Kolumbiens, den Andentälern, an Pazifik- und Karibikküste angesiedelt hatten und die sich alle durch eine hohe Fertigkeit in der Goldschmiedekunst auszeichneten und aus dem in ihren Regionen geschürften Gold Gegenstände für den Alltagsgebrauch, Schmuck und Masken der Kaziken und Priester für religiöse Zeremonien und Grabbeigaben fertigten. Im Halbdunkel der Ausstellungsräume und im warmen Licht, das die vielen Goldschätze ausstrahlen, auf dem Weg durch Zeiten und Kulturen, entsteht eine mystische Stimmung, die den religiösen und kulturellen Reichtum der vergangenen – und von den Spaniern auf ihren Eroberungszügen zum größten Teil ausgelöschten – Kulturen erahnen lassen. Für die Besucherin aus der hier weiten Nordhalbkugel des Erdkreises geht auf diesem Weg auf, auf welche Schätze die Spanier gestoßen sind, welches Leid sie den Menschen angetan haben, auf die sie gestoßen sind, welche Schätze entwendet, profaniert, eingeschmolzen und auf andere Weise – sei es in der Münzprägung der Augsburger Fugger-Familie, zur Finanzierung anderer, europäischer Kriege, sei es zum Bau der großen spanischen Kathedralen in Städten wie Quito oder Cuszco – verwendet worden sind. Dieses Aufeinanderprallen der Welten, Kulturen und Religionen verdichtet sich im dritten Stock des Museums, als der Weg in den kleinen Raum führt, fast einem „Allerheiligen" in einer katholischen Kirche ähnlich, in dem der „El Dorado" – „der Vergoldete" – ausgestellt ist, einer der größten Schätze des Gold-Museums in Bogotá.[534] Es ist ein Goldfloß, zu 80 % aus reinem Gold, 18 cm lang, datiert auf die Zeit zwischen 600 und 1500 nach Christus, auf ihm elf fein ziselierte Gestalten, die Früchte und andere Gaben tragen, herausragend eine Figur auf einem Thron, wahrscheinlich der Kazike der Muisca, einer indianischen Ethnie, die südwestlich von Bogotá beheimatet war. Bei Amtsantritt, so das Ritual, musste der Kazike dem Sonnengott seine Gaben bringen, er wurde vor seiner Thronbesteigung mit Goldstaub bepudert, er fuhr in die Mitte des Sees von Guativa, um dort Edelsteine, Geschmeide und Goldgefäße im Wasser zu versenken, ein Ritus, der wohl

[534] Vgl. http://www.banrepcultural.org/museo-del-oro (letzter Aufruf: 14.07.2015). Das Gold-Floß wurde 1865 in Pasca, Kolumbien entdeckt. Die Anmerkungen beruhen auf einem Besuch des Museo del Oro am 24.8.2014. – Die folgenden Überlegungen haben essayistischen Charakter; für eine wissenschaftliche Vertiefung müssten sie im Gespräch mit Altamerikanistik oder lateinamerikanischer Literaturwissenschaft weiter entfaltet werden. Zum kritischen Umgang mit dem El Dorado-Mythos vgl. z. B. Vidiadhar Surajprasad Naipaul, Abschied von Eldorado. Eine Kolonialgeschichte, München 1993.

auch in anderen Stämmen in den kolumbianischen Anden und im Amazonasraum üblich war. Der nackte Körper des Fürsten wurde mit einer Paste aus Goldstaub überzogen. Zusammen mit weiteren Adligen fuhr der Fürst auf einem Floß zur Mitte des Sees. Das Floß war mit vielen verschiedenen Goldgegenständen und Edelsteinen beladen, die im Wasser versenkt und geopfert wurden. Der Kazike selbst sprang in das Wasser, der Goldstaub sank ebenfalls wie die anderen Opfergaben auf den Grund des Sees. Diese Legende haben die Spanier bereits Mitte des 16. Jahrhunderts von den Indígenas erfahren, sie wurde zum Ausgangspunkt für die Entstehung der Legende vom sagenhaften Goldland Eldorado, verortet in Regionen der heutigen Staaten Peru, Ecuador, Kolumbien, Venezuela, Brasilien und Bolivien, eine der großen Antriebsfedern für den Aufbruch so vieler Europäer nach Lateinamerika, nach Amerindia, wie die eingeborenen Völker ihren Kontinent nennen.[535]

„El Dorado", der Ritus eingeborener Völker des kolumbianischen Anden- bzw. des Amazonasraumes zur Ehre des Sonnengottes, wurde zu einem Mythos für die Spanier und andere Eroberer der frühen Moderne, vielschichtiger Antrieb für ihren Aufbruch in die „Neue Welt". Die Suche nach Reichtum stand für die einen im Vordergrund, für andere aber auch nach einem „verlorenen Paradies", ökonomische, religiöse und utopische Motive mischten sich, der Aufbruch in eine andere Welt war durchwebt mit der Sehnsucht nach „Land ohne Tod", einem „Paradies" und „Garten Eden", eine Sehnsucht, die sich für viele der europäischen Abenteurer jedoch an der Gewalt im Kampf gegen die eingeborenen Völker, im Kampf mit Natur und Krankheiten gebrochen hat. Für die eingeborenen Völker wurde das ihnen entwendete und profanierte Ritual zu einem Mythos, der sich gegen sie wandte; Hunderttausende von Menschen starben in den ersten Jahrzehnten der Conquista, worauf der Dominikaner Bartolomé de Las Casas in seinem Bericht über die Verwüstung der Westindischen Länder[536] bereits 1552 hinwies, und es ist seinem Einsatz und dem anderer Missionare des Dominikaner- oder Franziskanerordens zu verdanken, dass in der frühen Moderne in der spanischen Rechtsschule von Salamanca ein neuer Menschenrechtsdiskurs entstand, der die gleiche Würde aller Menschen, gerade auch der Indígenas, einklagte.[537] Aber trotz aller Bemühungen von Missionaren wie José de Acosta (ca. 1539–1599) um eine Inkulturation christlichen

[535] Zur Geschichte des Christentums in Lateinamerika vgl. Hans-Jürgen Prien, Die Geschichte des Christentums in Lateinamerika, Göttingen 1978, 42; 52; Enrique Dussel, Die Geschichte der Kirche in Lateinamerika, Mainz 1988.

[536] Bartolomé de Las Casas, Kurzgefaßter Bericht von der Verwüstung der Westindischen Länder, hg. von Hans Magnus Enzensberger, Frankfurt a.M. 1981.

[537] Vgl. z.B. Ramón Valdivia Giménez, Bartolomé de Las Casas, Madrid 2012.

Glaubens, um eine wirkliche Begegnung des Evangeliums mit den neu entdeckten Kulturen der vielen indianischen Völker – die utopische Vision eines Bartolomé de Las Casas im heutigen Venezuela und die von den Jesuiten geschaffenen Reduktionen im heutigen Bolivien, Brasilien und Paraguay sind dafür besondere, prominente Ausdrücke, die aber an den politischen Interessen der Spanier und Portugiesen scheiterten –: für die eingeborenen Völker Lateinamerikas bedeutete die Begegnung mit den Europäern das Ende ihrer Kulturen und äußerste Gewalt vor allem ihren Religionen gegenüber; Walter Mignolo, einer der lateinamerikanischen postkolonialen Theoretiker, thematisiert diese „Kehrseiten" der Moderne.[538] In der Einführung in seine Literaturgeschichte Lateinamerikas „zwischen den Welten" beschreibt der Romanist Ottmar Ette einen „Biombo" (eine spanische Wand) aus dem 17. Jahrhundert; auf der einen Seite ist fein säuberlich der geordnete Stadtplan von Mexiko-Stadt gezeichnet, auf der anderen Seite das Gemetzel der Eroberung, mit vielen toten Indígenas, die die Straßen des alten Teotihuacan füllen.[539] Verfolgung, Gewalt und Unterdrückung der kulturellen und religiösen Rechte der eingeborenen Bevölkerung setzten sich aber auch in der Entstehung der Nationalstaaten im 19. Jahrhundert fort. Die Unsicherheit, die in den bewegten Räumen der großen Städte Lateinamerikas heute erfahren wird, Gewalt und Armut, bilden die „Kehrseite" des Mythos von El Dorado, im Grunde seine „Realität". Und doch wirkt der Mythos von El Dorado auch heute weiter, zersplittert in vielen Fragmenten, politisch, kulturell, literarisch verarbeitet, in allen lateinamerikanischen Ländern, ein Neo-Mythos in den gewaltbesetzten und fluiden Räumen der Mega-Cities. So wirkt das „Allerheiligste" des Gold-Museums in Bogotá hinein in die postmodernen Räume und neuen Areopage der Stadt; aus dem aseptischen Raum des Museums – quasi ein neuer „Tempel", am Sonntag durchgehend geöffnet für ein breites und buntes Publikum, während die Tore der gegenüberliegenden Franziskanerkirche nur zu den Gottesdienstzeiten öffnen und eine immer kleiner und älter werdende Gemeinde empfangen – wachsen in der postmodernen Gemengelage von Religiositäten und Spiritualitäten neue Mythen, die an Verbindendes der in den Großstädten rasch entstehenden neuen Kulturen erinnern sollen – und doch den Bruch und die Gewalt transportieren. Die Außenseite des „El Dorado", vom mystischen Halbdunkel der Ausstellungsräume wieder in das grelle Licht des frühen Nachmittags an einem Augustsonntag entlassen, ist der auf

[538] Walter Mignolo, Kolonialität: Die dunkle Seite der Moderne, in: Isabel Exner/Gudrun Rath (Hg.), Lateinamerikanische Kulturtheorien. Grundlagentexte, Konstanz 2015, 367–386.

[539] Ottmar Ette, ZusammenLebensWissen. List, Last und Lust literarischer Konvivenz im globalen Maßstab, Berlin 2010, 9–30.

dem Pflaster ausgestreckte Mensch: „El Dorado“, gekreuzigt, vom Goldstaub bloß, gepudert mit dem Staub der Straße, der Mensch, dessen Ruf bereits verstummt ist, der hier liegt – lebt er noch, ist er tot?, so unsere Frage –, Tausende strömen vorbei, auch wir, hinein in den Transmilenio, den Bus, der den Norden mit dem Süden der Stadt verbindet. Hier, an der Realität des Menschen auf der Straße, zeigt sich die zerstörende Kraft des Mythos von „El Dorado“, der die Jahrhunderte seit der Entdeckung – besser „Verdeckung“ – Lateinamerikas geprägt hat, vielschichtige Antriebsfeder von Aufbrüchen in eine „neue Welt“, und dieser Mensch, dieser geschundene Körper, ohne Antlitz, ist er das Ende von „El Dorado“? „El Dorado“, der Mythos der Eroberer, hat immer wieder neu seine zerstörerische Kraft entfaltet, „El Dorado“, der Ritus der eingeborenen Völker, wird in der postmodernen Gemengelage neuer Religiositäten wieder entfacht, aber er ist Relikt einer vergangenen Zeit. Was kann heute eine neue, die gewaltbesetzten Räume der Städte verbindende Kraft entfalten? Ist nicht gerade dieser Mensch – „ecce homo“ – der Antrieb, Menschen verachtende Mythen aufzubrechen und Räume neuer Menschwerdung zu bereiten? Ist das nicht das „Evangelium“ Jesu Christi? „Ecce homo“, Jesus von Nazareth – er ist dem Menschen auf der Straße gleich, und so kann genau hier, in ihm, auf der Straße, neues Leben beginnen, kann sich Auferstehung ereignen in den Straßen der Stadt. Um das zu entdecken, müssen wir aus dem „Transmilenio“ – so der Name der Hauptlinien der Busse in Bogotá – aussteigen, müssen wir neu gehen lernen, durch die Straßen der Stadt, und stehenbleiben, uns hinabbeugen an die Seite des Menschen auf der Straße, seine Wunden heilen.

„Der Ort, wo das Paradies war“ – Neo-Mythen in Fiktionen lateinamerikanischer Literatur

In der lateinamerikanischen Literatur der Gegenwart, in jüngst erschienen Werken von Autoren von Mexiko bis zum Cono Sur werden die der lateinamerikanischen Geschichte eingebrannten Mythen in vielfältigster Weise entfaltet und in der Vermischung von Traditionen europäischer, indigener oder afro-amerikanischer Herkunft auch neue Mythen produziert, eingeschrieben in die Flüchtigkeit, Gewalt und Verletzbarkeit der globalisierten, neoliberalen postmoderen Welten. Ein roter Faden ist – in aller Vielfalt – die Erinnerung an den gewalttätigen Aufprall der Kulturen und die schwierige, fast unmögliche Suche nach Identität im Heute. Die Literaturwissenschaftlerin und Theologin Annegret Langenhorst beobachtet in ihrer Studie zur Christianisierung Amerikas in der lateinamerikanischen Literatur der Gegenwart, dass sich die jüngere lateinamerikanische Literatur „auf der Suche nach den eigenen Wurzeln des ‚gründlichen Mißverstehens des ganz Anderen überhaupt bewußt'" wird. „Gerade die historische Thematik von Conquista und Mission dient einer Vielzahl von Autoren zur *literarischen Spurensuche in der eigenen Geschichte…*"[540] Es ist dabei schon lange nicht mehr, so der brasilianische Befreiungstheologe Leonardo Boff, die Perspektive der „Karavellen", die den Ton angibt, sondern die Perspektive der Menschen „am Strand", und genau das sind heute die Menschen in den Transits der Großstädte, oft verloren zwischen „Transmilenio" und „Alimentador" (die zentralen Buslinien in Bogotá und ihre Zubringer), aber auch die Menschen, die auf den Transitwegen überrannt werden und auf dem Pflaster der Straße gekreuzigt sind. Gerade die in den letzten Jahren erschienenen Romane weisen als ein gemeinsames Moment literarische Techniken der Kriminalromane auf, in denen sich die verquickten Suchbewegungen nach der eigenen Identität ausdrücken, ein Spiel mit doppelten und mehrfachen Identitäten, ein Auslegen von Wegen, die eher Irreführungen durch den Dschungel der Großstädte gleichkommen. Einer der großen Meister dieser kriminalistischen Suchbewegungen, die in noch komplexere Vexierspiele führen, Labyrinthe ohne Ausgang, ist der chilenische Schriftsteller Roberto Bolaños, 2003 früh gestorben, einer der wenigen in die deutsche Sprache übersetzten jüngeren Autoren. Alte Mythen werden in Versatzstücken aufgegriffen, auf subtile Weise in die Texte gewoben, als Erinnerung an den „schwarzen Regenbogen" und die sich „verdunkelnde Sonne", wie es in der ca. 1580 entstandenen Elegie an den mächtigen Inka Atahualpa heißt, der „ein Haus voll Gold und Silber" dem „weißen Feind" gegeben hat: „Geraubt sind deine goldne Sänfte, deine Wiege, und alle deine Goldgefäße sind verteilt", und es bleibt nur ein Leben in der Fremde und Zerstreuung: „Unter fremder Hand und in gehäufter Qual sind wir zerrissen, / zweifelnd und verstört, ohne Erinnerung sind wir allein, / ohne Schatten, der uns schützt, / weinen wir, /ohne jemand, an den wir uns wenden könnten, / sind wir dem Wahn verfallen. – Wird denn dein Herz ertragen können, *Apu* Inka, / daß wir verirrt nun leben, /nicht mehr vereint, /weithin verstreut und in fremden Händen, / in den Staub getreten?"[541]

An zwei – eher zufällig ausgewählten literarischen Beispielen – sollen diese auswegslose Suche nach Identität, die Zerrissenheit, die Auseinandersetzung mit alten Mythen und darin ein Bilden von Neo-Mythen kurz

---

[540] Annegret Langenhorst, Der Gott der Europäer und die Geschichte(n) der Anderen. Die Christianisierung Amerikas in der hispanoamerikanischen Literatur der Gegenwart, Mainz 1998, 356.

[541] Mariano Degado (Hg.), Gott in Lateinamerika. Texte aus fünf Jahrhunderten. Ein Lesebuch zur Geschichte, Düsseldorf 1991, 87/88.

skizziert werden: dem 2009 veröffentlichten Roman „Coyoacán, hora cero“[542] des 1950 geborenen Mexikaners Mario Guillermo Huacuja, Universitätsprofessor, Journalist, Skriptwrighter für TV-Sendungen, und dem 1996 erschienenen Roman „El lugar donde estuvo el paraíso“[543] des Chilenen Carlos Franz, 1959 in Genf geboren, an der Universidad Diego de Portales in Santiago de Chile als Literaturprofessor tätig, Vertreter der international vernetzten jüngeren Generation chilenischer Schriftsteller.

Der Roman „Coyoacán, hora cero“ ist ein Stadt-Roman, er spielt am und um den Hauptplatz, der Plaza Hidalgo, von Coyoacán, dem alten kolonialen Zentrum von Mexiko, an dem der Eroberer Hernán Cortés 1521 die Hauptstadt von Neuspanien gründete, ein bereits von den Azteken besiedelter Ort, heute einer der vielen Distrikte von Mexiko-Stadt, mit über 700.000 Einwohnern, im südlichen Teil der Millionenstadt gelegen. Die Plaza Hidalgo ist ein belebter Platz, Verkäufer, Junge und Alte, Spaziergänger und Touristen, Gangster und Ganoven, bevölkern den Platz in stetem Austausch, die katholische Kirche säumt den Platz an einer seiner Seiten, Tanzgruppen, die aztekische Traditionen aufleben lassen, sind touristische Attraktionen. Der Realität und Traumbilder, surreale Fiktionen und journalistische Glossen mischende Text, erinnert das Gedächtnis der Unabhängigkeit Mexikos von Spanien im Jahr 1810 und der Revolution von 1910 und verbindet diese geschichtliche Erinnerung mit einer surrealen Kriminalgeschichte, die in der Vorbereitung auf das Gedächtnis 2010 geheime Verschwörungen, die sich in Coyoacán anbahnen, aufdecken soll. Wie die Coyoten auf dem Brunnen auf dem Platz bewegt sich der Protagonist zwischen den Verkäufern, den Touristen, den Tänzern und Betern, er beobachtet zu unterschiedlichen Tagzeiten an den unterschiedlichen Ecken des Platzes, mit scheinbar geheimer Mission, schlüpft in unterschiedliche Rollen, bis er am Ende des Romans in einem Schusswechsel mit der Polizei – wahrscheinlich – ums Leben kommt, in einem Verlies, um dort, doch wieder neu – nach der „hora zero“ – beginnen zu können. „Hora cero“ erinnert, auch in dieser unüblichen Schreibweise, an ein digitales Nachrichtenorgan in Mexiko[544]; die „hora zero“ ist die Stunde Null, an der alles endet, um wieder beginnen zu können. Interessant im Blick auf den Umgang mit der Geschichte und die Bildung von neuen Mythen ist eine auch surreale, zutiefst krude und gewaltbesetzte Szene in der Kirche, beobachtet aus einer Seitennische vom Protagonisten. Die Tanzgruppe zieht ein in die Kirche, ihr Programm, für die Touristen erarbeitet, wird nun zur grausamen Realität.

---

[542] Mario Guillermo Huacuja, Coyoacán, hora cero, Mexiko-Stadt 2009.

[543] Carlos Franz, El lugar donde estuvo el paraíso, Buenos Aires 1996.

[544] Vgl. http://www.horacero.com.mx/portada/ (letzter Aufruf: 14.07.2015).

Auf dem Altar der Kirche, an dem die Gläubigen noch die Eucharistie gefeiert hatten, wird in der Nacht ein Opfer gebracht, eine junge Französin, Touristin und Geliebte des Leiters der Tanzgruppe, wird auf dem Altar nach den alten aztekischen Riten geopfert, Rauch steigt zum Himmel, die Musik und das Stampfen der Tänzer sind zu hören, auf grausame Weise wird ihr Herz herausgeschnitten, eine Weiße wird dargebracht, das ist einer der Höhepunkte der „Hora zero". Der gebrochene Mythos des „El Dorado" wird auf diese grausame Weise vergegenwärtigt, und für den Protagonisten wird genau dies zu einer „Bestärkung", einer religiösen Erfahrung, die ihm Ruhe verschafft: „Die Zeit steht still. Ich verstehe es nicht, aber dieses Bild gibt mir wieder Kraft. Ich spüre, wie sich mein eigenes Blut beruhigt nach einer Phase des Aufruhrs. Ein seltsamer Gleichmut überkommt mich. Als ob die wilde Liturgie mir die Integrität der Seele und die ursprüngliche Harmonie mit der Welt zurückgegen hätte." (188/189) Opfer ist die Frau aus dem Norden, die Eroberung wird umgekehrt, ist diese Erinnerung an die Geschichte Befreiung? In einer weiteren Szene wird der Protagonist zum Bettler, zum Armen, und dann zum Gladiator, der sich auf diesem Platz der Unabhängigkeit, der Plaza Hidalgo, selbst opfern möchte, der zeigen möchte, dass es keinen Sinn macht, die Unabhängigkeit oder die Revolution zu feiern. „Ich bin nun kein Bettler von Coyoacán mehr. Nun bin ich ein Gladiator. Ich stehe kurz davor, hinauszugehen in die Arena, um mit dem Tiger zu kämpfen. Ich trage eine Maske, wie die Kämpfer in der Arena. Aber im Unterschied zu ihnen – ein großer Unterschied – verbirgt meine Maske nicht das Gesicht, sondern die Maske ist mein wahres Gesicht. Ich bin ein Alter, ein alter Tänzer. Ebenso bin ich ein bewaffneter Priester. Ein Bauer ohne Land. Ein von seiner Familie in ein anderes Land geschleppter Emigrant. Ein Großvater mit tiefem Blick. Ein schreiendes Gesicht, mit Durst nach Gerechtigkeit..." (201) Die „Hora zero"/„Hora cero" naht, der namenlose Protagonist wird erschossen, er verliert das Bewusstsein. „Ich bin zu meiner Saat zurückgekehrt. Nun bin ich eine Hefe für das Leben, ein fruchtbarer Dünger für die Bäume, deren Blätter gegenüber rascheln, im Jardín Centenario, im Licht des Mondes." (206) In der sich anschließenden Zeitungsnotiz vom 11. Juli 2010 ist von einem Bettler die Rede mit Namen Arturo Muñoz García, ein Universitätsprofessor, aufgrund von familiären Problemen dem Alkohol und den Drogen verfallen, er wird auf der Plaza von der Polizei verhaftet, landet dann im letzten Kapitel des Buches in einem Folterverlies, in surrealer Weise scheint ein Ausweg möglich, aber welcher? Das Ende bleibt offen. „Ich habe meine Mission erfüllt ... Ich habe mich befreit ..." (215) „Ich bin bereit. Ich gehe hinaus", so die letzten Worte (216). Der gebrochene Mythos der Eroberung wird mit dem Mythos von Unabhängigkeit und Revolution verknüpft, ein Spiel unterschiedlicher Masken, ein Herumschleichen, den

Coyoten gleich, aus den Labyrinthen und verschlungenen Wegen des Platzes scheint kein Ausweg möglich, den Kriminalromanen ähnlich schließt der Protagonist seine Mission ab, erfolgreich? Er hat sich selbst befreit, der Neo-Mythos des vereinzelten Ego im globalisierten Kapitalismus kristallisiert sich am Ende heraus, er ist bereit, er geht heraus, aus seinem Versteck – aber wohin?

Der chilenische Autor Carlos Franz bezieht sich in seinem Roman „El lugar donde estuvo el paraíso" – „Der Ort, wo das Paradies war" – auf die Welt in Bewegung der vielen Transits, der Menschen auf dem Weg, der Nomaden, Migranten und Exilierten, vertrieben aus der Heimat und auf der Suche nach diesem „Vaterland", der „patria". Dabei knüpft Carlos Franz an den alten Mythos von „El Dorado" an, dem verlorenen Paradies: Der Roman spielt in Iquitos, an einem der Orte in der Nähe des mythischen „El Dorado", ein Sammelbecken für Glückssucher, Verlorene, Ganoven, Europäer, Lateinamerikaner, für die ihrer ursprünglichen Heimat entrissenen Indígenas, nun Handlanger, entwurzelt, ihr Leben der Armut und dem Zerfall ausgesetzt, aber auch eingebettet in die überbordende Natur, den tropischen Regen der Äquatorialzone und die Beständigkeit des riesigen Stromes des Amazonas. „Vielleicht ist diese Hölle der Ort, wo einmal das Paradies gewesen ist." (170) Carlos Franz wählt keine antikoloniale Perspektive, wie sie bei Mario Guillermo Huacuja zu finden ist. „El Dorado" ist zur Metapher eines Sehnsuchtsortes vieler, ganz unterschiedlicher Menschen geworden, das Bild der verlorenen und in jedem Aufbruch neu gesuchten Heimat. Eine der Hauptpersonen ist der (ansonsten namenlose) „Konsul", wahrscheinlich aus Chile stammend, konkrete Anspielungen auf das Land oder die politischen Wirren der Militärdiktatur bleiben verdeckt; er, der nach der Trennung von seiner Frau immer unterwegs war, hat in Iquitos einen Hafen gefunden, der Bleibe werden soll; zusammen mit Julia, einer jungen Einheimischen mit indianischem Blut lebt er in einem großen Haus am Rande der Stadt; der Weg zum Konsulat führt durch die Straße El Dorado. Seine Tochter Ana, auf dem Weg erwachsen zu werden, kommt zu Besuch, so wie in anderen Jahren in ihren Sommerferien; die Sesshaftigkeit ihres Vaters überrascht, der Frauenheld, für den es keine festen Beziehungen gab, hat eine Liebe gefunden, die seine Unstetigkeit ausbremst. In Ana wächst die Eifersucht auf diese Frau, auf ihre Natürlichkeit, Zärtlichkeit, auch ihr gegenüber, auf die Lebensfülle, die sie mit der sie umgebenden Natur verbindet. Ein Drama von Verrat und Enttäuschung entwickelt sich, das die Zerstörung der Liebe des Konsuls zur Folge hat und den Bruch der Beziehung zwischen Vater und Tochter. Eingebettet ist das Drama in die – auch hier mit Techniken des Kriminalromans ausgestaltete – Suche nach einem chilenischen Piloten, der im Grenzbereich des Dschungels zwischen Peru,

Bolivien und Brasilien eine Bruchlandung hatte, von der Geheimpolizei gesucht wird, vielleicht ein Gegner des chilenischen Militärregimes, ein politisch Verfolgter. Neben den Reminiszensen an den indianischen Mythos flicht Franz biblische Orte und Metaphern ein, Belén – Bethlehem –, die Engel, die hier zu Todes-Engeln werden. „Später habe ich viele Male von diesem Engel geträumt" (215/216), so Ana über zehn Jahre später im Epilog des Romans. Es ist die Erinnerung an das Schuldigwerden, an die Tragik von El Dorado, das Paradies, das auf Erden nicht zu erreichen ist. „Ich sehe ihn (den Todesengel, M. E.) in der Nacht der schwimmenden Stadt flattern, über dem Lehm, an der Mündung der Flüsse. Ich führe die Hand zu diesem gewissen inneren Ort und ich spüre die Narbe. Hier hat mich das Leben mit einem Flügel gestreift. Ich spüre diese Verbrennung, die man mir für immer anmerken wird, dort wo mich der glühend leuchtende Neon-Engel berührt hat und dann fortgeflogen ist." (216) Ana verrät den Aufenthaltsort des Piloten und verletzt Julia. Durch ihre der Eifersucht geschuldete Intrige bricht für den Konsul das Paradies zusammen. Der chilenische Flüchtling und Julia, die Geliebte des Vaters, kommen beim Absturz des Flugzeuges, mit dem sie fliehen wollten, ums Leben. Der Konsul beginnt wieder zu trinken, etwas, was er Julia zuliebe gelassen hatte, und er wird wieder aufbrechen, weiter ein unstetes Leben führen. Über zehn Jahre später, so der Epilog, macht Ana sich auf den Weg, ihren Vater in den USA, wo eine der letzten Postkarten des Vaters abgesandt wurde, zu finden. Doch sie kommt zu spät; der junge chilenische Konsul in New York, der ihr Auskünfte über ihren Vater geben kann, berichtet, dass er in New Jersey ein falsches Konsulat eröffnet hatte, dass er an verschiedenen Häfen der USA Menschen das Ankommen in der Fremde erleichtern wollte, falsche Visa wurden ausgestellt, zu Heimatfesten wurde eingeladen, ein liebenswerter Mensch, aber am Ende der Kräfte, vom Alkohol zerfressen. Ana kehrt mit der Asche des Vaters in die Heimat zurück; der Roman endet mit dem Abheben der Maschine. „Wir werden den Nachtflug haben zu seiner endgültigen Repatriierung, damit wir versuchen, uns auszusprechen." (264)

„El Dorado" ist hier – insofern auch europäische Traditionen der Romantik fortsetzend – die Suche nach dem Paradies menschlicher Liebe, aber es ist ein verlorenes; was vielleicht möglich ist, was der Konsul und Julia gefunden haben, bricht durch die Eifersucht der Tochter. In diesem Moment wird aber auch deutlich, dass es ein Paradies war, in das eine Lüge eingewoben war; nur um den Preis der geheimen Berichterstattung über den Piloten wurde die Liebe des Konsuls von seiten seiner Vorgesetzten geduldet. „El Dorado", das ist das verlorene Paradies, der jüngere lateinamerikanische Literatur prägende Neo-Mythos der Unmöglichkeit der Liebe. Im Epilog spricht die Tochter im inneren Monolog: „Die blinden und unwissenden

Jahre, die wir später dann Glück nennen. Es gibt nur einen Schmerz; das hat mich der Konsul gelehrt in diesem fernen und begrabenen Sommer im Urwald. Es gibt nur einen Schmerz: zu entdecken, dass man ohne Liebe weiterleben kann… Und dass genau dies unsere Strafe ist." (257) Carlos Franz hat den „El Dorado-Mythos" mit dem christlichen Motiv des Paradieses verwoben. Das ursprüngliche Paradies ist zerstört, aber immer wieder bricht die Sehnsucht durch zu lieben und zu leben, wie in diesem „El Dorado" in Iquitos; auch in der Unmöglichkeit, die Liebe zu leben, spricht sich die Sehnsucht nach dieser Liebe aus. Und im Abheben des Flugzeugs, am Ende des Romans, spielt Carlos Franz auf die christliche Eschatologie an; Ana ist mit der Asche des Vater auf dem Weg in die Heimat, dass er, der in den langen Jahren seines Lebens „Expatriierte", nun endlich „repatriiert" wird und dass es möglich wird, dass Vater und Tochter sich aussprechen – vielleicht einmal, „im Himmel". „El lugar donde estuvo el paraíso" ist die Erinnerung und Suche nach „El Dorado"; Iquitos, das ist die Stadt der Gestrandeten, in der Nähe des Niemandslandes an den Armen des Amazonas; Menschen, die das Licht des Paradieses zum Leuchten bringen wie Julia, die Frau mit indianischen Wurzeln, der Erde verbunden, natürlich, mit einer großen Intuition und Authentizität in der Liebe, kommen ums Leben, die Liebe geht verloren, was bleibt, sind immer neue Aufbrüche. „In gewissem Sinn sind wir alle Pilger. Seit dem der biblische Engel uns aus dem Paradies vertrieben hat mit diesem Flammenschwert, sie erinnern sich? Alle sind wir irgendwann einmal vertrieben worden, mein Freund, auch wenn es bloß aus der Unschuld gewesen ist…" (136) Carlos Franz zeichnet die Welt in Bewegung, der Transits, der vielen Aufbrüche, ein Kommen und Gehen, und in dieser Welt zeichnet er mit der Geschichte des Konsuls das Bild einer Christus-Gestalt, ein Mensch auf dem Weg, der in dem Konsulat in New Jersey, das er sich selbst geschaffen hat, für andere in der Welt zerstreute Menschen Heimat schafft, auch wenn es nur das Plakat ist, das in seinem Büro zu einem Heimatfest anlässlich der Fiestas Patrias – des chilenischen Nationalfeiertages – einlädt. Was ist das Heimat?, so fragt Ana im Epilog: „Eine Schallplatte, die sich immer wieder auf derselben Rille dreht; ein Wappen auf der Frontseite, das Zeichen für unsere Extraterritorialität. (Aus diesem Niemandsland hat der Konsul getrunken, er ist sehr betrunken, und ihm fallen die Tränen in das Glas hinein. Ist das wohl die Heimat?)" (259)

Mario Guillermo Huacuja und Carlos Franz verarbeiten in ihren Romanen auf sehr unterschiedliche Weise den alten Mythos von „El Dorado", die Suche nach einem Paradies, nach Identität in einer flüchtigen und fragilen Welt. Das Vexierspiel der Identitäten, das krude Wiederholen des alten aztekischen Rituals des Menschenopfers und damit auch ein Bruch mit den die Geschichte Mexikos prägenden christlichen Traditionen stehen bei

Huacuja für das definitiv zerbrochene „El Dorado". Wie die Coyoten schleicht der Protagonist umher, ist an allen Orten und doch nirgends, er „erfüllt seine Mission", er befreit sich selbst, mit dieser leeren Selbsterlösung endet der Roman. „Die Sicht, die ich vor mir habe, ist vom Schönsten, was es auf der Welt gibt. Ich fühle mich in Frieden. Ich denke an Coyoacán, an die Nullstunde, die hinter mir liegt. Nun sehe ich, dass die Welt viel weiter ist. Es gibt nun niemanden mehr, der mir sagt, was ich tun muss. Die Organisation bin ich selbst. Ich bin der Direktor meines eigenen Orchesters. Ich weiß sehr genau, was mein zukünftiger Auftrag ist. – Ich bin bereit. Ich gehe hinaus." (216) Der Chilene Carlos Franz nimmt nicht Abschied von Elementen christlicher Tradition, sie tauchen auf als Namen von Orten, Plätzen und Menschen in Iquitos, der peruanischen Amazonas-Stadt und einem der Sinnbilder des alten „El Dorado", an dem das Drama des Romans spielt. Belén – Bethlehem –, das ist zum Beispiel ein Vergnügungsviertel am Ufer des Amazonas, in dem der chilenische Pilot Unterschlupf findet; Petrus ist der Name eines Barmannes, ein hier gestrandeter Matrose, für den Iquitos zu einem Hafen geworden ist. Christliche Reminiszenzen verbinden sich mit Elementen indianischer Kulturen, auch wenn diese im Vergleich zum Mexikaner Huacuja eher im Hintergrund stehen. Carlos Franz macht die religiösen Traditionen zwar nicht explizit; aber auch wenn das neue „El Dorado" des Konsuls zerstört wird, auch wenn Ana nach den – wie sie sagt „blinden" – Jahren ihrer Ehe und ihrem Sich-Einigeln in eine bürgerliche Bequemlichkeit aufbricht, wenn sie den Schmerz ihres Verrats erinnert und doch ihren Vater nicht mehr lebend wiederfindet, so endet der Roman nicht hoffnungslos. In die Erinnerung an den Mythos von „El Dorado" und das zerbrochene Paradies ist eine subtile, schwache Hoffnung auf eine Zukunft hineingewoben, die Erlösung schenken wird. Am Mythos von „El Dorado" und den damit verbundenen Sehnsuchtsbildern haben alle Anteil, Einheimische, Gestrandete, Exilierte. Der Mexikaner Huacuja lässt dagegen die Mythen der Azteken wieder aufleben, er profaniert das christliche Heiligtum, wenn in der Kathedrale, am Ort der Feier der Eucharistie, der Erinnerung an das – alle Opfer beendende – Opfer Jesu Christi auf surreale und grausame Weise ein aztekisches Menschenopfer zelebriert wird. Hier gibt es keine Versöhnung, der Bruch der „Conquista" hat die Einheit der Geschichte radikal zerstört, das macht auch der Aufbau des Romans deutlich: die Kapitel sind aneinandergereiht, ein roter Erzählfaden wird nicht ausgelegt, der Autor schweift selbst wie die Coyoten der Plaza Coyoacán von Kapitel zu Kapitel, eine unendliche Geschichte des Kommens und Gehens und eine uneingeholte „Hora cero" sind hier ausgelegt.

Der Widerstand der Wirklichkeit und der Gott der Geschichte – Lateinamerikanische Befreiungstheologien und das Aufbrechen der (Neo-) Mythen

In den letzten dreißig Jahren wird sich Lateinamerika auf eine neue Weise der kulturellen Vielfalt bewusst. In den ersten Jahrzehnten der Conquista – der Eroberung des Kontinents – wurden die einheimischen Kulturen zu einem großen Teil ausgelöscht; nach der – durch die anklagenden Predigten und prophetischen Schriften von Antonio de Montesinos und Bartolomé de Las Casas veranlassten – neuen Gesetzgebung („Leyes de Indias", 1512/1542) wurde die unmittelbare Gewalt zwar eingeschränkt, Indigene und Afroamerikaner blieben ausgegrenzt, die Politik, Kultur und Wissenschaft wurde von Europäern und – nach den Unabhängigkeitsbewegungen zu Beginn des 19. Jahrhunderts – von Mestizen gemacht. Auch wenn der Begriff in Lateinamerika nicht verwendet worden ist: Ein teils offener, teils latenter Rassismus ist bis heute auf allen Ebenen des kulturellen, politischen und religiösen Lebens auszumachen, und er birgt auch auf Zukunft hin ein Konfliktpotential, das in den letzten Jahren immer wieder neu zu Ausbrüchen von Gewalt geführt hat. Die bleiernen Jahre in Peru, die Zeit der blutigen Auseinandersetzungen mit dem „Sendero Lumino", dem „Leuchtenden Pfad", einer maoistisch-indigenen politischen Befreiungsbewegung, waren davon geprägt; auch der Süden Mexikos, Oaxaca und Chiapas, werden immer wieder neu von Konflikten zwischen Regierung und indigenen Volksgruppen aufgerüttelt; im Blick auf die Beteiligung der indigenen Kulturen an Politik, Wirtschaft und gesellschaftlichem Leben gehen die Regierungen in Bolivien oder Ecuador neue Wege, doch auch hier ist das gesellschaftliche Gleichgewicht von Spannungen geprägt, die katholische Kirche gerät hier immer mehr ins Abseits. Der Mythos von „El Dorado" begleitet gerade in seiner Ambivalenz diese neuen Prozesse: Von einem Ritus präkolumbianischer Kulturen und ihrem Opfer für den Sonnengott, durch das das Gleichgewicht in der Welt, „zwischen Himmel und Erde", wiederhergestellt wird, ist er in den europäischen Kontext, nach Spanien und weit darüber hinaus, gewandert und wurde zur – vielschichtigen: ökonomischen, religiösen und utopischen – Antriebsfeder für den Aufbruch in die „Neue Welt", verwoben mit politischen Messianismen, mit der in der frühen Moderne aufbrechenden Utopie eines „guten Lebens" im friedlichen Zusammenleben unterschiedlicher Kulturen und mit dem christlichem Paradiesgedanken. Bis heute wird dieser Mythos wiederbelebt, verwoben mit postmodernen synkretistischen Bildungen von Religiosität und Spiritualität, darin zu einer neuen Fiktion geworden, einem Neo-Mythos, den fragilen und fluiden Räumen der Metropolen und Mega-Cities angepasst. In dieser neuen Gemengelage der Kultur und ihrer neuen Mythen, in den neuen Kulturen und „riesigen menschlichen Geographien", die voller „Ambivalenzen" (EG 74) und Widersprüche sind, ist der Christ, so Papst Franziskus in seinem Apostolischen Schreiben „Evangelii Gaudium" (2013), „gewöhnlich nicht mehr derjenige …, der Sinn fördert oder stiftet, sondern derjenige, der von diesen Kulturen andere Sprachgebräuche, Symbole, Botschaften und Paradigmen empfängt" (EG 73).[545] Katholische Kirche und katholische Theologie finden auf dem schon lange nicht mehr katholischen Subkontinent kaum mehr Gehör. Auf der einen Seite boomen neue, pfingstliche Spiritualitäten, die Pfingstkirchen melden sich in einer Vielfalt von Stimmen; neue Heilungszentren entstehen; auch der indianische Priester eines alten Amazonasstammes hat an einer der Hauptverkehrsadern der Stadt seine „Garagenkirche" gebaut; alte indianische Religionen gehen mit modernen Psychotherapien und postmodernen Religiositäten eine Verbindung ein. Auf der anderen Seite schreitet in den Städten die Säkularisierung voran, die alte „etablierte" katholische Kirche erleidet einen massiven Ansehensverlust. Wenn es um Sinnorientierung und die Ausbildung von gesellschaftlichen und kulturellen Leitideen geht, ist die Kirche in den Hintergrund getreten, und katholischen Theologen und Theologinnen gelingt es selten, aus dem Ghetto kirchlicher Fakultäten auszubrechen und im Diskurs der Kulturwissenschaften ihre Stimme einzubringen.

Es ist ein ganz zentraler Impuls, wenn Papst Franziskus dazu aufruft, in diesen neuen Kulturen das Evangelium zu verkünden als Grundlage, „in diesen Zusammenhängen (M.E. die neuen Kulturen, die Ambivalenz des Lebens in den Großstädten) die Würde des menschlichen Lebens wiederherzustellen, denn Jesus möchte in den Städten Leben in Fülle verbreiten" (EG 75). Dabei geht es zunächst darum, „das Menschliche bis zum Grunde zu leben und als ein Ferment des Zeugnisses ins Innerste der Herausforderungen einzudringen, in jeder beliebigen Kultur, in jeder beliebigen Stadt"; genau das lässt auch „den Christen besser werden und befruchtet die Stadt" (EG 75). Christen und Christinnen stehen in der Pflicht, in der Gemengelage der postmodernen, pluralen Kulturen sich ganz hinein in alles Menschliche zu begeben, sich zu binden an die Menschen und in der Verkündigung des Evangeliums an die frohe Botschaft der Menschwerdung zu erinnern. In Jesus von Nazareth hat sich der Gott Israels auf neue Weise als Gott des Lebens erschlossen, die Ansage des Reiches Gottes ist die gute Nachricht, dass Gott in der Geschichte handelt, an der Seite der Armen und

[545] Papst Franziskus, Apostolisches Schreiben *Evangelii Gaudium*, hg. vom Sekretariat der Deutschen Bischofskonferenz, Bonn 2013 (zitiert: EG).

Gedemütigten. Gott hat sich in Jesus von Nazareth ganz an den Menschen gebunden und in ihm ein für allemal den Opfern ein Ende gesetzt. Die lateinamerikanischen Befreiungstheologien haben den Menschen in das Zentrum gestellt, der zum Opfer von Gewalt wird, von eigener Sucht, von Ausschluss aufgrund seiner ethnischen Zugehörigkeit oder seines Geschlechtes. Ihn gilt es vom Kreuz des Staubes der Straße zu nehmen, dann webt Gott immer neu seine Fäden der Auferstehung in die Geschichte.

Lebensperspektiven eröffnen, das heißt: sich dem Menschen zuneigen, ihn vom Kreuz herabnehmen, damit den gebrochen Mythos von „El Dorado" aufbrechen, das heißt: mit den – von Kirche und Theologie viel zu wenig wahrgenommenen – „indianischen Theologien"[546] an die alten Mythen erinnern, aber sie von den neuen Fiktionen postmoderner Neo-Mythen, in die sie eingezwängt werden, zu befreien auf den Gott der Geschichte und des Lebens hin. Das heißt dann, das zu erinnern, was in ihnen an Sehnsucht nach wahrem Leben geronnen ist, einem Leben ohne Opfer, ohne Tod, durchwebt mit der geschichtsprägenden Kraft der Auferstehung, die Zukunft bedeutet. Der zentralamerikanische Befreiungstheologe Jon Sobrino hat am Ende seiner Christologie darauf aufmerksam gemacht, worin Christen und Christinnen Experten sind: im „Gehen durch die Geschichte", an der Seite der vielen Opfer, um sich hier „mit der Realität aufzuladen"[547], um darin an das zu rühren, was nicht vom Menschen machbar ist, an den Funken der Auferstehung, an Gottes Gnade, die alle falschen Opfer, Idolisierungen Gottes und Selbsterlösungsvisionen des Menschen widerlegt. Das ist die Kritik an einem „Neopelagianismus" (EG 94), die auch Papst Franziskus im Blick auf die Neo-Mythen, die sich in den großen Städten ausbilden, fordert. Der Mensch, so der brasilianische Missionstheologe Paulo Suess, kann nicht „abstrakt" verstanden werden, sondern nur „in der Konkretheit des Armen und des Anderen. In ihren Hütten und auf ihrem Stück Land, durchkreuzt von den zentralen Konflikten der Welt, erkennen wir den Anruf der Wirklichkeit und die Notwendigkeit, uns auf sie einzulassen, als das Wesen eines inkarnierten Glaubens."[548]

[546] Zur „teología india" vgl. als Auswahl: Manuel M. Marzal u. a. (Hg.), El rostro indio de Dios, Lima 1991. Zu den bedeutenden Theologen der „teología india" zählen: Bartolomeu Melià in Paraguay, Roberto Tomichá in Bolivien, Eleazar López Hernández in Mexiko. – Der lateinamerikanische Bischofsrat – CELAM – hat verschiedene Tagungen zur „teología india" durchgeführt, vgl. die jüngste Publikation: CELAM (Hg.), Teología India. 4. Simposio latinoamericano de teología india. La teología de la creación en la fe católica y en los mitos, ritos y símbolos de los pueblos originarios de América Lateina, Bd. 4, Bogotá 2013.

[547] Jon Sobrino, Der Glaube an Jesus Christus. Eine Christologie aus der Perspektive der Opfer, Ostfildern 2008, 505.

[548] Paulo Suess, „Was ist das Wirkliche?" Gedankensplitter, um eine ontologische Frage im soziohistorischen Kontext zu verankern, in: Concilium 48 (2012) 466–471, hier: 470.

Das ist der neue Moment der „Mission", mit dem Evangelium auf allen Straßen und neuen Areopagen präsent zu sein, nicht im Sinne der „Bekehrung der anderen", sondern als Präsenz der guten Nachricht im Dienst der Menschwerdung. Das heißt: neue Sprachen – auch im Anklang an alte Mythen – zu finden für das Leid, für die Anklage der Gewalt, für die Brüche und Risse, in denen sich – auch in den Tränen des vom Alkohol umnebelten Konsuls im Roman von Carlos Franz – die Gnade Gottes meldet, eine Hoffnung auf Erlösung im Miteinander der vielen – Einheimischen und Fremden, Gestrandeten und Erfolgreichen, Jungen und Alten, Männern und Frauen – in den neuen pluralen Kulturen der Stadt. Lernen können wir von den prophetischen Worten eines Antonio de Montesino oder eines Bartolomé de Las Casas zu Beginn des 16. Jahrhunderts. Ihre Worte haben heute, in neuen von vielfältiger Gewalt, von Krieg, von Verletzungen der Menschenwürde geprägten Zeiten nichts an ihrer Frische verloren: „Was hat die Frohe Botschaft mit den Verstümmelungen, Sklavereien, Massakern, Feuersbrünsten, Städteverwüstungen und bekannten Übeln allen Krieges zu tun? … Und was werden die Flüchtlinge erzählen, die aus Furcht vor den Spaniern in die Provinzen anderer Völker fliehen, mit ihren blutenden Köpfen, ihren verstümmelten Händen und ihren zerrissenen Eingeweiden? Was werden sie vom Gott der Christen halten?"[549]

Gott hat, das ist christliches Bekenntnis, in der Geschichte gehandelt, in dem er sich in Jesus von Nazareth ganz an den Menschen gebunden hat, um ihn ganz zu heilen, ihm Leben zu eröffnen, über den Tod hinaus. Wenn Menschen sich heute, im Miteinander der vielen, über alle Grenzen hinaus, aneinander binden, wenn sie im Menschen auf der Strasse Christus entdecken, der sie zu Propheten im Dienst der Würde des Anderen macht, dann tragen Christen und Christinnen das Ihre bei – in der Vielzahl auch anderer Stimmen – zur Utopie eines neuen „El Dorado", das mit der offenen Stadt, dem neuen Jerusalem ohne Mauern und Tempel (Offb 21,1–22,5) eine Verbindung eingeht. Das ist dann die „herrlich schöne Stadt"[550], von der die präkolumbianischen Kulturen sprechen, ein „El Dorado" im Dienst der Menschwerdung, eines „guten Lebens" und der Verherrlichung des wahren Gottes, der Leben ist und will für die ganze Schöpfung.

[549] Bartolomé de Las Casas, Antwort auf Sepúlvedas Argumente (1551), in: Delgado (Hg.), Gott in Lateinamerika, 107–112, hier: 109.

[550] José María Arguedas/Alejandro Ortiz Rescaniere, Drei Versionen des Inkarrí-Mythos, in: Delgado (Hg.), Gott in Lateinamerika, 348–352, hier: 351. Der Inkarrí, der von seinem Bruder, dem Españarrí ermordet wird, wird eines Tages, so der Mythos, wiederkommen. Dann heißt es: „Und erst in diesem Augenblick wird sich die herrlich schöne Stadt, die Inkarrí nicht fertigbauen konnte, neu vollenden und sichtbar werden."

Eine neue „charismatische Dimension" der Evangelisierung? Die wachsende Pfingstbewegung in Lateinamerika

Das Stichwort „Evangelisierung" kann als Leitwort für das Pontifikat von Papst Franziskus gelten: Zunächst stand eine Bündelung der vielfältigen Eingaben und Diskussionen auf und im Umfeld der Bischofssynode im Oktober 2012 zur „Neu-Evangelisierung" an; im am 24. November 2013 veröffentlichten Apostolischen Schreiben „Evangelii Gaudium"[551] zum Abschluss des „Jahres des Glaubens" wird deutlich, dass Papst Franziskus „seinen" roten Faden in diese Debatten hineingewoben hat und angesichts der Vielfalt der Herausforderungen, die sich der Verkündigung christlichen Glaubens und der katholischen Kirche stellen, wichtige Orientierungen gibt. Entscheidend ist ein lebendiges Christsein, das immer ein Christ-Werden ist, lebendige Glaubenserfahrung „auf dem Weg", im je neuen Aufbrechen und Aufgebrochen-Werden durch das lebendige Wort Gottes. Das missionarische Handeln ist „Paradigma für alles Wirken der Kirche" (EG 15), und das bedeutet, eine „missionarische Pastoral" zu entfalten, Kirche „im Aufbruch" zu sein, die aus der „Freude des Evangeliums" lebt, mit der „immer die Dynamik des Aufbruchs und der Gabe, des Herausgehens aus sich selbst, des Unterwegsseins und des immer neuen und immer weiteren Aussäens" (EG 22) verbunden ist. Dezentrierung aus jeglicher Selbstverhaftung und Zentrierung auf das lebendige Wort Gottes, auf Jesus Christus, das ist zentrales Movens einer Evangelisierung, die im Dienst eines neuen Kirche-Seins, einer „Ekklesiogenese" steht. Das ist „Ereignis des Geistes", wenn in gelingenden Formen einer Inkulturation des Glaubens neue authentische Formen christlichen Lebens ausgebildet werden und darin der Bruch zwischen Glauben und Leben, von dem Paul VI. in seiner Enzyklika „Evangelii Nuntiandi" (1975) sprach und auf dessen wegweisende Impulse Franziskus in seinem Schreiben immer wieder zurückgreift, überwunden werden kann. Franziskus ist sich bewusst, dass genau dies die zentrale Herausforderung einer Glaubensverkündigung heute ist.

Es geht darum, auf die „neuen Kulturen" aufzumerken, die sich vor allem in den großen Städten abzeichnen (EG 73) und hier das Evangelium in neuen Sprachen anzusagen. Genau das wächst aus einer Erfahrung des Geistes, ist darin mit einem vielfältigen Sich-Binden an die anderen verknüpft (EG 91/92), mit „Begegnung mit den anderen" und „Einsatz in der

[551] Papst Franziskus, Apostolisches Schreiben *Evangelii Gaudium*, hg. vom Sekretariat der Deutschen Bischofskonferenz, Bonn 2013. – Die Überlegungen beziehen sich auf: Margit Eckholt, Eine neue „charismatische Dimension" der Evangelisierung?, in: Zeitschrift für Missionswissenschaft und Religionswissenschaft 98 (2014) 76–90.

Welt" (EG 78). Eine solche missionarische Spiritualität ist eine inkarnierte Spiritualität, die sich an Gestalten der Volksfrömmigkeit orientiert, in denen sich die „Weisheit" des Volkes ausdrückt, die eine „Leiblichkeit" besitzen und „Gesichter" haben (EG 90). In diesem Zusammenhang ist es interessant – und vielleicht auch bezeichnend für den argentinischen Kontext, aus dem Papst Franziskus stammt –, dass er in „Evangelii Gaudium" die von Religionssoziologen als einschneidende Veränderung der religiösen Szenerie weltweit bezeichneten rasanten Wachstumsprozesse der Pfingstbewegung nicht mit einem eigenem Kapitel würdigt. Die inkarnierte Spiritualität der Volksfrömmigkeit setzt er in Kontrast zu „Formen einer ‚Spiritualität des Wohlbefindens' ohne Gemeinschaft", einer „‚Theologie des Wohlstands' ohne brüderlichen Einsatz" und zu „subjektiven Erfahrungen ohne Gesicht, die sich auf eine immanentistische innere Suche beschränken" (EG 90); hier wird der Pentekostalismus in eine Reihe neben esoterische Formen oder auf östliche Religionen zurückgehende „neue Spiritualitäten" gestellt.

Im Folgenden soll es um dieses neue „Zeichen der Zeit" gehen, die wachsende Pfingstbewegung und das „neue Gesicht der Kirche", so der Titel einer Publikation des in Rom tätigen US-amerikanischen Journalisten John L. Allen über das Christentum am Beginn des 21. Jahrhunderts.[552] Der Blick ist dabei auf Entwicklungen in Lateinamerika und Herausforderungen für die lateinamerikanische katholische Kirche fokussiert. Die Überlegungen knüpfen an eine Tagung zu pentekostalen und charismatischen Bewegungen an, die die Kommission Weltkirche der Deutschen Bischofskonferenz und die wissenschaftliche Arbeitsgruppe für weltkirchliche Aufgaben Anfang April 2013 in Rom durchgeführt haben[553], und sie stehen im Zusammenhang eines Forschungsprojektes der wissenschaftlichen Arbeitsgruppe zur „Pastoral urbana"[554] – „Großstadtpastoral", das die sozialen, kulturellen und

---

[552] John L. Allen, Das Neue Gesicht der Kirche. Die Zukunft des Katholizismus, Gütersloh 2010.

[553] Die Publikation der Internationalen Konferenz vom 9. bis 11. April 2013 in Rom: Evangelikale – Pfingstkirchen – Charismatiker. Neue religiöse Bewegungen als Herausforderung für die katholische Kirche, hg. von der Wissenschaftliche Arbeitsgruppe für weltkirchliche Aufgaben der Deutschen Bischofskonferenz, Bonn 2014; Überlegungen aus dem Vortrag der Verf. auf der Konferenz in Rom zum Thema „Wie nehmen die Akteure innerhalb der katholischen Kirche das Phänomen der Neuen Religiösen Bewegungen wahr? (Schwerpunkt Lateinamerika)" gehen auch in diesen Aufsatz ein.

[554] Vgl. Margit Eckholt/Stefan Silber, Pastoral Urbana – Großstadtpastoral. Die Transformationen der lateinamerikanischen Megastädte fordern eine Umkehr der Pastoral. Methodologische Notizen. Arbeitsdokument des Internationalen Forschungsprojektes, Osnabrück 2011: http://pastoral-urbana.uni-osnabrueck.de/textos/arbdoc.pdf (letzter Aufruf: 14.07.2015); eine Zusammenfassung der Projektergebnisse ist erschienen unter: Margit Eckholt/Stefan Silber, Heute in der Stadt den Glauben leben. Die lateinamerikanischen Großstädte und die aktuellen Veränderungsprozesse in Gesellschaft, Kultur und Religion. Schlussdokument, hg. von der Wissenschaftlichen Arbeitsgruppe für weltkirchliche Aufgaben der

religiösen Transformationsprozesse in den Großstädten Lateinamerikas und ihre Auswirkungen auf die Pastoral der Kirche beleuchtet hat.

Wenn von „charismatischer Evangelisierung" die Rede ist, so ist dies als theologische Charakteristik eines Phänomens zu verstehen, das in religionssoziologischer Perspektive mit dem Begriff des „Pentekostalismus" bzw. der „Pentekostalisierung des Christentums" bezeichnet wird. Die Begriffe sollen nicht synomym verstanden werden und sind auch nicht austauschbar; die theologische Charakteristik des Phänomens der „Pentekostalisierung des Christentums" als „charismatische Evangelisierung" kann es ermöglichen, einen Begriff einzuführen, der einen Beitrag zur theologischen Kriterienbildung im Blick auf diesen neuen „globalen religiösen Stil" leistet. Der Begriff „Charisma" wird in der religionssoziologischen Darstellung der Pfingstbewegung oft in einem sehr weiten Sinn verwendet, wenn von „außerordentlichen Geistphänomenen" die Rede ist wie Glossolalie oder Geistheilungen. Charisma wird in der vorliegenden theologischen Überlegung jedoch – in Orientierung an der von Paulus im 1. Korintherbrief vorgelegten Kriteriologie – als „jede gottgegebene Fähigkeit" verstanden, „sofern sie durch den Geist Jesu Christi der Selbstverfügung entrissen und in den Dienst der Gemeinde gestellt worden ist"[555]. Das entspricht dem Verständnis von Evangelisierung und der Ausbildung einer „missionarischen Spiritualität", wie Papst Franziskus sie in „Evangelii Gaudium" skizziert.

Charismatische Evangelisierung und Pfingstbewegung berühren sich, weil sie das Gründungsereignis der Kirche erinnern, ein „neues Pfingsten", eine Kirche, die sich auf die Charismen des ganzen Volkes Gottes beruft. Das ist auch die Kirche „im Aufbruch", von der Papst Franziskus spricht und die an die Suchbewegungen der lateinamerikanischen Kirche zu neuen Formen der Pastoral anknüpft, wie es die lateinamerikanischen Bischöfe auf ihrer letzten Generalversammlung in Aparecida (2007) formuliert haben. Die „pastorale Umkehr", von der die Bischöfe dort sprechen, setzt auf die Jüngerschaft aller Glaubenden, auf die unterschiedlichen Charismen der Glaubenden, die zu fördern und in den Dienst des Werdens der Kirche zu

---

Deutschen Bischofskonferenz, Bonn 2013. Die Abschlusspublikation ist 2014 im Grünewald-Verlag erschienen: Margit Eckholt/Stefan Silber (Hg.), Glauben in Mega-Cities. Transformationsprozesse in lateinamerikanischen Großstädten und ihre Auswirkungen auf die Pastoral, Ostfildern 2014.

555 Gerhard Viehhauser, Streben nach Charisma und Heilung. Theologie der Charismen in der Hermeneutik der Erfahrung auf der Grundlage von 1 Kor 12–14 – Stationen der kirchlichen Rezeption bis heute, Innsbruck/Wien 2009, 139. Viehhauser bezieht sich vor allem auf die Studien des Exegeten Norbert Baumert zum Begriff des Charismas: „Charisma ist eine aus der Gnade Gottes hervorgehende, jeweils von Gott dem Heiligen Geist besonders, nämlich individuell und ereignishaft, zugeteilte Befähigung des einzelnen zum Leben und Dienen in der Heilsgeschichte der Kirche und in der Welt." (Viehhauser, Streben, 138).

stellen sind. Hier ist ein neues Verständnis von Mission entwickelt worden, das nicht „Bekehrung des Anderen“ bedeutet, sondern die Förderung des Christ-Werdens aller Glaubenden, die Ausgestaltung einer christlichen missionarischen Spiritualität, bei der charismatische und caritative Dimension der Evangelisierung in der Tiefe aufeinander bezogen sind. Es ist immer der Geist Gottes, der antreibt zum missionarischen Tun; dieser Geist Gottes, der Geist Jesu Christi, trägt – so Paulus in 1 Kor 13 – Früchte aus, stellt sich in den Dienst der Gemeinde und bewährt sich im Dienst am anderen, vor allem am Armen.[556] Das Evangelium, so Papst Franziskus, lädt uns immer ein, „das Risiko der Begegnung mit dem Angesicht des anderen einzugehen, mit seiner physischen Gegenwart, die uns anfragt, mit seinem Schmerz und seinen Bitten, mit seiner ansteckenden Freude in einem ständigen unmittelbar physischen Kontakt. Der echte Glaube an den Mensch gewordenen Sohn Gottes ist untrennbar von der Selbsthingabe, von der Zugehörigkeit zur Gemeinschaft, vom Dienst, von der Versöhnung mit dem Leib der anderen. Der Sohn Gottes hat uns in seiner Inkarnation zur Revolution der zärtlichen Liebe eingeladen“ (EG 88). Und so geht es dann darum „zu lernen, Jesus im Gesicht der anderen, in ihrer Stimme, in ihren Bitten zu erkennen“ (EG 91), das bedeutet dann, eine „mystische, kontemplative Brüderlichkeit“ auszubilden, die die heilige Größe des Nächsten zu sehen weiß; die in jedem Menschen Gott zu entdecken weiß“ (EG 92).

Folgende Perspektive auf die Ausbildung des neuen „religiösen Stils“ einer „charismatischen Evangelisierung“ ist eine beschränkte: beschränkt auf die kurze Skizze von Entwicklungen der Pfingstbewegung in Lateinamerika, beschränkt auf eine sehr knappe theologische Kriteriologie, die aus Ergebnissen des Forschungsprojektes zur „Pastoral urbana“ erwächst, beschränkt auch, weil nicht auf die Geschichte der charismatischen Bewegung eingegangen werden kann, ein gerade für den lateinamerikanischen Kontext noch ausstehendes Desiderat.[557] Aber auch hier darf die Zurückhaltung von

[556] Zur Charismenlehre des Paulus vgl. auch: Siegfried Schulz, Die Charismenlehre des Paulus. Bilanz der Probleme und Ergebnisse, in: Johannes Friedrich/Wolfgang Pöhlmann/Peter Stuhlmacher (Hg.), Rechtfertigung. Festschrift für Ernst Käsemann zum 70. Geburtstag, Tübingen/Göttingen 1976, 443–460; Richard Giesriegl, Die Sprengkraft des Geistes. Charismen und apostolischer Dienst des Paulus nach dem 1. Korintherbrief, Wien 1989, 75: „Der Mensch ist nicht getauft, um sich in einem individuellen Geistbesitz zu gefallen oder sich in einen solchen hineinzusteigern, sondern er ist getauft, ‚auf einen Leib hin'. Seine Bestimmung ist es daher, sich in den Dienst der Gemeinde zu stellen und seine Geistbegabung in das Gemeindeleben einzubringen.“

[557] Vgl. als Einführung: Franz Stepper, Die Geschichte der charismatischen Bewegung. Ihre Entwicklung in lutherischen Kirchen, baptistischen, methodistischen, pfingstkirchlichen und freien Gemeinden sowie der katholischen Kirche. Eine kirchenhistorische Studie des Religionspädagogen Frank Stepper (Erfurt), in: idea Dokumentation 16/1995, Wetzlar 1995; Hans Waldenfels, Frömmigkeit jenseits der Kirche. Profile und Gestalten außerchristlicher

Papst Franziskus in „Evangelii Gaudium“ im Blick auf das Phänomen der Pfingstkirchen eine Orientierung bieten; es geht immer darum, neue Entwicklungen in aller Nüchternheit zu betrachten. In genau diesem Sinn soll die Pfingstbewegung in Lateinamerika im Folgenden dargestellt werden, als „Zeichen der Zeit“, das für die Ausbildung eines neuen „religiösen Stils“ steht, der in Zukunft – in ökumenischer und interkultureller Perspektive – weiter zu beobachten und zu analysieren ist und der sich nur bewähren wird, wenn es ein tragfähiger Weg ist, das Evangelium Jesu Christi zu verkünden und ihm entsprechende neue Lebensformen christlichen Glaubens auszubilden.

Die wachsende Pfingstbewegung – ein „charismatisches Christentum“? Ein Blick aus lateinamerikanischer Perspektive[558]

Religionssoziologische und -wissenschaftliche Arbeiten weltweit, die vom PEW-Forum veröffentlichten Daten, die Studien des Historikers und Religionswissenschaftlers Philip Jenkins oder eher „populäre“ Arbeiten wie die des in Rom tätigen Journalisten John L. Allen zum „neuen Gesicht der Kirche“ oder auch die in Deutschland veröffentlichten jüngere Statistiken zur Religionszugehörigkeit und Veränderungen in der religiösen Landschaft, wie sie z. B. der von der Bertelsmann-Stiftung herausgegebene Religionsmonitor deutlich macht, weisen auf das erhebliche Anwachsen der Pfingstbewegung weltweit hin.[559] Eine halbe Milliarde Menschen sollen zu Pfingstgemeinden bzw. pfingstlerisch geprägten Kirchen gehören, davon die meisten in Afrika und Lateinamerika. Zahlen sind oftmals – so in vielen lateinamerikanischen Ländern – nicht leicht zu erheben, werden staatlicherseits keine Erhebungen über die Religionszugehörigkeit vorgenommen, und Schätzungen in Pfingstgemeinden unterliegen erheblichen Schwan-

Spiritualität, in: Trutz Rendtorff (Hg.), Charisma und Institution, Gütersloh 1985, 145–159; Salvatore Martínez, „Was der Geist den Gemeinden sagt“. Die Wiederentdeckung des Heiligen Geistes in den Neuen Geistlichen Gemeinschaften, in: Christoph Hegge (Hg.), Kirche bricht auf. Die Dynamik der Neuen Geistlichen Gemeinschaften, Münster 2005, 55–75.

558 Folgende Abschnitte fußen auf Überlegungen, die in der Zeitschrift „Stimmen der Zeit“ veröffentlicht worden sind. Ein Dank geht an die Zeitschrift für die Möglichkeit der Veröffentlichung der Überlegungen: Margit Eckholt, Pentekostalisierung des Christentums? Zur „Rekonfiguration“ der religiösen Landkarte in Lateinamerika, in: Stimmen der Zeit 138 (2013) 507–520.

559 Philip Jenkins, Die Zukunft des Christentums. Eine Analyse der weltweiten Entwicklung im 21. Jahrhundert, Freiburg i.Br. 2011; Religionsmonitor 2008, hg. von der Bertelsmann Stiftung, Gütersloh 2008.

kungen. Von 60 Millionen Menschen ist in Lateinamerika die Rede, von zwei Dritteln der Bevölkerung christlichen Glaubens, die pfingstlerisch geprägten Gemeinden angehören; für das Jahr 2025 wird ein Prozentsatz von 44 % prognostiziert.[560] Dabei wird in allen Studien darauf hingewiesen, dass der Zuwachs der Pfingstbewegung ein alle Schichten umgreifendes Phänomen ist, nicht nur in Armenvierteln entstehen neue Kirchen, auch Mittel- und Oberschicht sind pfingstlerisch geprägt, und gerade junge Menschen und Frauen sehen in Pfingstgemeinden attraktive Alternativen.

Die vielfältigen religionssoziologischen Arbeiten, die in den letzten Jahren in Lateinamerika entstanden sind und die auf empirischen Studien basieren, ermöglichen einen differenzierten Zugang zum Phänomen der „Pentekostalisierung" des Christentums in Lateinamerika. Vor allem kann die in den 60er Jahren letzten Jahrhunderts von Jean-Pierre Bastian, einem der großen Forscher der lateinamerikanischen Pfingstbewegung formulierte These widerlegt werden, dass der Pentekostalismus eine von außen gesteuerte Bewegung sei, „an American intruision into a traditionally and normatively Catholic continent…"[561], eine von katholischer und befreiungstheologischer Seite aufgegriffene These, dass die Pfingstkirchen von den USA gesteuerte „Sekten" zur Untermininierung der sozialistischen und marxistischen Befreiungsbewegungen gegen die autoritären und diktatorischen Regime der 60er und 70er Jahren gewesen seien. Ob nun demgegenüber gesagt werden kann, wie der am Centre for International Governance Innovation (CIGI) in Ontario/Kanada tätige Politik- und Religionswissenschaftler und ausgewiesener Erforscher der Pfingstbewegung in Lateinamerika, Paul Freston, formuliert hat, der Pentekostalismus sei „the first totally autonomous movement *from below*", darf in dieser Apodiktik angefragt werden, aber dem zweiten Teil der These ist sicher zuzustimmen: „It is too important to treat as an ideological football."[562]

---

[560] Vgl. auch David Barrett/George Kurian/Todd Jonson, World christian encyclopedia, The world by countries, religions, churches, ministries, Bd. 1, New York 2001. – Die im Aufsatz genannten Zahlen beziehen sich auf die in den Fußnoten konsultierten Werke; in verschiedenen Aufsätzen werden teilweise auch voneinander differierende Zahlen vorgelegt. Die vorgelegten Zahlen sollen darum in dieser „Vorläufigkeit" gelesen werden. Zugang zu weiteren Datenbanken bestand nicht; für umfassendere Recherchen sei hingewiesen auf: PEW Research Center, Spirit and power. A 10-country survey of pentecostals, Washington, DC 2006.

[561] Bernice Martin, Latin American Pentecostalism. The ideological battleground, in: Calvin Smith (Hg.), Pentecostal Power. Expressions, Impact and Faith of Latin American Pentecostalism. Leiden/Boston 2011, 85–109, hier: 86.

[562] Martin, Latin American Pentecostalism, 130. Martin bezieht sich auf Überlegungen von Paul Freston, Latin America. The ‚other Christendom', pluralism and globalization, in: Peter Beyer/Lori Beaman (Hg.), Religion, Globalization, and Culture, Leiden/Boston 2007, 571–594.

Bereits Anfang des 20. Jahrhunderts, unmittelbar nach den Gründungsimpulsen, die die evangelischen Prediger Charles Fox Parham und William J. Seymour gegeben haben und die als „Azusa-Street-Revival“ in die Geschichte eingegangen sind, konnten sich in Lateinamerika Pfingstkirchen ansiedeln. 1909 wurde in Chile die Iglesia Metodista Pentecostal gegründet, die bis heute größte Pfingstkirche in Chile. 1911 ist in Brasilien, zunächst im Nordosten des Landes vor allem unter Emigranten, dann in São Paulo die Assamblea de Deus entstanden, die – wie auch in anderen Ländern – aus der Misión Sueca libre erwachsen ist; daraus ging dann die unabhängige Kirche Brasil para Cristo hervor, die 1953 von Manuel Mello gegründet wurde; die unabhängige Congregação Cristão ist seit 1910 in Brasilien angesiedelt. Ebenso sind Pfingstkirchen in Bolivien oder Mexiko seit den 20er Jahren des letzten Jahrhunderts anzutreffen.[563] Der chilenische Pastor und Religionssoziologe Juan Sepúlveda[564] weist darauf hin, dass diese Kirchen in Lateinamerika gewachsen und auch in der Kultur verankert sind; sie hatten vor allem in ländlichen und verarmten Gebieten Erfolg in ihrer Missionierung, vor allem in Gegenden, in denen aufgrund des Priestermangels oder einer fehlenden Präsenz von Ordensgemeinschaften keine entsprechende Seelsorge von seiten der katholischen Kirche gewährleistet werden konnte. In Abspaltung von diesen bestehenden Pfingstkirchen, aber auch durch Gründung von neuen Gemeinden und Kirchen im Zuge eines wachsenden missionarischen Engagements von US-amerikanischen evangelikalen Gruppen seit den 60er Jahren des 20. Jahrhunderts in Lateinamerika sind in einer dritten Bewegung die sogenannten „neo-pentekostalen“ Gemeinden entstanden.

Der protestantische Theologe und Religionswissenschaftler Heinrich Schäfer[565], einer der besten deutschsprachigen Kenner der Entwicklung der Pfingstbewegung in Lateinamerika, unterscheidet hier zwischen den „evangélicos“ und den „neopentecostales“, wobei die Grenzen nicht einfach festzulegen sind; zu den „evangélicos“ zählen in den USA verankerte missionarische Bewegungen wie das Summer Institut of linguistics; zu den neopentekostalen Kirchen die 1962 gegründete Igreja Pentecostal Deus é

[563] Vgl. Walter Hollenweger, El pentecostalismo. Historia y doctrinas, Buenos Aires 1976; Donald W. Dayton, Raíces teológicas del pentecostalismo, Buenos Aires 1991; zu Bolivien: Calixto Salvatierra Moreno, Anuncio evangélico católico y Pentecostal. Cconocimiento, valoraciones y orientaciones misionales en Cochabamba, Bolivia (primera parte), in: Misiones extranjeras 235 (2010) 245–263, hier: 250.

[564] Vgl. Juan Sepúlveda, Algunas notas sobre el Pentecostalismo en América Latina, Statement auf der Konferenz in Aparecida 2007, in: http://documentos.iglesia.cl/conf/doc_pdf.php?mod=documentos_sini&id=3531 (letzter Aufruf: 07.01.2014).

[565] Vgl. z.B. Heinrich Schäfer, Homogenität – Transformation – Polarisierung. Religiosität in Lateinamerika, in: Religionsmonitor 2008, 186–198.

Amor oder die 1977 von Edir Macedo Bezerra gegründete Igreja Universal do Reino de Deus, die beide seit den 70er Jahren sehr stark gewachsen sind, sich auch in anderen lateinamerikanischen Ländern ausbreiten und darüber hinaus missionarisch tätig werden im afrikanischen und europäischen Raum. Gerade diese Kirchen haben sich zu Mega-Churches entwickelt; es sind riesige Kirchenanlagen gebaut worden, die mehr als 40.000 Menschen fassen können; durch den Kauf von Radiostationen und Fernsehkanälen haben diese Kirchen eine große Reichweite; neueste Marketingstrategien, der Ankauf von Immobilien und das hohe finanzielle Engagement der Mitglieder tragen zu einem immensen finanziellen Potential dieser Kirchen bei.

Die Pfingstbewegung ist in der oberen Mittelschicht und der Oberschicht angekommen, sie etabliert sich als einflussreiche Bewegung nicht nur über die Medien, sondern in den Medien und in Politik und Wirtschaft. Sie hat, worauf gerade politikwissenschaftliche Studien hinweisen, zur Veränderung der politischen Diskurse beigetragen; „Bekehrung", aber auch die Betonung von Heil und Heilung, ein starker Dualismus von gut und böse, die Rede von „guten" und „bösen" Geistern und die Bezugnahme auf den unmittelbaren Einfluss „höherer" Mächte auf menschliches Wirken, werden in politischen Reden aufgegriffen und hier zu säkularen Größen.[566] Aber auch weiterhin versteht sich die Pfingstbewegung als „Religion des Überlebens"[567]; in den großen Armutszonen der immer noch wachsenden „arrival cities" der lateinamerikanischen Metropolen und Mega-Cities, aber auch auf dem Land, haben sich Pfingstgruppen seit den 80er Jahren weiter „etablieren" können und ein großes Wachstum erfahren, gerade auch in Ländern wie Argentinien, in denen die Pfingstbewegung keine vergleichbar größere Geschichte aufweisen kann. Studien zu den Iglesias pentecostales autónomas de barrio im „partido" San Fernando, einer von ca. 150.000 Menschen bewohnten Randzone von Gran Buenos Aires, machen deutlich, dass das Wachstum der Wanderbewegung hin zu den Pfingstgemeinden in Momenten der Wirtschaftskrise stark war und ist, in anderen Zeiten wiederum rückläufig ist.[568] In den Armutszonen entstehen durch regelmäßige

[566] Vgl. z. B. Edward L. Cleary/Hannah W. Stewart-Gambino (Hg.), Power, Politics and Pentecostals in Latin America, Boulder 1997.

[567] Anne Motly Hallum, Looking for Hope in Central America. The Pentecostal Movement, in: Ted Gerald Jelen/Clyde Wilcox (Hg.), Religion and politics in comparative perspective: The one, the few, and the many, Cambridge 2002, 225–239, hier: 229.

[568] Camilo Seifert, Wirtschaftliche Deprivation und Wachstum der Pfingstkirchen in Argentinien, in: Religion, Staat, Gesellschaft: Zeitschrift für Glaubensformen und Weltanschauungen 7 (2006) 63–82, hier: 78–81; zitiert wird: Pablo Seman (Hg.), El pentecostalismo y la religiosidad de los sectores ppopulares, in: Maristelle Svampa (Hg.), Desde abajo. La transformación de las identidades sociales, Buenos Aires 2000, 157.

Abspaltungen immer weitere „Kongregationen“, also kleinere, oftmals auf Hausgemeinschaften beschränkte Pfingstkirchen, in denen intensives, durch starke Emotionalität geprägtes Glaubensleben mit der Unterstützung und Anerkennung durch eine Gemeinschaft verbunden ist. Die Befreiung, die Menschen hier vor allem als Heilung erfahren, hat mit persönlichem und familiärem Wachstum und Wohlstand zu tun; das Evangelium, das verkündet wird, spricht von einem Gott, der den mit Wohlstand belohnt, der ein guter Christ ist. Bindung an die Gemeinde wird über enge, emotional geprägte Beziehungen und flache Hierarchien geschaffen, so zeigen es Untersuchungen in Pfingstgemeinden in Armenvierteln in Cochabamba.[569]

In Ländern wie Argentinien, Paraguay, Venezuela und Bolivien, in denen die Pfingstbewegung kaum vertreten war, konnte sich diese gerade durch dieses „Wohlstands-Evangelium“ bzw. die „prosperity theology“ in den 80er und 90er Jahren stark verbreiten. Im Augenblick wird in Brasilien und Chile von einem Anteil von 24 % Pfingstlern ausgegangen, in Mittelamerika von 11 bis 17 %, in Argentinien ebenso von 11 %, in Venezuela von 6 %, in Bolivien von 5 %, in Peru und Mexiko von 4 % und in Paraguay und Kolumbien von 3 %. 75 % der protestantischen Christen in diesen Ländern gehören im Schnitt zu Pfingstgemeinden, wobei der Anteil in Bolivien, Uruguay, Peru und Ecuador dabei weniger als 50 % beträgt, dafür umso höher in Brasilien und Mittelamerika ist.[570] Guatemala ist das Land, das am meisten pfingstlerisch geprägt ist, zwischen 2000 und 2010 ist der Anteil hier um 126,8 % gestiegen. Anne Hotley Hallum hat bereits für das Jahr 1998 in Guatemala 300 evangelische Denominationen (darunter Presbyterianer, Mennoniten, Episkopale, Methodisten, Lutheraner usw.) festgemacht, aber zwischen 12000 und 18000 „Kongregationen“.[571]

In allen Studien wird deutlich: Angesichts der großen Ausdifferenzierung des Pentekostalismus kann dieser nicht mehr allein als „Religion der Armen“ bezeichnet werden. Die Pentekostalisierung christlichen Glaubens durchzieht alle Schichten und Klassen, sie ist in indianischen Gemeinschaften anzutreffen, und vor allem sind es – in allen Schichten, Klassen und

[569] Vgl. Salvatierra Moreno, Anuncio; ähnlich wird in der Studie zum Pentekostalismus in Venezuela argumentiert: Angelina Pollak-Eltz, El pentecostalismo en Venezuela, in: ITER: revista de teología 8 (1997) 116–136; und in der umfassenden Arbeit von Monika Bossung-Winkler, Gottes Geist im Armenviertel. Protestantische Pfingstbewegung und Katholische Charismatische Erneuerung in Ecuador, Frankfurt a. M. 2002. – In diesem Zusammenhang ist vom „Prosperity“-Evangelium die Rede, vgl. Gregorio Venables u. a. (Hg.), Fe y Prosperidad. Reflexiones sobre la teología de la prosperidad, La Paz, Bolivia, 1999.

[570] Vgl. Henri Gooren, The Pentecostalization of Religion and Society in Latin America, in: Exchange 39 (2010) 355–376, hier: 357/358. – Weitere Zahlen sind den zitierten Aufsätzen von Calixto Salvatierra Moreno und Anne M. Hallum entnommen.

[571] Motley Hallum, Looking for Hope, 226.

Ethnien – Frauen, die in Pfingstkirchen und ihren religiösen Praktiken, die Leib und Seele ansprechen und Heil und Heilung versprechen, ein Mehr an Lebensqualität erfahren und zudem oftmals eine größere Verantwortung übernehmen können als in katholischen Gemeinden.[572]

Die „Pentekostalisierung" als übergreifendes Phänomen: ein stärker charismatischer Katholizismus?

Wenn in religionssoziologischen Studien für das Jahr 2025 44 % pfingstlerisch geprägte Gemeinden prognostiziert werden, so sind dabei nicht allein die vielen jungen Pfingstgemeinden im Blick, die im Zuge der Ausdifferenzierung des Pentekostalismus in Lateinamerika vor allem seit den 80er Jahren entstanden sind, sondern auch pfingstlerische bzw. charismatische Ausprägungen des Protestantismus und vor allem Katholizismus in Lateinamerika. Es ist von einer „Pentekostalisierung" des Christentums und d.h. auch des Katholizismus die Rede, von der Ausbildung einer neuen „Grundgestalt" christlichen Glaubens, wie es der Lateinamerika-Experte und ADVENIAT-Mitarbeiter Michael Huhn formuliert.[573] Der protestantische Theologe und Religionssoziologe Heinrich Wilhelm Schäfer, seit vielen Jahren mit empirischen Studien zur Veränderung der religiösen Lage in Brasilien und Mittelamerika befasst, spricht von der Ausbildung eines neuen religiösen „Stils", der nicht nur das Christentum erfasst, sondern in gleicher Weise auch andere Religionen tangiert.[574] Religiöse Erfahrungen, ein stärkeres Ansprechen von Emotionen, eine Nähe zu Psychotherapien, zu Heilungsprozessen auf der einen Seite, ein offener und öffentlicher Umgang mit „Bekehrung", mit dem Einfluss religiöser Haltungen und Entscheidungen auf persönliche, familiäre, berufliche oder gesellschaftliche Entwicklungen auf der einen Seite, auf der anderen Seite ein neues „Inszenieren" dieses Stils in Medien, in ein großes Publikum ansprechenden TV-Sendun-

[572] Vgl. Elizabeth Brusco, The Reformation of Machismo, in: Virginia Garrard-Burnett/David Stoll (Hg.), Rethinking Protestantism in Latin America, Philadelphia 1993; dies., The Reformation of Machismo. Evangelical Conversion and Gender in Colombia, Austin 1995; Cecilia Loreto Mariz/María Machado Das Dores Campos, Pentecostalism and Women in Brazil, in: Cleary/Stewart-Gambino (Hg.), Power, Politics and Pentecostals in Latin America, 41–54.

[573] Vgl. Michael Huhn, Religiöse Landkarte aufgemischt. Pfingstkirchen beenden die katholische Dominanz – zum Beispiel Brasilien, in: Lateinamerika. Kirche, Glaube, Gesellschaft. Jahrbuch Mission 2010, Hamburg 2010, 145–150.

[574] Vgl. Heinrich Schäfer, Zur religiösen Pluralisierung Brasiliens. Einige Beobachtungen unter besonderer Berücksichtigung der Pfingstbewegung, in: Michael Müller/Johannes Meier (Hg.), Brasilien – quo vadis?, Mainz 2009, 53–68.

gen und Talk-Shows, aber auch in Politik und vor allem den Werbestrategien politischer Parteien bei Wahlkampagnen, zeichnen diese „Pentekostalisierung“ aus und machen die Veränderungen des religiösen Szenarios nicht nur im Innenraum der Religionen und Konfessionen bedeutsam, sondern gerade auch für politikwissenschaftliche Analysen.

Im Forschungsprojekt der American Academy of Arts and Scienes, an denen Forscher internationalen Renommees beteiligt sind wie Jürgen Habermas und Shmuel Eisenstadt, wurde im besonderen das Augenmerk auf die stabilisierende oder destabilisierende Rolle von Religionen im Zuge des Austarierens neuer politischer Gleichgewichte gelegt und vor allem die Gefährdung einer „Fundamentalisierung“ der Religionen benannt.[575] Im Blick auf das Christentum rücken hier pfingstliche und charismatische Bewegungen in das Zentrum des Interesses, vor allem die rasante Pentekostalisierung des Christentums in den Ländern des Südens. Auch wenn hier einlinige Zuschreibungen gewiss fehlgehen und gerade darum differenzierte, in unterschiedliche kulturelle Kontexte eingebettete empirische Studien zu diesem neuen „religiösen Stil“ erstellt werden müssen, tut eine kritische Auseinandersetzung aus katholisch-theologischer Perspektive mit dieser „Pentekostalisierung“ not, vor allem auf dem Hintergrund der Ausbildung der neuen Gestalt einer „charismatischen Evangelisierung“. Von der Notwendigkeit, einen neuen „Stil“ des Christlichen auszuprägen, hat aus katholisch-ekklesiologischer Perspektive bereits in den 50er Jahren letzten Jahrhunderts der französische Dominikaner Yves M.-J. Congar gesprochen, vor dem Hintergrund der neuen missionarischen Situation in einem immer stärker säkularisierten Frankreich. Die Kirche, so Congar, „ist heute aufgerufen, einen neuen Stil ihrer Gegenwart in der Welt zu finden.“ „Die Kirche sollte weniger von der Welt und mehr in der Welt sein. Sie sollte nur die Kirche Jesu Christi, das vom Evangelium geformte Gewissen der Menschen sein, aber wäre sie es!“[576] Das ist eine Kirche, „die nicht nur den Rahmen für Menschen bildet, die eine ‚Religion‘ ‚praktizieren‘, sondern ein Zeichen darstellt, das den Glauben erweckt, ein Milieu, das den mündigen Glauben erzieht und nährt.“[577]

In den zentralen Dokumenten des 2. Vatikanischen Konzils wird genau dieser ekklesiologische Paradigmenwechsel vollzogen, weg von einer „selbstzentrierten“ Kirche hin zu einer – im ursprünglichen Sinne – mis-

[575] Vgl. dazu: Martin, Latin American Pentecostalism, 99–103. – Vgl. Martin Riesebrodt, Die Rückkehr der Religionen. Fundamentalismus und der „Kampf der Kulturen“, München 2000.

[576] Yves Marie Congar, Für eine dienende und arme Kirche, Mainz 1965, 94/95.

[577] Yves Marie Congar, Christus in Frankreich, in: ders., Priester und Laien. Im Dienst am Evangelium, Freiburg/Basel/Wien 1965, 221–233, hier: 229.

sionarischen Kirche, die sich in ihrer Praxis – sei es der Liturgie, der Katechese, der Diakonie – zunächst und grundlegend selbst von Jesus Christus her verstehen muss und aus der je neuen Bekehrung zu Ihm in ihr Wesen hineinwächst. Diese „Bekehrung" ist Werk des Geistes Gottes, jede „charismatische" Gestalt von Evangelisierung und damit die Ausprägung eines neuen „Stils" des Christlichen ist aus theologischer Perspektive in diesem Paradigmenwechsel grundgelegt, Bewertungskriterien für die „Pentekostalisierung" aus katholisch-theologischer Perspektive liegen hier begründet.[578]

Die lateinamerikanischen Bischöfe thematisierten auf ihrer Konferenz in Aparecida (2007) die Veränderungen, die der „Einbruch" des Pentekostalismus in die religiöse „Monopolstellung" der katholischen Kirche in Lateinamerika bedeutet und welche Veränderungen die Pluralisierung des religiösen Feldes für die katholische Kirche und ihren Auftrag der Evangelisierung mit sich bringt. Es ist nicht mehr, wie noch auf den vorausgehenden Konferenzen des lateinamerikanischen Episkopats in Puebla (1979) oder Santo Domingo (1992) von „Sekten" die Rede, sondern von „anderen religiösen Gruppen", für die sich Katholiken und Katholikinnen nicht „wegen der Lehre, sondern wegen der anderen Lebensformen" entscheiden. „Sie tun es nicht aus strikt dogmatischen, sondern aus pastoralen Motiven heraus; nicht wegen theologischer Probleme, sondern wegen des methodischen Vorgehens unserer Kirche. So hoffen sie, anderswo Antworten auf ihre Fragen zu finden."[579] Diese neuen, die gesamte religiöse Landschaft Lateinamerikas verändernden Bewegungen bedeuten dabei nicht nur eine Pluralisierung im „Außen" der Kirche, sondern angesichts der – nicht nur in eine Richtung verlaufenden – religiösen Wanderbewegungen eine neue Durchlässigkeit im Blick auf die eigenen „Grenzen" und demzufolge eine Pluralisierung im „Innen" von Kirche.[580] Studien, wie sie z. B. an der Päpstlichen Universität in Lima oder der Jesuitenuniversität Iberoamericana in Mexiko-Stadt durchgeführt werden, weisen auf diesen neuen – kon-

---

[578] Vgl. dazu: Christoph Theobald, Le christianisme comme style. Une manière de faire de la théologie en postmodernité, 2 Bde., Paris 2007; ders., Evangelium und Kirche, in: Reinhard Feiter/Hadwig Müller (Hg.), Frei geben. Pastoraltheologische Impulse aus Frankreich, Ostfildern ²2013, 110–138.

[579] Aparecida 2007. Schlußdokument der 5. Generalversammlung des Episkopats von Lateinamerika und der Karibik, 13.–31. Mai 2007, hg. vom Sekretariat der Deutschen Bischofskonferenz, Bonn 2007 (DA 225).

[580] Vgl. dazu auch: Michael Huhn, Religiöse Landkarte aufgemischt. – Im September 2010 fand eine erste Tagung in Deutschland statt zur Pfingstbewegung als Herausforderung für die katholische Kirche am Institut für Weltkirche und Mission in Frankfurt-St. Georgen: Tobias Keßler/Albert-Peter Rethmann (Hg.), Pentekostalismus. Die Pfingstbewegung als Anfrage an Theologie und Kirche, Regensburg 2012.

fessionsübergreifenden – „religiösen Stil" hin.[581] Aus pentekostaler Perspektive macht der peruanische Theologe Bernardo Campos Morante in seinen Studien zu Pfingstgemeinden im peruanischen Andenraum auch darauf aufmerksam, wie die Pfingstgemeinden ihren eigenen „Stil" über eine Orientierung an katholischen Formen der Volksreligiosität finden.[582]

Das bedeutet gerade im Blick auf die Thesen zum „katholischen Barockethos", das bis heute die lateinamerikanischen Kulturen präge, eine große Herausforderung: Was der Katholizismus im kolonialen Lateinamerika bedeutet habe und was sich in Gestalt des die Jahrhunderte der lateinamerikanischen Moderne charakterisierenden Barockethos ausgeprägt habe, werde nun von dieser neuen aus dem Protestantismus erwachsenen „Grundgestalt" übernommen. Es bildet sich hier eine Religionsform bzw. ein „religiöser Stil" aus, der sich den „bewegten Räumen" der postmodernen Gesellschaft und der großen Städte anpasst. „Die neue Gesellschaft, die sich in Lateinamerika herausbildet, hat mit Bewegung zu tun", so spitzt es einer der führenden Religionssoziologen, der langjährig an der London School of Economics tätige Religionswissenschaftler und anglikanische Theologe David Martin zu, „und Evangelikale bilden eine *Bewegung*. Das evangelikale Christentum ist eine dramatische Migration des Geistes, die einer dramatischen Migration der Körper entspricht und diese begleitet."[583] Eine solche „bewegte" Religion entspreche genau den Zeiten von Migration und den bewegten Räumen der Großstädte, Metropolen und Mega-Cities, in denen die alltäglichen Verkehrsströme, die Kommunikationsmedien, veränderte Arbeitsbedingungen und Bildungsformen „neue Kulturen" ausprägen, worauf auch Papst Franziskus in „Evangelii Gaudium" aufmerksam macht. „Es entstehen fortwährend neue Kulturen in diesen riesigen menschlichen Georgraphien, wo der Christ gewöhnlich nicht mehr derjenige ist, der Sinn fördert oder stiftet, sondern derjenige, der von diesen Kulturen andere Sprachgebräuche, Symbole, Botschaften und Paradigmen empfängt, die neue Lebensorientierungen bieten, welche häufig im Gegensatz zum Evangelium Jesu stehen. Eine neue Kultur pulsiert in der Stadt und wird in ihr konzipiert." (EG 73) Genau hier gilt es präsent zu sein, es ist „notwendig, dorthin zu gelangen, wo die neuen Geschichten und Paradigmen entstehen,

---

[581] Vgl. z. B. José Luis Pérez Guadalupe, Ecumenismo, sectas y nuevos movimientos religiosos, Lima 2002; José de Jesús Legorreta, Cambio religioso y modernidad en México, México 2003; ders., Aproximación „socioteológica" a los católicos de la Ciudad de México, México 2006.

[582] Bernardo Campos Morante, Pentecostalismo y cultura, in: Tomás Gutiérrez, Protestantismo y cultura en América Latina, Quito 1994, 51–68; ders., Pentecostalism. A Latin American View, in: Hubert van Beeck (Hg.), Consultation with Pentecostals in the Americas. San José, Costa Rica 4–8 June, Genf 1996.

[583] David Martin, Tongues of Fire. The Explosion of Protestantism in Latin America, Oxford 1990, 284.

und mit dem Wort Jesu den innersten Kern der Seele der Städte zu erreichen" (EG 74). Gelingt dies Pfingstkirchen besser, weil sie, so David Martin, den neuen Kulturen in der „bewegten Stadt" eher „entsprechen"?

Anfragen an die Inkulturationsfähigkeit der katholischen Kirche

Heinrich Schäfer spricht in seiner Studie für den von der Bertelsmann-Stiftung herausgegebenen Religionsmonitor vom Prozess einer „inneren Umstrukturierung der christlichen Religion", der mit den den lateinamerikanischen Kontinent zeitversetzt tangierenden Transformationsprozessen der Moderne übereingeht, auf die die katholische Kirche nicht entsprechend zu reagieren vermocht habe.[584] Die Anfragen, die David Martin formuliert hat, werden von ihm im Blick auf den lateinamerikanischen Kontinent weiter entfaltet und vertieft. Der Katholizismus stehe in seiner Gesamtheit – was auch am Vorgehen gegen die Theologie der Befreiung deutlich werde – „eher für die Wahrung von gesellschaftlicher Kontinuität auch über die Brüche konfliktiver und ungleicher Modernisierung hinweg. Dementsprechend begegnet man auch in Sachen religiöser Praxisformen und Überzeugungen sowie deren Wirkung auf gesellschaftliches Handeln dem Protestantismus als der dynamischeren Variante des Christentums."[585] Zu globalen und „bewegten" Zeiten gehören auch andere religiöse Praktiken.

Das sind für die katholische Kirche massive Anfragen an ihre „Inkulturationsfähigkeit" – auf allen Ebenen ihrer Pastoral, Katechese, aber auch Theologie – in einer sich immer stärker ausdifferenzierenden globalen Moderne. In der weiten geschichtlichen Perspektive ihres 2000-jährigen Bestehens hat sich die Kirche immer wieder neu als „global player" erweisen können, gerade angesichts einer beeindruckenden Inkulturationsfähigkeit. Das neue Phänomen des Pentekostalismus stellt darum gerade diese Fähigkeit auf den Prüfstand und wird zu einer Bewährungsprobe für das Werden der „Welt-Kirche" auf dem 2. Vatikanischen Konzil. Dabei bedeutet dies gewiss nicht eine kritiklose Einschätzung dieses neuen Phänomens, wie es in religionssoziologischer Perspektive vielfach der Fall ist. Dialog, Ökumene und ein neues Verständnis von Mission stehen im Gespräch mit Pfingstgemeinden an, aber dazu gehört auch, in einem guten ökumenischen Geist ein kritisches Bewusstsein in der lateinamerikanischen Pfingstbewegung entwickeln helfen, vor allem angesichts von „marktkonformen" und „medientauglichen" Ausprägungen des „prosperity gospel", Verzweckun-

[584] Schäfer, Homogenität, 187.
[585] Schäfer, Homogenität, 190/191.

gen des Gottesbildes und der Gefahr missbräuchlicher fundamentalistischer Bibeldeutungen in einigen evangelikalen Gemeinden und neuen neopentekostalen Kirchen, auch den „Mega-Churches". Gerade die katholische Kirche kann und muss hier ihre lange theologische Reflexion einbringen, Religions- und Kirchenkritik gehören zum Selbstvollzug einer religiösen Bewegung, und diesem Prozess muss sich gerade auch der Pentekostalismus unterziehen. Darum ist auch die zitierte These der stärkeren Modernitätsfähigkeit des Protestantismus angesichts der Entwicklungen in Lateinamerika und der „Qualität" der hier anzutreffenden Moderne zu hinterfragen.

Viele neo-pentekostale Kirchen und „Mega-Churches" laufen „externen" Trends einer kapitalistischen Moderne und medialen Inszenierung vermeintlicher „moderner" Bedürfnisse nach, die der in São Paulo tätige Missionswissenschaftler Paulo Suess als „Versatzstücke einer sog. Postmoderne" und „Regression in die Vormoderne" beschrieben hat. Die hier gelebte oder besser „erlebte" Religiosität reiße den Menschen in den Strudel eines von „Kapital und Politik ausgetragenen Sozialdarwinismus", in der dieser „sein Spielchen der Entsolidarisierung" leichter „abwickeln" könne „als in traditionsgefestigten und institutionell eingebundenen Gemeinden von Glaubenden".[586] Darum warnt Suess davor, sich zu früh zu freuen über diese „neue Konfiguration des Religiösen, das nicht nur ohne institutionelle Einbindung, also ohne den Versuch einer organisierten und immer auch prekären institutionellen Brüderlichkeit und Solidarität auskommt, sondern vielleicht sogar ohne den Anspruch auf Erlösung, oder das eben diesen Anspruch entweltlicht, transzendentalisiert, spiritualisiert und dadurch zur humanen Irrelevanz verkommen lässt"[587]. Das sind natürlich harsche Vorwürfe, die in dieser Apodiktik sicher zu relativieren sind, gerade wenn der Pfingstbewegung verbundene Forscher wie David Mesquiati und João Décio Passos den lateinamerikanischen Pentekostalismus gerade durch seine Verbindung von „sozialer Realität und Spiritualität" charakterisieren und

[586] Paulo Suess, Mühselig-beladen auf der Suche nach Erlösung. Szenarien und Perspektiven konfessioneller Migration in Lateinamerika, in: Wolfgang Gantke/Thomas Schreijäck (Hg.), Religionen im Kulturwandel zwischen Selbstannahme und Selbstaufgabe. Kontinentalkontextuelle Perspektiven, Berlin 2011, 49–69, hier: 50–55.

[587] Suess, Mühselig-beladen auf der Suche, 51. – Vgl. auch den kritischen Blick auf den lateinamerikanischen Pentekostalismus als „christianismes de l'émotion" bei Christian Lalive d'Epinay, Le protestantisme dans la latinité. Une modernité religieuse de rupture en question, in: Revue d'histoire et de philosophie religieuses 90 (2010) 501–520, hier: 561: „Ils participent pleinement de l'éclatement ou de l'émiettement du religieux sur un mode communautariste dans l'espace urbain transnational, cela dans une logique de marché où prédomine le culte de la performance sur celui de la vérité." Und 517: „L'heure est à la communication, et non a la réflexion critique et théologique stimulée par le rapport à la philosophie et à la littérature."

damit seinen Erfolg sowohl in der ländlichen als auch städtischen Realität in Lateinamerika begründen.[588]

Wenn Papst Franziskus in „Evangelii Gaudium" immer wieder an die in verschiedenen Phasen der in der lateinamerikanischen Geschichte und der Vielfalt der Kulturen gewachsenen Volksfrömmigkeit erinnert, so hat er gerade „inkarnierte", „verleiblichte" Gestalten der Spiritualität im Blick, nicht „entweltlichte", sondern solche, die in die Menschenwelt die am Humanum orientierte Lebensform des Evangeliums einschreiben. „Die besonderen Formen der Volksfrömmigkeit sind inkarniert, denn sie sind aus der Inkarnation des christlichen Glaubens in eine Volkskultur hervorgegangen. Eben deshalb schließen sie eine persönliche Beziehung nicht etwa zu harmonisierenden Energien, sondern zu Gott, zu Jesus Christus, zu Maria oder zu einem Heiligen ein. Sie besitzen Leiblichkeit, haben Gesichter. Sie sind geeignet, Möglichkeiten der Beziehung zu fördern und nicht individualistische Flucht." (EG 90) Die Impulse, die er von Beginn seines Pontifikats an für eine neue „Präsenz" christlichen Glaubens in den sich neu ausbildenden Kulturen der globalisierten Moderne gibt, stehen im Dienst dieser neu notwendigen „Unterscheidung der Geister", einer Ansage des Evangeliums, die den bereits von Paul VI. in „Evangelii Nuntiandi" genannten Bruch zwischen Evangelium und Kultur nicht schön redet, sondern auf den vielen Wegen der Welt, in den vielfältigen Herausforderungen und dem „Risiko der Begegnung mit dem Angesicht des anderen" (EG 88) zu neuen Prozessen der Inkulturation des Evangeliums anregt. Das ist eine charismatische Gestalt der Evangelisierung, in deren Herz der „Christus diakonos" eingeschrieben ist.

Wege zu einer neuen missionarischen Präsenz – charismatische und diakonische Evangelisierung

Die „Pentekostalisierung" christlichen Glaubens in Lateinamerika ist kein abgeschlossenes Phänomen, und auch ihre Beurteilung bleibt vielschichtig und von Ambivalenzen geprägt. Die theologische Auseinandersetzung mit den neuen Gestalten einer religiös-unmittelbareren Erfahrung, der Verbindung von Heil und Heilung, aber auch der Nähe zur Konsum- und Medienwelt sowie mit der Gefahr politischer und ideologischer Verein-

[588] David Mesquiati, Flammende Mission: Elemente einer pfingstlichen Missiologie in Lateinamerika, in: Wie uns der Geist bewegt. Erfahrungen in der Begegnung mit lateinamerikanischen Pfingstkirchen, hg. vom Evangelischen Missionswerk in Deutschland, Hamburg 2012, 27–33, hier: 28.

nahmungen hat noch nicht eingesetzt, und gerade hier tut eine stärker ökumenisch und interkulturell ausgerichtete theologische Arbeit not, die aus den Erfahrungen schöpft, die Befreiungstheologien und kritische Religionstheorien gesammelt haben. „Unterscheidung der Geister" ist sowohl auf katholischer Seite als auch in der Pfingstbewegung selbst notwendig. Sicher ist, dass das neue Phänomen des Pentekostalismus große Herausforderungen für die katholische Kirche bedeutet, nicht nur in einer „Abwehr" nach außen, sondern im Blick auf eine neue Pluralisierung im Innen und die Notwendigkeit der Ausgestaltung einer neuen Form von Mission, wie sie die lateinamerikanischen Bischöfe auf ihrer Konferenz in Aparecida charakterisiert haben. Mission wird dabei nicht im Sinne einer „Bekehrung der anderen" verstanden, sondern im Sinne einer alle Glieder des Volkes Gottes betreffenden „missionarischen Spiritualität", einer Neubesinnung auf die Quellen christlichen Glaubens und der Erschließung des Weg-Charakters christlichen Glaubens.

In diesem Zusammenhang greift der Begriff der „charismatischen Evangelisierung" als eine spezifische Ausdrucksform dieser „missionarischen" Spiritualität, die christlichen Glauben als steten Prozess des Hineinwachsens in diesen Glauben versteht, ein vom Geist Gottes geprägtes Geschehen, in dem sich die verschiedenen „Charismen" der Glaubenden je neu ausgestalten. Eine solche „charismatische" Evangelisierung steht nicht einer „diakonischen Evangelisierung" gegenüber, sondern umfasst diese als ihr entscheidendes christliches Kriterium, d. h. je neu in der Begegnung mit dem anderen, vor allem den „Armen" in aller Vielschichtigkeit, das Gesicht Jesu Christi zu entdecken und zu einem Einsatz für und an der Seite dieses Armen „bekehrt" zu werden. Weniger abschließend als eher ausblickend seien ein paar Momente dieser „charismatischen Evangelisierung" angesichts der Herausforderung des Pentekostalismus und der Ausbildung eines neuen globalen „religiösen Stils" benannt:

Das Phänomen des Pentekostalismus macht auf die zunehmende Bedeutung religiöser Erfahrung für die Ausprägung der Gestalten des Glaubenslebens aufmerksam; genau diese Erfahrungsdimension muss kirchliche Praxisformen stärker prägen; „empowerment" der Gläubigen und lebendige Gemeinschaften erwachsen genau daraus. Darauf weisen die Studien zu den lateinamerikanischen Pfingstkirchen in Gender-Perspektive hin sowie die Arbeiten der Forschergruppen des Projektes „Pastoral urbana", die neue pastorale Formen in Buenos Aires analysiert haben, die mit und von Frauen gestaltet werden.[589] Wenn katholische Pastoral in den zunehmend anonymer

[589] Vgl. z. B. den Beitrag von Ana Lourdes Suárez/Gabriela Zengarini, Durch ihr Vorbild und das mit ihnen Gehen…. Eine sozio-anthropologische und theologische Interpretation der Le-

werdenden Großstädten, Metropolen und Mega-Cities neue Wege gehen will, müssen „klassische" pastorale Formen mit denen geistlicher Zentren und der Arbeit von Ordensgemeinschaften vernetzt werden, müssen Frauen für Leitungsaufgaben in Gemeinden und Gemeinschaften qualifiziert werden, muss Exerzitienarbeit – wie z. B. neue Formen einer Bibelpastoral, die Exerzitien im Alltag usw. – diakonische und caritative Projekte begleiten. Sicher genügt nicht die Ausprägung eines neuen – den Mega-Churches angepassten – religiösen „Stils", wie er in charismatischen geprägten katholischen Gemeinden auch gepflegt wird. Die Ausbildung von „bossa-nova-Priestern" à la Padre Rossi ist nicht die Lösung, auch wenn die Bedeutung von neuen Formen von Liturgie, Gebet und geistlichem Gesang, auch neue Praktiken, die die heilende Erfahrung des Glaubens in Gottesdienste einbeziehen, nicht relativiert werden soll.[590] Entscheidend ist die Anleitung für alle, Männer und Frauen, zu ihren Lebensphasen entsprechenden spirituellen Suchbewegungen, zur Ausbildung von konkreten, inkarnierten Gestalten der Spiritualität. Im Rahmen des Forschungsprojektes zur „Pastoral urbana" haben die Forschungsgruppen in Buenos Aires auf diese neue Bedeutung der Spiritualität im Kontext pastoraler urbaner Formen hingewiesen.[591] Dazu gehört die Ausbildung von lebendigen Glaubensgemeinschaften, ein gutes Anknüpfen an die traditionellen Formen der Volksreligiosität, dazu gehört die Anerkennung der Fähigkeiten aller, vor allem der Frauen, und auch eine neue Reflexion auf die Autorität und amtlichen Strukturen der Kirche. Um diese Erneuerung und in diesem Sinne eine „eclesiogénesis" – das zeigen gerade die religionssoziologischen Studien zum Wachsen der Pfingstbewegung in Lateinamerika – wird die katholische Kirche nicht herumkommen. Eine „charismatische Evangelisierung", wie sie Papst Franziskus mit seinen Impulsen zu einer inkarnierten und missionarischen Spiritualität anstößt, ist hier ein ganz zentraler Beitrag.

„Charismatische Evangelisierung" hat mit einem – auch von Charles Taylor in seiner großen Studie „Das säkulare Zeitalter"[592] – benannten „Zeichen der Zeit" zu tun: Individualität, Subjektwerdung und Freiheit, die

---

bensgeschichte von Frauen in Marginalsiedlungen, in: Margit Eckholt/Stefan Silber (Hg.), Glauben in Mega-Citys. Transformationsprozesse in lateinamerikanischen Großstädten und ihre Auswirkungen auf die Pastoral, Ostfildern 2014, 375–408.

[590] Vgl. die Untersuchung der brasilianischen Religionssoziologin Brenda Carranza, Catolicismo midiático, Aparecida 2011; Brenda Carranza/Cecília Mariz/Marcelo Camurça (Hg.), Novas Comunidades Católicas. Em busca do espaço pós-moderno, Aparecida 2009.

[591] Vgl. auch die Beiträge von Virginia R. Azcuy, José Juan Cervantes und Carolina Bacher in: Eckholt/Silber (Hg.), Glauben in Mega-Citys.

[592] Vgl. Charles Taylor, Das säkulare Zeitalter, Frankfurt a.M. 2009, 508; dazu auch: Margit Eckholt, Pentekostalismus. Eine neue „Grundform" des Christseins, in: Keßler/Rethmann (Hg.), Pentekostalismus, 202–225.

mit unmittelbareren Gottes- und Geisterfahrungen und flachen Hierarchien und neuen Formen der Partizipation überein gehen. Ein solcher charismatischer „religiöser Stil" kann dabei sicher auch Gefahr laufen, in Verbindung mit traditionellen Formen der Volksreligiosität „verzweckte" Gottesbilder auszuprägen, „Idole" und „Götzenbilder", die – um auf die Beobachtung von Paulo Suess zurückzugreifen – den Wünschen und Bedürfnissen des der neoliberalen Moderne ausgelieferten Menschen entsprechen. Hier wird der Gnadencharakter christlichen Glaubens unterlaufen und unterboten, was „Charisma" ist – von Gott geschenkte Befähigung im Dienst des anderen, deren Frucht die Liebe und der Aufbau der Gemeinde ist. So muss gerade eine missionarische Spiritualität im Sinne einer „charismatischen Evangelisierung" steten Prozessen der „Unterscheidung der Geister" unterworfen werden, die sich am „inkarnatorischen" Prinzip christlichen Glaubens orientieren, insofern auf die „diakonische Evangelisierung" bezogen sein müssen. Der „Christus diakonos", der „barmherzige Samariter", die „Option für die Armen", wie sie in den Seligpreisungen und der Gerichtspredigt Jesu von Nazareth erfasst sind, bilden die „evangelische" Tiefendimension dieser Unterscheidung. Das wird dann immer auch „Götzen- und Idolkritik" beinhalten, wenn sich Sprachformen einer Gottesrede ausbilden, die Gott „verobjektivieren" und so Gott nicht mehr Gott sein lassen, wenn ein „Wohlfahrts-Evangelium" Gott selbst zu verzwecken beginnt, ihn in den Kategorien einer medialen und ökonomisierten Rede „verrechnet". Die je neue „Unterscheidung der Geister" hat sich an der Unverfügbarkeit des Evangeliums der freimachenden und barmherzigen Liebe Gottes zu orientieren.

In der nachkonziliaren Kirche haben sich neue geistliche Gemeinschaften und eine charismatische Bewegung ausgebildet, die an das Pfingstereignis und in diesem Sinne das je neue Kirche-Werden erinnern. Sicher wäre es eine spannende Aufgabe, die neuen weltweiten Entwicklungen und die Ausbildung des neuen „religiösen Stils" auch auf dem Hintergrund von religionssoziologischen Studien zu diesen neuen Bewegungen zu lesen. Für die katholische Ekklesiologie kann dies ein spannender Moment sein, die – gerade von der lateinamerikanischen Kirche sehr zurückhaltend wahrgenommene – charismatische Bewegung und ihre Erfahrungen im Blick auf diesen sich ausbildenden neuen „religiösen Stil" auf andere Weise wahrzunehmen. Es wird darum gehen, sich auf eine neue Weise „in Bewegung zu setzen" und über sich „hinauszuwachsen", wie der Hildesheimer Priester und Theologe Christian Hennecke schreibt. Es geht um „Weichenstellungen auf dem Weg zu einer neuen Ekklesiogenesis", „um eine Perspektive und eine Kultur des Kircheseins und Kirchewerdens, die Kirchenentwicklung als zuerst gnadenhaften Prozess ansieht, der von Seiten der Christen eine Hinkehr und Umkehr in die Gegenwart des lebendigen Gottes und seines geschichtsmächtigen Handelns erfordert. Es geht um eine Kunst der Wahrnehmung, die gemeinschaftlich zu üben ist, um Gottes Wege zu entdecken. Es geht um eine Kunst des Handelns, die Gott den ersten Schritt tun läßt, und es geht um eine Kunst der Liebe zu Gott, die weiß, dass Seine Zukunft uns als Geschenk entgegenkommt."[593]

Für die katholische Kirche und ihre missionarische Praxis wird eine solche charismatische Evangelisierung mehr Ökumene bedeuten. Der neue „religiöse Stil", der sich herausbildet, erfordert ein neues Miteinander der christlichen Kirchen. Angesichts des bevorstehenden Jubiläums und Gedenkens der Reformation ist darum der Blick auf den „Pentekostalismus" bzw. die weltweite „Pentekostalität" eine Herausforderung, der sich gerade auch die missionswissenschaftliche Arbeit weiter stellen muss.

[593] Christian Hennecke, Glänzende Aussichten. Wie Kirche über sich hinauswächst, Münster 2010, 313.

„Glaube in einer Welt in Bewegung und Kirche im Werden“: Plädoyer gegen die (Selbst-)Marginalisierung der Theologie in Zeiten der Welt-Kirche

„A la calle!“ („Auf die Straße“!, Papst Franziskus) – Glaube in einer Welt in Bewegung

In einem Interview für die Internetzeitschrift der Jesuitenuniversität Unisinos in São Leopoldo weist die brasilianische Religionssoziologin Brenda Carranza, Expertin für die neuen charismatischen religiösen Bewegungen in Brasilien, ihre Präsenz in den Medien, die Umformung der Jugendkulturen und damit verbunden die massiven Veränderungen des Katholizismus in Brasilien – während vor 30 Jahren noch ca. 90 % der Brasilianer Mitglieder der katholischen Kirche waren, ist die Zahl in den letzten Jahren auf 60 % zurückgegangen, die neo-pentekostalen Kirchen verzeichnen ein immenses Wachstum in allen Schichten der Bevölkerung, vor allem in den Randzonen der Metropolen und Mega-Cities –, auf die „Entspannung“ in den Beziehungen zwischen Kirche und Gesellschaft hin, zu der der neue Stil von Papst Franziskus, vor allem seine Forderung einer „Dezentrierung“ der Kirche, führe. „Ein Aufatmen ist möglich im Innern des Katholizismus, und es ist möglich, sich seine Kräftigung vorzustellen, denn er stellt in das Zentrum seiner religiösen Botschaft die Sorge um die Schmerzen und Bedrängnisse der Männer und Frauen heute.“[594]

Was die Religionssoziologin Brenda Carranza „alivio“ nennt, lässt sich auf verschiedenen Ebenen kirchlichen Lebens und auch im Blick auf die theologische Arbeit wahrnehmen. Im guten geistlichen Sinn einer „Distanznahme“ und „Relativierung“ wird den Spannungen, die sich in den letzten Jahren aufgebaut und zu neuen Polarisierungen auf den Ebenen von kirchlicher Praxis und theologischer Reflexion geführt haben und die sich

[594] Interview mit Brenda Carranza, 31.07.2013, zitiert nach: //www.ihu.unisinos.br/entrevistas/522322-as-intervencoes-do-pontifice-mudaram-de-tom-da-presenca-teologica-para-o-contato-pastoral-entrevista-especial-com-brenda-carranza (letzter Aufruf: 05.10.2014): „O primiero ad intra eclessia, pois alerta a parcela maior da igreja, a seu universo leigo … O segundo, ad extra eclessia admite-se publicamente que há necessidade de transformacao estrutural, a comecar pela Curia romana … Esse duplo registo alívia as tesoes entre a Igreja e a sociedade, dá um respire ao interior do catolicismo e autoriza a imaginar seu revigoramento, pois coloca no amago da sua mensagem religiosa a preocupacao com as dores e as angustias dos homens e das mulheres contemporaneos.“ – Die folgenden Überlegungen beziehen sich auf: Margit Eckholt, „Glaube in einer Welt in Bewegung und Kirche im Werden“. Plädoyer gegen die (Selbst-)Marginalisierung der Theologie in Zeiten der Welt-Kirche, in: Christoph Böttigheimer (Hg.), Globalität und Katholizität, Freiburg i.Br. 2015 (in Vorbereitung).

gerade im Blick auf das Kirche-Welt-Verhältnis verdichten, ihre Spitze genommen. De-Zentrierung ist angesagt, in diesem Sinne „Entweltlichung“ als Abschied von den Relikten einer Zeit der „cristiandad“, von der sich – trotz des Neuaufbruchs der Nachkonzilszeit – gerade die lateinamerikanischen Kirchen nicht gänzlich frei gemacht haben (das betrifft den Klerikalismus, Verquickungen von Kirche und Staat), aber diese De-zentrierung ist nur auf den vielen Wegen der Welt möglich. „A la calle“ („auf die Straße“): das ist der Aufruf von Papst Franziskus.

In einem Interview mit den beiden argentinischen Theologen Carolina Bacher Martínez und José Juan Cervantes am 4. Mai 2012 aus Anlass eines Forschungsprojektes zur Großstadtpastoral hatte der damalige Kardinal Jorge Mario Bergoglio, Erzbischof in der 13-Millionen-Mega-Stadt Buenos Aires, vom „Auftrag“ der Kirche gesprochen, „auf die Straße“ zu gehen: „Wenigstens die Ortskirche von Buenos Aires hat diesen Auftrag: auf die Straße zu gehen. Immer sage ich, dass es (verschiedene, M. E.) Weisen gibt, die Kirche zu leben: entweder eingeschlossen, im *Ghetto* – die Karikatur wäre die Sakristei – oder auf die Straße hinausgehend, um (das Evangelium, M. E.) zu verkünden. Die kirchlichen Institutionen, die sich in sich selbst einschließen, sind autoreferentiell. Und wenn man auf die Straße hinausgeht, wirst du dem begegnen, was du siehst, und du wirst vom Evangelium aus antworten ….“[595] Natürlich, so fährt er fort, bleibt das nicht ohne Probleme, es kann vieles passieren, so wie jeder, der auf die Straße geht, Gefahr läuft, „dass ein Unfall passiert“; aber er ziehe einer „kranken“, „autoreferentiellen“, in sich abgeschlossenen Kirche diese „Iglesia accidentada“ – die Kirche, „die einen Unfall hat“ – vor.[596] Er selbst habe genauso viel von der „Straße“ gelernt, wie von der theologischen Fakultät, darum sage er Gott Dank.[597]

Wenn ich mit Erzbischof Bergoglio – Papst Franziskus – vom „salir a la calle“, so ist das mehr als eine „Anekdote“. Die „Straße“ steht für die Realität

---

[595] Interview mit Kardinal Jorge M. Bergoglio SJ, „Callejar en el sentido más amplio de la palabra […]“, in: Virginia R. Azcuy (Hg.), Ciudad vivida. Prácticas de Espiritualidad en Buenos Aires, Buenos Aires 2014, 237–244, hier: 239.

[596] Interview mit Kardinal Jorge M. Bergoglio SJ, 239.

[597] Papst Franziskus, Apostolisches Schreiben *Evangelii Gaudium*, hg. vom Sekretariat der Deutschen Bischofskonferenz, Bonn 2013 (im Folgenden zitiert: EG). – Erzbischof Bergoglio war ein „callejero“, einer, der auf die Straße geht, unter die Menschen. Das hat er in seinem Apostolischen Schreiben „Evangelii Gaudium“ aufgenommen in dem immer wieder zitierten Satz: „Brechen wir auf, gehen wir hinaus, um allen das Leben Jesu Christi anzubieten! Ich wiederhole hier für die ganze Kirche, was ich viele Male den Priestern und Laien von Buenos Aires gesagt habe: Mir ist eine ‚verbeulte‘ Kirche, die verletzt und beschmutzt ist, weil sie auf die Straßen hinausgegangen ist, lieber, als eine Kirche, die aufgrund ihrer Verschlossenheit und ihrer Bequemlichkeit, sich an die eigenen Sicherheiten zu klammern, krank ist …“ (EG 49)

der Metropolen und Mega-Städte unserer Zeit, in der sich die Veränderungsprozesse des Katholizismus in Zeiten der Globalität verdichten, mit all' ihren Problemen: Verkehrschaos, massive ökologische Herausforderungen, Gewalt, Unsicherheit, ein stetes Kommen und Gehen, Migration und Transit, aber auch Chancen und Herausforderungen, die Suche nach neuen Lebensmöglichkeiten: „neue Kulturen", so Papst Franziskus in „Evangelii Gaudium", entstehen genau hier, „in diesen riesigen menschlichen Geographien", sicher voller „Ambivalenzen" (EG 74) und Widersprüche, und der Christ, so der Papst, ist „gewöhnlich nicht mehr derjenige …, der Sinn fördert oder stiftet, sondern derjenige, der von diesen Kulturen andere Sprachgebräuche, Symbole, Botschaften und Paradigmen empfängt" (EG 73): „Eine neue Kultur pulsiert in der Stadt und wird in ihr konzipiert." (EG 73), und genau darum muss Kirche „auf die Straße" gehen. Hier, in den vielen Räumen des „Zwischen" – des „in-between", wie die postkolonialen Denkansätze die Zwischenräume der „inter-kulturellen" Begegnungen in der globalisierten Welt nennen[598] –, tun sich in aller Ambivalenz und allem Widerspruch neue Begegnungsräume auf, ist die Welt in Bewegung, ereignet sich Neues, und hier ist auch Glaube in Bewegung gekommen. In den Metropolen und Mega-Cities der Welt bildet sich ein neuer „Religionsstil" heraus, auch das Christentum übergreifend, charismatisch, subjektorientiert, oft fundamentalistisch. Mittlerweile sollen, so religionssoziologische Studien, eine halbe Milliarde Menschen zu Pfingstgemeinden bzw. pfingstlerisch geprägten Kirchen gehören, davon die meisten in Afrika und Lateinamerika.[599] Für das Jahr 2025 wird prognostiziert, dass im ehemals „katholischen Subkontinent" Lateinamerika 44 % zu Pfingstgemeinden und einem pfingstlerisch geprägten Katholizismus gehören sollen.[600] Der Lateinamerika-Experte und ADVENIAT-Mitarbeiter Michael Huhn spricht im Anschluss an eine Formulierung des protestantischen Theologen und Religionswissenschaftlers Heinrich Schäfer, eines der wenigen deutschen

598 Vgl. dazu: Judith Gruber, Theologie nach dem Cultural Turn. Interkulturalität als theologische Ressource, Stuttgart 2013, 119–126 (Inter/Kulturalität, postkolonial).

599 Vgl. zu den folgenden Überlegungen: Margit Eckholt, Pentekostalisierung des Christentums? Zur „Rekonfiguration" der religiösen Landkarte in Lateinamerika, in: Stimmen der Zeit 138 (2013) 507–520; Philip Jenkins, Die Zukunft des Christentums. Eine Analyse der weltweiten Entwicklung im 21. Jahrhundert, Freiburg i.Br. 2011; Religionsmonitor 2008, hg. von der Bertelsmann Stiftung, Gütersloh 2008; John Allen, Das neue Gesicht der Kirche. Die Zukunft des Katholizismus, Gütersloh 2010.

600 Vgl. auch David Barrett/George Kurian/Todd Johnson (Hg.), World Christian Encyclopedia. The world by countries, religions, churches, ministries, Bd. 1, New York 2001; PEW Research Center, Spirit and power. A 10-country survey of pentecostals, Washington, DC 2006.

Experten für das Phänomen der Pentekostalisierung des Christentums, von der Ausbildung einer neuen „Grundgestalt" christlichen Glaubens.[601]

„A la calle", das heißt für die katholische Kirche, genau hier „präsent" zu sein, die vielen Plätze und Straßen der Stadt nicht anderen zu überlassen, sondern ihren Beitrag – zusammen mit vielen anderen — zu einem „guten Leben" zu leisten und dabei einen neuen „Stil" des Christlichen auszubilden. Wenn Papst Franziskus in seiner bildlichen Sprache von Jesus spricht, der „von innen klopft"[602], um hinausgehen zu können, so entspricht dieses Bild der neuen Präsenz von katholischer Kirche und Katholikinnen und Katholiken „in der Stadt", auf den öffentlichen Plätzen, auf dem neuen „Areopag" der Stadt, im Gespräch mit den vielen anderen.

Die Ausbildung eines neuen „missionarischen Bewusstseins" – „Kirche im Werden"

Auf diesen neuen Wegen, „a la calle", zur Peripherie und von der Peripherie ins Zentrum, setzt der Papst aus dem Süden alles an einen neuen Ort, „ha descolocado a todo el mundo" („Er hat uns alle umgekrempelt"), so der chilenische Arbeiterpriester Mariano Puga (geb. 1930) in einem Interview für „Amerindia".[603] Der Papst der Weltkirche holt – auf dem Hintergrund seiner Erfahrungen als Erzbischof von Buenos Aires und in Gremien des CELAM, des lateinamerikanischen Bischofsrates, – in das „Herz" der Kirche die Dynamik christlichen Glaubens und das neue „missionarische" Bewusstsein, das an den „Rändern" schon lange präsent war und was – wenn an die Entwicklungen der französischen Ortskirche der 40er und 50er Jahre erinnert wird: Henri Godin sprach bereits 1943 von Frankreich als „Missionsland" – auch dem 2. Vatikanischen Konzil und seinem Rückbezug auf den Kernauftrag von Kirche, der „Evangelisierung", der „Ansage" des Evangeliums in all' ihren Grundvollzügen, seine Dynamik gegeben hat. Mission, das ist nicht die „Bekehrung der anderen", sondern das heißt, hinauszugehen, um bei den Menschen zu sein, auf der Straße, und hier, in der Fragilität und Fluidität des Lebens, in aller Not, allem Leid, bei den

[601] Vgl. Michael Huhn, Religiöse Landkarte aufgemischt. Pfingstkirchen beenden die katholische Dominanz – zum Beispiel Brasilien, in: Lateinamerika. Kirche, Glaube, Gesellschaft. Jahrbuch Mission 2010, Hamburg 2010, 145–150; vgl. z. B. Heinrich Schäfer, Homogenität – Transformation – Polarisierung. Religiosität in Lateinamerika, in: Religionsmonitor 2008, hg. von der Bertelsmann Stiftung, Gütersloh 2008, 186–198.

[602] Zitiert nach: Hans Waldenfels, Sein Name ist Franziskus. Der Papst der Armen, Paderborn 2014, 30.

[603] Mariano Puga, „Este Papa ha descolocado a todos", in: http://www.lasegunda.com/Noticias/Nacional/2014/06/940180/este-papa-ha-descolocado-a-todos (letzter Aufruf: 28.08.2014).

Migranten in Lampedusa, den Flüchtlingen aus den vielen Kriegsgebieten, den wegen ihres Glaubens Verfolgten Gott anzusagen, weil er genau hier – in den Notleidenden – entdeckt werden kann. Als Vorsitzender der Redaktionskommission für das Abschlussdokument der 5. Generalversammlung des lateinamerikanischen Episkopats in Aparecida (2007) hat Erzbischof Jorge Mario Bergoglio dem Text die entscheidende missionarische Ausrichtung gegeben und mit der Betonung der „Option für die Armen" an den Weg der lateinamerikanischen Konzilskirche – von Medellín (1968) und den damit verbundenen neuen theologischen Impulsen der Befreiungstheologien ausgehend – angeknüpft. Von hier zieht sich der rote Faden hinein in das Apostolische Schreiben „Evangelii Gaudium"; das Thema der Mission ist von der Peripherie in das „Zentrum" der Weltkirche – bei gleichzeitiger „Relativierung" der Polarität von Peripherie und Zentrum – geholt worden.

Die lateinamerikanischen Bischöfe sprechen angesichts dieser neuen „Zeichen der Zeit" auf ihren Konferenzen von einer notwendigen „conversión pastoral" („pastoraler Umkehr") und neuen pastoralen Strukturen (DA 25; vgl. die Aufnahme in EG 27), und das ist mehr als eine bloße „Neuausrichtung" der Pastoral, so die Übersetzung des Wortes „conversión" in der deutschen Textausgabe der Konferenz von Aparecida.[604] Wenn mit Mariano Puga von einem „descolocar" gesprochen wird, das das neue Pontifikat bedeutet, so ist diese „conversión" gemeint. In einer Welt in Bewegung ist auch Glaube in Bewegung gekommen, ist angesichts der neuen Präsenz von Religionen und Spiritualitäten in der Öffentlichkeit eine neue Präsenz des Christentums und der katholischen Kirche notwendig. Vom „Süden" kommend, auf dem Hintergrund der Erfahrungen der lateinamerikanischen Ortkirchen – ähnliche Entwicklungen sind in den afrikanischen oder asiatischen Kirchen festzumachen – gibt Franziskus dabei eine entscheidende Orientierung. In einer zunehmend gebrochenen und verwundeten Welt, von Gewalt, Unsicherheiten, Kriegen geprägt, auf den vielen Straßen und Plätzen der Welt, kann Kirche „werden" und ihren Beitrag zu den „Praktiken" der Menschen in der Stadt im Dienst eines „guten Lebens" leisten, wenn sie den Humanismus stärkt, der Diversität, Partizipation und Anerkennung bedeutet.[605] Die Verkündigung des Evangeliums auf den

[604] Vgl. dazu: Mariano Delgado, Die Kirche als „fruchtbare Mutter". Wie Papst Franziskus „die Freude der Evangelisierung" wiedergewinnen möchte, in: εὐangel. Magazin für missionarische pastoral 2 (2014), in: http://www.euangel.de/ausgabe-2-2014/veraenderung-in-der-organisation-kirche-und-die-freude-des-evangeliums/die-kirche-als-fruchtbare-mutter (letzter Aufruf: 28.08.2014).

[605] Charles Taylor spricht in seiner Analyse des „Säkularen Zeitalters" von einem „ausgrenzenden Humanismus" der „säkularen Spiritualitäten": Charles Taylor, Ein säkulares Zeitalter, Frankfurt a.M. 2009, 1063–1068.

Plätzen und Straßen der Stadt soll daran erinnern, was den Menschen Mensch sein lässt und ihm darin „Bürgerschaft“ gibt. Sie wird, so Franziskus, „eine Grundlage sein, um in diesen Zusammenhängen (M. E. die neuen Kulturen, die Ambivalenz des Lebens in den Großstädten) die Würde des menschlichen Lebens wiederherzustellen, denn Jesus möchte in den Städten Leben in Fülle verbreiten.“ (EG 75) Es geht darum, „das Menschliche bis zum Grunde zu leben und als ein Ferment des Zeugnisses ins Innerste der Herausforderungen einzudringen, in jeder beliebigen Kultur, in jeder beliebigen Stadt“, genau das lässt auch „den Christen besser werden und befruchtet die Stadt“ (EG 75). Dies ist die neue „kontinentale Mission“ (DA 551), von der die lateinamerikanischen Bischöfe sprechen. Die Ansage des Evangeliums steht immer im Dienst der Menschwerdung.

Wenn Katholiken und Katholikinnen diese humanisierende Kraft christlichen Glaubens in die Areopage der Stadt einspeisen, tragen sie mit ihren „Praktiken“ dazu bei, dass die vielen Orte und Nicht-Orte der Stadt zu „Räumen“ werden, in denen im Miteinander der Menschen die „Poesie“ der neuen Stadt – das neue Jerusalem, ohne Mauern, ohne Tempel – durchbricht.[606] „Die eschatologische Neue Stadt“, so formuliert es der brasilianische Theologe und Kappuziner Luis Carlos Susin, „als Richtlinie für geschichtliche Entscheidungen und konkrete, ihre reale Möglichkeit vorwegnehmende Zeichen ist Inspiration für die Überwindung der Tempel, in denen die Verschuldeten geopfert werden, und für das Einräumen eines Platzes, auf den alle passen, eines Raums der Inklusion von Vielfalt als Reichtum und Lebensfülle … Im öffentlichen Raum, dem theologischen Ort der Stadt schlechthin, konstituiert sich die kirchliche Gemeinschaft von Jesus und dem Heiligen Geist ausgehend als Raum des Tisches und des Beistandes, als sabbatischer Traum der Selbstlosigkeit und Inklusion.“[607] „Das macht eine Evangelisierung nötig“, so nochmals Papst Franziskus (EG 73), „welche die neuen Formen, mit Gott, mit den anderen und mit der Umgebung in Beziehung zu treten, erleuchtet und die grundlegenden Werte wachruft. Es ist notwendig, dorthin zu gelangen, wo die neuen Geschichten und Paradigmen entstehen, und mit dem Wort Jesu den innersten Kern der

[606] Margit Eckholt, Poesie der Stadt. Wie sieht die neue Stadt aus?, in: Margit Eckholt/Stefan Silber (Hg.), Glauben in Mega-Citys. Transformationsprozesse in lateinamerikanischen Großstädten und ihre Auswirkungen auf die Pastoral, Ostfildern 2014, 302–321. – Zu den „Orten“, „Nicht-Orten“ und „Praktiken“ in der Stadt: Michel de Certeau, The Practice of Everyday Life, University of California Press 2011, 117: „… space is a practiced place … Thus the street … is transformed into a space by walkers.“

[607] Luíz Carlos Susin, Die Stadt, die Gott will. Ein Platz und ein Tisch für alle, in: Eckholt/Silber (Hg.), Glauben in Mega-Citys, 275–287, hier: 287. – Vgl. auch EG 73: Es geht darum, „neuartige Räume für Gebet und Gemeinschaft zu erfinden“.

Seele der Städte zu erreichen." Das missionarische Handeln wird zum „Paradigma für alles Wirken der Kirche" (EG 15).

„... dass das II. Vaticanum überholt ist" (Marie-Dominique Chenu) – ein neuer „Stil des Christlichen" in einer Welt in Bewegung

Fünfzig Jahre nach dem 2. Vatikanischen Konzil lädt der Papst aus dem Süden zu einer „Neuvermessung" der katholischen Kirche und ihres Auftrags der Evangelisierung ein, er verschafft – um die Formulierung von Brenda Carranza aufzugreifen – einen „alivio" im Blick auf die in den letzten Jahren polarisierten Debatten um Hermeneutik und Interpretation des 2. Vatikanischen Konzils. Sein Weg von der Peripherie in das Zentrum lässt den weltkirchlichen Aufbruch in den Ortskirchen und kontextuellen Theologien des Süden bzw. Südostens in den Vordergrund treten, und im Kreuzen der verschiedenen Räume der Welt wird deutlich, dass das Konzil eine wirkliche Neuvermessung für die katholische Kirche bedeutet hat. Die Kirchen des Südens haben das, was der Dominikaner Marie-Dominique Chenu das „Prophetische" des Konzils nannte, auf ihre Weise verstanden und interpretiert und darin den Geist des Evangeliums aus seinem Ursprungsgrund, wie es der Jesuit Christoph Theobald nennt, „hervortreten" lassen[608], in und als „Treue zur Anfangsinspiration".[609] „Wenn man das Konzil durch eine Haupteigenschaft charakterisieren sollte", so Marie-Dominique Chenu im 1975 veröffentlichten Interview „Von der Freiheit eines Theologen", „würde ich das Adjektiv ‚prophetisch' vorschlagen, und zwar im ganzen, starken, auch theologisch und soziologisch fachlichen Sinn des

[608] Vgl. dazu: Christoph Theobald, Le christianisme comme style. Une manière de faire de la théologie en postmodernité, 2 Bde., Paris 2007; vorliegender Zugang zum 2. Vatikanischen Konzil knüpft an die Interpretation an, die P. Theobald vorgelegt hat: Das Christliche als Lebensstil. Die Suche nach einer zukunftsfähigen Gestalt von Kirche aus einer französischen Perspektive, in: Christoph Böttigheimer (Hg.), Zweites Vatikanisches Konzil. Programmatik – Rezeption – Vision, Freiburg/Basel/Wien 2014, 203–219. P. Theobald spricht von der „ekklesiogenetischen Vision des Missionsdekrets" (205). Die französischen Missionstheologen haben die „klassische Unterscheidung zwischen der Evangelisierung einer neuen Generation oder der Neuevangelisierung eines christlich geprägten Volkes und der Gründung und Entwicklung einer Kirche in einem Volk, das nicht vom Christentum bestimmt wurde" (204) aufgesprengt. Böttigheimer, Zweites Vatikanisches Konzil, 205: „In unserer kulturellen Gegenwartssituation ‚entsteht' und wächst Kirche dank kirchengründender Mission nur in einem ganz bestimmten Verhältnis zur Gesellschaft; sie vollzieht sich hier und jetzt in einer konstanten Beziehung mit allen Menschen, auch mit denen, die nach menschlichem Ermessen nie Jünger/innen Jesu werden und auch nie ihr angehören werden."

[609] Marie-Dominique Chenu, Von der Freiheit eines Theologen. M.-Dominique Chenu im Gespräch mit Jacques Duquesne, Mainz 2005, 237.

Wortes. Der Prophet ist es, der in den ihm begegnenden Ereignissen erkennt, was sie in die Kontinuität und in die Brüche einer im Gang befindlichen Geschichte einbindet. Der Prophet untersucht Strukturen und Begriffe nicht in ihrem statischen Zustand, sondern in ihrer Dynamik. Auf diese Weise ist, wie es die berühmte Formel ausdrückt, die Zukunft schon gegenwärtig. Der Prophet erkennt sie, liest sie, spricht sie aus – nicht in eingefrorenen und rational definierten Begriffen, sondern im scharfsichtigen Zugriff. ... Es geht also nicht darum, möglichst klar ausgesprochene Prinzipien zur Anwendung zu bringen, sondern darum, die Implikationen ständig neu zu entdecken, und dies nicht durch eine mehr oder weniger opportunistische Adaptation, sondern durch die Treue zu den tiefsten Inspirationen."[610]

Gerade weil die Kirchen des Südens sich – mit den Worten von Chenu – „unermüdlich an den ‚Zeichen der Zeit' abarbeite(n)"[611] – haben sie, orientiert an der Konzilskonstitution „Gaudium et Spes", am Dekret zur Erneuerung der Mission „Ad Gentes" und der Erklärung über die Haltung der katholischen Kirche zu anderen Religionen „Nostra Aetate", zu einer „Neu-Lektüre" des Konzils gefunden und zu einer – gerade auch auf unsere Zeit zutreffenden – Interpretation des „aggiornamento" gefunden, das eben, so Chenu, „keine Aktualisierung" bedeutet, „nach der man, ausgestattet mit maßgeblichen Formeln, den alten Weg wieder aufnimmt, es ist ein Verständnis, das sich unermüdlich an den ‚Zeichen der Zeit' abarbeitet, das sich mit dem Auftreten neuer Werte als Stoff des Evangeliums in einer Welt in Bewegung auseinander setzt."[612] In genau diesem Sinn ist das 2. Vatikanische Konzil im Pontifikat von Franziskus „präsent" und gleichzeitig ist es, weil es um die gegenwärtige Ansage des Evangeliums in „prophetischem Geist" und „in Treue zur Anfangsvision" geht, mit den Worten von Marie-Dominique Chenu „überholt".[613]

Mit Franziskus wird der Weg der Konzilskirche in den Ländern des Südens erinnert und damit tritt ein Grundimpuls der beiden Konzilspäpste Johannes XXIII. und Paul VI. wieder ins Licht, der auf dem Konzil selbst – mit

[610] Chenu, Von der Freiheit eines Theologen, 236.

[611] Chenu, Von der Freiheit eines Theologen, 236/237.

[612] Chenu, Von der Freiheit eines Theologen, 236/237.

[613] Chenu, Von der Freiheit eines Theologen, 237: „In der Konstitution *Gaudium et Spes* macht sich das prophetische Element natürlich am stärksten bemerkbar – nicht zum Nachteil der Analyse übrigens, sondern in der Spannung, die sie mit unserer im Wandel befindlichen Welt in Verbindung hält. Und viele andere Erklärungen oder Dekrete sind von diesem prophetischen Geist beseelt. Deshalb und in diesem Sinne kann man, das Wort wohl wägend, sagen, dass das II. Vaticanum überholt ist." Das drückt mehr aus als die These von Karl Rahner, das Konzil sei „der Anfang des Anfangs": Das Konzil – ein neuer Beginn. Vortrag beim Festakt zum Abschluß des II. Vatikanischen Konzils im Herkulessaal der Residenz in München am 12. Dezember 1965, Freiburg i.Br. 1965.

Ausnahme der Gruppe der „Kirche der Armen" – in den Hintergrund getreten ist, vielleicht noch nicht in seiner Tragweite gesehen worden ist: die Vision einer Kirche auf allen Wegen des Menschen, vor allem hinein in alle Trauer und Bedrängnisse, die „samaritanische" Kirche, so das Dokument von Aparecida im Anschluss an den auf der Konferenz in Medellín begründeten und von den verschiedenen Befreiungstheologien und kontextuellen Theologien begleiteten Weg.[614] Auf diesen Wegen wird das Konzil „überholt", aber das „Neue" der Gegenwart orientiert sich an der „Vision des Ursprungs": dem für den Menschen zum Nächsten gewordenen Menschensohn, Jesus von Nazareth, den Christus: Der Evangelisierungsauftrag der Kirche, so das Dokument von Aparecida, hat seinen Ursprung „in der leidenschaftlichen Liebe zu Christus, der das Volk Gottes bei seiner Aufgabe begleitet, das Evangelium dadurch in die Geschichte zu inkulturieren, dass es eifrig und unermüdlich den Liebesdienst des Samariters tut" (DA 491). Papst Paul VI. hat in seiner Rede zum Abschluss des 2. Vatikanischen Konzils am 7. Dezember 1965 genau darin den „Geist der Konzilskirche" zusammengefasst; die Brücke vom Konzil über den Weg der lateinamerikanischen Ortskirchen und die Enzyklika „Evangelii Nuntiandi" zum Apostolischen Schreiben von Papst Franziskus „Evangelii Gaudium" ist damit gebaut: „Die schöne alte Erzählung vom guten Samariter war Beispiel und Norm, welcher der geistliche Kurs des Konzils folgte. Eine gewaltige Liebe zu den Menschen durchströmte das gesamte Konzil. Die Wahrnehmung und neuerliche Betrachtung der menschlichen Bedürfnisse, die umso drückender werden, je weiter der Sohn dieser Erde heranwächst, haben den ganzen Eifer dieser unserer Synode beansprucht."[615] Paul VI. hat dann drei Jahre später in seiner Ansprache zur Eröffnung der 2. Generalversammlung des lateinamerikanischen Episkopats in Medellín auf diese Begegnung mit Christus aufmerksam gemacht, die Gottes-Erfahrung „im Angesicht jedes Menschen"; hier, „vor allem wenn es in Tränen und Schmerzen hervorleuchtet, ist das Angesicht Christi zu erkennen (vgl. Mt 25,40)".[616] Das ist das „Prophetische" des Konzils, das auf dem Weg der Erschließung der „Zeichen der Zeit" in den Kirchen des Südens durchgebrochen ist, eine neue Präsenz

[614] Zur „samaritanischen Kirche" vgl. Dokument von Aparecida: Um dem Ruf Jesu zur Nachfolge zu entsprechen, „müssen wir in die Dynamik des barmherzigen Samariters (vgl. Lk 10,29–37) eintreten. Sie verpflichtet uns, vornehmlich für alle Leidenden Nächste zu werden und eine Gesellschaft ohne Ausgeschlossene zu gestalten, indem wir so handeln wie Jesus." (DA 135) Den Glauben ansagen, missionarisch sein, das ist nicht losgelöst davon, den „Liebesdienst des Samariters" (DA 491) zu tun.

[615] Der Auszug aus der Konzilsansprache von Papst Paul VI. ist zitiert nach: Gustavo Gutiérrez, Die Spiritualität des Konzilsereignisses, in: Delgado/Sievernich (Hg.), Die großen Metaphern des Zweiten Vatikanischen Konzils, 405–421, hier: 406.

[616] Gutiérrez, Die Spiritualität des Konzilsereignisses, 406.

des Christentums „in der Welt“ und auf den vielen neuen „Areopagen“ der Welt, im Dienst der Humanisierung.[617]

In der Nachkonzilszeit sind in den Ortskirchen des Südens neue Theologien entstanden, die die ortskirchlichen Aufbrüche begleitet haben, zum großen Teil sind diese Ansätze „marginalisiert“ und aus Perspektive des Nordens als „bloße“ Theologien der Peripherie wahrgenommen worden. Papst Franziskus stellt die Theologie eher in den „Hintergrund“[618], er holt das hervor, was jeden theologischen Aufbruch initiiert, das Evangelium selbst; „dieser Papst“, so der Arbeiterpriester Mariano Puga, „setzt den Akzent auf die wahrhaftige Botschaft Jesu“[619]. Aber auf diesem Weg der Distanznahme rückt er den von der Glaubenskongregation angefragten theologischen Aufbruch in den Ortskirchen – kritisiert wurden die lateinamerikanischen Befreiungstheologien, die neuen indischen Theologien im interreligiösen Dialog, kritisiert wurden und werden feministisch-theologische Ansätze – neu in den Vordergrund. Wenn Befreiungstheologen mit Blick auf das Pontifikat von Franziskus von einem neuen „Frühling der Kirche“[620] sprechen, so deuten sie auf dieses „Ereignis des Geistes“ fünfzig Jahre nach Abschluss des 2. Vatikanischen Konzils hin. Mit Franziskus wird an das erinnert, was das Prophetische des Konzils gewesen ist, und darin „überholt“ er das Konzil. Ein solcher Weg bedarf einer Begleitung durch eine „starke“ Theologie: Welche Gestalt von Theologie erfordert der neue Weltkontext, erfordert eine Kirche „a la calle“, in einer Welt in Bewegung, in der auch der Glaube in Bewegung gekommen ist?

---

[617] Vgl. Gutiérrez, Die Spiritualität des Konzils, 420: „Unsere Weise, die menschlichen Dinge zu schätzen, wird zu einem Christentum, das sich als ganzes sowohl auf Gott als auch auf das Gemeinwohl richtet; so dass wir die Sache auch so ausdrücken können: Man muss den Menschen erkennen, damit Gott erkannt werden kann.“ (Gutiérrez bezieht sich hier auf Formulierungen von Jean Delorme und fasst damit die „wahre konziliare Theozentrik“ zusammen.)

[618] Vgl. Predigt von Papst Franziskus in Santa Marta, Die alten Frauen und der Theologe, 2. September 2014, zitiert nach: w2.vatican.va/…/papa-francesco-cotidie_20140902_meditazioni-74.pdf (letzter Aufruf: 13. 10. 2014).

[619] Puga, „Este Papa ha descolocado a todos“: „Este Papa está poniendo el acento en el verdadero mensaje de Jesús, y eso es lo importante.“

[620] Victor Codina, Los gestos simbólicos del Papa Francisco (10. 04. 2014), in: http://blog.cristianismeijusticia.net/?p=10856&lang=es (letzter Aufruf: 28. 08. 2014); vgl. auch: Eduardo de la Serna, Un año de Francisco, in: http://blogeduopp.blogspot.de/2014/03/un-ano-de-francisco.html (letzter Aufruf: 28. 08. 2014); Victor Codina spielt auf folgende Publikation von Amerindia – des Netzwerkes lateinamerikanischer Theologen und Theologinnen an: vgl. Alberto da Silva Moreira/Michael Ramminger/Alfonso Maria Ligorio Soares (Hg.), A primavera interrompida. O projeto Vaticano II num impasse, Bd. 2, 2006, in: http://www.servicioskoinonia.org/LibrosDigitales/LDK/LDK2.pdf (letzter Aufruf: 30. 07. 2014).

Plädoyer gegen die (Selbst-)Marginalisierung der Theologie – Theologie im „interkulturellen Austausch"

Wenn im Folgenden Herausforderungen bzw. Aufgaben der katholischen Theologie skizziert werden, so wird dies auf dem Hintergrund der „encrucijadas" – des „Kreuzens" der Wege – mit den kontextuellen Theologien der Nachkonzilszeit erfolgen, aber aus Perspektive einer nordatlantischen – deutschen – Theologin. In die folgenden fragmenthaft bleibenden Skizzen ist der Weg vielfältiger Aufbrüche – eine interkulturelle Dynamik – eingeschrieben. Dabei soll diese Theologie, so die These, im Dienst des neuen „Stils" des Christlichen stehen, den Papst Franziskus in „Evangelii Gaudium" benennt.[621]

Eine solche Theologie greift auf die neuen Wegmarken zurück, die die Missionswissenschaften in den letzten Jahrzehnten gesetzt haben und die zum Konzept einer „interkulturellen Theologie" bzw. von „Theologie interkulturell"[622] geführt haben. Diese „interkulturelle Dynamik", so die

[621] Vgl. EG 18: „… bestimmten Stil der Evangelisierung." – Dieser Stil ist bereits von Yves Congar in den 50er Jahren auf dem Hintergrund des sich immer mehr entchristlichenden Frankreich eingefordert worden: Die Kirche, so Congar, „ist heute aufgerufen, einen neuen Stil ihrer Gegenwart in der Welt zu finden." „Die Kirche sollte weniger *von* der Welt und mehr *in* der Welt sein. Sie sollte nur die Kirche Jesu Christi, das vom Evangelium geformte Gewissen der Menschen sein, aber wäre sie es!" (Yves Marie Congar, Für eine dienende und arme Kirche, Mainz 1965, 94/95.) Das ist eine Kirche, „die nicht nur den Rahmen für Menschen bildet, die eine ‚Religion' ‚praktizieren', sondern ein Zeichen darstellt, das den Glauben erweckt, ein Milieu, das den mündigen Glauben erzieht und nährt." (Yves Marie Congar, Christus in Frankreich, in: ders., Priester und Laien. Im Dienst am Evangelium, Freiburg/Basel/Wien 1965, 221–233, hier: 229.)

[622] Bereits in den 80er Jahren ist von Seiten der Missionswissenschaften das Konzept der „interkulturellen Theologie" eingeführt worden: vgl. Ludwig Bertsch, Der interkulturelle theologische Diskurs – eine Herausforderung an die abendländische Theologie, in: ders. (Hg.), Was der Geist den Gemeinden sagt. Bausteine einer Ekklesiologie der Ortskirchen, Freiburg i.Br. 1991, 178–193; Robert Schreiter, Die neue Katholizität. Globalisierung und die Theologie, Frankfurt a.M. 1997; Norbert Hintersteiner, Von kultureller Übersetzung zu interreligiöser Zeugenschaft – Missionstheologie im interkulturellen Wandel, in: Mariano Delgado/Guido Vergauwen (Hg.), Interkulturalität. Begegnung und Wandel in den Religionen, Stuttgart 2010, 99–127. – Zum interkulturellen Vollzug der Theologie vgl.: Margit Eckholt, Dogmatik interkulturell. Globalisierung – Rückkehr der Religion – Übersetzung – Gastfreundschaft. Vier Stationen auf dem Weg zu einer interkulturellen Dogmatik, Nordhausen 2007; Franz Gmainer-Pranzl (Hg.), Interkulturalität als Anspruch universitärer Lehre und Forschung, Frankfurt a.M. 2012; Gruber, Theologie nach dem Cultural Turn; Michael Sievernich, Konturen einer interkulturellen Theologie, in: Zeitschrift für Katholische Theologie 110 (1988) 257–283. – Aus protestantischer Perspektive vgl. die Einführungen von: Klaus Hock, Einführung in die Interkulturelle Theologie, Darmstadt 2011; Henning Wrogemann, Interkulturelle Theologie und Hermeneutik. Grundfragen, aktuelle Beispiele, theoretische Perspektiven, Gütersloh 2012. – Franz Gmainer-Pranzl skizziert den Auftrag von „Theologie interkulturell": Franz Gmainer-Pranzl, Theologie interkulturell. Die

These, muss die Methodik der Theologie prägen, und sie wird zu einer Erneuerung der Theologie „aus dem Geist des Evangeliums" führen: Es melden sich gerade im „in-between" der Begegnungen – in allen Bruchstellen, im Herausgefordertwerden durch die Realität des Fremden – die neuen „Zeichen der Zeit", die „Bekehrung", „Erschütterung", „Aufbruch" bedeuten[623], die insofern ein fruchtbarer Boden für eine die heute notwendigen Inkulturationsprozesse christlichen Glaubens begleitende Theologie ist. Gerade darum gehört „Interkulturalität" zum Grundvollzug von Theologie.

Die Internationale Theologenkommission hat im Jahr 2012 ein Dokument zu „Perspektiven, Prinzipien und Kriterien" der „Theologie heute" vorgelegt.[624] Das Dokument steht in einer Reihe von Texten, die die neuen Herausforderungen für das Grundverständnis von Theologie angesichts der zentralen gesellschaftlichen und kulturellen Veränderungen in der globalen Welt und neuen Wirklichkeitsinterpretationen durch Philosophie und Kulturwissenschaften in den Blick nehmen. Bereits 1972 hat die Theologenkommission in ihrem Dokument „Die Einheit des Glaubens und der theologische Pluralismus" angesichts des „universalen und missionarischen Charakters des christlichen Glaubens" (Nr. 9) darauf hingewiesen, dass „die von Gott geoffenbarten Ereignisse und Worte in jeder menschlichen Kultur je aufs Neue durchdacht, neu formuliert und zum Leben gebracht werden" (Nr. 9).[625] Die Frage nach „Einheit und Vielfalt" ist Leitmotiv des 2012

---

diskursive Form von Katholizität, in: Korrespondenzblatt des Canisianums 143 (2010/11) 16–34, hier: 20: „‚Theologie interkulturell' ist zum einen das Ergebnis der Entwicklung eines Problembewusstseins in der Glaubens – und Kirchengeschichte des 20. Jahrhunderts, das in der Ära postkolonialer Aufarbeitung ambivalenter Missionserfahrungen eine ‚Wende zur Kultur' vollzog, und sie ist zum anderen die Explikation einer topologischen Kompetenz, die zur Grundausstattung christlicher Theologie gehört: den Logos christlicher Hoffnung gegenüber *jedem* – und das heißt auch: an verschiedenen Orten – zu verantworten."

[623] Judith Gruber weist – in Anlehnung an die Topologie von Hans-Joachim Sander – auf diese Bruchstellen hin: Theologie nach dem Cultural Turn, 70: „…‚machtbesetzte Konflikte' zwischen Kontexten, die als prekäre Herausforderungen die theologische Arbeit vorantreiben"; Theologie interkulturell sei „sensibel … für asymmetrische Machtverhältnisse interkultureller Repräsentations- und Rezeptionsprozesse, und ist sich ihrer eigenen Unabschließbarkeit bewusst" (74).

[624] Vgl. Internationale Theologenkommission, Theologie heute. Perspektiven, Prinzipien und Kriterien, hg. vom Sekretariat der Deutschen Bischofskonzerenz, Bonn 2011. – Vgl. dazu: Margit Eckholt, Das Katholische der Theologie. Das Dokument der Theologenkommission im Kontext der Weltkirche, in: Thomas Söding (Hg.), Die Rolle der Theologie in der Kirche. Die Debatte über das Dokument der Theologenkommission, Freiburg 2015 i.Br. (in Vorbereitung).

[625] Vgl. Internationale Theologenkommission, Die Einheit des Glaubens und der theologische Pluralismus, 1972, zitiert nach: http://www.vatican.va/roman_curia/congregations/cfaith/cti_documents/rc_cti_1972_fede-pluralismo_ge.html (letzter Aufruf: 17.02.2014).

vorgelegten Dokumentes zum „status quaestionis", den Perspektiven, Prinzipien und Kriterien theologischer Arbeit heute. In der Einleitung (Nr. 1) wird auf die Ausdifferenzierung und Pluralisierung der Theologien und die Veränderungen in der theologischen Landschaft im Blick auf Akteure, Kontexte und Themen Bezug genommen, es wird hier die Gefahr einer „gewissen Zersplitterung der Theologie" (Nr. 1) benannt, die Theologie stehe „immer auch vor der Herausforderung, ihre Identität zu wahren" (Nr. 1), und dies angesichts der Aufgabe der Kirche, „die eine Botschaft von Christus der Welt vermitteln will, sowohl theologisch wie pastoral" (Nr. 2). Nicht im Blick ist die neue interkulturelle Grundbestimmung der Theologie, in der sich „Einheit" und „Katholizität" gerade in der Dynamik je neuer Prozesse der Begegnung, des Austausches, der Konfrontationen, der Auseinandersetzungen neu konfigurieren; genauso wenig wird der sich verändernde Weltkontext eines „Glaubens in Bewegung" und einer „Kirche im Werden" benannt und auf ihn reflektiert. Die Aufgabenbestimmung der Theologie ist „nach innen" fokussiert und trägt darum, so meine These, zu der im Augenblick wahrzunehmenden „Marginalisierung" der Theologie bei, im Innen und Außen von Kirche. Diese Marginalisierung ist durch eine Selbst-Marginalisierung der Theologie mit bedingt, die aus einer zunehmenden Selbst-Reflexivität der Theologie erwächst und der im Dokument der Theologenkommission genannten „Zersplitterung" der Theologie (Einleitung, Nr. 1).

Aufgebrochen werden kann diese Selbst-Reflexivität über ein Erschließen der interkulturellen Grundbestimmung von Theologie. Der „intellectus fidei", so meine These, ist immer kontextuell verortet, also „inkulturiert", gleichzeitig in der „Welt in Bewegung" in stetem Austausch mit anderen Gestalten der Erschließung des „intellectus fidei". Gerade in diesen im interkulturellen Vollzug entstehenden neuen Räumen melden sich die neuen „Zeichen der Zeit" und damit neue Wege gegenwärtiger Theologie im Dienst der „Kirche im Werden". Theologie muss heute – mehr als zuvor – in und aus verschiedenen „communities"[626] erwachsen, sie vollzieht sich als steter „Dia-

[626] Vgl. Internationale Theologenkommission, Theologie heute, Nr. 45: Der „Dienst der Theologen" ist „personal, aber auch gemeinschaftlich und kollegial; das heißt, er wird in und für die Kirche als Ganze geleistet und er wird solidarisch gelebt mit all denjenigen, die dieselbe Berufung haben". – Gerade aus weltkirchlicher Perspektive ist die Vernetzung der Theologen und Theologinnen „auf der ganzen Welt in verschiedenen Ländern und Kulturen" von Bedeutung. EATWOT, die Ökumenische Vereinigung von Theologinnen und Theologen der Dritten Welt", hat von seiner Gründung im Jahr 1976 an den Entstehungsprozess kontextueller Theologien begleitet und durch die Organisation von Kongressen unterstützt: Hilfswerke in Deutschland wie Missio, Misereor und Adveniat unterstützen in ihrer Theologenförderung die Netzwerkbildung. Das Stipendienwerk Lateinamerika-Deutschland steht im Dienst der solidarischen Zusammenarbeit zwischen theologischen Ausbildungszentren

log“, in interkulturellen, ökumenischen und interreligiösen Vollzügen, anders ist der „gemeinsame Diskurs“, den auch die Theologenkommission fordert[627], nicht möglich. Eine solche Theologie verortet den „intellectus fidei“ in der neuen „missionarischen Situation der Kirche“;[628] auch Theologie ist „in Bewegung“, wenn sie sich nicht selbst marginalisieren möchte. Als solche „interkulturelle Theologie“ ist sie „inkulturiert“ im konkreten gesellschaftlichen, kulturellen, politischen und ökonomische Kontext, ohne in ihm aufzugehen; darin wird sie zu einer neuen öffentlichen Theologie.[629] Erst dann steht sie wirklich im Dienst dieser missionarischen – und darin katholischen – Kirche, die selbst in der je neuen Orientierung am Evangelium – die sich gerade in den verschiedensten Begegnungen und Dialogen der Welt vollzieht – in ihr Wesen hineinwächst. Ein solches Konzept knüpft an die von Robert Schreiter vorgelegte Bestimmung der Katholizität an, die „eine einschließende Ganzheit und Glaubensfülle entlang von interkulturellem Austausch und interkultureller Kommunikation“[630] bedeutet. Katholizität ist, so auch Avery Dulles, die „Fähigkeit, Verschiedenes spannungsreich zusammenzuhalten“[631],

---

in Deutschland und in Lateinamerika. Die Europäische Gesellschaft für katholische Theologie trägt in besonderer Weise den wissenschaftlichen und kollegialen Austausch zwischen Fakultäten und Instituten in Europa und hat nach dem Fall der Mauer 1989 den theologischen Neuaufbruch in den Ländern des Ostens begleitet.

[627] Internationale Theologenkommission, Theologie heute, Nr. 2; ebenso: „Es ist daher legitim, von der Notwendigkeit einer bestimmten Einheit der Theologie zu sprechen. Allerdings muss man mit dem Begriff der Einheit umsichtig umgehen; man darf sie nicht mit Uniformität oder der Festlegung auf einen bestimmten Stil verwechseln. Die Einheit der Theologie muss wie die Einheit der Kirche, … eng mit dem Gedanken der Katholizität verbunden sein, ebenso wie mit dem Gedanken der Heiligkeit und Apostolizität.“ (2)

[628] Vgl. Yves Marie Congar, Priester und Laien im Dienst am Evangelium, Freiburg/Basel/Wien 1965, 225: „Die Bemühungen, um endlich *mit* ihm zu sein, im Hinblick auf Jesus Christus, bilden die Sinnspitze der inneren Mission … Es geht darum, mit Jesus Christus auf dem Weg zu sein. Diese missionarische Situation kann so umschrieben werden: als Kirche mit den Menschen sein, im Hinblick auf Jesus Christus. Die örtliche Entfernung ist hier sekundär und belanglos. Daß die Chinesen, um das Evangelium kennenzulernen, Menschen brauchen, die *von fern* gesandt werden, gehört zum kanonischen Begriff der Mission. Das ist weder notwendig noch ausreichend, um eine missionarische Situation der Kirche zu beschreiben. Zu jemanden gesandt sein bedeutet nicht notwendig, daß man sich örtlich auf ihn zubewegt. Umgekehrt kann man neben ihm sein, ohne zu ihm gesandt zu sein.“

[629] Ein solches Konzept „öffentlicher Theologie“ versteht sich als Weiterentwicklung der Befreiungstheologien, in genau diesem Sinn als Theologien, die sich durch eine Kirchlichkeit auszeichnen, deren Referenzpunkt die „neue Stadt Gottes“ – das „himmlische Jerusalem“ – ist. Vgl. dazu auch: Margit Eckholt, Glauben im bewegten Raum der Stadt. Neue Verortungen der Theologie im Gespräch der Kulturwissenschaften, in: Guido Bausenhart/Margit Eckholt/Linus Hauser (Hg.), Zukunft aus der Geschichte Gottes. Theologie im Dienst an einer Kirche für morgen. Für Peter Hünermann, Freiburg/Basel/Wien 2014, 341–369.

[630] Schreiter, Die neue Katholizität, 225.

[631] Schreiter, Die neue Katholizität, 218/219; er bezieht sich hier auf Avery Dulles, The Catholicity of the Church, Oxford 1985.

ein dynamischer, an der Reich-Gottes-Botschaft orientierter Begriff, der Katholizität als in der Kraft des Geistes Gottes eingeborgenen Vollzugs- und in diesem Sinn Werde-Begriff verstehen lässt.

Der „intellectus fidei" einer solchen interkulturellen Theologie in einer „Welt in Bewegung" braucht eine „starke" Vernunft und einen „starken" Glauben. Im Folgenden möchte ich – zur Konkretion meines Plädoyers gegen eine (Selbst-)Marginalisierung der Theologie – auf diese beiden Momente einer „starken" Vernunft und eines „starken" Glaubens im Kontext der kulturellen und religiösen Transformationsprozesse in einer „Welt in Bewegung" eingehen.

Eine „starke Vernunft": Religionskritik und die neue Gestalt der „Apologie"[632] auf dem Areopag der Stadt

Im Kontext der „Pentekostalisierung" und neuen Pluralisierung christlichen Glaubens, der Ausbildung der genannten neuen „Grundgestalt" christlichen Glaubens ist der „intellectus fidei" auf eine „starke" Vernunft angewiesen. Die neuen religiösen Bewegungen brauchen eine theologische Begleitung, aus und in ihrem Innenraum müssen neue Theologien entstehen, die den Prozess der Herausbildung dieser neuen „Grundgestalt" des Glaubens begleiten. Kritik ist angesagt im Blick auf die charismatischen bzw. pfingstlichen Gestalten, wenn das „prosperity gospel" Gefahr läuft, das Gottesbild zu idolisieren und es in Verbindung mit den kleinen Unendlichkeiten unmittelbaren Heils und einfacher Vermittlungen zu verzwecken. Das sind, so der brasilianische Missionswissenschaftler Paulo Suess[633], vor allem die Heilsangebote des alles bestimmenden Marktes im grenzenlosen Informationsnetz, in Verbindung mit einer „Sakralisierung" des Selbst, wenn der Mensch sich mit der kleinen Unendlichkeit zufrieden gibt und „ein wenig", aber doch nicht „ganz" heil werden möchte. Die Religionskritik, wie sie die Befreiungstheologien formuliert haben und die heute zu erinnern ist, kann als eine Aufklärung aus dem Innenraum der Religion verstanden werden, im

[632] Vgl. zum Begriff der Apologie bei Papst Franziskus: EG 132: „Die Verkündigung an die Welt der Kultur schließt auch eine Verkündigung an die beruflichen, wissenschaftlichen und akademischen Kulturen ein. Es geht um die Begegnung zwischen dem Glauben, der Vernunft und den Wissenschaften, die anstrebt, ein neues Gespräch über die Glaubwürdigkeit zu entwickeln, eine ursprüngliche Apologetik, die helfen soll, die Voraussetzungen zu schaffen, damit das Evangelium von allen gehört wird …"

[633] Vgl. z. B. Paulo Suess, Mühselig-beladen auf der Suche nach Erlösung. Szenarien und Perspektiven konfessioneller Migration in Lateinamerika, in: Wolfgang Gantke/Thomas Schreijäck (Hg.), Religionen im Kulturwandel zwischen Selbstannahme und Selbstaufgabe. Kontinental-kontextuelle Perspektiven, Berlin 2011, 49–69.

Dialog mit dem „Außen“ – Kultur, Gesellschaft, Politik und Wirtschaft –, eine Kritik, die Idolisierungen im Innen und Außen der Religion anfragt, im Anschluss an die prophetische Kritik der Schriften des Alten und Neuen Testaments, der Reich-Gottes-Verkündigung Jesu Christi, die zur „Umkehr“ ruft und ein Evangelium des Heils für die Armen und Geknechteten ist.[634]

Die Befreiungstheologien bedeuten „Idolkritik“, in unterschiedlichen Gestalten, Kritik an die Menschenrechte verletzenden Strukturen in Politik, Wirtschaft, Kultur, in den Beziehungen der Geschlechter, aber auch in den Religionen – sprich im Innen der Kirche – selbst. Glaube ist hier die subjektive Überzeugung, dass Gott sich als der erwiesen hat, der „das Schreien der Armen erhört hat“ (z.B. Ex 22,23; Jesus Sirach 35,14–22), eine Überzeugung, die sich verifiziert am objektiven Wahrheitsgehalt der Offenbarung Gottes, die in den Texten der Schrift bezeugt und in der Tradition christlichen Glaubens in der Geschichte in unterschiedlichen Formen übersetzt worden ist und die gleichzeitig – im Ausgang von der Unverfügbarkeit der Offenbarung Gottes an der Seite der Armen – immer wieder der Kritik unterzogen wird. Das Auftreten Jesu von Nazareth – die „Offenbarung“ Gottes in christlicher Perspektive – ist an diesem Evangelium für die Armen orientiert, es bezieht sich auf die Prophetenworte an das Volk Israel und interpretiert diese im neuen Kontext; immer wieder kritisiert Jesus die „Idolisierungen“ Gottes, wenn das „Haus des Vaters“, der Tempel, zu einem Ort der Geschäftemacherei wird (Lk 19,46), wenn weltliche Mächte groß gemacht werden und Gottes Gott-Sein abwerten. Die in den gegenwärtigen Zeiten notwendige „starke“ Vernunft des „intellectus fidei“ ist in der Bezugnahme auf die Schriften und Traditionen christlichen Glaubens eine dem Glauben immanente Religionskritik; sie rezipiert die westlich-philosophischen Traditionen der Religionskritik und orientiert sich an der interdisziplinären, sozial- und kulturwissenschaftlich ausgerichteten Öffnung der kontextuellen Theologien.

Dabei ist dieses Aufmerken auf die „starke“ Vernunft nicht nur eine Verantwortung in den Ländern des Südens, sondern gerade auch im Westen. Die massive De-christianisierung der letzten Jahrzehnte, bedingt durch die fortschreitende Säkularisierung, hat, so der Literaturwissenschaftler Stéphane Mosès, zu einer „durchgreifenden Krise des religiösen Glaubens geführt … Man darf ohne weiteres davon ausgehen, daß jene Anerkennung des freien Denkens als ursprüngliche Quelle aller Wahrheit heutzutage zu

---

[634] Vgl. zu den folgenden Überlegungen: Margit Eckholt, Die „apologetische“ Aufgabe der Theologie heute auf dem neuen Areopag der Stadt. Religionskritik in katholisch-theologischer Perspektive, in: Marco Hofheinz/Thorsten Poprotny (Hg.), Religionskritik interdisziplinär. Multiperspektivische Annäherung an eine bleibend wichtige Thematik, Leipzig 2015 (im Erscheinen).

einer der Grundüberzeugungen unserer modernen Gesellschaft geworden ist …“[635]. Religiöse Bildung bricht immer mehr weg, Unwissenheit in Glaubensdingen paart sich mit einem populären „Mainstream-Atheismus“, der, weil oft vernunft-los, Einfallstor für verschiedenste neue Formen einer „Spiritualität light“ ist, ohne kirchliche oder andere Bindungen, eine selbstgebastelte Religiosität, die eher einer „Sakralisierung“ des Selbst entspricht, einem Sich-Einrichten in die eigene kleine Unendlichkeit, einem Sich-Abfinden mit den eigenen Schwächen und denen der anderen, so Peter Gross in seiner christentumskritischen Schrift zum „Jenseits der Erlösung“.[636] Gerade hier tut eine Aufklärung über die scheinbare Aufklärung not, eine Entideologisierung bestimmter populärer Formen der Religionskritik, die sich, weil vernunft-los, selbst entmachtet; not tut hier eine neue Religionskritik nach außen und im Außen.

Das Kreuzen der Perspektiven des ent-christlichten und darin doch religionsproduktiven Westens mit denen der Länder des Südens und der hier sich potenzierenden religiösen Ausdifferenzierungsprozesse, der Entstehung einer neuen – charismatisch zu bestimmenden – „Grundgestalt“ christlichen Glaubens kann zu einer Schärfung der Profilierung des je kontextuell eingebetteten „intellectus fidei“ und seiner religionskritischen Dimension werden. Christliche Theologie muss auf neue Weise auf dem Areopag der „polis“ unserer Zeit – sowohl in globaler Perspektive als auch in den Ländern des Westens – eine „neue Apologetik“ entfalten, christlichem Glauben zu einer neuen Präsenz im öffentlichen Raum verhelfen und selbst zu einer „öffentlichen Theologie“ werden, die sowohl im Blick auf das sich neu ausdifferenzierende plurale religiöse Feld als auch im Blick auf die populären Formen einer „Religionskritik light“ die Vernunft des Glaubens aufzeigt und darin auch zur Läuterung der „Vernunft“ der Zeit beiträgt. Sie entfaltet dabei auf der einen Seite die Religionskritik neu, wie sie aus der christlichen Glaubenstradition selbst erwächst – aus dem Glauben an den je größeren, unverfügbaren Gott –, als Kritik an Idolisierungen Gottes im Prozess der Entstehung neuer Glaubensformen und -praktiken; auf der anderen Seite wird sie zur Kritik an den „Götzen“ der Zeit, die vergessen lassen, wer der Mensch ist und ihn an die Mächte der Zeit, Konsum, Wissenschaften, Informationstechnologien usw. verkaufen. Die beiden Gestalten der Religionskritik gehören zusammen; auf dem Areopag der Groß-

[635] Stéphane Mosès, Fragen zur Zukunft der Religion im 21. Jahrhundert, in: Heinrich Schmidinger (Hg.), Religiosität am Ende der Moderne. Krise oder Aufbruch?, Innsbruck 1999, 11–25, hier: 12.

[636] Peter Gross, Jenseits der Erlösung. Die Wiederkehr der Religion und die Zukunft des Christentums, Bielefeld [2]2008.

städte, Metropolen und Mega-Cities heute bildet sich so das aus, was eine neue Form der „apologetischen Theologie" ist.

Ein „starker" Glaube in Gemeinschaft: Theologie und das „encargarse con la realidad" („sich mit der Realität aufladen", Ignacio Ellacuría)

John Allen, Philipp Jenkins, die PEW-Studies usw. charakterisieren die sich ausbildende neue „Grundgestalt" des Christentums als charismatisch, „spirituell", „evangelikal".[637] Dieses charismatisch geprägte Christentum weist einerseits auf ein „Erfahrungsdefizit" hin, mit dem sich katholische Kirche und Theologie – vor allem des Westens – stärker auseinandersetzen müssen, andererseits aber auch auf ein „Missverstehen" von „Erfahrung" im Sinne subjektiven Erlebens und auf diesem Hintergrund auf mögliche Polarisierungen zwischen (subjektiver) Erfahrung und objektivem Glaubensgehalt bzw. der „Autorität" des Glaubens, in Gestalt der Tradierung des Glaubens und seiner Einbettung in die lebendigen Deuteprozesse kirchlicher Gemeinschaft. Religion wird im Zuge dieser weltweiten „Pentekostalisierung", aber auch der Individualisierungs- und Pluralisierungsprozesse im westlich-europäischen Kontext immer mehr zu „Religiosität" und „Spiritualität". Religiöse Erfahrung bzw. Erfahrungen koppeln sich von traditionellen Institutionen ab, denen in der Geschichte christlichen Glaubens die Aufgabe der Gewährleistung der „Autorität" und normativen Vermittlung der Glaubensformen zugekommen ist. Von Bedeutung werden „exkarnierte" Spiritualitäten, die auf „innere" Erfahrungen setzen, die sich von äußeren Vorgaben – scheinbar – befreien. Wenn Papst Franziskus in seinen Ansprachen immer wieder zur Tiefendimension des Glaubens hinführt und Jesus von Nazareth, den Christus, in das Zentrum stellt, wenn er einlädt zu einer lebendigen Beziehung zu Jesus, so ist das ein zentraler Beitrag, in der neuen „Gemengelage" und „Unübersichtlichkeit" von Spiritualitäten und einem fragilen Verhältnis von Glauben und Kultur an das zu erinnern, was das Christentum auf den Weg gebracht hat und woraus es sich immer wieder neu erneuert. „Jesus Christus … kann mit seiner Neuheit immer unser Leben und unsere Gemeinschaft erneuern, und selbst dann, wenn die christliche Botschaft dunkle Zeiten und kirchliche Schwachheiten durchläuft, altert sie nie. Jesus Christus kann auch die langweiligen Schablonen durchbrechen, in denen wir uns anmaßen, ihn gefangen zu halten, und überrascht uns mit seiner beständigen göttlichen Kreativität." (EG 11)

[637] Vgl. dazu: Jenkins, Die Zukunft des Christentums; Allen, Das neue Gesicht der Kirche; PEW Research Center, Spirit and power.

Der Rückgang zu ihm, zur Quelle christlichen Glaubens, ist Ausgangspunkt für neue „Inkulturationsprozesse", für die Erneuerung der Kirche. „Jedes Mal, wenn wir versuchen, zur Quelle zurückzukehren und die ursprüngliche Frische des Evangeliums wiederzugewinnen, tauchen neue Wege, kreative Methoden, andere Ausdrucksformen, aussagekräftigere Zeichen und Worte reich an neuer Bedeutung für die Welt von heute auf." (EG 11)

Die „Kirche im Aufbruch" kann nur in einem Glauben gründen, der sich – den verschiedenen Kontexten des Menschen entsprechend – „inkulturiert", der insofern „stark" ist, d.h. ein auf die Geschichte und die Welt in Bewegung bezogener Glaube. Sie ist gerade darum auf eine Theologie verwiesen, die selbst in diesem „starken" Glauben gründet[638] und dabei im Dienst der Glaubensbildung steht, die so ihren Beitrag leistet zu den notwendigen Inkulturationsprozessen, die immer auch „Unterscheidungsprozesse" sind.[639] Marie-Dominique Chenu hat in seinem Interview zur „Freiheit der Theologie" das zentrale Kriterium einer verantworteten christlichen Gottesrede und des „intellectus fidei" erinnert: „Doch man muss sehr genau sehen, dass Gott nicht anders zu erreichen ist als durch den Menschen Christus, und das heißt, dass ich zur Theologie nur gelange durch den Menschen und folglich durch eine Anthropologie."[640]

Gerade die zentralamerikanischen Befreiungstheologen Ignacio Ellacuría und Jon Sobrino haben diese grundlegende geschichtliche und damit auch anthropologische Dimension christlichen Glaubens neu erschlossen. Das Christentum steht im Dienst der Menschwerdung, es fragt sich „exkarnierende" Spiritualitäten an und tritt auf den neuen Areopagen der Stadt für

---

[638] Chenu, Von der Freiheit eines Theologen, 29. Marie-Dominique Chenu hat in diesem Sinn in seinem Interview zur „Freiheit der Theologie" vom Theologen als „Gläubigen" gesprochen: „Der Theologe bleibt ein Gläubiger, er hat keine amtliche Autorität, aber er ist das Gewissen der Gemeinschaft, das kritische Bewusstsein der Welt im Vollzug des Glaubens. Das lässt ihn umso wichtiger werden in einer Epoche, in der die Kirche sich in einer Krise befindet, weil der Glaube kein kulturelles Terrain mehr vorfindet: Der Theologe muss Glauben und Kultur wieder miteinander verbinden …"

[639] Vgl. Papst Franziskus zur Aufgabe der Theologie: EG 133: „Da die Sorge des Evangelisierenden, jeden Menschen zu erreichen, nicht genügt und das Evangelium auch an die Kulturen im Ganzen verkündet wird, kommt der Theologie – und nicht nur der Pastoraltheologie – die mit anderen Wissenschaften und menschlichen Erfahrungen im Dialog steht, eine wichtige Bedeutung bei der Überlegung zu, wie man das Angebot des Evangeliums der Vielfalt der kulturellen Kontexte und der Empfänger nahe bringen kann. Die in der Evangelisierung engagierte Kirche würdigt und ermutigt das Charisma der Theologen und ihr Bemühen in der theologischen Forschung, die den Dialog mit der Welt der Kultur und der Wissenschaft fördert. Ich rufe die Theologen auf, diesen Dienst als Teil der Heilssendung der Kirche zu vollbringen. Doch ist es für diese Aufgabe nötig, dass ihnen die missionarische Bestimmung der Kirche und der Theologie selbst am Herzen liegt und sie sich nicht mit einer Schreibtisch-Theologie zufrieden geben."

[640] Chenu, Von der Freiheit eines Theologen, 241.

einen nicht ausschließenden, sondern alle Realitäten des Menschen einschließenden Humanismus ein. „Wenn das Christentum in etwas Experte ist", so Jon Sobrino am Ende des 2. Bandes seiner Christologie „Der Glaube an Jesus Christus", „dann in dem Wissen darum, wie man durch die Geschichte geht, wie man ohne Unterlass und trotz allen Hindernissen geht und wie man so geht, dass man andere, sich und die Opfer vermenschlicht, humanisiert."[641] Glaube hat mit „Gehen" zu tun, mit „Gehen durch die Geschichte"; in diesem Gehen erschließt sich die „Realität", hier „lädt" der Mensch sich die Realität auf, lädt er sich mit dieser Realität auf und – so geht Sobrino[642] in diesen Formulierungen noch einen Schritt über seinen Mitbruder Ignacio Ellacuría hinaus – wird er von der Realität „aufgeladen". Dann kann etwas durchbrechen, was „mehr" ist: im Sich-binden an die Menschen auf dem Weg, deren Nächster ich werde, deren Passion für mich zur Com-Passion wird. Das ist dann, so Sobrino, ein „transzendentes Glaubenswissen".[643] Bei diesem Gehen „begleiten uns Jesus aus Nazareth als älterer Bruder und die vielen Zeugen der Geschichte ..., eine große Zahl von Zeugen, von Märtyrern, die nicht nur Zeugnis von Christus ablegen, sondern das Leben und das Geschick Jesu erneuernd nachvollziehen ... Wenn man sich auf diesem Weg durch die Geschichte nicht verliert, sondern sich in die Geschichte hinein inkarniert und vertieft, dann kann es geschehen, dass die Wirklichkeit mehr von sich hergibt und die Überzeugung wächst (oder schwindet), dass dieses Gehen einen Ursprung, einen letzten Grund hat, aus dem die Initiative für alles Gute (die Protologie) entspringt, und dass dieses Gehen ein letztes Ziel der Vollendung hat (die Eschatologie). Dies ist aber kein historisches, sondern ein transzendentes Glaubenswissen: Das Gehen

[641] Jon Sobrino, Der Glaube an Jesus Christus. Eine Christologie aus der Perspektive der Opfer, Ostfildern 2008, 505.

[642] Jon Sobrino, Fuera de los pobres no hay salvación, San Salvador 2009, 16: Sobrino bezieht sich auf Ignacio Ellacuría und seinen Zugang zur „Realität"; Ellacuría spricht von drei Dimensionen, Sobrino fügt in diesem Sprachspiel eine vierte Dimension an: a) „hacerse cargo de la realidad": die Realität annehmen, ihr ins Auge schauen (erkenntnistheoretische Dimension), b) „cargar con la realidad": die Realität auf sich nehmen, sich ihr stellen (ethische Dimension), c) „encargarse de la realidad": die Realität auf sich laden, Verantwortung für sie übernehmen, mit dem ganzen Leben (praktische Dimension); d) „dejarse cargar por la realidad": sich von der Realität aufladen lassen.

[643] Sobrino, Der Glaube an Jesus Christus, 505. – Martha Zechmeister spricht von der „erkenntnistheoretischen Dignität der Nachfolge": Du sollst nicht trennen, was Gott verbunden hat. Glaube und Gerechtigkeit. Zwei inkompatible theologische Welten, in: Gunter Püller-Jagenteufel u. a. (Hg.), Theologie der Befreiung im Wandel. Revisionen – Ansätze – Zukunftsperspektiven, Aachen 2010, 94–106, hier: 95: „Christus erkennen, das geht gar nicht anders, als im Gehen des Weges, der er selbst ist. Es gibt keine Christologie, die nichts als Christo-*logie* ist. Alles Erkennen Christi wurzelt in der Christo-*Praxis*, in der Nachfolge Jesu, und sie weist wiederum in diese ein."

ist verwoben in das Geheimnis des Ursprungs und des Endes, ein Geheimnis, das uns vorausliegt, von dem wir herkommen, das uns bewegt, Gutes zu tun, und das uns ermutigt, das endgültige Leben zu erhoffen."[644] Das ist der Rückgang in den Quellgrund der Theologie, angestoßen von dem „starken" Glauben, der aus dem „Gehen" – mit anderen – „durch die Geschichte" erwächst. Genau das ist dann die von Papst Franziskus in „Evangelii Gaudium" geforderte Theologie, keine „Schreibtischtheologie", sondern eine in unterschiedliche Praktiken eingebundene Theologie im Dienst der Menschwerdung des Menschen und in diesem Sinn einer „inkarnierten Spiritualität".

Die neue Apologie auf den Areopagen der Stadt erwächst im „Gehen" auf den vielen Wegen des Menschen. Dann trägt der „intellectus fidei" zu einer öffentlichen Präsenz des christlichen Glaubens und der Kirche bei: als Anwältin des Menschen in der Kultur, auf den Areopagen der Städte unserer Zeit, wenn im Miteinander der Kulturen und Religionen die heilbringende Liebe Gottes im Dienst an einem Miteinander in Frieden und Gerechtigkeit fruchtbar wird, wenn die Versöhnungstat Gottes in Jesus Christus in Gestalten befreiten und befreienden Miteinanders Wirklichkeit wird. Eine solche Theologie ist „kontextuell" und „inkulturiert", und sie kann sich gar nicht anders als „interkulturell" vollziehen – von der steten Dynamik der „Stadt in Bewegung" geprägt, Vollzug einer Gottesrede im „Modus der Hoffnung", wie Franz Gmainer-Pranzl diesen Auftrag der „interkulturellen Theologie" charakterisiert.[645] Eine solche Theologie ist katholisch, aber das „Katholische" dieser Theologie ist kein statischer Begriff, sondern als lebendiger Vollzug an die je neue Ausbildung neuer Gestalten des „intellectus fidei" gebunden; sie erwächst aus dem je neuen Überschreiten von Grenzen, weil Der, dem Theologie nach-denkt, immer schon über jede Grenze hinaus ist.[646] Eine solche katholische Theologie steht im Dienst einer „Kirche im Aufbruch", einer „Kirche im Werden", die sich an der Reich-Gottes-Botschaft orientiert und damit an der aus der Zukunft kommenden „neuen Stadt"

[644] Sobrino, Der Glaube an Jesus Christus, 505/506.

[645] Gmainer-Pranzl, Theologie interkulturell, 16.

[646] Gerade in asiatisch-theologischen Ansätzen ist dieses interkulturelle Moment weiter entfaltet worden. Das „Katholische" der Theologie ereignet sich – mit den Worten des vietnamesischen Theologen Peter Phan – auf dem Hintergrund einer „border-crossing spirituality" in diesen grenzüberschreitenden, dialogischen und interkulturellen Prozessen: „Border-crossing spirituality, a necessity for missionaries in a culture with multiple and porous boundaries created by globalization, postmodernity, and religious pluralism, is not simply a practical strategy for successful evangelization but a theological imperative of Christian life as *imitatio Christi.*" (Peter C. Phan, In our own tongues. Perspectives from Asia on Mission and Inculturation, Maryknoll, New York 2003, 147.)

Gottes, dem „neuen Jerusalem“, als Hoffnungsperspektive für die zerklüfteten „Städte in Bewegung“ der globalen Welt.

„Stimme der Stimmlosen“:[647] Neue interkulturelle Dynamiken der Theologie der Befreiung im Dienst des Friedens

Das 2. Vatikanische Konzil, die „Einheit der Menschheit“ und die Notwendigkeit der Erarbeitung einer Friedenstheologie

Zwanzig Jahre nach dem 2. Weltkrieg hat das 2. Vatikanische Konzil in einer beeindruckenden vorausschauenden Sicht den neuen weltgeschichtlichen Moment einer zusammenwachsenden Menschheit – 50 Jahre nach dem Konzil ist dafür der Begriff der Globalisierung eingeführt – in den Blick genommen und die Bedeutung des Ringens um ein Zusammenleben der verschiedenen Kulturen und Religionen in Frieden herausgestellt, ein Leitmotiv, das angesichts des Fokus auf den innerkirchlichen Erneuerungsprozess in der Nachkonzilszeit eher in den Hintergrund getreten ist. Auslöser waren zu Konzilszeiten die Kriegs- und Nachkriegserfahrungen, von denen die Generation der Konzilsväter alle geprägt waren; Auslöser waren sicher verschiedenste Entwicklungen der Nachkriegszeit wie die Gründung der Vereinten Nationen, die schwierigen Entkolonialisierungsprozesse in Afrika und Asien, die wachsenden wechselseitigen wirtschaftlichen Abhängigkeiten, Landflucht, Urbanisierungsprozesse und die immer weiter klaffende Schere zwischen Arm und Reich gerade auch in den lateinamerikanischen Ländern, weitere Emanzipationsbewegungen wie die der Frauen, und auch der anstehende neue interkulturelle, ökumenische und interreligiöse Austausch. In den beiden Kirchenkonstitutionen „Lumen Gentium“ (1964 verabschiedet, LG) und „Gaudium et Spes“ (1965 verabschiedet, GS) ist mehrfach von der „Einheit“ der Menschheit die Rede. „Die Kirche wird kraft ihrer Sendung, die ganze Welt mit der Botschaft des Evangeliums zu erleuchten und alle Menschen aller Nationen, Rassen und Kulturen in einem Geist zu vereinigen, zum Zeichen jener Brüderlichkeit, die einen aufrichtigen Dialog ermöglicht und gedeihen läßt… Und darum können und müssen wir aus derselben menschlichen und göttlichen Beru-

[647] Dieser Titel orientiert sich an der Aufsatzsammlung zu Ehren von Erzbischof Oscar Arnulfo Romero: Rodolfo Cardenal/Ignacio Martín-Baró/Jon Sobrino (Hg.), La voz de los sin voz. La palabra viva de Monseñor Romero, San Salvador [7]2007. – Folgende Überlegungen beziehen sich auf: Margit Eckholt, „Stimme der Stimmlosen“ – Befreiung im Dienst des Friedens. Neue interkulturelle Dynamiken der Theologie der Befreiung, in: Franz Gmainer-Pranzl/Sandra Lassak/Birgit Weiler (Hg.), Theologie der Befreiung heute. Herausforderungen – Transformationen – Impulse (Salzburger Theologische Studien – interkulturell), Innsbruck 2016 (in Vorbereitung).

fung ohne Gewalt und ohne Hintergedanken zum Aufbau einer wahrhaft friedlichen Welt zusammenarbeiten" (GS 92) – so einer der abschließenden Texte der Pastoralkonstitution. Der Theologe und Missionswissenschaftler Mariano Delgado hat die „Konzilsmetapher" der Einheit der Menschheit als ein Schlüsselmotiv des Konzils herausgearbeitet und dabei die Verbindung mit der am Gründonnerstag 1963 (11.04.1963) veröffentlichten Friedensenzyklika von Johannes XXIII. „Pacem in Terris" herausgearbeitet.[648] In diesem Dokument, das wegweisende Pisten für eine neue Friedenstheologie auslegt, ist die Rede von der Menschheitsfamilie im Zusammenhang mit der Weltbürgerschaft (Nr. 12, 75), vom Weltgemeinwohl und der Solidarität (Nr. 53, 54, 69), von der Friedenssehnsucht (Nr. 62, 63, 89), und die Metapher findet sich auch in weiteren Ausdrücken wie Völkerfamilie, Völkergemeinschaft und Menschengeschlecht wieder. Die „ganze Menschheit" bzw. die „Einheit der Menschheit" ist darum, so Delgado, ein „transversales Motiv in vielen Konzilstexten".[649]

Es zeigt sich fünfzig Jahre nach dem 2. Vatikanischen Konzil, im Rückblick auf eine höchst spannungsreiche Zeit, in der in Europa – und damit im „alten" westlichen Zentrum des Christentums – in gemeinsamen politischen, gesellschaftlichen und kulturellen Bestrebungen Frieden möglich geworden ist, in der aber in vielen weiteren Weltregionen, vor allem in den – um eine die 60er Jahre letzten Jahrhunderts bestimmende Diktion der Dependenztheorien aufzugreifen – sogenannten „Peripherien" vielfältigste immer grausamere Kriege geführt wurden und werden, in denen Menschenrechte und Menschenwürde angesichts der immer subtileren Formen der Gewalt auf dem Spiel stehen, dass Johannes XXIII. und Paul VI. mit ihrem Fokus auf die „eine Menschheit" und ein Zusammenleben in Frieden von höchster Weitsicht gewesen sind. „In unseren Jahren, in denen die Leiden und Ängste wütender oder drohender Kriege noch schwer auf den Menschen lasten, ist die gesamte Menschheitsfamilie in einer entscheidenden Stunde ihrer Entwicklung zur Reife angelangt. Allmählich ist sie sich untereinander nähergekommen, und überall ist sie sich schon klarer ihrer Einheit bewusst. Da kann sie ihre Aufgabe, die Welt für alle überall wirklich menschlicher zu gestalten, nur erfüllen, wenn alle sich in einer inneren Erneuerung dem wahren Frieden zuwenden." (GS 77) Das sind Sätze, die heute nicht weniger von Geltung sind wie vor 50 Jahren. Am Beginn des 3. Jahrtausends, in „globalen" Zeiten, rückt die Notwendigkeit des Einsatzes

[648] Mariano Delgado, Die Menschheitsfamilie oder Die Mystik des Konzils, in: Mariano Delgado/Michael Sievernich (Hg.), Die großen Metaphern des Zweiten Vatikanischen Konzils. Ihre Bedeutung für heute, Freiburg/Basel/Wien 2013, 422–433.

[649] Delgado, Die Menschheitsfamilie, 428.

von Christen und Christinnen für Frieden und Gerechtigkeit und der Erarbeitung einer Friedenstheologie immer mehr ins Bewusstsein. Die Kriege weltweit sind in den Kernländern Europas präsent, Tausende von Flüchtlingen „stranden", suchen Arbeit, Wohnung, Anerkennung in der Fremde. Im Rückblick können die große Friedensenzyklika „Pacem in Terris" und die Pastoralkonstitution „Gaudium et Spes" als „Geburtsstunde einer erneuerten politischen Theologie"[650] bezeichnet werden, wie es der Innsbrucker Theologe Roman Siebenrock in einem Beitrag zu den Friedensgebeten in Assisi herausarbeitet. Wenn die Kirche sich mit dem 2. Vatikanischen Konzil neu am Auftrag der „Evangelisierung" orientiert und sie genau darin ihre Identität gewinnt, wie es die Kirchenkonstitution „Lumen Gentium" in den ersten Sätzen formuliert, so übersetzt sich dieser Auftrag – dies ist die Perspektive von „Gaudium et Spes" – im Handeln der Kirche im Dienst an allen Menschen, im Dienst der zusammenwachsenden Menschheit und damit in ihrem Einsatz für den Frieden. „Wenn es der Kirche aufgetragen bleibt, das Evangelium Jesu Christi und die wahre Gotteserkenntnis in der Geschichte gegenwärtig zu halten, dann hat sie sich entschieden für den Frieden und dessen personalen und sozialen Bedingungen in einer globalen Welt einzusetzen. In diesem Sinne ist politisches Engagement in der Orientierung an der Würde der menschlichen Person integraler Bestandteil des Gotteszeugnisses."[651]

Befreiungstheologien in der Dynamik des Konzils

Die nach dem Konzil entstehenden Befreiungstheologien, zunächst vor allem in Lateinamerika, aber auch – auf ihre je eigene Weise – in Afrika oder Asien, gründen in dieser vom Aufbruch des Konzils und gerade auch von der wachen Intuition von Johannes XXIII. bewegten Dynamik und einer, den neuen Weltbezug der Pastoralkonstitution „Gaudium et Spes" entfaltenden und an den „Zeichen der Zeit" orientierten theologischen Hermeneutik. Sie schreiben sich ein in Zeiten und Räume, die von großen politischen, ökonomischen und sozialen Spannungen geprägt waren und – in veränderten Kontexten – es auch immer noch sind. Die 60er und 70er Jahre waren in verschiedenen kulturellen Kontexten der Welt von Befreiungsbewegungen geprägt; die Kolonien in den afrikanischen und asiatischen Ländern

[650] Roman A. Siebenrock, Pacem in terris – der Urimpuls Johannes XXIII. Die theologische Grundlegung der dialogischen Haltung der Kirche gegenüber allen Menschen guten Willens und ihre Vertiefung durch Paul VI., in: Roman A. Siebenrock/Jan-Heiner Tück (Hg.), Selig, die Frieden stiften. Assisi – Zeichen gegen Gewalt, Freiburg i.Br. 2012, 53–69, hier: 57.

[651] Siebenrock, Pacem in terris, 58.

kämpften um Selbstbestimmung und Freiheit, in den lateinamerikanischen Ländern – zwar seit Beginn des 19. Jahrhunderts von spanischer und portugiesischer Vormacht unabhängig – wurden Strukturen von Großgrundbesitz und ungleiche Besitzverhältnisse aufgebrochen, die noch aus der Kolonialzeit datierten; politische und soziale Instabilität, Militärputsche (u. a. 1973 in Chile, 1977 in Argentinien), Bürgerkriege in Mittelamerika, in Bolivien und Kolumbien waren die Folgen und prägen bis heute die Region. Im Hintergrund vieler Unruhen in Lateinamerika steht eine massive Chancenungleichheit im Blick auf Bildung, Arbeitsmöglichkeiten und politische und gesellschaftliche Karrieren, die sich – wie es erst in den letzten Jahren ins Bewusstsein tritt – vor allem an ethnischen Zugehörigkeiten festmacht. Die verschiedenen eingeborenen Völker gehören bis heute zu den am benachteiligsten Bevölkerungsgruppen, erst langsam – auch über Tiefenbohrungen in der Geschichte und eine Rezeption postkolonialer Diskurse – wird der auch die lateinamerikanischen Kulturen prägende Rassismus angefragt. Der Zugang zu Ressourcen wie Land, Wasser, Wald – in Lateinamerika mit Lebensfeldern eingeborener Kulturen verknüpft – wird auf Zukunft hin zu dem entscheidenden Konfliktpunkt und Symbol für den immer wieder neu bedrohten Frieden.

Die Befreiungstheologien, die seit Mitte der 60er Jahre entstanden sind – der Vortrag von Gustavo Gutiérrez 1968 in Chimbote, in dem er zum ersten Mal von „teología de la liberación“ sprach, wird als eines der Gründungsdaten benannt – und die der Hermeneutik der „Zeichen der Zeit“ entsprechend eine aus der Analyse der Realität erwachsene und in einer Relektüre der biblischen Texte gründende und der befreienden und prophetischen Botschaft der Schriften des Alten Bundes und dem Weg Jesu an der Seite der Armen verpflichtete theologische Rede ausgestalteten, sind – mit Gustavo Gutiérrez gesprochen – insofern Theologien „von der Rückseite der Geschichte“[652], als sie denen eine Stimme zu geben versuchen, die keine Stimme haben und um ihre Stimme gebracht werden. „Einheit der Menschheit“ kann nicht werden, wenn gerade die nicht im Blick sind, denen Menschsein und Menschenrechte abgesprochen werden, Friede ist nur ein leeres Wort, wenn die, die in ihrem Leiden, ihrer Angst und Not Jesus Christus nahe sind, keine Stimme haben. Das Erlösungsgeheimnis, die befreienden und heilenden Räume, die Jesus Menschen seiner Zeit eröffnet hat, sein Weg an das

[652] Gustavo Gutiérrez, Theologie der Befreiung, Mainz [10]1992; ders., Die Armen und die Grundoption, in: Ignacio Ellacuría/Jon Sobrino (Hg.), Mysterium liberationis. Grundbegriffe der Theologie der Befreiung, Bd. 1, Luzern 1995, 293–311; ders., Nachfolge und Option für die Armen. Beiträge zur Theologie der Befreiung im Zeitalter der Globalisierung, Stuttgart 2009; ders., Mirar lejos. Introducción a la nuevaedición, in: ders., Teología de la liberación. Perspectivas, Salamanca [14]1990, 17–53.

Kreuz und das Geheimnis der Auferstehung werden in den verschiedenen befreiungstheologischen Ansätzen aus den konkreten Kontexten von Gewalt heraus zu „Eckdaten" einer Friedenstheologie.

Christologie und Soteriologie, wie sie sich in der zweiten Generation der Befreiungstheologie im von grausamen Bürgerkriegen geschüttelten Zentralamerika entwickeln, entfalten sich – und dafür stehen vor allem die Ansätze von Jon Sobrino und Ignacio Ellacuría – aus der Hoffnung auf Gottes Reich des Friedens zu einer Märtyrer-Theologie und Theo-Praxis der Nachfolge Jesu Christi, in der gerade die eschatologische Perspektive, querliegend zu allen innerweltlichen Befreiungs- und Erlösungsdiskursen, die Option für die Armen und die um ihre Stimme Gebrachten in den Horizont einer die Geschichte übergreifenden Vision des Friedens einbettet. Es ist die Hoffnung auf die Auferstehung und das Vertrauen in das Leben aller bei und mit Gott, die christlicher Praxis als konkreter Gestalt der Nachfolge des Auferstandenen ihre spezifische Prägung gibt.[653] Auf den Wegen des Friedens begleiten, wie es in einer Würdigung des 1989 ermordeten Philosophen und Theologen Ignacio Ellacuría als „constructor de la paz" („Friedensstifter") heißt, die „lebenden Toten": „Unsere Toten sind Tote mit Geist. Sie sind keine Toten, die zerstört, die getötet, die vergessen werden, sondern Tote, die weiter zutiefst aktiv und lebendig sind in der Gesellschaft, zu der sie gehörten, und sie bringen weiterhin menschlichen Geist hervor, Menschenwürde und kritische sowie konstruktive Fähigkeit, Phantasie. Und diese Toten mit Geist, das wird im Laufe dieser Jahre deutlich, besiegen die – und zwar all diejenigen –, die sie getötet haben."[654] Die christliche Theologie des Martyriums, wie sie sich nach Ermordung von Erzbischof Oscar Arnulfo Romero (1980) und der Ermordung der fünf Jesuiten und ihrer Hausangestellten (1989) in Zentralamerika ausgebildet hat, führt die verschiedenen, seit den 70er Jahren ausgespannten Fäden der Befreiungstheologie zusammen und konzentriert sie auf das Moment des Friedens, die Perspektive des Reiches Gottes, eines – trotz aller Gewalt und Ausgrenzung, die die Weltgesellschaft am Ende des zweiten und Beginn des dritten Jahrtausends prägen – möglichen Zusammenwachsens der Menschheit, dessen Horizont der universale, weite Raum Gottes ist, der selbst dort, wo scheinbar Gewalt und Tod das letzte Wort haben, seine Hoffnungsperspektive einbringt, in der lebendigen Erinnerung an all' die,

[653] Vgl. Jon Sobrino, Der Glaube an Jesus Christus. Eine Christologie aus der Perspektive der Opfer, Ostfildern 2008; ders., Fuera de los pobres no hay salvación, San Salvador 2009.

[654] Manuel Montobbio, Constructor de la paz, in: Jon Sobrino/Rolando Alvarado (Hg.), Ignacio Ellacuría. „Aquella libertad esclarecida", San Salvador 1999, 283–299, hier: 293, Anm. 5: Der Autor bezieht sich mit der Formulierung der „muertos vivos" auf einen Beitrag von José María Tojeira.

die um ihre Stimme gebracht worden sind und es auf vielfältigste Weise werden in den gegenwärtigen Armuts- und Gewaltkontexten, angesichts von ethnischer, sozialer, sexueller etc. Ausgrenzung. Aus dieser lebendigen Erinnerung an Gottes Zukunftsperspektive erwächst die Kraft für den Einsatz an der Seite der Armen und der um ihre Stimme Gebrachten, gegen Gewalt und Menschenrechtsverletzungen, so dass sich in die Begrenztheit und Angefochtenheit aller innerweltlichen Wege Gottes Friedens-Raum einschreiben kann.

Im Rückblick auf diesen Weg der Befreiung ist es interessant zu sehen, dass gerade in den „kontextuellen", „lokalen" Theologien[655], die nach dem 2. Vatikanischen Konzil in den verschiedenen Weltkontexten entstanden sind, ein neues Durchbuchstabieren der Konzilsmetapher der „Einheit" der Menschheit möglich geworden ist. Indem die Sorge und das Ringen um ein menschenwürdiges Miteinander in Frieden und Gerechtigkeit in das Zentrum gerückt worden sind, sind nicht nur zentrale Elemente der christlichen Soziallehre weiter entfaltet worden, sondern getroffen wurde das Herz der Theologie und damit der Gottesfrage. „Bekehrung", der Anspruch des Anderen, und „Praxis" im Dienste eines Miteinanders in Frieden und Gerechtigkeit werden zum Ausgangspunkt theologischer Reflexion und führen zu einer „radikalen" – zu den Wurzeln des Evangeliums zurückführenden – Erneuerung des „intellectus fidei". Der Ort des „Armen", der Menschen „sin voz" („ohne Stimme"), wird zum Ort der Gott-Begegnung. Mit Menschen wie Erzbischof Oscar Arnulfo Romero oder die im Amazonasgebiet ermordete Ordensfrau Dorothy Stang, die sich auf diesen Weg der Gerechtigkeit und des Friedens eingelassen haben, deren Leben von der Spur der Bekehrung zum Evangelium durchzogen ist, ist, so eine Formulierung des Theologen und Philosophen Ignacio Ellacuría, „Gott durch El Salvador" gegangen.[656] In der Reflexion auf dieses neue „Pascha" gründet der theologische Ansatz, der die im Gotteshorizont eingeborgene Freiheit an die unterschiedlichen Befreiungsprozesse des Menschen bindet und binden kann, weil Gott selbst sich in Jesus Christus der Geschichte eingeschrieben hat. Gottes Reich ist Gegenwart geworden in Jesus, dem „Befreier", der den Finger in die Wunden seiner Zeit gelegt hat und den Freiheit und Befreiung verbindenden Horizont Gottes neu erschlossen hat. Die Theologien der Befreiung, in denen so der Perspektivenwechsel des Konzils Wirklichkeit wird, verbinden Analyse und Kritik der Menschen verachtenden Strukturen

[655] Vgl. dazu: Robert J. Schreiter, Abschied vom Gott der Europäer. Zur Entwicklung regionaler Theologien, Salzburg 1992.

[656] Vgl. Jon Sobrino, Monseñor Romero, San Salvador ^{9}2013, 64; Rodolfo Cardenal/Igancio Martín-Baró/Jon Sobrino (Hg.), La voz de los sin voz. La palabra viva de Monseñor Romero, San Salvador ^{7}2007.

mit einer Relektüre der Texte des Evangeliums und der Glaubensaussagen der kirchlichen Tradition. Sie bilden sich aus auf dem Hintergrund einer Praxis an der Seite von Menschen, denen vielfältigste Not widerfährt, sie sind eine zutiefst geistliche und in der Realität der Welt verankerte neue Gestalt der Theologie. „Theologie der Befreiung“, so ein Fazit des Salzburger Theologen und Philosophen Franz Gmainer-Pranzl, „bezieht die zentrale Überzeugung des christlichen Glaubens – dass dem Evangelium Jesu Christi eine *befreiende Macht* zukommt – auf konkrete Lebenserfahrungen. In ihrer Reflexion befreiender Praxis kommen ein Hoffnungsimpuls und ein Vernunftanspruch zur Geltung, der sich als ‚*intellectus liberationis*‘ artikuliert – und Theologie, Kirche und Gesellschaft auf das kommende Reich Gottes hin offen hält.“[657]

Die „angefragten“ Befreiungstheologien

Die Theologie des Westens hat Zeit gebraucht (und braucht sie immer noch), diese theologischen Aufbrüche in ihrer Relevanz anzuerkennen, und sie wird es erst dann wirklich vermögen, wenn sie sich selbst als „kontextuell“, als „lokal“ verankert zu verstehen beginnt und in eine interkulturelle Dynamik hineinwächst, die um die Perspektivität und Relativität jedes theologischen Ansatzes weiß und darauf vertraut, im Dialog, im Lernen von und in der Auseinandersetzung mit den vielen anderen Perspektiven sich dem „Einen“ christlichen Glaubens anzunähern, und wenn sie ihren „intellectus fidei“ als Dienst versteht, Gottes für alle Menschen eröffneten Friedens-Raum auf den vielen Foren und Areopagen der Welt zu verantworten (1 Petr 3,15). Sicher waren auch die 70er und 80er Jahre letzten Jahrhunderts von solchen interkulturellen Dynamiken geprägt, auch wenn der Begriff als solcher nicht eingeführt war. Theologen aus den Ländern des Südens, gerade auch aus lateinamerikanischen Ländern wie Argentinien, Chile und Brasilien, waren an verschiedenen theologischen Ausbildungsstätten in Europa – wie Löwen, Madrid, München oder Münster – tätig. Angesichts diktatorischer Regime und politischer Verfolgung in den Ursprungsländern der Theologen waren diese Universitäten Zufluchtsorte, an denen sie sich in ihren Doktorarbeiten bewusst mit den theologischen Aufbrüchen des Südens auseinandersetzten und in ihren Qualifikationsarbeiten – oft im Dialog

[657] Franz Gmainzer-Pranzl, Intellectus liberationis. Eine kleine Typologie der Theologie der Befreiung, in: Mariano Delgado/Gregor Maria Hoff/Günter Riße (Hg.), Das Christentum in der Religionsgeschichte. Festschrift für Hans Waldenfels SJ, Fribourg/Stuttgart 2011, 276–297.

mit der Konzilstheologie, mit neuen geschichtlich, anthropologisch oder phänomenologisch ausgerichteten theologischen Methodiken – wichtige Wegmarken für die Weiterentwicklung der Befreiungstheologien gesetzt haben. Zugleich haben sie darin auch die akademische Welt des Nordens geprägt, nicht nur in den Theologien, sondern gerade auch in Sozial- und Politikwissenschaften.[658]

Der Einfluss befreiungstheologischer Methodiken auf emanzipatorische wissenschaftstheoretische Ansätze vor allem in der praktischen Theologie und den zu Beginn der 70er Jahre entstehenden feministischen Theologien war von entscheidender Bedeutung und könnte im Rückblick sicher auch als interkultureller theologischer Lernprozess gelesen werden.[659] Die 1976 an der Katholisch-theologischen Fakultät der Universität Münster eingereichte Doktorarbeit des zu früh verstorbenen uruguayischen Jesuiten Eduardo Rodríguez Antuñano[660] über die Christologie in den befreiungstheologischen Entwürfen von Leonardo Boff, Juan Luis Segundo, Juan Carlos Scannone und Gustavo Gutiérrez ist hier nur ein Beispiel; die Begleitung dieser beeindruckenden Studie hat auch ihre Spuren in der Christologie seines Lehrers Peter Hünermann hinterlassen.[661] Sicher müssen im Rückblick heute auch die politischen und gesellschaftlichen Konstellationen mehr in den Blick genommen werden, die es in Europa promovierten herausragenden Befreiungstheologen wie Eduardo Rodríguez aus Uruguay oder Fernando Castillo[662], Ronaldo Muñoz[663] und Sergio Silva[664] aus Chile

[658] Vgl. dazu auch die Studien des Politikwissenschaftlers Nikolaus Werz, Das neuere politische und sozialwissenschaftliche Denken in Lateinamerika, Freiburg i.Br. 1991; ders., Las élites y elextranjero. Herodianismo – Lateinamericanismo – Globalización, in: Peter Birle/Wilhelm Hofmeister u.a. (Hg.), Elites en América Latina, Madrid/Frankfurt 2007, 197–228; ders., Theologie der Befreiung in Lateinamerika, in: Bernd Oberndörfer/Peter Waldmann (Hg.), Die Ambivalenz des Religiösen. Religionen als Friedensstifter und Gewalterzeuger, Freiburg i.Br. 2008, 107–131.

[659] Exemplarisch sollen für den deutschen Kontext die politische Theologie von Johann Baptist Metz und die praktisch-theologischen Ansätze von Norbert Greinacher (Tübingen) und Hermann Steinkamp (Münster) genannt werden.

[660] Eduardo Rodríguez Antuñano, El problema cristológico en la actual búsqueda teológica latinoamericana. Tesis doctoral en Teología en la Facultad de Teología Católica de la Universidad de Münster en Westfalia (Alemania) 1976, Córdoba 2008.

[661] Peter Hünermann ist bereits 1974 auf den Streit um die Theologie der Befreiung eingegangen: Peter Hünermann/Gerd-Dieter Fischer (Hg.), Gott im Aufbruch, Freiburg/Basel/Wien 1974; vgl. auch: Peter Hünermann, „Erlöse uns von dem Bösen". Theologische Reflexion auf das Böse und die Erlösung vom Bösen, in: ders., Offenbarung Gottes in der Zeit. Prolegomena zur Christologie, Münster 1989, 169–182. – Vgl. hier auch Peter Hünermanns Blick auf die Entwicklungen in Kirche und Theologie Lateinamerikas in: Margit Eckholt/Regina Heyder (Hg.), „In der Freiheit des Geistes leben". Peter Hünermann im Gepräch, Ostfildern 2010, 87–113.

[662] Vgl. die unter Begleitung von Johann Baptist Metz erstellte Doktorarbeit: Theologie aus der Praxis des Volkes. Neuere Studien zur lateinamerikanischen Theologie der Befreiung,

erschwerten oder unmöglich machten, an den etablierten Fakultäten Fuß zu fassen und ihre Promotionsarbeiten zu veröffentlichen. Die „transición" – der Übergang – zur Demokratie wurde in den lateinamerikanischen Ländern erst seit Beginn der 80er Jahre möglich. Es ist ein nicht zu unterschätzendes – aber in der Öffentlichkeit kaum wahrgenommenes – Verdienst, wenn eine den deutsch-lateinamerikanischen wissenschaftlichen und kirchlichen Dialog fördernde Institution wie das Stipendienwerk Lateinamerika-Deutschland die Veröffentlichung der Doktorarbeit von Eduardo Rodríguez im Verlag der Katholischen Universität in Córdoba (2008) ermöglicht hat.[665]

Aber es waren nicht nur politische Konstellationen, die den nachkonziliaren theologischen Aufbruch der Befreiungstheologien unterbrochen haben. Das Lehramt hat sich höchst schwer getan in der Anerkennung der neuen theologischen Ansätze in den Ländern des Südens. Bereits seit den 70er Jahren wurden die lateinamerikanischen Befreiungstheologien auf den Prüfstand gestellt, und die Kritik erreichte ihren Höhepunkt Mitte der 80er Jahre in den von der Glaubenskongregation vorgelegten Instruktionen „Libertatis nuntius" (1984) und „Libertatis conscientia" (1986), eine Kritik, die sich in Anfragen an verschiedene Theologen, darunter Gustavo Gutiérrez, fortgesetzt hat und 2007 in der Maßregelung des christologischen Ansatzes von Jon Sobrino einen weiteren Höhepunkt erreicht hat. Auch in anderen Weltregionen wie dem asiatischen spiegeln sich – unter anderen kulturellen, religiösen und theologischen Konstellationen – diese Entwick-

München/Mainz 1978. Fernando Castillo kehrte erst 1980 nach Chile zurück, konnte aber im akademischen und kirchlichen Leben dort nicht mehr Fuß fassen. Er war dem befreiungstheologischen Zentrum „Centro ecuménico Diego de Medellín" verbunden; er starb 1997 in Paine.

[663] Ronaldo Muñoz musste während der Militärdiktatur 1979 die theologische Fakultät der Pontificia Universidad in Santiago de Chile verlassen; er gehört zu den bedeutendsten Befreiungstheologen Chiles, arbeitete an basisorientierten theologischen Zentren, vor allem in verschiedenen Basisgemeinden in Santiago de Chile und im Süden Chiles. Lesenswert ist der Interviewband: Cristian Venegas Sierre/Enrique Moreno Laval (Hg.), Conversaciones con Ronaldo Muñoz, Santiago de Chile 2010.

[664] Sergio Silva wurde an der theologischen Fakultät der Universität Regensburg promoviert: Glaube und Politik, Herausforderung Lateinamerikas. Von der christlichen inspirierten Partei zur Theologie der Befreiung, Bern/Frankfurt 1973. Er konnte nach seiner Rückkehr nach Chile an der theologischen Fakultät in Santiago de Chile arbeiten, wurde jedoch erst kurz vor seiner Emeritierung „ordentlicher" Professor.

[665] Zur Arbeit des Stipendienwerkes vgl. Margit Eckholt, Das Stipendienwerk Lateinamerika-Deutschland. Weltkirchlich-wissenschaftliche Stipendienarbeit und ihr Dienst an der universitären Kultur, in: dies. (Hg.), Prophetie und Aggiornamento. Volk Gottes auf dem Weg. Eine internationale Festgabe für die Bischöfliche Aktion ADVENIAT, Berlin 2011, 13–29; ebenso das Interview zum Stipendienwerk mit Peter Hünermann in: Eckholt/ Heyder (Hg.), „In der Freiheit des Geistes leben", 87–113.

lungen.[666] Anerkannt wurde die Erfordernis einer theologischen Reflexion den „Zeichen der Zeit" der von Armut, Gewalt und Unterdrückung geprägten Kontexte entsprechend[667], anerkannt wurde auch der neue Begriff einer „Befreiungstheologie" als „besondere, das Engagement für die Gerechtigkeit weckende Betroffenheit zugunsten der Armen und der Opfer der Unterdrückung"[668], aber angefragt wurde – in harscher und sicher nicht in dieser pauschalen Verurteilung zutreffenden Weise – in der ersten Instruktion die „radikale Politisierung der Glaubensaussagen und der theologischen Urteile", die „die unvermeidliche Folge dieser neuen Auffassung"[669] sei, die Leugnung der in den Kardinaltugenden Glaube, Liebe und Hoffnung ausgedrückten „theologischen Wirklichkeit"[670], angesichts der – so die Hauptkritik der ersten Instruktion – Übernahme des Paradigmas des „Klassenkampfes": „Dadurch wird die Geschichte zu einem Zentralbegriff. Man sagt, Gott sei Geschichte geworden. Man fügt hinzu, es gebe nur eine Geschichte, in der nicht mehr zwischen Heils- und Profangeschichte unterschieden werden darf. Die Unterscheidung aufrechterhalten hieße, in einen ‚Dualismus' zu fallen. Dergleichen Aussagen zeugen von einem historizistischen Immanentismus. Dadurch ist man bestrebt, das Reich Gottes und sein Werden mit der menschlichen Befreiungsbewegung zu identifizieren und aus der Geschichte das Subjekt ihrer eigenen Entwicklung als Prozeß der Selbsterlösung des Menschen durch den Klassenkampf zu machen. Diese Identifizierung steht zum Glauben der Kirche in Widerspruch, wie ihn das Zweite Vatikanische Konzil in Erinnerung gerufen hat."[671]

Auch wenn die zweite Instruktion eine differenzierte Verhältnisbestimmung von christlicher Freiheit und Befreiung vorgelegt hat[672], so ist die

[666] Vgl. dazu: Knut Wenzel (Hg.), Die Freiheit der Theologie. Die Debatte um die Notifikation gegen Jon Sobrino, Ostfildern 2008.

[667] Instruktion der Kongregation für die Glaubenslehre über einige Aspekte der „Theologie der Befreiung" („Libertatis nuntius"), 6. August 1984, hg. vom Sekretariat der Deutschen Bischofskonferenz, Bonn 1984, II 4: „Die Deutung der *Zeichen der Zeit im Licht des Evangeliums* erfordert daher, daß man einerseits den Sinn der tiefen Sehnsucht der Völker nach Gerechtigkeit ergründet, daß man aber auch anderseits mit kritischer Unterscheidung die Ausdrucksformen theoretischen und praktischer Art prüft, die man dieser Sehnsucht gibt."

[668] Libertatis nuntius, III 3,

[669] Libertatis nuntius, IX 6.

[670] Libertatis nuntius, IX 5.

[671] Libertatis nuntius, IX 3.

[672] Instruktion der Kongregation für die Glaubenslehre über die christliche Freiheit und die Befreiung („Libertatis conscientia"), 22. März 1986, hg. vom Sekretariat der Deutschen Bischofskonferenz, Bonn 1986, Nr. 3: „Sie (die Kirche, M. E.) weiß, daß das erlösende Kreuz wirklich der Sitz des Lichtes und des Lebens und die Mitte der Geschichte ist. Die Liebe, die die Kirche durchglüht, drängt sie, hier die Frohe Botschaft zu verkünden und deren lebenschaffende Früchte durch die Sakramente auszuteilen. Von Christus, dem Erlöser, gehen ihr Denken und Handeln aus, wenn sie angesichts der Dramen, die die Welt zerreißen, über

Grundfrage der Verhältnisbestimmung von Gottesgeschichte und Menschengeschichte der Theologie auch heute noch aufgegeben. Die Auseinandersetzung um den christologischen Ansatz von Jon Sobrino und die Anfrage an seine Interpretation der Göttlichkeit Christi und der Idiomenkommunikation von Menschlichem und Göttlichen in Jesus Christus spiegelt diese Herausforderungen.[673] In der zweiten Instruktion wird im Schlussfazit zwischen einer theologischen Reflexion auf die „Tiefe der Befreiung", dem Geschenk der Erlösung durch Jesus Christus, der uns „vom radikalsten Übel, der Sünde und der Macht des Todes, befreit, um der Freiheit ihre wahre Natur zu geben und ihr den Weg zu weisen", und der Soziallehre differenziert: „Die Befreiung in ihrer ersten Bedeutung ist soteriologisch; sie setzt sich fort in einer konkreten befreienden Aufgabe, in einer ethischen Forderung. Hier hat die Soziallehre der Kirche ihren Platz, die die christliche Praxis auf der gesellschaftlichen Ebene erleuchtet."[674] Hier werden – entgegen der neuen theologischen Hermeneutik, die das 2. Vatikanische Konzil in der Vorlage von zwei Kirchenkonstitutionen ermöglicht hat – Dogma und Pastoral bzw. Soziallehre nebeneinander gestellt, die in der neuen Methodik der Theologie der Befreiung doch zusammengeführt worden sind, gegründet in der Tiefe im inkarnatorischen Ansatz christlichen Glaubens und der neuen Sicht auf die „hypostatische Union" von Göttlichem und Menschlichen in der einen Person Jesu Christi.[675]

Bedeutung und Wege der Befreiung und der wahren Freiheit nachdenkt. Die Wahrheit, angefangen bei der Wahrheit über die Erlösung, die zum Herzen des Glaubensgeheimnisses gehört, ist so die Wurzel und der Maßstab der Freiheit, das Fundament und die Richtschnur allen befreienden Handelns." In Kapitel 1 wird dann die Situation der Freiheit in der Welt von heute charakterisiert.

673 Vgl. Peter Hünermann, Moderne Qualitätssicherung? Der Fall Jon Sobrino ist eine Anfrage an die Arbeit der Glaubenskongregation, in: Wenzel (Hg.), Die Freiheit der Theologie, 51–58, hier: 54: Hünermann weist darauf hin, dass vor allem folgender Satz von Sobrino angefragt wurde: „Die Möglichkeit, Mittler zu sein, kommt Jesus nicht von einer Wirklichkeit zu, die dem Menschlichen *hinzugefügt* wäre, sondern sie kommt ihm zu durch den Vollzug des Menschlichen" (Sobrino, La Fe en Jesucristo, 257, zitiert in: Hünermann, Moderne Qualitätssicherung, 54). Dazu Peter Hünermann: „Der Sinn dieser Aussage wird durch den Autor deutlich präzisiert: Es ist *nicht* die Rede von der natura humana, sondern vom ‚Menschlichen' (lo humano), von der menschlichen Wirklichkeit, die der Menschensohn so vollzieht, dass darin das zutiefst und vollendet Menschliche, das eschatologisch Menschliche, aufscheint, und zwar als das, was zugleich heilbringend ist." (54)

674 Libertatis conscientia, 99.

675 Zur Debatte der 90er Jahre um Theologie der Befreiung und ihr Verhältnis zur katholischen Soziallehre vgl. die auch heute noch lesenswerten Bände des Forschungsprojektes der Wissenschaftlichen Arbeitsgruppe für weltkirchliche Aufgaben der Deutschen Bischofskonferenz: Peter Hünermann/Juan Carlos Scannone (Hg.), Lateinamerika und die Katholische Soziallehre. Ein lateinamerikanisch-deutsches Dialogprogramm, Teile 1–3, Mainz 1993, v. a. Teil 1: Peter Hünermann/Juan Carlos Scannone/Carlos M. Galli (Hg.), Wissenschaft, kul-

Durch das wiederholte Eingreifen des Lehramtes, durch zu den befreiungstheologischen Aufbrüchen „quer stehende" kirchenpolitische Entscheidungen (Besetzung von Bischofsstühlen, Schließung von befreiungstheologisch orientierten Ausbildungsstätten) ist in Lateinamerika ein wichtiger, in der Dynamik des 2. Vatikanischen Konzils gründender und kreative Ansätze für die Entfaltung einer globalen Friedenstheologie bietender Neuaufbruch „abgebrochen" und „unterbrochen" worden, ein Vorgehen, das bis heute die Situation von Theologie in Lateinamerika prägt. In den Priesterausbildungsstätten hatte diese neue Gestalt der Theologie selten ein Heimatrecht, nur an wenigen Fakultäten wurden diese Ansätze reflektiert; sie hatten ihren Ort an basisorientierten Bildungszentren, und erst vierzig Jahre später, angesichts der durch das Pontifikat von Franziskus ermöglichten „Entideologisierung" der theologischen Debatten um die Befreiungstheologie, beginnen neue Forschungen zu den Ursprüngen der lateinamerikanischen Befreiungstheologien. Peter Hünermann weist in seinem im Dezember 2006 verfassten Vorwort für die Herausgabe der Dissertation von Eduardo Rodríguez Antuñano auf die Notwendigkeit hin, dass die jüngere Generation heute die theologischen Ansätze ihrer „Lehrer" aufgreift und weiter vertieft, und er hält auch nicht mit der Kritik an den negativen Auswirkungen der Reaktion des kirchlichen Lehramtes zu den Befreiungstheologien zurück. „Die Art und Weise, in der diese kolossale Erneuerung der lateinamerikanischen Theologie politischer- und kirchlicherseits während eines und bis zu zwei Jahrzehnten nach dem 2. Vatikanischen Konzil blockiert worden ist, trug nicht zur vertieften Weiterentwicklung der verheißungsvollen Ansätze bei, die in diesen neuen Frage- und Denkhorizonten enthalten waren, und auch nicht zu ihrer Integration in die Entfaltung der theologischen Arbeit."[676] Er weist dann darauf hin, dass die Theologie ein „lebendiger Diskurs" ist. „Aber die Theologie ist in ihrem Wesen notwendigerweise ein lebendiger Diskurs, in dem die innovatorischen und kreativen Fortschritte nur aus der Haltung erwachsen können, die eigene Geschichte zu analysieren und ernstzunehmen. Nur wenn diese Geschichte reflektiert wird, öffnet sich eine weite Sicht auf die geschichtlichen und aktuellen ‚Gegenwarten'; nur auf diese Weise können die jeweiligen Notwendigkeiten und gegenwärtigen Herausforderungen gesehen werden, die sich angesichts der Glaubwürdigkeit des Glaubens stellen, was in der Tiefe die Glaubwürdigkeit der erlösenden Botschaft Jesu Christi betrifft.

---

turelle Praxis, Evangelisierung. Methodische Reflexionen zur katholischen Soziallehre, Mainz 1993.

[676] Peter Hünermann, Vorwort, in: Rodríguez Antuñano, El problema cristológico, 13–17, hier: 16 (Übersetzung aus dem Spanischen).

In diesem Sinn muss sich die lateinamerikanische Theologie dringend mit ihrer eigenen Geschichte auseinandersetzen und ihr wieder neue Bedeutung geben."[677]

Eduardo Rodríguez Antuñano hat in den Schlussbetrachtungen seiner Doktorarbeit bereits 1976 sehr klarsichtig die Notwendigkeit eines Dialogs der Theologien der Welt benannt, gerade um auf diesem Weg einem – auch selbstverschuldeten – „Regionalismus" der lateinamerikanischen Befreiungstheologie vorzubeugen und umgekehrt die Relevanz dieses Neuaufbruchs für die Fortschreibung der Theologie des Westens herauszustellen. Wenn heute, vierzig Jahre später, von interkulturellen Dynamiken der Theologie die Rede ist, so hat Rodríguez dies in seinen Reflexionen vorweggenommen, ein Weg, der heute, in globalen Zeiten von Gewalt und Konflikten in und zwischen Regionen, Kulturen und Religionen der Entfaltung einer Friedenstheologie den Weg bereiten kann. „Die lateinamerikanische theologische Arbeit akzentuiert die *Differenz* im Blick auf andere Theologien, um die Geschichtlichkeit des Glaubens ernstzunehmen, was eine gewisse kontinuierliche ‚*Dialektik*' *impliziert* zwischen ‚Partikularität' und ‚Katholizität'. Die theologische ‚Uniformität' war ein etwas oberflächliches Fundament der Katholizität des Glaubens. Diese muss sich heute eher auf die *Einheit* der verschiedenen Beiträge gründen ausgehend von verschiedenen Kulturen und Situationen, die den Glauben in den unterschiedlichen Kontinenten ‚inkarnieren'." Einheit und Vielfalt gehen zusammen, nicht als Ergebnis theoretischer Reflexion, sondern als Ausdruck menschlicher Erfahrung: „Ein solches ‚Ideal' kann nicht vorrangig die Frucht eines neuen und vertieften theoretischen Verständnisses sein, im Sinne einer vorschnell versöhnenden Synthese, sondern muss vor allem dazu beitragen, die komplexe Fülle der menschlich-christlichen Erfahrung aufzugreifen, die sich zwischen der ‚Unmittelbarkeit' des Lebens und dem langen Weg durch die ‚Vermittlung' der Hoffnung bewegt und so zum ‚gefährlichen Gedächtnis', zur ‚Gegenwart' der Freiheit und Befreiung und zur ‚Zukunft' der endgültigen Begegnung als Gabe und Gnade wird."[678]

Neue interkulturelle Dynamiken – Befreiungstheologien als Friedenstheologien in globaler Perspektive

Wenn Befreiungstheologen wie Leonardo Boff, Victor Codina oder José María Vigil im Blick auf das Pontifikat von Papst Franziskus von einem

[677] Peter Hünermann, Vorwort, in: Rodríguez Antuñano, El problema cristológico, 16/17.
[678] Rodríguez Antuñano, El problema cristológico, 516/517.

„neuen Frühling“ sprechen – sie knüpfen mit der Metapher des Frühlings an die Publikation „La primavera interrumpida“[679] („Der unterbrochene Frühling“) von Amerindia, dem Netzwerk lateinamerikanischer Theologen und Theologinnen an –, so hat dies sicher mit dem neuen, weiten Horizont zu tun, den Papst Franziskus, der „Papst vom Ende der Welt“, der katholischen Kirche auftut, wenn er in seinen Worten, Gesten und Symbolen den Auftrag der Kirche auf das Wesentliche des Evangeliums zurückführt und damit ganz entscheidend zu einer „Entideologisierung“ polarisierter kirchlicher und theologischer Diskurs beiträgt. Das bedeutet eine „Erleichterung“[680], in gewisser Weise auch die „Rehabilitation“ des Weges der lateinamerikanischen Befreiungstheologie[681], aber das ist nur ein und nicht der wesentliche Aspekt. Mit Papst Franziskus werden die Maßstäbe von Nord und Süd, Ost und West, von „Zentrum“ und „Peripherie“ auf den Kopf gestellt. Zum ersten Mal wird über das Papstamt der weltkirchliche Aufbruch des 2. Vatikanischen Konzils symbolisiert. Fünfzig Jahre nach dem Konzil wird der Paradigmenwechsel, den das Konzil für die katholische Kirche bedeutet hat, der Weg einer Kirche in den Spuren des „armen Jesus“, die ihre Identität aus dieser Verkündigung des Evangeliums erhält und im Dienst der einen, zusammenwachsenden Menschheit steht, „konkret“. Was sich in den „regionalen“ und „lokalen“ Theologien entfaltet hat, rückt in das Herz von Kirche und Theologie und führt zu einer neuen interkulturellen Dynamik der Theologie und zur Möglichkeit der Relektüre der befreiungstheologischen Aufbrüche in einer friedenstheologischen Perspektive.

Das Erfordernis, als Christen und Christinnen eine „Spiritualität des Friedens“ im Dienst der einen Welt und Menschheit zu entfalten und in die vielen Diskurse der Welt einzuspeisen, ist heute nicht geringer als vor fünfzig Jahren. Gerade hier helfen die von den Befreiungstheologien erschlossenen

---

[679] Vgl. z. B. Victor Codina, Los gestos simbólicos del Papa Francisco (10.04.2014), in: http://blog.cristianismeijusticia.net/?p=10856&lang=es (letzter Aufruf: 28.08.2014); vgl. auch: Eduardo de la Serna, Un año de Francisco, in: http://blogeduopp.blogspot.de/2014/03/un-ano-de-francisco.html (letzter Aufruf: 28.08.2014); Victor Codina spielt auf folgende Publikation von Amerindia – des Netzwerkes lateinamerikanischer Theologen und Theologinnen an: vgl. Alberto da Silva Moreira/Michael Ramminger/Afonso Maria Ligorio Soares (Hg.), A primavera interrompida. O projeto Vaticano II num impasse, Bd. 2, 2006, in: http://www.servicioskoinonia.org/LibrosDigitales/LDK/LDK2.pdf (letzter Aufruf: 30.07.2014).

[680] Von „alivio“ spricht die brasilianische Religionssoziologin Brenda Carranza: Interview mit Brenda Carranza, 31.7.2013, zitiert nach: //www.ihu.unisinos.br/entrevistas/522322-as-intervencoes-do-pontifice-mudaram-de-tom-da-presenca-teologica-para-o-contato-pastoral-entrevista-especial-com-brenda-carranza (letzter Aufruf: 15.05.2015).

[681] Im September 2013 hatte Gustavo Gutiérrez im Vatikan ein Gespräch mit Papst Franziskus; er konnte auch in der Vatikan-Zeitung „Osservatore Romano“ zu seinem theologischen Ansatz Stellung beziehen: http://www.domradio.de/themen/papst-franziskus/2013–09–15/-papst-trifft-gustavo-gutierrez (letzter Aufruf: 09.02.2015).

Wege, die christliche Botschaft den Herausforderungen der Globalisierung entsprechend in interkultureller Perspektive als eine „befreiende" Botschaft zu verstehen und in Jesus Christus den „Befreier von jeder Unterdrückung", den „Träger eines Evangeliums, einer ‚Guten Nachricht' der Freiheit (Lukas 4)" zu sehen, einer „Guten Nachricht" des Friedens, im Dienst eines friedlichen Miteinanders aller Völker, Kulturen und Religionen.[682] Das Zusammenwachsen der Menschheit und die „Einheit der Menschheit", von denen das Konzil gesprochen hat, werden heute gerade in ihrer Fragilität und Gebrochenheit immer stärker deutlich; Kriege, Bürgerkriege, Terrorismus, Migrationen verändern die Weltgesellschaft, führen zu neuen Verbindungen und Konfliktlinien in der Welt, auch zu neuen Ausschlussprozessen. Was Anlass für befreiungstheologische Entwürfe in den 70er und 80er Jahren letzten Jahrhunderts gewesen ist, ist heute präsent in den Mega-Cities der einen Welt und damit auch des „Westens", und genau das beinhaltet die Chance für die Theologien der Befreiung, aus dem Schatten regionaler Entwicklungen zu treten. Befreiungstheologien haben sich, das zeigen die Krisen des gegenwärtigen weltgeschichtlichen Momentes an, nicht überlebt, sondern erhalten neue globale Bedeutung.[683] Die Theologie der Befreiung, so der Claretianer José María Vigil, „ist nicht nur etwas ‚für Lateinamerika' gewesen, sondern ein Beitrag Lateinamerikas für die Universalkirche, für alle Kontinente, und für die ganze Welt".[684]

Die Anerkennung der lokalen Theologien und der Befreiungstheologien und damit auch die Einsicht in die „Lokalität" des eigenen theologischen Ansatzes erfordern einen „Perspektivenwechsel" und in diesem Sinn einen „Bekehrungsprozess" gerade für die Theologien des „Westens". Bereits 1972 hat die Internationale Theologenkommission in ihrem Dokument „Die Einheit des Glaubens und der theologische Pluralismus" angesichts des

[682] Rodríguez Antuñano, El problema cristológico, 20.

[683] Der Münsteraner Theologe Ludger Weckel macht in diesem Zusammenhang eine wichtige Bemerkung: Um des Lebens willen. Zu einer Theologie des Martyriums aus befreiungstheologischer Sicht, Mainz 1998, 297: „In diesem Sinne ‚relativiert' sich die Frage nach der ‚Kontextualität' und der ‚Überwindung' der kulturellen Differenz, gleichzeitig spitzt sich die Frage nach dem konkreten Ort der Theologie zu: Ist es der Rand des individuellen Lebens, sind es also die sogenannten menschlichen Grenzerfahrungen, die in der Mitte der Gesellschaft im Rahmen von deren Plausibilitäten bedacht werden, oder liegt der Ort der Theologie am Rand der Gesellschaft, von dem aus die ‚Mitte des Lebens', nämlich die Lebensmöglichkeiten aller und damit besonders die der Gefährdeten, der an den Rand Gedrängten und der Opfer der Gesellschaft, reflektiert wird."

[684] José Maria Vigil, Teología de la liberación, nuevos paradigmas y vida religiosa, in: Pilar Torres Silva/Oscar Elizalde (Hg.), Aportes de la Vida Religiosa a la Teología Latinoamericana y del Caribe. Hacia el futuro. Memorias Congreso CLAR 50 años, Bogotá 2010, 574–603, hier: 578; ebenso: „El paradigma liberador no es ya latinoamericano y caribeño, sino que se hizo universal." (589)

„universalen und missionarischen Charakters des christlichen Glaubens“ (Nr. 9) darauf hingewiesen, dass „die von Gott geoffenbarten Ereignisse und Worte in jeder menschlichen Kultur je aufs Neue durchdacht, neu formuliert und zum Leben gebracht werden“ (Nr. 9). „Nur so wird diese göttliche Offenbarung zur Antwort auf die in jedem Menschenherzen verwurzelten Fragen, und nur so wird sie das Gebet, den Kult und das tägliche Leben des Gottesvolkes inspirieren.“ (Nr. 9)[685] Pluralität ist hier bereits thematisiert worden, und auch im Dokument der Theologenkommission aus dem Jahr 2012 zu „Perspektiven, Prinzipien und Kriterien“ der „Theologie heute“ geht es angesichts der unterschiedlichen sozio-kulturellen Situationen, in denen die Kirche heute lebt, um Anerkennung der Pluralität von Glaubenserfahrungen und um die Frage nach Einheit und Vielfalt in der „dogmatischen Auslegung der Wahrheit und Wirklichkeit der Offenbarung“.[686] Papst Franziskus hat in seiner Ansprache vor der Internationalen Theologenkommission im Dezember 2014[687] bewusst den Pluralismus theologischer Ansätze benannt und mit der Ernennung eines Theologen aus Argentinien wie Carlos María Galli, der sich in ekklesiologischer Perspektive mit Fragen der Inkulturation christlichen Glaubens auseinandergesetzt hat und der mit der Vorlage seiner „Theologie der Stadt“ neue kreative Orte für den „intellectus fidei“ erschließt[688], ebnet er Wege für diese Anerkennung der Befreiungstheologien. Ein solcher Weg wird für die Theologie eine neue „interkulturelle Dynamik“ bedeuten, die Einbeziehung gemeinschaftlicher „Unterscheidungsprozesse“, in denen sich, über unterschiedlichste „Übersetzungsprozesse“ aus und in den verschiedenen kulturellen und Lebens-Kontexten der Menschen der „gemeinsame Diskurs“ als lebendiger, interkultureller Vollzug herauskristallisiert. Ein solcher Diskurs muss dabei, dem

685 Vgl. Internationale Theologische Kommission, Die Einheit des Glaubens und der theologische Pluralismus, 1972, zitiert nach: http://www.vatican.va/roman_curia/congregations/cfaith/cti_documents/rc_cti_1972_fede-pluralismo_ge.html (letzter Aufruf: 17.02.2014).

686 Internationale Theologische Kommission, Die Einheit des Glaubens und der theologische Pluralismus, A II Nr. 3; vgl. Internationale Theologische Kommission, Theologie heute. Perspektiven, Prinzipien und Kriterien, hg. vom Sekretariat der Deutschen Bischofskonzerenz, Bonn 2011, Nr. 5: „In ihrer Vielfalt ist die Theologie jedoch vereint im Dienst an der einen Wahrheit Gottes. Die Einheit der Theologie fordert jedoch keine Uniformität, sondern eine Konzentration auf Gottes Wort und eine Erklärung seines unermesslichen Reichtums durch Theologien, die miteinander kommunizieren und im Dialog stehen.“ Vgl. dazu: Margit Eckholt, Das Katholische der Theologie. Das Dokument der Theologenkommission im Kontext der Weltkirche, in: Thomas Söding (Hg.), Theologie heute, Freiburg i. Br. 2015 (in Vorbereitung).

687 Vgl. http://www.kathpress.com/site/nachrichten/archiv/archive/66527.html (letzter Aufruf: 09.02.2014).

688 Vgl. Carlos María Galli, Dios vive en la ciudad. Hacia una nueva pastoral urbana a la luz de Aparecida, Buenos Aires 2011.

Weg der Konzilskirche als Welt-Kirche entsprechend und Dogma und Pastoral zusammenbindend, im Dienst der „einen Welt" und der „Einheit der Menschheit", von Frieden und Gerechtigkeit stehen, im Dienst eines „guten Lebens" für die ganze Schöpfung.

Es ist gut, dass der Papst aus dem Süden, der mit dem Namen Franziskus die „Option für die Armen" und die verwundete Schöpfung in das Herz der Kirche holt und der immer wieder neu einen „Perspektivenwechsel" und eine „Bekehrung" hin zum Evangelium fordert, die Maßstäbe von Zentrum und Peripherie auf den Kopf stellt. Die Befreiungstheologien, die in der Theologie des „Nordens" in den letzten Jahren gerade angesichts vielfältiger Kritiken und auch anderer politischer Konstellationen in den Hintergrund getreten sind, rücken dadurch in ein neues Licht. Es bedeutet im lateinamerikanischen Kontext für die junge Generation von Theologen und Theologinnen aber auch, ihre eigene Theologiegeschichte auf eine neue Weise zu erinnern und die Impulse, die die erste Generation der Befreiungstheologen gegeben hat, das Geheimnis christlichen Glaubens angesichts der jeweiligen „Zeichen der Zeit" in der Linie des 2. Vatikanischen Konzils neu zu denken, auf neuen Wegen fortzuschreiben, in einer globalen Welt, die von neuen Ausschlussprozessen, von Migration, Gewalt und Kriegen, geprägt ist, in der das Ringen um die „eine Menschheit" nur in vielfältigen interkulturellen, ökumenischen und interreligiösen Bemühungen möglich ist.

Dieser Erinnerungsprozess führt dabei über die jeweiligen Kontexte hinaus, und im Kreuzen der verschiedenen kulturellen Räume der Welt werden neue, den globalen Zeiten entsprechende Befreiungstheologien entwickelt werden können im Sinne einer globalen Friedenstheologie. Das wird das Unterfangen der nächsten Jahrzehnte sein, im Dialog der Kulturen, und darüberhinaus auch im Dialog der Religionen. Zu diesem neuen interkulturellen Austausch gehört aus Perspektive des Westens „Selbstkritik angesichts unserer eurozentrischen Arroganz" und „Offenheit gegenüber dem Wahren, Heiligen, Schönen und Guten in den indianischen Kulturen und Religionen", wie Mariano Delgado[689] im Blick auf den Bekehrungsprozess und Perspektivenwechsel deutlich macht, den der Dominikaner Bartolomé des Las Casas (1484/5–1566) in der frühen Zeit der Conquista Lateinamerikas bzw. Amerindias auf seinen Wegen in die „neue Welt" durchlaufen hat. Ohne die ihn aufrüttelnde Predigt seines Mitbruders Antonio de Montesinos und seine Bekehrung hin zum Evangelium, hätte er nicht die prophetischen Worte gefunden, die ihn zum „defensor de los Indios" („Verteidiger der eingeborenen Völker") haben werden lassen. Be-

[689] Delgado, Die Menschheitsfamilie, 425.

freiungstheologien müssen sich heute den indigenen Kulturen und Theologien gegenüber öffnen und in Lateinamerika in ein neues pluralistisches Paradigma hineinwachsen, worauf José María Vigil in seinen Studien hinweist.[690] Gerade dies gehört zu den neuen interkulturellen Dynamiken der Gegenwart, an die Opfer von Entdeckung und Eroberung zu erinnern und die Spuren der befreienden Botschaft des Evangeliums in der Geschichte der vielen lateinamerikanischen Völker zu entdecken, dabei auch den von Spuren der Gewalt durchzogenen Prozess der Evangelisierung aufzudecken und Wege zu einem neuen, befreiten und versöhnten Miteinander aufzuzeigen.

Noch nicht ausgemessene Horizonte – Spiritualität des Friedens und Friedenstheologie im Dialog von Kulturen und Religionen

Papst Franziskus hat in den ersten beiden Jahren seines Pontifikats wichtige Wegmarken gesetzt für eine ökumenische, interkulturelle und interreligiöse Befreiungstheologie. Ein entscheidendes Moment für diesen Weg ist das Zurücktreten der Kirche hinter Dem, der den Glauben an den befreienden Gott Israels als Friedensbotschaft für die Völker verkündet hat, Jesus Christus, den Befreier. In seinem ersten Apostolischen Schreiben „Evangelii Gaudium“ (2013) spricht Papst Franziskus von einem neuen „Stil der Evangelisierung“[691], der den Menschen, vor allem die Benachteiligten, in das Zentrum stellt, und alle, die Glieder der Kirche sind, an ihre jeweilige Verantwortung erinnert, Jesus Christus je neu „hervortreten“ zu lassen und so der „Freude des Evangeliums“ Raum zu geben. Der neue „Stil des Christlichen“, für den Papst Franziskus steht und den er sucht, bricht einen Ekklesiozentrismus auf, wie er die katholische Kirche der Moderne – vor allem seit dem Bruch der Reformation – geprägt hat. Der französische Dominikaner und Konzilstheologe Yves Marie-Joseph Congar hat bereits in den 50er Jahren in einem immer stärker säkularisierten und „postchristlichen“ Frankreich von einem neuen „Stil“ des Christlichen gesprochen. Die Kirche, so Congar, „ist heute aufgerufen, einen neuen Stil ihrer Gegenwart in der

---

[690] Vgl. José María Vigil, Theologie des religiösen Pluralismus. Eine lateinamerikanische Perspektive, Innsbruck/Wien 2013; vgl. auch: Elisabeth Steffens, Politische und religiöse Alterität als hermeneutische Herausforderung. Die indianischen Völker Abia Yalas, Mainz 2014; siehe auch die zahlreichen Arbeiten von Raúl Fornet-Betancourt, u. a.: Interkulturaltität und Religion. Zur interkulturellen Interpretation der gegenwärtigen Krise des Christentums, Aachen 2011.

[691] Papst Franziskus, Apostolisches Schreiben *Evangelii Gaudium*, hg. vom Sekretariat der Deutschen Bischofskonferenz, Bonn 2013, Nr. 18 (im Folgenden zitiert: EG).

Welt zu finden." „Die Kirche sollte weniger *von* der Welt und mehr *in* der Welt sein. Sie sollte nur die Kirche Jesu Christi, das vom Evangelium geformte Gewissen der Menschen sein, aber wäre sie es!"[692] Franziskus knüpft daran an, wenn er fordert, an die „Peripherien" zu gehen, „auf die Straße", wenn er von Jesus Christus spricht, der „von innen" klopft, um „hinausgelassen zu werden".[693] Angesichts der drängenden Fragen der Zeit, von Konflikten, Krieg und Gewalt, muss es der Kirche primär darum gehen, mitten in diesen Konflikten das Evangelium des Friedens zu verkünden, Stimme der Stimmlosen und um ihre Stimme Gebrachten zu sein, „eine Spiritualität (zu) finden", die die gebrochene Welt „heilt, sie befreit, sie mit Leben und Frieden erfüllt" (EG 89).

Wenn der Friedensgedanke und die Reich Gottes-Perspektive zum Ausgangspunkt der Selbstdefinition von Kirche werden und damit die Ekklesiologie des 2. Vatikanischen Konzils ernst genommen wird, rückt in das Zentrum, was „Herz" der christlichen Religion ist, das befreiende und heilende Evangelium Jesu Christi und mit ihm die Vielfalt seiner Bezeugungsgestalten. „Der Papst bietet", so der Salzburger Fundamentaltheologe Gregor Maria Hoff, „eine wiederum religionskritisch justierte, vor allem die Kirche betreffende Haltung an, um sich den entsprechenden Herausforderungen zu stellen. Sein Appell zielt auf einen neuen ‚Stil der Evangelisierung' (EG 18), der die Kirche aus eingehegten Plausibilitäten löst und auf die Armen schaut, Randzonen aufsucht, Grenzen überschreitet (EG 20)."[694]

[692] Yves Marie Congar, Für eine dienende und arme Kirche, Mainz 1965, 94/95. Das ist, so Congar, eine Kirche, „die nicht nur den Rahmen für Menschen bildet, die eine ‚Religion' ‚praktizieren', sondern ein Zeichen darstellt, das den Glauben erweckt, ein Milieu, das den mündigen Glauben erzieht und nährt." (Yves Congar, Christus in Frankreich, in: ders. (Hg.), Priester und Laien. Im Dienst am Evangelium, Freiburg/Basel/Wien 1965, 221–233, hier: 229)

[693] Hier können viele Zitate von Papst Franziskus herangezogen werden, z. B. EG 49; ebenso: Entrevista al Cardenal Jorge M. Bergoglio sj, „Callejar en el sentido más amplio de la palabra…", in: Virginia R. Azcuy (Hg.), Ciudad vivida. Prácticas de Espiritualidad en Buenos Aires, Buenos Aires 2014, 237–244; sowie die Rede von Erzbischof Bergoglio im Vorkonklave, veröffentlicht am 27.03.2013, zitiert in: http://www.adveniat.de/presse/papst-franziskus/rede-im-vorkonklave.html (letzter Aufruf: 09.02.2015): „In der Apokalypse sagt Jesus, er stehe vor der Tür und klopfe an. Offensichtlich bezieht sich der Text darauf, dass er von außen an die Tür klopft, damit er hineinkommen kann….. Aber ich denke jetzt an jene Momente, in denen Jesus von innen klopft, damit wir ihn hinausgehen lassen." – Vgl. dazu: Margit Eckholt, Ein Papst des Volkes. Die lateinamerikanische Prägung von Papst Franziskus, in: Theologisch-praktische Quartalschrift 163 (2015) 4–19.

[694] Gregor Maria Hoff, Religionskritische Perspektiven in der Theologie von Papst Franziskus, in: Zeitschrift für Missionswissenschaft und Religionswissenschaft 98 (2014) 297–300, hier: 298; ebenso: „Der Einsatz für die Armen aktiviert prophetische und jesuanische Motive einer Sozialkritik im Namen Gottes, die auch die Selbstorganisation der Kirche betrifft. Als Kirche der Armen und als arme Kirche wird sie zum Raum humaner Partizipation, die gesell-

Papst Franziskus hat mit „Evangelii Gaudium“, so Hoff, eine Religionskritik des Christentums vorgelegt, die Kirchenkritik impliziert. „Religion darf daher ‚nicht in eine Sklaverei‘ führen (EG 43) – gerade auch die Kirche nicht. Eine Kirche, die sich auf sich konzentriert, sperrt sich gegen die Überraschungen Gottes. Hier wird die Religionskritik des Papstes kirchenkritisch. Sie ist bestimmt vom Bild einer Kirche, die nach draußen geht – und mit dieser Haltung wird auch eine veränderte Auffassung religionskritischer und atheistischer Gegenwarten möglich.“[695] Der neue Stil der Evangelisierung bedeutet Bereitschaft zur Selbstkritik, zur Korrektur, und lässt „perspektivische Vielfalt“[696] zu.

Das sind gewiss noch nicht im einzelnen vermessene Horizonte, aber es sind Visionen, die Zukunftsperspektiven für das Christentum in einer neuen Zeit von Religion und Spiritualität bedeuten, in der sich die Räume von Religionen, Kirchen und Konfessionen neu konfigurieren werden. Hier begegnen sich die Impulse von Papst Franziskus mit den visionären Überlegungen des in Nicaragua verorteten Befreiungstheologen und Claretianers José María Vigil[697], der in vielen seiner Aufsätze gerade die „neuen Zeiten“ für die lateinamerikanischen Befreiungstheologien austariert und die Felder, die sich der „intellectus fidei“ noch kaum erschlossen hat: religiöser Pluralismus, Ökologie und neue Formen der Urbanisierung, die neuen Kommunikationsmedien, neue Wissenschaften wie das Feld der Computer- und Cognitionswissenschaften, die ein humanistisches Wissenschaftsverständnis massiv herausfordern, und die doch in paradoxer Weise mit dem neuen „Anthropozän“ übereingehen, einer Welt, in der Veränderungen in Ökologie und Kosmos vom Menschen verantwortet sind.[698] Es ist eine „neue Zeit“, die Vigil als „religionslos“[699] bezeichnet, in der Abschied von Religionen im traditionellen Sinne genommen wird, ohne dass Religion als solche und Spiritualität bedeutungslos werden. Christliche Traditionen

schaftliche Ausschließungsmuster umstellt.“ (Hoff, Religionskritische Perspektiven, 298, bezogen auf EG 53).

[695] Hoff, Religionskritische Perspektiven, 299.

[696] Hoff, Religionskritische Perspektiven, 299.

[697] José María Vigil, Theologie des religiösen Pluralismus. Eine lateinamerikanische Perspektive, Innsbruck/Wien 2013; ders.,Teología de la liberación. – Zu neuen Entwicklungen vgl. auch: Jung Mo Sung, Semillas de esperanza. La fe cristiana en un mundo en crisis, San José de Costa Rica 2012.

[698] Vgl. dazu: Jürgen Manemann, Kritik des Anthropozäns. Plädoyer für eine neue Humanökologie, Bielefeld 2014.

[699] Vigil, Teología de la liberación, 585: „La distinción entre religión y religiones, o entre religión y espiritualidad, se hace cada día más necesaria. La religión, la espiritualidad, es probable que se vea abocada a supercar muchas de las formas agrarias de las religiones, y en ese sentido, se impone la necesidad de prever un futuro'post-religional', más allá de las religiones, aunque no más allá de la religión.“

müssen das, was sich in ihnen aussagt – die befreiende Botschaft des Evangeliums, das Ringen um das Humanum, um die „Einheit der Menschheit" und den Mensch und Kosmos umfassenden Frieden –, auf diese neue Weise einspielen. In der neuen „Stadt des Menschen"[700] gilt es, die befreiende Botschaft des Evangeliums als Friedensbotschaft – ökumenisch, interkulturell, interreligiös – zu verkünden. „Heute bleibt die Befreiung, das Leben und Kämpfen für das Reich Gotts, für die Utopie, wie ein Imperativ, auch wenn sie heute auf anderen Wegen vor sich geht..."[701] Und das bedeutet – und hier berühren sich seine Überlegungen mit der Vision von Papst Franziskus – die „Überwindung des Ekklesiozentrismus" und des „Sich-Abschließens" der Kirche, um das Evangelium neu „hervortreten" lassen zu können als befreiendes Evangelium des Friedens.[702]

Für eine neue Präsenz der Theologien im Kontext von Wissenschaft und Universität ist dies eine wichtige Wegweisung. Immer mehr sind konfessionsbezogene Theologien hier angefragt, nur in wenigen Ländern haben Theologien ein „Heimatrecht" an staatlichen Universitäten. In den 70er und 80er Jahren letzten Jahrhunderts ist es den Theologien gerade auf dem Weg der Interdisziplinarität, wie ihn die Methodiken der Befreiungstheologien auszeichnen, gelungen, sich eine „Stimme" im Konzert der Wissenschaften zu verschaffen und dabei auch die soziale Verantwortung der Universität zu erinnern.[703] In vielen Programmen lateinamerikanischer Universitäten schlägt sich dies bis heute nieder; weltweit gesehen ist eine solche „engagierte" Wissenschaft jedoch in den Hintergrund gerückt, obwohl sie gerade heute unter den neuen globalen und interkulturellen Bedingungen von Wissenschaft not täte. Denn Wissenschaft bzw. unsere „Ideen sind niemals

[700] Vigil spricht vom definitiven „Ende der agrarischen Gesellschaft"; der Lebensraum „Stadt", d.h. die Metropolen und Mega-Citys in Lateinamerika sind in den letzten Jahren in den Fokus lateinamerikanischer (Befreiungs-)Theologie gerückt. Vgl. Vigil, Teología de la liberación, 584: „No se trata de una de tantas crisis, uno de tantos cambios culturales. Lo que esta propuesta de interpretación postula es que lo que está en juego es el fin de la sociedad agraria, el final del neolítico. Por eso, no se puede comparar esta crisis con ninguna de las precedentes." – Zur neuen „teología urbana" vgl. z. B.: Margit Eckholt/Stefan Silber (Hg.), Glauben in Mega-Citys. Transformationsprozesse in lateinamerikanischen Großstädten und ihre Auswirkungen auf die Pastoral, Ostfildern 2014.

[701] Vigil, Teología de la liberación, 590.

[702] Vgl. Vigil, Teología de la liberación, 595: „superación del eclesiocentrismo y del enclaustramiento propio de la vision eclesiástica..."

[703] Vgl. Peter Hünermann (Hg.), Universität und Entwicklung. Zur Problematik der Hochschulen in der Dritten Welt, Bonn 1989; Margit Eckholt, La nueva evangelización del mundo de la ciencia en América Latina, in: Peter Hünermann (Hg.), La Nueva Evangelización del Mundo de la Ciencia en América Latina. 5. Seminario Interdisciplinar del ICALA, 26–30 de julio de 1993, Asunción-Paraguay, Frankfurt 1995, 193–214; Margit Eckholt, Dienst an der Kultur. Die katholischen Universitäten in Lateinamerika, in: Herder-Korrespondenz 49 (1995) 664–671.

unschuldig", so der 2014 verstorbene Philosoph und Theologe aus Córdoba/Argentinien, Gustavo Ortíz, langjähriges Mitglied des argentinischen Wissenschaftszentrums CONICET in einem Beitrag über die „soziale Verantwortung" der Universität. „Die relative Autonomie des Wissens muss wieder neu betont werden, so scheint mir, als letzte Garantie der Autonomie der Universität selbst angesichts jeglicher Macht. Es handelt sich um ein diskussionswürdiges Problem; meiner Ansicht nach bezieht sich das in der Universität produzierte Wissen auf die Realität in einer anderen Weise als dies die politische, ideologische, ökonomische oder religiöse Praxis tut. Aber die Autonomie verneint oder verbietet im Gegenteil dazu in keinster Weise die soziale Verantwortung der Universität als Institution und als Gemeinschaft, genausowenig das zentrale Interesse für das Politische, insofern es das Wohl der Gemeinschaft betrifft. Denn unsere Ideen sind niemals unschuldig."[704] Genau dafür standen und stehen auch heute Befreiungstheologien ein.

704 Gustavo Ortíz, Nuestras ideas nunca son inocentes. Acerca de la responsabilidad social de la Universidad, in: ders., América Latina. Una modernidad diferente?, Córdoba 2013, 333–339, hier: 339. Vgl. dazu auch die fundamentalen Überlegungen des Philosophen und Theologen Ignacio Ellacuría, Rektor der UCA in El Salvador: La filosofía de la realidad histórica, UCA Editores, San Salvador 1994.

Literaturverzeichnis

Giuseppe Alberigo/Klaus Wittstadt (Hg.), Geschichte des Zweiten Vatikanischen Konzils (1959–1965), Bde. 1–5, Mainz/Leuven/Ostfildern 1997–2009.

Kurt Appel/Sebastian Pittl, Das Konzil am Grab. Das Grabmal Pauls VI. und der „Pakt der Katakomben“ als Verständnishilfen für den ästhetischen Perspektivenwechsel des Konzils, in: Jan-Heiner Tück (Hg.), Erinnerung an die Zukunft. Das Zweite Vatikanische Konzil, Freiburg/Basel/Wien 2012, 303–316.

Norbert Arntz, Die „Kirche der Armen“, in: Der doppelte Bruch. Das umkämpfte Erbe des Zweiten Vatikanischen Konzils. Ein Werkbuch, hg. vom Institut für Theologie und Politik, Münster 2011.

Norbert Arntz, Der Katakombenpakt. Für eine dienende und arme Kirche, Kevelaer 2015.

John L. Allen, Das neue Gesicht der Kirche. Die Zukunft des Katholizismus, Gütersloh 2010.

Christian Bauer, Ortswechsel der Theologie. M.-Dominique Chenu im Kontext seiner Programmschrift „Une école de théologie: Le Saulchoir“, Bde. 1 und 2, Berlin 2010.

Luigi Bettazzi, La chiesa dei poveri nel concilio e oggi, Rimini 2001.

Leonardo Boff, Und die Kirche ist Volk geworden. Ekklesiogenesis, Düsseldorf 1982.

Marie Dominique Chenu, „Kirche der Armen“ auf dem Zweiten Vatikanischen Konzil, in: Concilium 13 (1977) 232–235.

Yves M.-J. Congar, Pour une Église servante et pauvre, Paris 1963 [dt. Ausgabe: Für eine dienende und arme Kirche, Mainz 1966].

Marie-Dominique Chenu, Volk Gottes in der Welt, Paderborn 1968.

Marie-Dominique Chenu, Une école de théologie. Le Saulchoir. Préface de René Rémond, Paris 1985 [dt. Ausgabe: Le Saulchoir: eine Schule der Theologie, Berlin 2003].

Marie-Dominique Chenu, Von der Freiheit eines Theologen. M.-Dominique Chenu im Gespräch mit Jacques Duquesne. Aus dem Französischen von Michael Lauble, Mainz 2005.

Mariano Delgado (Hg.), Blutende Hoffnung. Gustavo Gutiérrez zu Ehren, Luzern 2000.

Mariano Delgado/Michael Sievernich (Hg.), Die großen Metaphern des Zweiten Vatikanischen Konzils. Ihre Bedeutung für heute, Freiburg/Basel/Wien 2013.

Dom Hélder Câmara, Gott lebt in den Armen, Olten 1986.

Margit Eckholt, Das Welt-Kirche-Werden auf dem II. Vatikanum: Aufbruch zu einer „neuen Katholizität“, in: Edith-Stein-Jahrbuch 6 (2000) 378–390.

Margit Eckholt, Poetik der Kultur. Bausteine einer interkulturellen dogmatischen Methodenlehre, Freiburg i.Br. 2002.

Margit Eckholt, Kirche der Armen. Die Rezeption des Zweiten Vatikanums in Lateinamerika, in: Herder-Korrespondenz Spezial. Das unerledigte Konzil. 40 Jahre Zweites Vatikanum, Oktober 2005, 50–55.

Margit Eckholt, Dogmatik interkulturell. Globalisierung – Rückkehr der Religion – Übersetzung – Gastfreundschaft. Vier Stationen auf dem Weg zu einer interkulturellen Dogmatik, Nordhausen 2007.

Margit Eckholt, Iglesia en la diversidad. Esbozo de una eclesiología intercultural, Santiago de Chile 2014.

Margit Eckholt, Ohne die Frauen ist keine Kirche zu machen. Der Aufbruch des Konzils und die Zeichen der Zeit, Ostfildern 2012.

Margit Eckholt, Pentekostalisierung des Christentums? Zur „Rekonfiguration" der religiösen Landkarte in Lateinamerika, in: Stimmen der Zeit 138 (2013) 507–520.

Margit Eckholt/Silber, Stefan (Hg.), Glauben in Mega-Citys. Transformationsprozesse in lateinamerikanischen Großstädten und ihre Auswirkungen auf die Pastoral, Ostfildern 2014.

Ignacio Ellacuría, Eine Kirche der Arme. Für ein prophetisches Christentum, Freiburg i.Br. 2011.

Paul Gauthier, Les pauvres, Jésus et l'Eglise, Paris 1962 [dt. Ausgabe: Die Armen, Jesus und die Kirche, Graz 1964].

Paul Gauthier, „Consolez mon peuple". Le Concile et „l'Eglise des pauvres". Avec des textes de J. Mouroux et Y. Congar, Paris 1965.

Paul Gauthier, Tröstet mein Volk. Das Konzil und „die Kirche der Armen", Graz/Wien/Köln 1966.

Franz Gmainer-Pranzl (Hg.), Interkulturalität als Anspruch universitärer Lehre und Forschung, Frankfurt a. M. 2012.

Judith Gruber, Theologie nach dem Cultural Turn. Interkulturalität als theologische Ressource, Stuttgart 2013.

Gustavo Gutiérrez, Das Konzil und die Kirche in der Welt der Armut, in: Gotthard Fuchs/Andreas Lienkamp (Hg.), Visionen des Konzils. 30 Jahre Pastoralkonstitution „Die Kirche in der Welt von heute", Münster 1997, 159–173.

Gustavo Gutiérrez, Die Kirche und die Armen in lateinamerikanischer Sicht, in: Hermann J. Pottmeyer u. a. (Hg.), Die Rezeption des Zweiten Vatikanischen Konzils, Düsseldorf 1986, 221–247.

Gustavo Gutiérrez, Die Armen und die Grundoption, in: Ignacio Ellacuría/Jon Sobrino (Hg.) Mysterium liberationis. Grundbegriffe der Theologie der Befreiung, Bd. 1, Luzern 1995, 293–331.

Gustavo Gutiérrez, Nachfolge und Option für die Armen. Beiträge zur Theologie der Befreiung im Zeitalter der Globalisierung, hg. v. M. Delgado, Stuttgart 2009.

Peter Hünermann (Hg.), Das Zweite Vatikanische Konzil und die Zeichen der Zeit heute, Freiburg i.Br. 2006.

Peter Hünermann, Ekklesiologie im Präsens. Perspektiven, Münster 1995.

Peter Hünermann, „Kirche der Armen“: ein theologisches Programm, in: Theologische Quartalschrift 193 (2013) 230–241.

Institut für Theologie und Politik (Hg.), Der doppelte Bruch. Das umkämpfte Erbe des Zweiten Vatikanischen Konzils. Ein Werkbuch, Münster 2011.

Internationale Theologenkommission, Theologie heute. Perspektiven, Prinzipien und Kriterien, hg. vom Sekretariat der Deutschen Bischofskonzerenz, Bonn 2011.

Johannes XXIII., Rundfunkbotschaft an die Katholiken der Welt vom 11. September 1962, in: Herder Korrespondenz 17 (1962/63) 43–46.

Claude Ozankom (Hg.), Katholizität im Kommen. Katholische Identität und gegenwärtige Veränderungsprozesse, Regensburg 2011.

Walter Kasper, Jesus der Christus, Mainz [7]1978.

Walter Kasper, Kirche – wohin gehst du? Die bleibende Bedeutung des II. Vatikanischen Konzils, Paderborn 1987.

Franz-Xaver Kaufmann/Arnold Zingerle (Hg.), Vatikanum II und Modernisierung. Historische, theologische und soziologische Perspektiven, Paderborn/München/Wien/Zürich 1996.

Elmar Klinger, Ekklesiologie der Neuzeit. Grundlegung bei Melchior Cano und Entwicklung bis zum 2. Vatikanischen Konzil, Freiburg 1978.

Mathjis Lamberigt/Claude Soetens/Jan Grootaers (Hg.), Les Commissions Conciliaires à Vatican II, Leuven 1996.

Johann Baptist Metz, Zur Theologie der Welt, Mainz [5]1985.

Johann-Baptist Metz/Lothar Kuld/Adolf Weisbrod (Hg.), Compassion. Weltprogramm des Christentums. Soziale Verantwortung lernen, Freiburg/Basel/Wien 2000.

Papst Franziskus, Apostolisches Schreiben *Evangelii Gaudium* über die Verkündigung des Evangeliums in der Welt von heute, hg. vom Sekretariat der Deutschen Bischofskonferenz, Bonn 2013.

Hans-Jürgen Prien, Die Geschichte des Christentums in Lateinamerika, Göttingen 1978.

Karl Rahner, Theologische Grundinterpretation des II. Vatikanischen Konzils, in: Schriften zur Theologie, Bd. 14, Zürich/Einsiedeln/Köln 1980, 287–302.

Karl Rahner, Das Konzil – ein neuer Beginn, Freiburg i.Br. 2012.

Joseph Ratzinger, Kirche, Ökumene und Politik. Neue Versuche zur Ekklesiologie, Einsiedeln 1987.

Paul Ricœur, Die lebendige Metapher, München 1986.

Paul Ricœur, Erinnerung – Entscheidung – Gerechtigkeit, Ulm 1999.

Clemens Sedmak (Hg.), Option für die Armen. Die Entmarginalisierung des Armutsbegriffs in den Wissenschaften, Freiburg/Basel/Wien 2005.

Robert Schreiter, Die neue Katholizität. Globalisierung und die Theologie, Frankfurt a.M. 1997.

Robert Schreiter, Inkulturation, Interkulturalität und Globalisierung, in: Zeitschrift für Missionswissenschaft und Religionswissenschaft 96 (2012), 44–54.

Michael Sievernich, Die christliche Mission. Geschichte und Gegenwart, Darmstadt 2009.

Michael Sievernich, Konturen einer interkulturellen Theologie, in: Zeitschrift für Katholische Theologie 110 (1988) 257–283.

Jon Sobrino, Der Glaube an Jesus Christus. Eine Christologie aus der Perspektive der Opfer, hg. und mit einer Einführung versehen von Knut Wenzel, Ostfildern 2008.

Jon Sobrino, Der „Kirche der Armen" war auf dem Zweiten Vatikanischen Konzil kein Erfolg beschieden. Von Medellín gefördert, verwirklichte sie wesentliche Elemente des Konzils, in: Concilium 48 (2012) 296–305.

Jon Sobrino, Fuera de los pobres no hay salvación, San Salvador 2009.

Jon Sobrino, Zurück zur Kirche der Armen. Für Gustavo Gutiérrez, den Christen und Theologen von Medellín, in: Mariano Delgado (Hg.), Blutende Hoffnung. Gustavo Gutiérrez zu Ehren, Luzern 2000, 89–99.

Christoph Theobald, Le christianisme comme style. Une manière de faire de la théologie en postmodernité, 2 Bde., Paris 2007.

Tzvetan Todorov, Die Eroberung Amerikas. Das Problem des Anderen, Frankfurt a. M. 1985.

Knut Wenzel (Hg.), Die Freiheit der Theologie. Die Debatte um die Notifikation gegen Jon Sobrino, Ostfildern 2008.

Hans Waldenfels, Sein Name ist Franziskus. Der Papst der Armen, Paderborn 2014.

Hans Waldenfels, Interkulturelle Religionsphilosophie, in: Hans-Joachim Höhn (Hg.), Krise der Immanenz. Regilion an den Grenzen der Moderne, Frankfurt a. M. 1996, 304–323.